W0394590

Christoph Türcke

Philosophie des Traums

Christoph Türcke

Philosophie des Traums

Verlag C. H. Beck

© Verlag C. H. Beck oHG, München 2008
Satz: Janß GmbH, Pfungstadt
Druck und Bindung: Kösel, Krugzell
Gedruckt auf säurefreiem, alterungsbeständigem Papier
(hergestellt aus chlorfrei gebleichtem Zellstoff)
Printed in Germany
ISBN 978 3 406 57637 9

www.beck.de

Vorwort **Die Altsteinzeit in uns**

Sich auf den Traum einlassen heißt in den Untergrund gehen: allen festen Halt preisgeben, den das Establishment eingeschliffener Sitten und Gewohnheiten, Wahrnehmungs- und Denkformen zu bieten pflegt, und abtauchen in jene Vorzeit, jene disparate, diffuse halluzinatorische Empfindungs- und Bilderwelt, aus der menschliche Kultur sich einst mühsam erhoben hat. Für Menschen gibt es zweierlei Vorzeit: diejenige, die sie als Kleinkinder durchleben, ehe die Parameter der Kultur recht greifen, und diejenige, die die Menschheit als ganze schon durchgemacht haben muß, damit jeder einzelne sie noch einmal im Zeitraffer durchlaufen kann.

Nun ist zwar evident, daß unsere individuelle Vorzeit nie ganz aufhört. Niemand ist in der Lage, die Verletzungen und Wünsche seiner Kindheit so vollständig zu verarbeiten, daß rein gar nichts davon zurückbliebe. Deshalb bleibt jeder ein bißchen Kind; niemand wird hundertprozentig erwachsen, und die Gärungsmasse unserer Träume ist eine ständig wiederkehrende Erinnerung daran. Doch was hat sie noch mit der Vorzeit der Menschheit zu tun? Gärt auch die noch im Traumleben des 21. Jahrhunderts unbewältigt weiter? Ist sie dafür nicht viel zu lange her? Gewiß, sie ist in unvorstellbare Ferne gerückt. Gerade das aber bringt sie in die Nähe des Traums. Wenn wir träumen, verliert unser Zeitempfinden jegliche Verhältnismäßigkeit. Etwas Ähnliches geschieht, wenn wir versuchen, an den Menschheitsanfang zurückzudenken. Oder kann sich irgend jemand eine Spanne von 2,5 Millionen Jahren plastisch vorstellen? Damit sind auch die Fachleute für die Vorzeit, die Paläontologen, hoffnungslos überfordert. Und doch verfügen sie inzwischen über genügend biochemische Hilfsmittel, um aus Knochenresten, Erdformationen und Steinen eine Geschichte zu rekonstruieren, die einerseits so schemenhaft-undeutlich bleibt, daß sie nicht aufhört, wie ein Traum anzumuten, und sich andrerseits als wissenschaftliches Resultat ganz nüchtern erzählen läßt.[1]

[1] Cf. für das folgende: Friedemann Schrenk, *Die Frühzeit des Menschen*. Der Weg zum Homo sapiens, C. H. Beck, München ^{4}2003, S. 71, 77 f., 98, 100, 113, 115, 117

In Ostafrika, um den Turkanasee, Richtung Victoriasee, also etwa im Grenzgebiet des heutigen Kenia mit dem Sudan, mit Äthiopien, Uganda und Tansania, lebte eine Hominidenart – man nennt sie Homo rudolfensis –, mit der sich vor etwa 2,5 Millionen Jahren etwas Einzigartiges begab. Eine lange Trockenperiode hatte den tropischen Regenwald aus dieser Gegend zurückgedrängt und besagte Hominiden zu Savannenbewohnern gemacht. Indessen waren die Pflanzen, von denen sie sich hauptsächlich ernährten, durch die Trockenheit derart hart geworden, daß ihr Gebiß damit nicht mehr zurechtkam. Da lernten sie, handliche, scharfeckige Geröllsteine aus ihrer Umgebung zu Hilfe zu nehmen. Mit denen ließ sich die widerborstige Nahrung zerkleinern. Und während ihnen diese Tätigkeit, jahrtausendelang geübt, allmählich in Fleisch und Blut überging, entdeckten sie etwas noch viel Folgenreicheres: Man kann Geröllsteine auch scharfeckig *machen*, wenn sie es von Natur aus nicht sind. Man muß ihnen nur mit andern Steinen Eckstücke so abschlagen, daß eine Kante zurückbleibt.

Von der Tragweite dieser Entdeckung ahnten sie nichts. Doch begann mit ihr nichts Geringeres als die Steinzeit. Zwar geht auch schon bei Affen, wenn sie mit einem Stück Hartholz eine Nuß aufschlagen oder sich mit einem Stock eine Banane angeln, die Befriedigung des Hungers einen Umweg. Nur über ein Hilfsmittel kommt sie zum Ziel, nicht direkt. Aber mit der Bearbeitung von Stein durch Stein – und dadurch ist «Steinzeit» ja definiert – hörte dieser Umweg auf, bloß ein Schlenker zu sein. Er wurde zum Hauptweg. Auf ihm bekam das Verlangen nach Nahrung eine neue Drift. Statt der Nahrung selbst widmete es sich erst einmal hingebungsvoll dem Geröllstein. Auf ihn mußte immer und immer wieder, mit zahllosen Fehlversuchen und Neuansätzen, beharrlich und gezielt eingeschlagen werden, bis er so weit zugerichtet war, daß er seinerseits zur Nahrungszerkleinerung taugte. Die ganze Motorik des Organismus mußte sich darauf einstellen.

Dabei verschob sich die Aufmerksamkeit nicht nur von der Nahrung zum Werkzeug. Sie gewann auch neue Dichte und Nachhaltigkeit; wurde dem Geröllstein doch eine Zuwendung zuteil, wie sie die Nahrung, solange sie sich mit Zähnen und Klauen noch zerkleinern ließ, nie auf sich gezogen hatte. Zuerst ein Werkzeug zubereiten, um dann mit seiner Hilfe Nahrung zuzubereiten, und bei der ersten Zubereitung weit länger und intensiver verweilen als bei der zweiten, auf die es doch eigentlich abgesehen war: welch enorme Verschiebung und Verdichtung von Triebenergie war dazu erforderlich! Man darf sie getrost eine Umwälzung im Triebhaushalt der Natur nennen. Mit ihr begann eine Selbstzähmung, wie sie in der Naturgeschichte noch nicht vorgekommen war, eine Einübung von Triebaufschub, Ausdauer und Geduld, wie sie sich triebgesteuerte Wesen nur in größter Not, nie aber freiwillig auferlegen. Offenbar ging es um Leben und Tod: entweder dem Gebiß eine Hilfe verschaffen oder untergehen.

Die Geröllwerkzeuge (*pebble tools*), einfache Klingen und Schaber, die um den Turkanasee gefunden wurden, sind die unscheinbaren Denkmäler eines einige hunderttausend Jahre währenden Überlebenskampfes – und die ersten Spuren von Kultur. Kultur hat als Überlebensstrategie begonnen und sich zunächst unsäglich langsam entwickelt. Es mag viel in dieser Frühzeit geschehen sein, aber es ist so gut wie unmöglich, einzelne Ereignisse oder Handlungen aus ihr herauszumerken. Erst was unzählige Male wiederholt wurde, so daß es sich in einer Fertigkeit oder gar Technik niedergeschlagen hat, läßt sich überhaupt registrieren – also dann, wenn es sich längst, über Tausende oder Hunderttausende von Jahren hinweg, zu einem Ereignis- oder Handlungs-*typus* verdichtet hat. Das altgriechische Wort *typos* heißt primär Schlag und meint zunächst die gezielte Schlagtätigkeit, durch die der Steinmetz oder Bildhauer aus einem Stein eine signifikante Gestalt herausschlägt, später dann auch die herausgeschlagene Gestalt selbst. So gesehen sind die *pebble tools* in genauem Wortsinn Archetypen: die ersten Typen, in denen sich Kulturbildung niedergeschlagen hat. An ihnen läßt sich übrigens deutlich ablesen, was Archetypen ausmacht. Sie sind sehr wohl ursprünglich und uralt, aber alles andere als ungeworden. Umgekehrt: Je älter sie sind, desto mühsamer hat ihre Herstellung erlernt werden müssen, desto länger hat es gedauert, bis sie zustande kamen.[2]

Für archetypische Zeitdimensionen sind zehntausend Jahre die kleinste sinnvolle Rechnungseinheit. Ein Unterschied von einem Jahrtausend läßt sich meistens ohnehin nicht feststellen. Die kompetentesten Fachleute können sich mühelos um zehn- oder fünfzigtausend Jahre verschätzen, und gemessen am kulturellen Entwicklungstempo macht das oft nicht einmal viel aus. Man bedenke: Eine Million Jahre nach den ersten *pebble tools* ist Kultur nicht weiter gediehen als bis zu mehreren Varianten von Faustkeilen und einer Nutzung

2 Genau dieser Entstehungsaspekt ging verloren, als der jüdische Platoniker Philon das Wort *archetypos* einführte, und zwar für das «Bild Gottes», nach welchem laut Bibel die Menschen geschafften sein sollen – womit der *archetypos* außer der Ursprünglichkeit auch noch die Eigenschaften des ewig Seienden, Ungewordenen angehängt bekam. Daran hat Carl Gustav Jung dankbar angeknüpft. Wenn man heute von Archetypen spricht, denkt man vornehmlich an das, was *er* darunter verstand: unbewußte Urbilder, die die tiefste, kollektive Schicht des menschlichen Seelenlebens ausmachen. «Diese Bilder sind insofern ‹Urbilder›, als sie der Gattung schlechthin eigentümlich sind, und wenn sie überhaupt je ‹entstanden› sind, so fällt ihre Entstehung zum mindesten mit dem Beginn der Gattung zusammen.» (Carl Gustav Jung, *Die psychologischen Aspekte des Mutterarchetypus*, Gesammelte Werke, Bd. 9/1, Walter-Verlag, Olten 1976, S. 94.) Es kann durchaus sinnvoll sein, von Archetypen zu reden, wenn ihre historischen Gestehungskosten mitbedacht und sie nicht mit dem Nebel des immer schon Daseienden, Unvordenklichen überzogen werden.

von Feuer, über die nichts Näheres bekannt ist. Und eine weitere Million Jahre später gab es immer noch keine Menschen im engeren Sinne. Es bildeten sich erst allmählich das Gehirnvolumen, die Schädel- und Skelettproportionen, die Hand- und Fußform, die für Neandertaler und Homo sapiens typisch sind. Bei ihnen erst, den jüngsten der Hominiden, beginnt das Wort «Mensch» in vollem Sinne zu greifen. Anatomisch konstante Arten sind sie vielleicht erst seit 200 000 bis 150 000 Jahren, mit einer körperlichen Grundausstattung, die beim Neandertaler bis zu seinem Aussterben (vor ca. 27 000 Jahren), beim Homo sapiens bis heute weitgehend stabil blieb und etwas ermöglichte, was keiner andern Spezies je gelungen ist: jene Verschiebung und Verdichtung von Triebenergie, mit der Kultur begann, ihrerseits noch einmal so zu verschieben und zu verdichten, daß nicht mehr nur Naturmaterialien geformt wurden, die zu etwas anderem *dienen*, nämlich als Mittel zu Nahrungszwecken, sondern auch solche, die für etwas anderes *stehen*: etwas bedeuten, Zeichencharakter haben.

Die Verschiebung von der Mittel- zur Zeichenproduktion: das ist die Menschwerdung in engerem Sinne. Auch sie wird erst in einer Phase greifbar, wo sie längst eingeübt war. Der Übergang mag durchaus vierzig oder fünfzig Jahrtausende gedauert haben. Es gibt etwas, woran er sich noch gut studieren läßt: Gräber. Einerseits sind sie Behälter, um Angehörige zu bergen, also Mittel. Andrerseits sind sie weit mehr. Wer Angehörige bestattet, verscharrt sie nicht nur. Er bettet ihre sterblichen Überreste in einem eigens dafür hergerichteten Raum, der von nun an nicht mehr angetastet werden soll. Das ist ein feierlicher Akt. Er zelebriert etwas, auch wenn wir nicht genau wissen, was. Und etwas zelebrieren heißt auf etwas verweisen – etwas bedeuten. Gräber sind mit hoher Bedeutung aufgeladene Mittel und insofern auch Zeichen. Schmuck, Skulpturen und Wandmalereien schließlich sind überwiegend oder nur noch Zeichen. Sie sind, mit enormem Aufwand, eigens hergestellt worden, um etwas zu bedeuten, und geben eine Ahnung davon, welch ungeheure Wichtigkeit es hatte, der Natur eine Bedeutung zu verleihen.

Auch dabei muß es, wie einst bei der Werkzeugerfindung, zunächst um Leben und Tod gegangen sein, nur eben nun auf dem Niveau kollektiv praktizierter Riten. In der Kultur tat sich die Dimension des Kults auf. Das mag vor 50 000 Jahren geschehen sein, vielleicht aber, wenn der Verdacht, in der Wüste Kalahari habe es vor 70 000 Jahren bereits einen Schlangenkult gegeben, sich erhärten sollte,[3] auch schon viel früher. Jedenfalls hatten die Neandertaler vor ca. 40 000 Jahren hochentwickelte Grabstätten und Bestattungsriten. Schmuck, Skulpturen, Gemälde sind hingegen erst seit 30 000 Jahren und nur für unsere

[3] Ulrich Bahnsen, *Heiliger Würger*, DIE ZEIT, 14. Dezember 2006, S. 44

Spezies nachweisbar. Ihretwegen heißt sie Homo sapiens. Ihre spezifische *sapientia* ist das große Rätsel, vor dem auch die Paläontologen staunend stehen. Es stellt gleichsam den Schlußstein der Altsteinzeit dar. Großes Gehirnvolumen, aufrechter Gang manuelle Geschicklichkeit, Disposition zu Triebaufschub: dies alles erklärt noch nicht die singuläre Verschiebungsleistung, die dem Homo sapiens die Sphäre der Bedeutung öffnete.

Dies Rätsel interessiert nicht nur Fachleute. «Die Erforschung der Hominiden ist auch die Erforschung von uns selbst. Das geht an die Substanz», sagt Friedemann Schrenk.[4] In der Tat: Die physische Grundausstattung, die der Homo sapiens vor ca. 200 000 Jahren erwarb, die Nervenzellenverbindungen, die sich in seinem Gehirn dabei festgezogen haben: dies alles schleppen wir Heutigen ja immer noch mit. Die Altsteinzeit ist in uns. Sie geht uns nichts an, solange sie lediglich den beruhigten Untergrund bildet, auf dem alle weitere Entwicklung unserer Spezies verläuft. Sie geht uns existentiell an, sobald dieser Untergrund aufgerührt wird.

Genau das tut die moderne Hochtechnologie. Sie läßt die Vergangenheit nicht ruhen, auch die fernste nicht. Ihr Blick ist zwar vornehmlich auf die Zukunft gerichtet, aber dabei beschwört sie die Altsteinzeit wieder herauf. Nicht nur in dem Sinne, daß sie der Paläontologie eine Fülle von Präzisionsmethoden beschert, so daß mit Karbon-, Kalium- oder DNS-Analysen atemberaubend genaue Befunde über Alter und Beschaffenheit von Knochen-, Gesteins- und Erdproben möglich werden. Die Hochtechnologie hat in sich selbst eine archäologische Dynamik. Was machen denn die Genetiker? Sie analysieren und registrieren nicht nur einen Genbestand, sie greifen auch in ihn ein. Genetisch behandelte Lebensmittel sind längst im Umlauf. Vereinzelt werden haarsträubende Experimente durchgeführt. «Im Jahre 1986 entnahmen Wissenschaftler Glühwürmchen das Gen für den in ihnen enthaltenen Leuchtstoff und pflanzten es Tabakpflanzen ein. Die Tabakblätter begannen zu leuchten.» Andere «fusionierten Embryonalzellen von einer Ziege und einem Schaf und setzten den so entstandenen neuen Embryo einer Leihmutter ein, die die Ziegen-Schaf-Chimäre erfolgreich austrug.»[5]

Zur akuten Gefahr, die von solchen Manipulationen für Gegenwart und Zukunft ausgeht, kommt noch ihre Rückwirkung auf fernste Vergangenheit hinzu. Sie setzen sich über Speziesgrenzen hinweg, die sich im Laufe von Millionen Jahren gefestigt haben. Sie versetzen die organische Natur wieder in

4 *«Technik war der Zündfunke unserer Evolution».* Der Frankfurter Paläontologe Friedemann Schrenk über die großen Momente in der Geschichte der Menschheit, Interview, Süddeutsche Zeitung, 11./12. Februar 2006, S. 24

5 Jeremy Rifkin, *Das biotechnische Zeitalter.* Die Geschäfte mit der Gentechnik, Goldmann, München 1998, S. 41

den Zustand zurück, wo diese Grenzen noch nicht fest waren – und ziehen sie anders. So graben sie die Naturgeschichte gleichsam wieder auf und revidieren sie. Das Wort «Geschichtsrevisionismus» bekommt da eine ganz neue praktische Dimension. Besonders brisant ist es, wenn solche Revision am Menschen geschieht, und zwar nicht nur zur Krankheitsbekämpfung, sondern um den Genbestand des Homo sapiens zu korrigieren. Dann geht es darum, seine physische Grundausstattung «umzugraben» – sie gewissermaßen einer archäologischen Behandlung zu unterziehen. Ähnliches hat die Nanotechnologie vor. Wenn es ihr gelingen sollte, durch den Einbau winziger Röhrchen ins Gehirn die nervliche Erregung umzuleiten, und zwar nicht nur zur Ausschaltung defekter Nervenzellen, sondern auch zur Einschaltung angeblich zuwenig genutzter Hirnregionen, dann rührt auch sie die Naturgeschichte des Gehirns auf, wobei ihr die Nanoröhrchen als winzige archäologische Spaten dienen.

Über diesen Bestrebungen, die erst in den Anfängen sind, wird gern vergessen, daß die moderne Medientechnologie bereits seit gut hundert Jahren Mentalarchäologie betreibt. Im Jahr 1895 führten die Gebrüder Lumière im Pariser *Grand Café* die ersten Filme vor. Viel zeigten sie eigentlich nicht. Eine einzige Kameraeinstellung hält über etwa drei Minuten fest, wie Arbeiter bei Dienstschluß die Fabrik verlassen oder wie ein Zug in einen Bahnhof einfährt. Bloß diesen Vorgang, ohne weitere Vorkommnisse. Dennoch wurde wie gebannt zugeschaut. Einige sprangen sogar erschreckt auf, weil sie meinten, der in den Bahnhof einfahrende Zug halte direkt auf sie zu. Das liegt an der neuen optischen Distanzlosigkeit, die der Film herstellt. Im Kino sind die Augen des Zuschauers weit weniger seine eigenen als im Theater. Er sieht nun durchs Auge der Kamera. Er tritt gleichsam in ihren Blick ein. Ihre Bilder werden zu seinen Bildern und gehen ihm unter die Haut seines Wachbewußtseins, weil sie Bilder eines bewußtlosen Auges sind, das gleichsam filterlos sieht, ohne irgend etwas dabei zu fühlen, zu erinnern oder zu denken – und dadurch eine neue Sehwelt eröffnet: voll von Details, Verläufen und Zusammenhängen, die das kameralose Auge nie bemerken würde, also eine Welt des «Optisch-Unbewußten»[6], und zugleich eine Welt reflexionsloser Unmittelbarkeit. Ihre Bilder wirken mit der Intensität von Traumbildern, die dem Träumer ebenfalls als vollkommen real und unausweichlich erscheinen. Natürlich *sind* sie keine Traumbilder. Dazu sind sie viel zu scharf und genau, oft zudem viel zu sorgsam arrangiert. Aber sie laufen ab wie ein

[6] Walter Benjamin, *Das Kunstwerk im Zeitalter seiner technischen Reproduzierbarkeit*, Zweite Fassung, Gesammelte Schriften (ed. Tiedemann/Schweppenhäuser), Bd. I. 2, Suhrkamp, Frankfurt am Main 1974, S. 500

nach außen gekehrter Traum, der Traumbildern eine Schärfe und Präzision gibt, die sie von sich aus gewöhnlich nicht haben. Auch das Montageprinzip ist eine Schärfung des Traums. Die montierten Kameraeinstellungen folgen einander ähnlich unvermittelt, wie im Traum die Szene wechselt, nur schroffer. Es gibt jedes Mal einen Ruck, und jeder dieser Rucks entfaltet eine Doppelwirkung. Zunächst zieht er den Betrachter mächtig in seinen Bann. Doch alsbald läßt er ihn wieder wegdriften: in ein schwer definierbares Wachtraumleben – neben dem Film und doch in seinem Kraftfeld. Siegfried Kracauer hat das früh bemerkt. «Sobald das organisierte Ich des Zuschauers abgedankt hat, dringen seine unterbewußten oder unbewußten Erfahrungen, Befürchtungen und Hoffnungen an die Oberfläche und streben danach, die Führung zu übernehmen. Infolge ihrer Unbestimmbarkeit sind Filmbilder besonders geeignet, als zündender Funke zu wirken. Irgendein solches Bild kann im Kinobesucher Kettenreaktionen auslösen – eine Flucht von Assoziationen, die nicht mehr um ihre ursprüngliche Quelle kreisen, sondern aus seiner erregten Innenwelt aufsteigen.»[7]

Der Filmbetrachter ist selbstverständlich wach; anders könnte er dem Film gar nicht folgen. Dennoch ist seine Wachheit ein beträchtliches Stück weit in Richtung Traum und Hypnose abgesenkt. Die ohnehin unscharfe Grenze zwischen Schlaf, Traum und Wachsein ist, seit es den Film gibt, noch um einiges unschärfer geworden. Zwar ist er längst kein Kuriosum mehr, nicht einmal mehr ein erlesenes Freizeitvergnügen. Vorbei die Zeit, wo man sich die ganze Woche über auf den Kinobesuch am Wochenende freute. Bewegte Bilder gehören zum High-Tech-Alltag. Sie durchziehen nicht nur die gesamte Freizeit; sie haben auch die Arbeitswelt erobert. Die Koordination ganzer Produktions- und Verwaltungsvorgänge läuft über Bildschirme. Das hat zwar zur Folge, daß sich die einzelne Bildsequenz weniger tief eindrückt als in den frühen Kinozeiten. Dafür ist sie Bestandteil einer audiovisuellen Dauerbestrahlung geworden, die unablässig Worte in Bildern untergehen läßt und das Sensorium zwischen lauter aufmerksamkeitsheischenden Szenarien ruckartig hin und her wirft.

Sie sind es, die den Takt moderner Welterfahrung angeben. In globalem Maßstab und rund um die Uhr veranstalten sie «konzentrierte Zerstreuung»[8]. Schon Kleinkinder werden ihr dauerhaft ausgesetzt. Jugendliche verharren nirgends so ausdauernd wie vor laufenden Bildschirmen; im globalen Durchschnitt zwei bis fünf Stunden täglich. Ein Schelm, wer meint, dies alles bleibe

[7] Siegfried Kracauer, *Theorie des Films*, Suhrkamp, Frankfurt am Main 1985, S. 225

[8] Christoph Türcke, *Erregte Gesellschaft*. Philosophie der Sensation, C. H. Beck, München 2002, S. 271

ohne jede dissoziative Tiefenwirkung auf Motorik, Sensorik, Wahrnehmungs- und Denkweise. Wie sich Sitten lockern können, so auch Konzentrations- und Koordinierungskräfte, Vorstellungs- und Denkformen. Sind sie selber doch nichts anderes als Sitten, die sich zu Natur sedimentiert haben. Man muß gar nicht erst, wie einst Jacques Derrida, zu ihrer «De-Sedimentierung» aufrufen.[9] Mit der ist die audiovisuelle Dauereinwirkung nämlich schon ganztägig beschäftigt. Ebendarin besteht ja ihre Mentalarchäologie. In diesem Buch wird dem Verdacht nachgegangen, daß sie das nicht erfolglos tut, daß sie tatsächlich im Begriff steht, «die Altsteinzeit in uns» aufzurühren: jenen Bodensatz des Denkens, den erst mühselige, jahrtausendelange Nervenarbeit im Homo sapiens abgelagert hat – und der dann anmutete, als sei er «immer schon da» gewesen.

Der Bodensatz des Kaffees schmeckt nicht; aber all seinen Geschmack verdankt der Kaffee ihm. Und Kaffee schmeckt nur so lange, wie der Bodensatz unten bleibt. So auch beim Denken. Sein Bodensatz ist ein unappetitlicher Niederschlag von Blut, Schweiß und Anstrengung. Und dennoch: Alle Einbildungskraft, aller Scharfsinn, alle gedankliche Originalität, zu denen der Homo sapiens es je gebracht hat, verdanken sich ihm und haben nur aufsteigen können, indem er sich setzte. Es gibt keinen andern Bodensatz des Denkens als diesen altsteinzeitlichen, kein neues Modell, gegen den man ihn austauschen könnte. Wenn er aufgerührt wird, wenn er aufhört, der ruhige, verläßliche Untergrund des Denkens zu sein, dann ist auf eine bisher ungekannte Weise das Denken selbst bedroht. Nichts überflüssiger, als hier auch noch geisteswissenschaftlich nachzuhelfen und seinen Ehrgeiz dareinzusetzen, der *scientific community* möglichst viele literarische oder ästhetische Gebilde in desedimentiertem, disseminiertem, dekonstruiertem Zustand zu präsentieren – wie erlegte Hirsche.

Dem Bodensatz des Denkens gegenüber ist eine ganz andere Haltung angezeigt. Ich möchte sie «Achtung» nennen, durchaus mit einem Seitenblick auf den Bedeutungsumfang, den dieses Wort bei Immanuel Kant hat. In «Achtung» steckt zum einen das Beachten: eine Sache überhaupt erst einmal aufmerksam und detailliert zur Kenntnis nehmen. Und «Achtung» bedeutet zum andern stets Respekt. Nicht Zuneigung oder Liebe. Das hat Kant klar gesehen. Das moralische Gesetz, das er der Menschheit nahebringen wollte, war für ihn viel zu streng, als daß man es lieben könnte. Den Bodensatz des Denkens kann man erst recht nicht lieben. Er ist, wie sich noch zeigen wird, ein grauenhaftes Gebräu – und dennoch schlechterdings kostbar. Ohne ihn gibt es keine Menschheit.

[9] Jacques Derrida, *Grammatologie*, 1967, dt. Suhrkamp, Frankfurt am Main 1983, S. 23

Sofern Denken in diesem Gebräu steckt, kann man es sich kaum primitiv genug vorstellen; «primitive Denktätigkeit» aber ist Sigmund Freuds Definition des Traums.[10] An sie knüpft dieses Buch an. Wer begreifen will, was Denken ist, muß zu begreifen versuchen, was Träumen ist. Nirgends zeigt sich menschliches Denken in so primitiver Verfassung wie im Traum, selbst noch im 21. Jahrhundert. Zwar ist auch das Traumleben offen für Neues. Im letzten Jahrhundert haben sich darin sogar allerlei Versatzstücke der Industriekultur abgelagert. An seiner primitiven Verfahrensweise hat das nichts Grundsätzliches geändert. Auch die Traumbildung in Hochkulturen ist immer noch ungleich konfuser und realitätsuntüchtiger als das Wachleben der primitivsten jemals bekannt gewordenen Naturvölker. Insofern eröffnet der Traum, auch der zeitgenössische noch, eine Dimension von Vorzeit, an die keine Ethnologie je heranreicht. Andrerseits sind die simpelsten und primitivsten Traumgebilde, von denen wir wissen, ihrerseits schon in beträchtlichem Maße Kulturprodukte. Die Träume, die die älteste erhaltene Mythologie Herrschern, Heroen, Erzvätern oder Göttern zuschreibt, sind allesamt bereits Frühblüten menschlicher Erzählkunst. Und Kinder, die das Privileg haben, daß ihr Gestammel von ersten Träumen aufmerksam aufbewahrt wird, gehören längst Hochkulturen an. Unsere Träume sinken zwar in die Vorzeit zurück, jedoch nicht entfernt so weit, daß auch nur einer von ihnen an den Menschheitsursprung zurückgelangte. Wohl aber sind sie Wegweiser zu ihm hin, und auf den folgenden Seiten ist zu prüfen, ob sie nicht noch etwas mehr sind: seine Niederschläge und Chiffren, die ihn bis zu einem gewissen Grade lesbar machen.

Eine der großen Entdeckungen Freuds war ja, daß das, was wir als Traum erleben und ins Wachbewußtsein herüberretten, bloß der «manifeste Trauminhalt» ist: seine Fassade. Entscheidend ist, was dahinter vorgeht: das Innenleben des Traums, dem es gelingt, sich mit dieser Fassade zu umgeben. Für Freud besteht es aus zwei Mechanismen. Er nennt sie etwas bieder «die beiden Werkmeister»[11] des Traums. Aber ihre Namen lassen aufmerken: *Verdichtung* und *Verschiebung*. Ja, diese beiden Begriffe kamen bereits vor. Sie wurden sozusagen inkognito eingeführt, um jene Umleitungs- und Ballungskräfte in der Gattung Homo verstehen zu lernen, ohne die es zu *pebble tools* und Gräbern, kurzum zur Kultur, schwerlich hätte kommen können. Nun kann hinzugefügt werden: Es sind Begriffe, die dem Zentrum der Freudschen Theorie entstammen. Wenn Freud auf etwas stolz war, dann auf die Entdeckung von Ver-

10 Sigmund Freud, *Die Traumdeutung*, Studienausgabe, Bd. II, Fischer, Frankfurt am Main 1972, S. 539

11 Sigmund Freud, *Die Traumdeutung*, l. c., S. 307

dichtung und Verschiebung. Sie «als Anzeichen des sogenannten psychischen *Primärvorganges*» herausgearbeitet und vom «Sekundärvorgang» unterschieden zu haben, der bloß ihre Hülle ist und sie mit der Außenwelt verträglich zu machen versucht: das steht in seiner Lebensbilanz ganz oben an. «Ich glaube, daß diese Unterscheidung bis jetzt unsere tiefste Einsicht in das Wesen der nervösen Energie darstellt.»[12]

Um so erstaunlicher, wie wenig Freud aus dieser Einsicht gemacht hat. Sie ist lebendig, wenn es ihm darum geht, die Träume seiner Patienten besser zu deuten, ihre Neurosen leichter aufzulösen, ja, überhaupt erst einmal den seelischen «Apparat» zu verstehen, aus dessen Tiefen sie aufsteigen. Aber wenn er über seine Patienten und ihre individuelle Vorzeit hinausschaut, sich um die Vorzeit der Gattung zu kümmern beginnt, intensive ethnologische Studien treibt, «die sogenannten Wilden» eigens als «direkte Abkömmlinge und Vertreter der früheren Menschen» und damit als «eine gut erhellte Vorstufe unserer eigenen Entwicklung» ins Visier nimmt und schließlich sogar riskiert, sämtliche Tabus und kulturellen Grundparameter aus dem Mord an einem mächtigen Urvater herzuleiten, den die menschliche Urhorde einst kollektiv begangen habe[13] – dann schlägt seine «tiefste Einsicht» kaum zu Buche. Es gibt hier einen eigenartigen blinden Fleck. Wenn es stimmt, daß der Traum «primitive Denktätigkeit» ist, dann müssen die «Werkmeister» des Traums wohl oder übel auch die «Werkmeister» des gesamten menschlichen Denkens sein, ja der Kultur überhaupt. Doch zu dieser Konsequenz hat Freud sich nicht durchgerungen, und an diesem heiklen Punkt zeigt sich die Ethnopsychoanalyse kaum weniger zögerlich als er.

Das ist kein bloßes Versehen. Man stelle sich einmal für einen Augenblick vor, Freud hätte bei der Abfassung der *Traumdeutung* die volle Reichweite von Verdichtung und Verschiebung als Kultur- und Denkbildnern bemerkt und sich rückhaltlos der Aufgabe gewidmet, die daraus resultiert. Die Psychoanalyse hätte eine ganz andere Richtung genommen. Sie wäre in weit höherem Maße Anthropologie, Kultur- und Erkenntnistheorie geworden als ohnehin schon. Und vor allem: Freud hätte Philosoph werden und weitgehend aufhören müssen, Arzt zu sein, wozu er sich nicht nur intellektuell nicht gerüstet fühlte, sondern auch um seiner Patienten und um seiner selbst willen nicht bereit war; lebte er doch, auch materiell, von der analytischen Kur und konnte nicht absehen, ob derart weite Ausflüge in philosophische Grundlagentheorie seiner praktischen Arbeit mit Neurotikern irgend zugute kommen würden. Kurzum, er hatte gute Gründe, gar nicht so genau wissen

12 Sigmund Freud, *Das Unbewußte*, Studienausgabe, Bd. III, l. c., S. 145 und 147
13 Sigmund Freud, *Totem und Tabu*, Studienausgabe, Bd. IX, l. c., 1974, S. 295 und 425

wollen, wie weit Verdichtung und Verschiebung tatsächlich reichen. Seine «tiefste Einsicht in das Wesen der nervösen Energie» überforderte ihn und bedrohte die von ihm begründete Kur. Und so ist seine «tiefste Einsicht» auch die schwerste intellektuelle Hypothek, die er aufgenommen und der Nachwelt hinterlassen hat. Hypotheken sind Forderungen. Ob man ihnen gewachsen ist oder nicht, sie wollen abgetragen sein. Und die hier in Frage stehende wird in dem Maße drückender, wie die hochtechnologische Mentalarchäologie voranschreitet. Wer soll ihre Tiefenwirkungen ins kollektive Bewußtsein heben, wer den Bodensatz des Denkens gegen seine Desedimentierung in Schutz nehmen, wenn nicht eine philosophisch über sich hinausgewachsene Psychoanalyse oder eine psychoanalytisch in sich gegangene Philosophie?

Wer immer sich allerdings dieser Aufgabe stellt, darf sich auf den Vorwurf gefaßt machen, lediglich Spekulation zu betreiben. Doch was heißt hier «lediglich»? Es ist Zeit, die Spekulation zu rehabilitieren. Gewöhnlich wird darunter heute nur noch eine bestimmte Form ungewisser Mutmaßung verstanden: etwa über den Ausgang des nächsten Fußballspiels oder über die Entwicklung von Aktien- und Grundstückspreisen. Als Spekulant gilt, wer aus diesen Ungewißheiten Profit zieht: Makler, Schieber, Schwadronierer. Doch *speculator* heißt wörtlich Ausspäher, Kundschafter, *speculari* etwas erspähen, was nicht offen zutage liegt. Damit kann sowohl Ausspionieren als auch Erforschen gemeint sein. Der Idealfall des *speculator* ist der Detektiv, der aus wenigen Spuren zweifelsfrei erschließt, wie sich der verborgene Sachverhalt tatsächlich zugetragen hat. Im Alltag kommt das Schließen allerdings oft über einen gewissen Plausibilitätsgrad nicht hinaus und ist vor Irrtum selbstverständlich nicht gefeit. Aber damit ist nicht alles, was bloß erschlossen ist, automatisch dubios. Vieles, was sich nicht ins Labor oder auf den Seziertisch zerren läßt, verhält sich dennoch nicht anders, als es sich schlußfolgerndem Denken darstellt. Jeder gerichtliche Indizienprozeß verfährt spekulativ. Er kann auf kein Geständnis bauen und den Täter gleichwohl unabweisbar überführen. Die Paläontologie wäre arbeitsunfähig, knüpfte sie nicht ständig ganze Ketten von Schlußfolgerungen an ihre raren Fundstücke. Und die hier zu entfaltende Achtung für den Bodensatz des Denkens kann nicht einmal äußere Fundstücke vorweisen. Sie muß alte Texte als Fundstücke lesen lernen: als Überbleibsel von noch viel Älterem, worüber die Texte selbst nicht sprechen. Das wäre ein schier aussichtsloses Unternehmen, gehörte zum Bodensatz des Denkens nicht auch eine bestimmte Eigendynamik, man könnte auch sagen, Trieblogik des Nervensystems. Sie wird sich als der Bündnispartner der hier veranstalteten Spekulation erweisen und gelegentlich Zusammenhänge derart unabweisbar machen, daß man sagen darf: Auch wenn die zugänglichen

Fakten allein für einen Beweis nicht ausreichen, kann es sich nach menschlichem Ermessen schlechterdings nicht anders verhalten.

Der Weg in den Untergrund des Denkens wird in drei Schritten gegangen. Der erste führt mitten in den Traum hinein. Wer in ihn eintaucht und sich durch seine Eigenlogik treiben läßt, wird zu jener Vorzeit gelangen, wo der Traum noch nicht auf die Schlafphasen beschränkt war, wo es auch im Wachen keine Denkweise gab als seine. Um ihr auf die Schliche zu kommen, ist ein zweiter Schritt erforderlich: hinab zu dem spezifischen Triebleben, aus dem sie hervorgegangen ist. Der Punkt, an dem es spezifisch menschlich wurde, ist der animalische Tiefpunkt und Mittelpunkt der ganzen Untersuchung. Von ihm aus ergibt sich der dritte Schritt: die Triebdimension in der Wortbildung offenzulegen und zu zeigen, wie Traum und Sprache ineinandergreifen. Der Traum «spricht», aber die Sprache «träumt» auch.

Daraus ergeben sich die folgenden drei Kapitel: Traum – Trieb – Wort. Am Eingang steht unübersehbar, wie zur Abholung bereit, Freud. Er ist sozusagen der Vergil dieses Buches. Aber er wird führen, wohin er nicht will.

1 Traum

Physisches und Psychisches

Man sitzt in geselliger Runde am Kamin. Zu Füßen des Hausherrn hat sich der Jagdhund wohlig ausgestreckt und schläft. Plötzlich bellt er leise. «Er träumt», sagt der Hausherr; «das ist sein Hetzlaut.» Und die Abendgesellschaft beginnt darüber zu phantasieren, was er denn gerade «hetzen» mag: eine Katze, ein Reh oder einen Fuchs? Wir werden es nie erfahren. Er kann ja nicht in Worte fassen, was ihn im Schlaf hat bellen lassen. Aber daß hochentwickelte Säugetiere träumen, dafür gibt es nicht nur äußere Anzeichen, sondern einen Beweis aus dem neurologischen Labor. Erbracht wurde er zunächst für Menschen. Während ihres normalen Nachtschlafs, so fanden Aserinsky und Kleitman 1953 heraus, treten etwa alle 90 Minuten kurze Phasen erhöhter Gehirnaktivität mit raschen Augenbewegungen (*Rapid Eye Movement*, abgekürzt: REM) auf.[1] Die meisten Versuchspersonen, die in einer solchen REM-Phase geweckt wurden, bejahten, gerade geträumt zu haben. Damit schien festzustehen: REM-Zustände sind Traumzustände. Und da sich REM auch bei schlafenden Hunden, Katzen und andern Säugetieren nachweisen ließ, drängte sich der Schluß auf: Sie träumen ebenfalls.

Bald stieß die Forschung auf die Ursachen dafür. Tief im Stammhirn, in der sogenannten Brückenregion zwischen Rückenmark und Genickansatz, entdeckte sie eine Formation von Nervenzellen, die einen Botenstoff namens Acetylcholin freisetzt. Er löst die REM-Phasen aus. Nachweislich aktiviert er aber zugleich bestimmte höhere Hirnregionen. Offenbar regt er sie zur Erzeugung von Vorstellungsbildern an. Denn wenn seine Wirkung vorbei ist, also nach wenigen Minuten, endet auch der Traum. Es wird traumlos weitergeschlafen bis zur nächsten REM-Phase. Damit bot sich eine einfache physiologische Erklärung für das gesamte Traumgeschehen an. Träume werden biorhythmisch

[1] Dieser und die nächsten beiden Absätze nach: Mark Solms, *‹Traumdeutung› und Neurowissenschaften*, in: Jean Starobinski / Ilse Gubrich-Simitis / Mark Solms, *Hundert Jahre ‹Traumdeutung› von Sigmund Freud*, Fischer, Frankfurt am Main 1999, S. 73–82; Zitate S. 80 und 82

erzeugt, gewissermaßen durch einen nervlichen Zufallsgenerator im Stammhirn, der in regelmäßigen Abständen das Großhirn zu mehr oder weniger wirren Vorstellungsbildern reizt. Sinn haben sie nicht. Es gibt an ihnen weder etwas zu verstehen noch zu deuten.

Das war natürlich voreilig. Nicht alle aus dem REM-Schlaf geweckten Personen, so stellte sich bald heraus, konnten von Träumen berichten. Andere wiederum hatten Traumerlebnisse außerhalb der REM-Phasen. Es fanden sich sogar Personen, die wegen geschädigter Brückenregion unfähig zum REM-Schlaf waren, aber gleichwohl zu träumen vermochten. Umgekehrt war bei andern der REM-Schlafzyklus vollkommen intakt; dennoch träumten sie rein gar nichts. In ihrer Großhirnrinde, oberhalb der Augenhöhlen, war nämlich ein bestimmter Faserzug beschädigt, der gewöhnlich Impulse aus dem Mittelhirn an die höheren Etagen des Gehirns weiterleitet und sich immer dann als besonders aktiv zeigt, wenn der Organismus «appetitiv» ist, will sagen voller Drang nach äußeren Objekten, die seiner inneren Bedürfnisspannung abhelfen sollen. Diese Leitungsbahn des Wünschens erweist sich also ebenfalls als traumkonstitutiv. Nicht minder gilt das für die «okzipito-temporo-parietale» Übergangsregion hinter und über den Ohren in der Großhirnrinde. Sie spielt «bei der Umsetzung konkreter Wahrnehmung in abstraktes Denken [...] sowie beim Behalten organisierter Erfahrung eine wesentliche Rolle». Wird sie verletzt, so fällt das menschliche Träumen ebenfalls ersatzlos aus.

Offensichtlich ist Träumen ein hochkomplexer Prozeß, kommt nicht nur durchs Stammhirn, sondern mindestens ebenso durchs Großhirn zustande, ist nicht nur, wie die REM-Forscher meinten, die wirre Erscheinungsform zyklischer, diffuser Erregung, sondern nicht minder ein Vorgang des Wünschens, Denkens und Erinnerns. Sie gehen im Traum eine Synthese ein. Allerdings kann die Neurophysiologie immer nur Orte im Gehirn angeben, die besonders aktiv sind, wenn diese Synthese stattfindet. Aber sie kann nie sagen, wie sie zustande kommt. Dazu gibt es keinen andern Weg, als den Traum von innen, von seiner Erlebensseite her, aufzunehmen und die «Arbeit» nachzuzeichnen, die sein Zustandekommen kostet, und dabei kommt man an Freuds Traumdeutung nicht vorbei. Durch die REM-Forschung schien sie überholt, durch die neuere Neurophysiologie hingegen hat sie einen neuen Unterbau bekommen.[2]

Auf den muß sie nun allerdings auch neu bezogen werden. Dazu hilft das Beispiel des träumenden Hunds. Es zeigt: Träumen ist nichts exklusiv Menschliches. Wer das Spezifische des menschlichen Traums begreifen will, muß sich

[2] Mark Solms geht sogar so weit, den Spieß umzukehren und sie als «Orientierungsrahmen für die nächste Phase unserer neurowissenschaftlichen Untersuchungen» zu erachten (L. c., S. 85).

erst einmal um dessen animalische Grundschicht kümmern. Das hat Freud in bestimmter Hinsicht durchaus getan. Seine *Traumdeutung* enthält einen ganzen Abschnitt über die «somatischen Traumquellen»[3]. Darin unterscheidet er «Leibreize», die aus dem Körperinneren kommen, wie Durst, Verdauungsstörungen oder sexuelle Spannung, und «Nervenreize», die von außen einwirken: Kälte, Hitze, Gerüche, Geräusche etc. Allerdings handelt Freud die somatischen Traumquellen mit größter Reserviertheit, ja mit gewissem Widerwillen ab, sah er sich doch umgeben von Forschern, die glaubten, das ganze Traumleben kausal aus ihnen herleiten zu können, als seien Träume stets direkte Abbildungen und Symbolisierungen von Leib- und Nervenreizen. Das ergibt skurrile Behauptungen. «Der menschliche Leib als Ganzes wird von der Traumphantasie als Haus vorgestellt, das einzelne Körperorgan durch einen Teil des Hauses. In den ‹Zahnreizträumen› entspricht dem Mundorgan ein hochgewölbter Hausflur und dem Hinabfall des Schlundes zur Speiseröhre eine Treppe» (TD 232). Gerade das Bestehen auf strenger Kausalität zwischen somatischen Reizen und psychischen Zuständen führt zu den willkürlichsten Zuordnungen; «so findet die atmende Lunge in dem flammenerfüllten Ofen mit seinem Brausen ihr Symbol, das Herz in hohlen Kisten und Körben, die Harnblase in runden, beutelförmigen oder überhaupt nur ausgehöhlten Gegenständen» (TD 233), phantasiert der Philosoph Johannes Volkelt beim Versuch, eine strenge Traumwissenschaft zu begründen. Und die anderen führenden Traumtheoretiker des ausgehenden 19. Jahrhunderts – Karl Scherner, Ludwig von Strümpell oder Wilhelm Wundt – verfahren kaum anders. Sie kommen als gewissenhafte Methodiker der Kausalität daher, lassen aber bei ihrer Zurückführung komplexer Traumgebilde auf einfache körperliche Reize eine Deutungswillkür walten, die der von Schamanen kaum nachsteht.

Freud hat leichtes Spiel, wenn er ihnen nachrechnet, daß sie die Eigenständigkeit der Traumbildung gegenüber körperlichen Reizen gründlich verkennen. Doch macht er es sich mit dieser Eigenständigkeit nicht etwas *zu* leicht? Sie ist doch bloß relativ. Das vergißt er gelegentlich. Dann versteigt er sich etwa zu der Behauptung, «daß der Traum kein somatisches, sondern ein psychisches Phänomen ist».[4] Da sind die «somatischen Traumquellen» unversehens ausgeblendet. Das sogenannte Psychische wird wie eine eigene Substanz konzipiert: zwar vergänglich, einem Körper innewohnend, von dessen Stoffwechsel- und Nervenleistungen abhängig, beeinflußt und beeinträchtigt, aber

[3] Sigmund Freud, *Die Traumdeutung*, l. c., S. 228 ff. Weitere Zitate werden mit dem Kürzel TD im Text nachgewiesen.

[4] Sigmund Freud, *Vorlesungen zur Einführung in die Psychoanalyse*, Studienausgabe, l. c., Bd. I, 1969, S. 116. Weitere Zitate werden mit dem Kürzel VL im Text nachgewiesen.

dennoch als ein eigenes Sein mit eigenen Gesetzmäßigkeiten, philosophisch gesprochen, als *ens per se.* Freud wird hier fast zum Metaphysiker. Dabei ist es gar nicht nötig, die Seele substantialistisch zu denken, um ihre Eigenständigkeit zu sichern. Es genügt, sie als eine besondere nervliche Balanceleistung in höheren Organismen wahrzunehmen. Balance ist etwas höchst Erstaunliches: nie ganz zu durchschauen oder zu deduzieren. Sie ist nämlich nicht einfach eine Wirkung physischer Ursachen, sondern das Kunststück, körperliche Organe gegen ihre eigene Schwerkraft in ein höheres, gleichsam schwebendes Verhältnis zueinander zu bringen. Ein Stück weit gelingt das schon Kleinkindern, wenn sie stehen oder laufen lernen. Seiltänzer machen daraus dann ein Virtuosenstück.

Und wie es motorische Balanceleistungen gibt, so auch sensorische. Hier sind es «Leibreize» und «Nervenreize», die aus dem Trott ihrer natürlichen Abfuhr gebracht und allmählich in jenen koordinierten Schwebezustand versetzt werden, den man dann «seelisches Erleben» nennt. Auch hier gilt: Die Balance läßt sich allenfalls in Umrissen beschreiben; aber wie sie möglich ist und wirklich wird, läßt sich nicht erklären. Wird sie jedoch oft genug geübt, kann sie sich derart habitualisieren, daß sie wie eine Automatik abläuft und den Anschein erweckt, als sei sie die Leistung einer eigenen psychischen Substanz. Diesem Anschein ist die abendländische Metaphysik voll aufgesessen. Von Platon bis Hegel hat sie die Seele, zumindest die vernunftbegabte, die sogenannte Geistseele, als etwas in sich selbst Fundiertes erachtet und ihr eine eigene Essenz untergeschoben. «Hypostasierung» nennt man das. Zwar ist Balance etwas bewundernswert Eigenständiges und aus dem Balancierten nie zureichend herleitbar, Seele als nervliche Balanceleistung also etwas qualitativ anderes als Körper. Andrerseits ist diese Balance nichts als ein bestimmtes Verhältnis zwischen dem Balancierten, Seele also lediglich ein besonderer Aggregatzustand von Körperlichem.

Warum dieser Aggregatzustand beim Homo sapiens überdies noch jene spezifische Qualität gewonnen hat, die man «mental» nennt, wird sich im Laufe dieses Kapitels zeigen. Vorerst genügt der Hinweis, daß «das Psychische» keine eigene Domäne ist. Psychoanalytiker, die es für sich reservieren und der Neurowissenschaft nur eine Kompetenz für «das Physische» zugestehen wollen, setzen die alte Hypostasierung der Seele lediglich mit neuen Mitteln fort. Warum aber fürchten sie sich vor der Einsicht, daß «das Psychische» selbst bloß eine nervliche Balanceleistung ist? Hätten sie doch allen Anlaß, (sich) daran zu erinnern, daß der Gründer ihrer Disziplin Neurologe war – zwar einer, der sich nach und nach vom Ungenügen der Neurologie überzeugte, aber doch kein platter Konvertit. Freud hat als Psychoanalytiker keineswegs aufgehört, Neurologe zu sein. Deshalb ist er ein gewisses Schwanken auch nie losgeworden. Wenn er die Psychoanalyse gegen die Theologie profilierte, gab er sich stets als harter, illusionsloser Naturwissenschafter. Wenn er sie gegen die Neurologie absetzte, wurde er zum Dechiffrierer von Bildern und Symbolen – mit einer gewissen Anfälligkeit für Keime des philosophischen Idealismus. Dies Schwanken war nicht nur sein persönliches Problem. Es gehört zur Psychoanalyse selbst; ist sie doch nichts anderes als über sich selbst hinausgewachsene Neurologie. Alle Versuche, sie eindeutig auf eine Seite festzulegen, als sei sie «eigentlich» eine Hermeneutik, die sich gelegentlich als Naturwissenschaft mißverstanden, oder «eigentlich» eine klinische Praktik, die sich gelegentlich in die Kulturtheorie verirrt habe, sind identitätslogische Verkürzungen – genauso wie alle Bemühungen, die Seele als eindeutig körperlich oder unkörperlich zu identifizieren.

So entsteht Lagermentalität. Weder Psychoanalyse noch Neurowissenschaft sind davon frei. Um so begrüßenswerter sind neuerliche Bestrebungen, sie zu überwinden.[5] Freilich ist die Wiederannäherung der beiden Disziplinen keine bahnbrechende Pioniertat, sondern lediglich eine überfällige Rückbesinnung auf den Ursprung der Psychoanalyse – auf ihr Entspringen aus der Neurologie. Damit aber steht auch das Entspringen des Traums aus «somatischen Quellen» neu zur Debatte. Es ist, wie sich bereits andeutete, etwas ernster zu nehmen, als Freud es tat. Woraus soll der Traum, als er sich einst in höheren Organismen zu bilden begann, anfangs denn gekommen sein, wenn nicht aus Somatischem? Was anderes als körperliche Reize läßt Hunde träumen? Zunächst einmal muß sich aus somatischen Quellen eine animalische Grundschicht des Träumens gebildet haben. Dann erst kann das Traumleben seine eigenen Wege gehen und sich zu einem komplexen, schwebenden Gebilde ausbalancieren; dann erst kommt nicht jeder einzelne Traum mehr direkt aus körperlichen Reizen; dann erst greift Freuds Kritik an der Traumforschung seiner Zeitgenossen. Und nie werden Leib- und Nervenreize ganz irrelevant für den Traum. Dafür, wie wirksam seine animalische Grundschicht noch in hochkultivierten Menschen ist, gibt Freud selbst das beste Beispiel.

«Da ist z. B. ein Traum, den ich mir beliebig oft, gleichsam experimentell, erzeugen kann. Wenn ich am Abend Sardellen, Oliven oder sonst stark gesalzene Speisen nehme, bekomme ich in der Nacht Durst, der mich weckt. Dem Erwachen geht aber ein Traum voraus, der jedesmal den gleichen Inhalt hat, nämlich daß ich trinke. Ich schlürfe Wasser in vollen Zügen, es schmeckt mir so köstlich, wie nur ein kühler Trunk schmecken kann, wenn man verschmachtet ist, und dann erwache ich und muß wirklich trinken.» (TD 142)

[5] Cf. neben Mark Solms' Projekt einer «Neuro-Psychoanalyse» zum Beispiel François Ansermet / Pierre Magistretti, *Die Individualität des Gehirns*, Suhrkamp, Frankfurt am Main 2005

Zwei physische Grundbedürfnisse sind hier in Konflikt geraten: Durst und Schlaf. Schlaf aber, sagt Freud, «ist ein Zustand, in welchem ich nichts von der äußeren Welt wissen will [...] und ihre Reize von mir abhalte. Beim Einschlafen sage ich also zur Außenwelt: Laß mich in Ruhe, denn ich will schlafen. Umgekehrt sagt das Kind: Ich geh' noch nicht schlafen, ich bin nicht müde, will noch etwas erleben. [...]. Unser Verhältnis zur Welt, in die wir so ungern gekommen sind, scheint es mit sich zu bringen, daß wir sie nicht ohne Unterbrechung aushalten. Wir ziehen uns daher zeitweise in den vorweltlichen Zustand zurück, in die Mutterleibsexistenz also. Wir schaffen uns wenigstens ganz ähnliche Verhältnisse, wie sie damals bestanden: warm, dunkel und reizlos. Einige von uns rollen sich noch zu einem engen Paket zusammen und nehmen zum Schlafen eine ähnliche Körperhaltung wie im Mutterleibe ein. [...] Wenn das der Schlaf ist, so steht der Traum überhaupt nicht auf seinem Programm [...] Es soll keine seelische Tätigkeit im Schlaf geben; rührt sich diese doch, so ist uns eben die Herstellung des fötalen Ruhezustandes nicht gelungen; Reste von Seelentätigkeit haben sich nicht ganz vermeiden lassen. Diese Reste, das wäre das Träumen.» (VL 105 f.)

Eigentlich will Freud an dieser bemerkenswerten Stelle ja nur den Traum als einen «Zwischenzustand zwischen Schlafen und Wachen» (VL 105) verständlich machen. Dabei liefert er, ganz nebenbei, nahezu eine Mystik des Schlafs. Er nimmt die fötale Körperhaltung als Bild, gibt dem vorgeburtlichen Zustand, den sie nachbildet, unversehens eine kleine metaphysische Überhöhung, indem er ihn «vorweltlich» nennt, und sagt von dieser Vorwelt dann: Sie sei es, in die nach der Geburt niemand zurückkehren kann und die wir dennoch intendieren, wann immer wir uns schlafen legen. So wird die Vorwelt gleichsam zum Fluchtpunkt des Schlafs entrückt. Doch sogleich tritt wieder Freuds gewohnte Nüchternheit ein. Durch drei karge Adjektive charakterisiert er die Vorwelt: warm, dunkel, reizlos. Daß ein Organismus es gern warm hat, leuchtet ein. Aber warum dunkel und reizlos? Das Reizlose ist doch das schlechterdings Uninteressante, Schlafen also sturzlangweilig. Und trotzdem wird es ersehnt. Das Schlafbedürfnis ist paradox. Wie kann Reizlosigkeit ersehnt werden, das Reizlose reizen?

Offenbar ziehen Reize nicht nur an; sie strengen auch an. Sie sind attraktiv – aber nur in dem Maße, wie sie sich verarbeiten lassen, wie der Organismus in der Lage ist, die Spannung, in die sie ihn versetzen, in Entspannung zu überführen. Er genießt nicht den Reiz als solchen, sondern dessen Abarbeitung, nicht den Durst als solchen, sondern seine Löschung. Sie «macht den Durst erst schön», wie es in einer berühmten Bierreklame heißt. Sobald das Nervensystem nicht mehr in der Lage ist, den Reiz abzuleiten, wird er zur Belästigung. Die Nerven halten das Interessante auf die Dauer nicht aus. Es schlaucht zu sehr. Insofern ist der Schlaf ein Zustand der Resignation. Dennoch gewährt er auf seine Weise Entspannung. Nicht diejenige, auf die das wache Nervensystem hinarbeitet, sondern bloß deren Ersatz, der sich einstellt, wenn die nervliche Verarbeitungskraft ausfällt. Aber der Ersatz zeigt an, worauf die Verarbeitung hinauswill: auf jene selige Entspannung, die einträte, wenn alle Reize aufgesogen wären.

So gesehen ist der Schlaf Interpret des Wachzustands; natürlich nur für ein waches Bewußtsein. Es lernt sich selbst besser verstehen, wenn es versteht, was der Schlaf will. Er ist nicht von ungefähr ein Mittleres zwischen Tod und Seligkeit. Je nach den Umständen kann er das eine, das andere oder beides bedeuten. Als Zustand der Ruhe stellt er das dar, worauf alles Sehnen und Wünschen hinauswill. Aber er stellt es eben bloß dar, er ist es nicht. Seine Entspannung ist defizitär. Es fehlt ihr die Befriedigung erfolgreicher Reizverarbeitung. Wer schläft, sündigt nicht. Aber wer schläft, genießt auch nicht. Schlaf als solchen kann man nicht genießen, sondern lediglich Reste des Wachzustands *im* Schlaf, also bestimmte Träume, oder das erquickende Gefühl *nach* tiefem Schlaf, aber nicht den Schlaf selbst. Man kann ihn strenggenommen nicht einmal erleben. Man erlebt *etwas* im Schlaf, wenn man träumt, aber nicht den Schlaf selbst. Schlaf als Narkose oder als Dauerzustand, etwa als Koma, ist todesähnlich. Daher erträgt ein gesunder Körper den Schlafzustand nicht übermäßig lange. Er will etwas erleben.

Am Schlafparadox läßt sich eine erste Ahnung vom Triebparadox gewinnen. Etwas begehren, auf etwas gespannt sein heißt vollkommenen Spannungsabbau wollen; der erst böte volle Befriedigung. Zugleich aber will der Begehrende diesen Zustand erleben, genießen. Das aber ist ein Unding. Solange ein Organismus lebt, ist der Spannungsabbau nicht vollkommen, denn Leben *ist* Spannung. Auch im Schlaf ist Spannungsabbau nicht total. Atmung, Blutkreislauf, Verdauung, Reizverarbeitung sind lediglich stark herabgemindert, aber sie hören nicht auf. So zeigt der Schlaf zwar an, worauf der Wachzustand hinauswill, aber er bietet es nicht. Er ist die Ruhe ohne die Würze des Erlebens und insofern kein Glück, sosehr der Unglückliche sich nach dieser Ruhe auch sehnen mag. Im Schlaf, wo der organische Spannungsabbau seiner Vollkommenheit am nächsten ist, wird er nicht erlebt; wo er erlebt wird, ist er weit von der Vollkommenheit. Zum Glück gehört die Unvollkommenheit. Vollkommenes Glück oder, theologisch gesprochen, ewige Seligkeit, mystische Einheit ist wie die Quadratur des Kreises. Daß sie unmöglich ist, stört das Triebleben nicht; es begehrt sie trotzdem. Schon aus physiologischen Gründen ist die Menschheit daher unfähig, die Theologie loszuwerden. Ebendies zeigt sich am Paradox des Schlafs. Einerseits ist er dem Wachzustand uneinholbar voraus: eine Chiffre dessen, wonach der Wache sich sehnt; andrerseits ist er hoffnungslos zurück: der Zustand tiefster Resignation.

Der Traum steckt mitten in dieser Paradoxie. Der Schlaf ist nie ganz Schlaf. Der Rückzug vom Wachzustand gelingt nie vollständig. Die Reizverarbeitung mag sich noch so weit zurückbilden, aber sie hört nicht auf. Deswegen gibt es Träume. Sie sind Rückstände des Wachzustands im Schlaf – gewissermaßen ein Tribut an den Wachzustand. Je heftiger man nachts träumt, desto schlechter schläft man. Stets wurde daraus gefolgert, daß Träume den Schlaf stören, bis Freud entdeckte, daß es sich genau umgekehrt verhält. Träume machen sich geltend, sobald dem Schlaf Abbruch droht, bevor das Nervensystem sich genügend erholt hat. «Der Traum ist der *Wächter* des Schlafs, nicht sein Störer.» (TD 240)

Freuds eigener Dursttraum ist ein Musterbeispiel dafür. Sein Schlaf wird von Durst gestört. Der Traum vom Trinken ist der Versuch, die Störung loszuwerden. Erst nachdem er mißlungen ist, wacht der Träumer auf und geht etwas trinken. Nicht auszuschließen, daß den im Schlaf leise bellenden Hunden etwas Ähnliches widerfährt. Ein Durst- oder Hungergefühl oder ein Geräusch von außen droht den Schlaf zu stören. Es bildet sich daraufhin eine wie auch immer vage Assoziation von Futter oder Jagd, die zum Bellen veranlaßt – und so dafür sorgt, daß Waldi weiterschläft. Nicht von ungefähr gewinnt Freud an seinem simplen Dursttraum, der aufs offensichtlichste von einem körperlichen Reiz bewirkt ist, eine seiner grundlegendsten und folgenreichsten Definitionen des Traums: «Wenn es mir gelingt, meinen Durst durch den Traum, daß ich trinke, zu beschwichtigen, brauche ich nicht aufzuwachen, um ihn zu befriedigen. Es ist also ein Bequemlichkeitstraum.» (TD 142) Schließlich zieht er daraus eine kühne Verallgemeinerung: «In gewissem Sinne sind alle Träume – Bequemlichkeitsträume.» (TD 240) Nur eines fragt er sich nicht: Wie ist es denn überhaupt möglich, daß ein Organismus sich diese Art von Bequemlichkeit verschafft? Wie kann etwa Durst im Schlaf zu der Vorstellung führen, man trinke etwas?

Nur über Wiederholung. Der Organismus muß zahllose Male Durst empfunden und daraufhin getrunken haben. Damit nicht genug. Er muß zwischen beidem – Durst und Trinken – allmählich eine feste Assoziation ausgebildet haben. Anders gesagt: Er muß in der Lage gewesen sein, die Wiederholung festzuhalten. Wie aber konnte er das? Wiederholung mutet an, als sei sie das Selbstverständlichste von der Welt. Dabei ist sie eines ihrer größten Geheimnisse. Hier nur soviel: Festgehaltene Wiederholung ist intelligent gewordene Wiederholung: Gedächtnis.[6] Das Gedächtnis aber gehört zu den Weltwun-

[6] Der Ort für eine ausführliche Wiederholungs- und Gedächtnistheorie ist Kapitel 2; siehe unten, S. 110 ff.

dern. Es hat kein eigenes Organ im Gehirn, ist kein Behälter oder Speicher, in den man Inhalte hineintut. Gedächtnis ist eine elementare Nervenleistung, bei der viele einzelne Hirnteile und -regionen zusammenwirken: Millionen oder Milliarden von Nervenzellen. Sie arbeiten assoziativ, will sagen, im Verbund. Daß einzelne von ihnen separat und isoliert reagieren, ohne andere in Mitleidenschaft zu ziehen, kommt praktisch nicht vor. Ständig stellen sich zwischen einzelnen Zellen und ganzen Zellregionen durch schwindelerregend komplexe neurochemische Reaktionsketten Verbindungen her. Es ist zwar bloß metaphorisch, aber nicht unangemessen und daher allgemeiner neurologischer Brauch, diese Reaktionsketten «Bahnen» und «Netze» zu nennen. Und über solche Bahnen läuft die elementare Nervenfunktion: Reize abzuleiten, damit der Organismus nicht von ihnen gequält wird.

Offenbar haben Organismen durch ihre Schwerkraft nicht nur eine physikalische, sondern auch eine gewisse physiologische Trägheit. Sie neigen dazu, das Bewährte zu wiederholen und den Weg des geringsten Widerstands einzuschlagen. Das gilt auch für Nervenzellen. Sie wissen zwar nichts von den Bahnen, die sich durchs Nervensystem ziehen, aber sie sind die Elemente der Bahnung. Und wo einmal ein Weg gebahnt ist, da bahnt er sich das nächste Mal schon leichter. Weil Reizableitung so lästig und unbequem ist, tendiert sie zum bequemsten Weg. Diese Tendenz nennen die Neurobiologen «prozedurales Gedächtnis»[7]. Will sagen, Gedächtnis ist anfangs nichts als eine Prozedur: Bahnen durchs Nervensystem ziehen, sie ausbauen, festigen, vernetzen und so dem Organismus ein bestimmtes Verhaltensrepertoire verschaffen. Auch bei Tieren muß sich die besondere Art, wie sie auf Bedrohung, Hitze, Kälte, Durst, Hunger, Flora, Fauna etc. reagieren, erst einspielen. Dieses Einspielen ist Gedächtnis im Vollzug. Es bildet sich durch Wiederholung, und Wiederholung kommt nie freiwillig in Gang. Organismen bequemen sich nur zu ihr, sofern sie dazu gezwungen sind. Aber daß sie sich dazu bequemen, heißt zugleich auch, daß sie es sich dabei so bequem wie möglich machen. Die Wiederholung geht einen schon gebahnten Weg, sie legt sich ins gemachte Bett. Trägheit, Wiederholung und Gedächtnis gehören elementar zusammen, ja Gedächtnis ist selber zunächst nichts als eine Bequemlichkeitsleistung in unbequemer Situation.

Die Gedächtnisarbeit des Gehirns ist allerdings nicht nur in dem neurologischen Sinne assoziativ, daß sich Nervenzellen zu Verbünden und ganzen Verkehrsnetzen zusammenschließen. Gedächtnis wird auch assoziativ erlebt. Zunächst durchaus so primitiv, wie der Behaviorismus sagt. Wenn einem Hund oft genug das Futter zusammen mit einem bestimmten Glockenton ser-

[7] Gerhard Roth, *Das Gehirn und seine Wirklichkeit*, Suhrkamp, Frankfurt am Main 1994, S. 186

viert worden ist, dann assoziiert er den Ton mit dem Futter. Er nimmt den Ton für das Futter. Indem er auf den Ton mit gleicher Speichelabsonderung wie aufs Futter reagiert, gibt er zu verstehen, daß für ihn Ton = Futter ist. Diese Gleichsetzung ist Gedächtnis. Das ist beim Durst kaum anders. Durst will gelöscht sein. Anders gesagt: Durst = Trinken. Durst haben ist so viel wie den schnellsten Weg zur nächsten Quelle suchen: keine Schwierigkeit für einen Organismus, der das unzählige Male getan hat – außer die gewohnte Quelle wäre nicht verfügbar. Andrerseits aber gilt: Trinken löscht Durst. Die Gleichsetzung geschieht, damit sie aufhören soll. Gedächtnis tritt auf, damit seine Anlässe verschwinden – und damit es selbst.

Diese Primärintention des Gedächtnisses offenbart sich auf anschauliche Weise in Freuds Dursttraum. Er ist nur möglich, wenn Durst und seine Assoziation mit Trinken zu einem so festen Gedächtnisbestandteil geworden sind, daß sie auch im Schlaf stattfindet. Der Durst ist real. Aber nun reagiert der Organismus mit imaginärer Löschung. Was er oft genug tatsächlich getan hat, ersetzt er durch eine Vorstellung des Getanen. Er wiederholt es, aber auf eine für ihn bequemere Weise. Er erlebt das Trinken, ohne daß er aufstehen muß. Die imaginäre Durstlöschung geschieht um der Ruhe willen, damit er weiterschlafen kann, und macht damit die Elementarfunktion von Gedächtnis klar: Es ist primär ein Beruhigungsmittel. Die imaginäre Stillung des Reizes kann zwar die reale nicht dauerhaft ersetzen; irgendwann erwacht der Durstige dann doch. Aber daß sie es überhaupt für eine begrenzte Zeit kann, zeigt: Für einen traumfähigen Organismus ist die imaginäre Stillung eines Bedürfnisses nicht nur *fake*, sondern auch Stillung durch Imagination.

Damit zeugt er von einer bemerkenswerten Transformation, die das Gedächtnis zu vollziehen vermag: vom prozeduralen zum repräsentativen Gedächtnis oder, anders gesagt, von der Wiederholung zur Wieder-Holung. Wiederholung ist nicht für immer darauf beschränkt, früher Getanes und Erlebtes noch einmal zu tun und zu erleben. Sie kann auch so stattfinden, daß Vergangenes wiedergeholt wird. Natürlich nicht unmittelbar, denn das Vergangene ist dahin, wohl aber durch seine bildliche, akustische, sprachliche Vergegenwärtigung. Wieder-Holen durch Vergegenwärtigung ist zwar stets nur imaginär, aber allein über diese Imagination wissen wir von Vergangenem, nur so ist Vergangenheit, Geschichte präsent. Als *bloß* vergangene wäre sie lediglich spurlos verschwunden, nicht einmal benennbar, in gewisser Hinsicht nicht einmal Vergangenheit. Und damit auch nicht träumbar. Nur wo Gedächtnisarbeit in einem ganz wörtlichen Sinne Übersetzungsarbeit ist, nämlich damit beschäftigt, vom Wiederholen zum Wieder-Holen überzusetzen, können körperliche Reize in Traumvorstellungen übergehen. Der Traum ist auf der Grenze. Einerseits wiederholt er: Ich erlebe, daß ich aufstehe und trinken gehe. Andrerseits holt er lediglich wieder: Ich träume ja bloß, was ich sonst immer getan habe: aufzustehen und zu trinken. Einerseits ist die Triebstillung bloß imaginär. Andrerseits ist sie mehr: halluzinatorisch.

Halluzination

Halluzinationen sind uns nur noch als pathologische Phänomene geläufig: als «Wahrnehmungen ohne entsprechenden Reiz von außen»[8]. Alle Sinnesorgane können davon betroffen sein, meistens aber handelt es sich darum, Stimmen zu hören und Gestalten zu sehen, die sich sonst niemandem mitteilen und für die es in der Umgebung des Betroffenen keine ersichtlichen Ursachen gibt. Ähnliches kommt gelegentlich im Rausch und bei Übermüdung vor. Da lassen die normalen Reizverarbeitungskräfte nach, und das begünstigt die Entstehung von Wahrnehmungszuständen, die sich der Aufsicht des Wachbewußtseins entziehen. Im Fall der Schizophrenie setzen sie sich darüber sogar oft hinweg. «Der *Realitätseindruck* der Halluzinationen läßt meist nichts zu wünschen übrig. Was die Kranken sehen und hören, ist für sie unangreifbare Wirklichkeit, und wenn Halluzinationen und Realität sich widersprechen, so erscheint dem Patienten meist das, was uns Realität ist, als das Unwirkliche. Es nützt nichts, einem Kranken, der aus dem Nebenzimmer Stimmen hört, durch Augenschein zu beweisen, daß niemand darin ist; die Redenden sind eben hinausgegangen oder in den Wänden oder sie sprechen durch unsichtbare Apparate.»[9]

Halluzinationen sind Grenzzustände: gleichsam steckengeblieben im Übergang von Wahrnehmung zu Imagination. Sie sind nicht mehr das eine und noch nicht das andere und damit wiederum auch beides. Schwer zu sagen, ob die Wahrnehmung darin *zur* Imagination verzerrt oder *durch* Imagination verzerrt ist. Jedenfalls fehlt die Kraft, Wahrnehmung und Imagination auseinanderzuhalten. Insofern sind auch hochmoderne Halluzinationen primitive Zustände. Sie bewahren, so darf man gedächtnistheoretisch sagen, den Übergang von Wiederholen zu Wieder-Holen in sich auf: jene archaische Epoche, in der das Gedächtnis begann, spezifisch menschlich zu werden. Sein erster Vorstoß in die Sphäre des Wieder-Holens, der Repräsentation ist halluzinatorisch. Es beginnt hier jene spezifische Tätigkeit, die auf deutsch «Einbildung» heißt. Heute wird dieses Wort fast nur noch in einem ungenauen umgangs-

8 Eugen Bleuler, *Lehrbuch der Psychiatrie*, Springer, Berlin, Heidelberg, New York [13]1975, S. 32

9 L. c., S. 34

sprachlichen Sinne von Fiktion und Selbstüberschätzung gebraucht. «Das bildest du dir ein» heißt soviel wie: «Das ist in Wirklichkeit gar nicht so». Eine «eingebildete» Person ist eine arrogante. Noch im 18. und 19. Jahrhundert bedeutete «sich etwas einbilden» soviel wie: sich von äußeren Umständen und Begebenheiten ein inneres Bild machen. Für Kant gehörte die «Einbildungskraft» zu den elementaren Denkkräften.[10] Carl Gustav Jochmann verstand die gesamte Bildung eines Menschen als Resultat von Einbildung.[11] Dieses Wörtlichnehmen ist sehr erhellend, wenn nicht vergessen wird, daß es sich mit dem Einbilden nicht anders verhält als mit dem Gehen oder Sprechen: Es muß erst mühselig gelernt werden. Seine ersten Versuche sind unweigerlich unbeholfen, konfus und diffus: noch unfähig, außen und innen, Repräsentation und Repräsentiertes auseinanderzuhalten. In dieser ersten Phase ist die Einbildung Halluzination: «primitive Denktätigkeit» in ihrem primitivsten Stadium. Das heißt jedoch umgekehrt: In diesem Stadium war alles Denken halluzinatorisch. Es gab kein anderes. Die Halluzination ist seine erste Form, der Urahn allen Wachbewußtseins, aller Vernunft.

Uns Heutigen fällt es so enorm schwer, das einzusehen, weil wir Halluzinationen nicht wahrnehmen können ohne ihre Kollision mit einem realitätsverarbeitenden Wachbewußtsein. Auch Schizophrene halluzinieren ja nicht nur. Sie laborieren an der Unvereinbarkeit von Halluzination und Wachbewußtsein. Und wenn es nicht ihr eigenes Wachbewußtsein ist, womit ihre Halluzinationen kollidieren, dann um so mehr das ihrer Mitmenschen, Ärzte und Vormünder, die ihre Zwangsvorstellungen partout nicht teilen wollen. Selbst in Fällen, wo eigenes oder fremdes Wachbewußtsein gegen die Halluzination nicht aufkommt, läßt es sich nicht wegdenken. Die Halluzinationen werden durch seine Brille wahrgenommen und durch seine sprachlichen Mittel kommuniziert. Daß es Zeiten gegeben hat, wo alles Denken halluzinatorisch war, wo die Halluzination den mentalen Allgemeinzustand ausmachte – das wäre schwer plausibel zu machen, gäbe es nicht einen Halluzinationsrückstand, den wir alle erleben: den Traum. Gegen ein intaktes Wachbewußtsein hat die Halluzination gewöhnlich keine Chance. Im Schlaf hingegen regt sie sich. Der Traum ist zwar nur ihr Rückstand, das, was unter nachlassender Wachheit von ihr hochkommt und zugelassen wird, nicht ihr authentischer menschheitsgeschichtlicher Urzustand. Aber dieser Rückstand läßt erraten, was Halluzinationen ursprünglich waren: Schutzmaßnahmen. Sie eröffnen einen Imaginationsraum und damit einen imaginären inneren Raum, worin man den Reizen

[10] Cf. Immanuel Kant, *Kritik der reinen Vernunft*, A 115 ff., in: ders., Werke in zwölf Bänden, herausgegeben von Wilhelm Weischedel, Suhrkamp, Frankfurt am Main 1968, Bd. III, S. 173 ff.

[11] Cf. Carl Gustav Jochmann, *Die Rückschritte der Poesie*, Felix Meiner, Hamburg 1982, S. 5 ff.

der Außenwelt nicht vollständig ausgeliefert ist. Man kann beginnen, sie in eigene Regie zu nehmen, indem man sie diesem Raum einbildet. Die Einbildung tut dabei zweierlei. Sie verschiebt äußere Reize nach innen, und sie schiebt sie dabei ineinander, das heißt, sie «kopiert» sie nicht, sondern verdichtet sie zu geballten, signifikanten Eindrücken.

Damit kommen die beiden Begriffe ins Spiel, die für Freud das ganze «Geheimnis des Traumes» enthalten: Verschiebung und Verdichtung. Sie sind bei der Traumarbeit die «Werkmeister». Und Träumen ist für Freud Arbeit. Man träumt nicht einfach aus Vergnügen, sondern um etwas loszuwerden. Träumen ist durchaus anstrengend, auch wenn es Anstrengenderes, nämlich Schlaflosigkeit, verhindert. Allerdings assoziiert Freud seinen Dursttraum noch nicht ernstlich mit Arbeit. Hier liegt ja anscheinend alles offen zutage, es geht wie geschmiert, man kann den Traum experimentell erzeugen. Daß Organismen erst einmal nervliche Schwerstarbeit haben leisten müssen, bis sie zu primitivsten Träumen fähig wurden, bleibt außer acht. Dabei kann man nur darüber staunen, was für ein Kunststück der Dursttraum ist. Ein Mensch schafft es eine ganze Weile, sich trotz Durst seinen Schlaf zu erhalten, indem er imaginiert, was er sonst täte: aufstehen und Wasser trinken gehen. Er verschiebt dieses Tun in ein inneres Erleben, und er erlebt keineswegs genau dasselbe, wie wenn er tatsächlich aufstünde. In der Imagination rutschen die einzelnen Handlungsphasen – sich zur Seite drehen, die Bettdecke wegschieben, die Füße auf den Boden gleiten lassen etc. – ineinander, der Ablauf drängt sich zusammen, er verdichtet sich zu einem mehr oder weniger deutlichen «Wasser trinken gehen».

Für Verdichtung hat Freud andernorts wunderschöne Beispiele gegeben. Oft werden im Traum verschiedene Personen zu einer einzigen. «Eine solche Mischperson sieht etwa aus wie A, ist aber gekleidet wie B, tut eine Verrichtung, wie man sie von C erinnert, und dabei ist noch ein Wissen, daß es die Person D ist.» (VL 179) Oder man träumt scheinbar unsinnige Worte, die sich aber als durchaus bedeutsame Zusammenballungen anderer Worte erweisen: In «Autodidasker» verschmelzen die Worte Autor und Autodidakt mit dem Namen Lasker (TD 300), «Maistollmütz» besteht aus Mais, mannstoll und Olmütz (TD 297). Auch die berühmte Fehlleistung, es seien «Tatsachen zum *Vorschwein* gekommen» (VL 64), ist ein Musterfall von Verdichtung und zeigt übrigens an, daß sie zu den unentbehrlichen Würzmitteln des Witzes gehört. Doch in seinem eigenen Dursttraum fällt sie Freud nicht auf. Daß nicht einmal dieser simple Traum ohne ein Ineinanderfallen von Verschiebung und Verdichtung hätte zustande kommen können, entgeht ihm. Der Dursttraum ist für ihn bloß banal. Interessant wird ihm der Traum erst dort, wo er über seine simple Grundform hinausgeht, nicht einfach nur freimütig offenbart, was er wünscht, sondern es zu verbergen beginnt, sich verstellt, Rätsel aufgibt; wo der Inhalt des Traums zu einer Fassade wird, hinter der sich etwas anderes befindet. Da erst spricht Freud von Verschiebung und Verdichtung, nennt sie die beiden «Werkmeister» des Traums und verfolgt detektivisch ihre Arbeit. Dabei versteht er unter Traumarbeit lediglich die Arbeit, die *im* Traum stattfindet. Traumarbeit jedoch ist zunächst einmal die Arbeit, die *zum* Traum führt. Damit Verschiebung und Verdichtung im Traum als Werkmeister agieren können, müssen sie schon vorher agiert haben, nämlich als Wegbahner zum Traum hin, sonst gäbe es ihn gar nicht. Diese ihre Vorarbeit beschäftigt Freud nicht weiter. Er fragt nicht nach den Bedingungen der Möglichkeit des Traums; ihn interessiert, wie es im Traum selbst zugeht. Schauen wir ihm für einen Augenblick zu: bei der Deutung eines seiner Paradeträume.

«Also eine junge, aber schon seit vielen Jahren verheiratete Dame träumt: *Sie sitzt mit ihrem Manne im Theater, eine Seite des Parketts ist ganz unbesetzt. Ihr Mann erzählt ihr, Elise L. und ihr Bräutigam hätten auch gehen wollen, hätten aber nur schlechte Sitze bekommen, 3 für 1 fl. 50 kr., und die konnten sie ja nicht nehmen. Sie meint, es wäre auch kein Unglück gewesen.*» (VL 136) Was dieser Traum bedeutet? Die Patientin weiß es nicht, Freud auch nicht. Seine These ist allerdings: Sie weiß es doch, nur ist ihr dies Wissen unzugänglich. Er, der Analytiker, kann ihr lediglich durch gezielte, beharrliche und geduldige Fragen den Weg ins Unzugängliche eröffnen. Was fällt Ihnen zum Traum ein? Darüber muß sie ihm Rechenschaft geben, zunächst generell, dann in allen Details. Und er setzt darauf, daß sich der Traum dabei durch ein traumähnliches Verfahren erschließt: die Assoziation. Meine Träume finden zweifellos in mir statt. Aber bin ich es, der sie hat? Stoßen sie mir nicht vielmehr zu? Muß es nicht heißen «mir träumt» statt «ich träume»? Ähnlich ist es bei meinen Einfällen. Ich habe sie weniger, als daß sie mir kommen. *Es* fällt mir etwas ein.

Einfälle sind nicht vollständig reglementierbar. Sie haben ihren Eigensinn, was zweierlei heißt: Zum einen sind sie widerborstig, sie kommen, wann es ihnen, nicht wann es mir paßt. Zum andern haben sie einen eigenen Sinn: eine Eigenlogik, über die ich nicht voll verfüge, obwohl sie sich in mir vollzieht. Dies Eigensinnig-Unverfügbare im Wachzustand ist für Freud das Gegenstück zum Eigensinn des Traums. Wenn der Träumer nachträglich, im Wachzustand, frei zum Traum assoziiert und es schafft, sowohl strikt bei den Details des Traums zu bleiben als auch allem stattzugeben, was ihm dazu einfällt, dann geht er wie von selbst den Weg, den die Traumkomposition gegangen ist, rückwärts. Seine Einfälle dröseln das Traumgespinst wieder auf. Und siehe da, die Einfälle kommen. Ach ja, am Tag vorher hatte die Träumerin von Elise L.s Verlobung erfahren. Vorige Woche ist sie mit ihrem Mann ins Theater gegangen, hatte Karten vorbestellt, dafür eigens einen Aufpreis bezahlt und dann sehen müssen, daß der Saal halb leer war, wofür sie von ihrem Mann auch noch wegen ihrer Voreiligkeit geneckt wurde. Dann geht der Analytiker weitere Details durch. Woher kommen die 1 fl. 50 kr.? Auch vom Vortag. Ihr Mann hat seiner Schwester 150 fl. geschenkt, wofür diese sich sogleich ein Schmuckstück kaufte. Die 3? Dazu fällt ihr ein, daß Elise L. drei Monate jünger ist als sie.

Mehr Einfälle kommen nicht, aber die vorhandenen genügen Freud, die Puppen tanzen zu lassen. Zunächst einmal sieht er eine seiner Grundregeln bestätigt: Kein Traum ohne Tagesrest. Darunter versteht er eine Begebenheit vom Vortag. Sie kann ganz trivial sein, gibt aber demjenigen, der sie erlebt, mehr zu verarbeiten, als er zunächst bemerkt. Das Erlebnis wird mit in den Schlaf genommen, aber unverarbeitet: als potentieller Schlafstörer. In unserem Fall gibt es gleich zwei Tagesreste. Elise L.s Verlobung und die 150 fl., die die Schwägerin sofort in Schmuck umsetzt. Und da an diesen Tagesresten für die Patientin mehr hängt als bloße Information, hängt sich ihnen auch im Traum weiteres an: der Theaterbesuch von letzter Woche, eine weitere Zahl (3) und unlogische Behauptungen wie «die konnten sie ja nicht nehmen» und «es wäre auch kein Unglück gewesen».

Freuds Deutungsleistung besteht nun darin, aus dem erzählten Traum und den Assoziationen dazu einen gemeinsamen Erregungsherd herauszuspüren. Im vorliegenden Traum verbirgt er sich in Zeitbestimmungen. Elise L. und ihr Bräutigam hätten auch gehen wollen, kamen aber zu spät; es gab nur noch «schlechte Sitze». Elise L. und ihr Zuspätkommen sind aber, wie sich durch den Kontext bald herausstellt, bloß die Umkehrung dessen, worum es eigentlich geht. Sie, die Träumerin, ist zu früh. Sie hat nicht warten können, genau wie ihre Schwägerin, die die geschenkten 150 fl. sogleich für Schmuck verschwenden mußte. So überstürzt hat sie auch gehandelt, als sie die Vorbestellungsgebühr für die Theaterkarten verschwendete. Ihr Mann hat ihr Voreiligkeit vorgeworfen, allerdings nicht geahnt, wie recht er damit hat. Sie war voreilig in einem tieferen Sinne. Sie hat zu früh geheiratet – ihn. Sie hat einen «schlechten Sitz» genommen, einen zu 1,50 fl., zu einem Hundertstel jener 150 fl., die ihre Schwägerin gedankenlos verpulvert hat. Das Hundertstel ist ebenfalls eine Umkehrung; es steht für mal hundert. Es wäre hundert Mal besser gewesen zu warten, ein hundert Mal besserer Mann wäre herausgesprungen.

Der erzählte Traum, das ist der «manifeste Trauminhalt». Dahinter aber steckt ein verborgenes Motiv; in Freuds Terminologie: der «latente Traumgedanke» (TD 280, VL 128). Im vorliegenden Fall kristallisiert er sich in dem Adjektiv «voreilig». Die Träumerin selbst darf sich diesen Gedanken nicht gestatten. Er würde ihre gesamte Lebenssituation bedrohen. Aber er plagt sie. Und die Information, Elise L., die nur drei Monate jünger ist, habe sich verlobt, trifft genau diesen wunden Punkt. Der Gedanke wird aufgerührt. Zunächst unmerklich; im Wachzustand kommt er nicht hoch. Aber im Schlaf, wo das Wachbewußtsein gegen Null geht, wird er rege. Das heißt allerdings nicht, nun könne er sich frei entfalten. Selbst im Schlaf ist noch so viel Kontrolle, daß er nur in zensierter, unkenntlich gemachter Form erscheinen kann. Dafür sorgt die «Traumzensur» (VL 148).

Auch sie gehört zu Freuds großen Entdeckungen. Das Wachbewußtsein bemerkt gewöhnlich gar nicht, daß es unablässig seine Gedanken zensiert. Aber es kann nur logisch denken, sofern es sich alle unlogischen und unpassenden Gedanken verbietet. Keine Logik ist ohne Zensur. Aber Zensur ist nicht nur Logik. Sie ist in einem radikalen Sinn des Wortes «Sitte»: die Gesamtheit der Regeln, die sich einem Nervensystem im Laufe seiner Einübung in die Gesellschaft einschleifen. Herausgebildet haben sich solche Grundregeln zunächst durch Verbote. Den biblischen *Zehn Geboten* ist das noch deutlich anzusehen. Daß man «seine Eltern ehren» soll, heißt, daß man sie *nicht* verletzen, beschimpfen, unsittlich anfassen soll. «Den Sabbat heiligen» heißt nichts Alltägliches, Banales tun, das ihn entweihen könnte. «Ich bin Jahwe, dein Gott» heißt «Du sollst keine andern Götter neben mir haben». Und die übrigen Gebote sind von vornherein als Verbote formuliert: sich kein Bildnis machen, nicht töten, ehebrechen, stehlen, lügen.[12] Es gibt ein anderes berühmtes antikes Beispiel, wo das Verbot einem Individuum geradezu zur zweiten Natur geworden ist. Sokrates, so wie Platon ihn darstellt, berichtet von einer inneren Stimme, die er «von Kindheit an» in bestimmten Entscheidungssituationen zu hören meint. Er nennt sie *daimonion* (gottähnlich). «Wann immer sie mir zuteil wird, rät sie stets ab von dem, was ich tun will, nie aber rät sie zu.»[13] Was da zu Sokrates spricht – hörbar oder unhörbar –, ist natürlich seine Stimme. Dennoch erlebt er sie als höhere Instanz, die sich ihm, wenn er im Begriff steht, etwas Unbesonnenes zu tun, widersetzt. Es ist gewissermaßen seine Vernunft, aber nicht als *logos*, will sagen, auseinandergefaltet zu wohlüberlegten Gedanken und argumentierender Rede, sondern zusammengefaltet zu einer Intuition, die auch in Situationen, wo gar keine Zeit zu ruhigem Überlegen ist, nicht aufhört, ihre Wirkung zu tun. Das *daimonion* ist der Musterfall einer Zensurinstanz.

Zensur ist die Sitte, die tiefer sitzt als alle wache Überlegung. Selbst im Schlaf wacht sie noch. Freilich hat sie einen historischen Index. Die zensierende Kraft der Zehn Gebote etwa hat arg nachgelassen. Nur die Verbote, zu

[12] Exodus, 20, 2 ff.

[13] Platon, *Apologie des Sokrates*, 31 d

töten und zu stehlen, haben noch strikte Verbindlichkeit. Die rituellen Regeln, die das christliche Abendland seinen Mitgliedern einst als heilsentscheidend einprägte, gehören in neoliberaler Umgebung längst nicht mehr zum harten Kern der Sitte. Dafür schleifen sich andere Regeln ein, etwa: Du mußt stets fit, erreichbar, flexibel sein. Sie können zum harten Kern der Zensur werden, ohne je offiziell verordnet worden zu sein. Das neoliberale *daimonion* rät ab, wann immer sich der Wunsch regt, ein paar Tage ohne Handy und Internetanschluß zu verbringen.

Die Zensur übt das Individuum selbst. Aber sie ist zugleich die Form, in der eine bestimmte Gesellschaft im Individuum präsent ist. Das gilt selbst noch für Sokrates. Seine Zensurinstanz war wahrlich nicht die Athens; aber Athen war darin präsent – etwa wie das Negativ im Fotoabzug. Es ist mit der inneren persönlichen Zensur übrigens wie mit der äußeren politischen: Solange sie perfekt funktioniert, fällt sie überhaupt nicht auf. Kenntlich wird sie erst, wo gegen sie verstoßen wird. Dafür ist der Schlafzustand ein Musterbeispiel. Dort lockert sich die Kontrolle des Wachbewußtseins so weit, daß verbotene Gedanken aufsteigen. Aber es ist noch so viel Kontrolle da, daß sie sich nur über Umwege und in verkappter Gestalt geltend machen können. Die verkappte Erscheinung verbotener Gedanken: das ist der «manifeste Trauminhalt» – jenes Traumerlebnis, das der Träumer nachträglich in Worte zu fassen sucht, das ihm aber oft unklar, fremd, ein Rätsel bleibt. Doch es geht durchaus mit rechten Dingen zu, sagt Freud. Dafür sorgen «die beiden Werkmeister», die die Rätselgestalt eigens komponieren: Verdichtung und Verschiebung.

Der Theaterkartentraum kann als eine einzige große Verdichtung erachtet werden. Disparate Begebenheiten werden in einer Szene bis zur Unverständlichkeit zusammengerafft: der Theaterbesuch, die Nachricht von Elise L.s Verlobung, das Geschenk an die Schwägerin. Die Zusammenraffung geschieht allerdings nicht aufs Geratewohl, sondern zielsicher auf ein Erregungszentrum hin, durchaus wie im Dursttraum. Nur daß dort das Zentrum als der zu löschende Durst offensichtlich war; hier hingegen ist es verschlüsselt: jene Voreiligkeit, die die Träumerin plagt und die sie sich nicht eingestehen darf. Die Verdichtung hat also etwas von einer Konstellation, deren Elemente sich um ein Zentrum gruppieren, allesamt auf es verweisen, ohne daß auch nur einer der Verweise es verriete. Vielmehr verstellt jeder Verweis zugleich das Zentrum, auf das er hinzeigt. Er ist nicht nur Verdichtung auf ein Zentrum hin, sondern auch Verschiebung von ihm weg. Verschiebung und Verdichtung werden nie unabhängig voneinander tätig. Sie sind nur zwei Seiten desselben Versteckspiels, bei dem dieselben Dinge ausgeplaudert und verheimlicht werden. Ausgeplaudert insofern, als sie sich in einem manifesten Trauminhalt ausdrücken. Verheimlicht aber durch Tarnung. Das Eigentliche wird auf

Nebensächliches verschoben, etwa die Heirat auf den Theaterbesuch, der unbefriedigende Ehemann auf den schlechten Sitz, die Voreiligkeit auf die unbesetzten Plätze im Parkett, die zu früh verschwendete Mitgift auf 1,50 fl. Aber die unbesetzten Plätze könnten auch für «unverheiratet» stehen, die 1,50 fl. für den unzulänglichen Mann, den die Mitgift eingetragen hat. Gerade weil Verschiebung immer auch Verdichtung impliziert, können einzelne Traumelemente durchaus, je nach Kontext, mit mehrfacher Bedeutung besetzt sein.

Wenn man von einer geregelten Methode der Traumdeutung sprechen darf, dann besteht sie im beharrlichen Herausarbeiten eines Gemeinsamen aus einer heterogenen Vielfalt. Im Prinzip verfährt sie nicht anders als ein Kind, das Rosen, Nelken, Veilchen, Orchideen etc. als Blumen deuten lernt. Auch das versteht sich nicht ganz von selbst. Rose und Veilchen verraten nicht von sich aus, daß sie Blumen sind. Das Kind muß aus der Art die Gattung gleichsam herausmerken und bedarf dazu durchaus einer kleinen Prise Intuition. Die Intuition des Traumdeuters hingegen muß detektivisches Format haben. Das Gemeinsame, das er aus einem Wust von Traumelementen und daran gehängten Assoziationen herausfinden soll, ist weder eine Gattung zu Arten noch ein Oberbegriff zu Unterbegriffen; fraglich, ob es überhaupt immer eine begriffliche oder begreifliche Gestalt haben muß. Freud hat sich zwar entschieden, es «latenter Traumgedanke» zu nennen, anfangs jedoch, ehe er sich auf diese Formel versteifte, gelegentlich auch vorsichtiger vom «latenten Trauminhalt» (TD 280) gesprochen. Man sollte hier aber *noch* vorsichtiger sein und das latente Gemeinsame als ein *Motiv* bezeichnen. Es ist nämlich zunächst nicht mehr als ein streuender Erregungsherd. Die Bilder und Assoziationen, die aus ihm hervorgehen, haben denn auch etwas Flakkerndes; sie züngeln gleichsam ineinander und durcheinander. Das macht den manifesten Trauminhalt so konfus und lückenhaft, so daß er manches doppelt und dreifach sagt, anderes überhaupt nicht.

Der Traum ist nicht regellos, aber seine Regeln sind weit weniger strikt als die der begrifflichen Logik. Wenn einzelne Traumelemente verschiedenes bedeuten können, leere Plätze also ebenso «unverheiratet» wie «voreilig», dann gibt es auch mehrere vertretbare Deutungsmöglichkeiten; «falsch» und «richtig» sind hier längst nicht so eindeutig verteilt wie bei einer logischen Konklusionskette. Dadurch hat es die Traumdeutung einerseits besonders schwer. Sie hat viel weniger gesicherte Anhaltspunkte als die Textdeutung. Das gibt ihr andrerseits einen ungleich größeren Spielraum und damit auch einen größeren Beliebigkeitsgrad. Auch wo sie um methodische Strenge bemüht ist, bleibt sie ein vergleichsweise lockeres Verfahren. Die Kehrseite davon: Traumdeutung ist besonders schwer überprüfbar. Ob sie in den Traum hineinliest, was er nicht hergibt, ob sie unberücksichtigt läßt, was nach Deutung schreit, ob verschiedene Deutungen gleichermaßen plausibel sind: für alles das gibt es keine scharfen Kriterien. Zudem entwickeln manche der Patienten ein Gespür dafür, was der Analytiker gern hört; sie hecken, wie Freud bereits merkte, «Gefälligkeitsträume» aus. Wer das nicht durchschaut, seine eigene emotionale Beteiligung an der Patientengeschichte unterschätzt und verkennt, daß Analysestunden erst einmal ein Geschehen zwischen Patient und Therapeut sind, kann bei der Traumdeutung völlig fehlgreifen.[14]

Traumdeutung ist hochgradig irrtumsgefährdet. Sie hat es schwer – und ist leicht zu mißbrauchen. Ob Freuds eigene Versuche, aus der Erregungsmasse eines Traums das treibende, ihn erhellende Motiv herauszumerken, immer ins Schwarze getroffen haben, steht dahin. Aber nur dadurch, daß er das Risiko des Fehlgreifens nicht gescheut und geregelte Traumdeutung tatsächlich geübt hat, hat er den spezifischen Denkraum des Traums zugänglich gemacht. In jedem einzelnen Fall mag die Deutung zweifelhaft geblieben sein; aber nur durch beharrliches Deuten hat sich die Traumarbeit als Denkarbeit erweisen können. Man kann, sagt Kant, bei keiner einzelnen Handlung absolut sicher sein, daß sie moralisch ist, aber das ändert nichts an der Existenz der Moral.[15] So auch hier. Man kann nie ganz sicher sein, ob der einzelne Traum tatsächlich rundum «richtig» gedeutet ist. Aber das ändert nichts daran, daß es eine spezifische Traumlogik gibt. Gewiß gibt es auch eine Traumschicht unterhalb dieser Logik, wo so wirr und flüchtig geträumt wird, daß sich gar nichts Bestimmtes daraus entnehmen läßt. Aber sobald Träume den Grad erreicht haben, wo sie ihrem Träumer zu erzählbaren Gebilden geworden sind, ihn bewegen, irritieren oder ihm zu denken geben, ohne ihm ganz durchsichtig zu sein, da weisen sie die Grundmerkmale der «primitiven Denktätigkeit» auf: einen manifesten Inhalt, dahinter ein latentes Motiv, das eine innere Zensur nicht ans Licht kommen lassen will, und gewisse Übersetzungskräfte, die es in bearbeiteter Form – gestaucht, verkürzt, verkleidet, entstellt – dennoch zum Vorschein bringen.

An dieser Grundstruktur der Traumlogik kann, seit Freud sie entdeckt hat, keine seriöse Beschäftigung mit Träumen mehr vorbeisehen. Sie greift selbst bei einem Traum, der zwar sehr berühmt ist, aber in dem Ruf steht, aus den Freudschen Koordinaten herauszufallen. Der Chemiker August Kekulé hat nach eigener Aussage seine größte wissenschaftliche Leistung, die Entdek-

[14] Sigmund Freud, *Zur Theorie und Praxis der Traumdeutung*, Studienausgabe, Ergänzungsband, l.c., 1975, S. 267. Cf. Fritz Morgenthaler, *Der Traum*. Fragmente zur Theorie und Technik der Traumdeutung, Campus, Frankfurt am Main 1986

[15] Cf. Immanuel Kant, *Grundlegung zur Metaphysik der Sitten*, BA 8 ff., Werke, l.c., Bd. VII, Suhrkamp, Frankfurt am Main 1968, S. 22 ff.

kung des Benzolrings, einem Traum zu verdanken. «Während meines Aufenthaltes in Gent in Belgien bewohnte ich elegante Junggesellenzimmer in der Hauptstraße. [...] Da saß ich und schrieb an meinem Lehrbuch; aber es ging nicht recht; mein Geist war bei anderen Dingen. Ich drehte den Stuhl nach dem Kamin und versank in Halbschlaf. Wieder gaukelten die Atome vor meinen Augen.» Das war ihm schon einmal passiert, als er auf der Heimfahrt von intensiven Fachgesprächen über Chemie «in Träumereien» versunken war. «Mein geistiges Auge, durch wiederholte Gesichte ähnlicher Art geschärft, unterschied jetzt größere Gebilde von mannigfacher Gestaltung. Lange Reihen, vielfach dichter zusammengefügt; Alles in Bewegung, schlangenartig sich windend und drehend. Und siehe, was war das? Eine der Schlangen erfaßte den eigenen Schwanz und höhnisch wirbelte das Gebilde vor meinen Augen. Wie durch einen Blitzstrahl erwachte ich; auch diesmal verbrachte ich den Rest der Nacht um die Konsequenzen der Hypothese auszuarbeiten.»[16]

Viel erfahren wir nicht: weder wie das Bild der sich beim Schwanz erfassenden Schlange den Träumer wecken und ihm zur «Hypothese» werden konnte, noch wie die Hypothese zur «Ausarbeitung» wurde, noch was die «anderen Dinge» waren, bei denen sich der «Geist» der Forschers befand, als er in «Halbschlaf» sank, noch was der Blick in den Kamin bewirkt haben könnte. Kein greifbarer Tagesrest, kein dringliches latentes Motiv, keine ersichtliche Zensur, wohl aber ein Traumbild, das bereits im alten Ägypten umgegangen ist: der Ourobos, die sich in den eigenen Schwanz beißende mythische Schlange. Damit war für Carl Gustav Jung klar: Eines jener ewigen Symbole, die im tiefsten Grunde einer jeden Menschenseele ruhen, hat sich dem Forscher im Traum offenbart und ihm den Weg gewiesen. «So ist jene Vision der tanzenden Paare, welche Kekulé auf die Spur der Struktur gewisser Kohlenstoffverbindungen, nämlich des Benzolringes, geführt hat, nichts anderes als das Bild der coniunctio, der Paarung, wie es den Geist der Alchemisten während 1700 Jahren beschäftigte. Trotzdem es eben gerade dieses Bild war, das während längster Zeit den Verstand der Forscher immer wieder vom Problem der Chemie weg und zum ursprünglichen Mythus der königlichen resp. göttlichen Hochzeit zurückführte, ist es mit der Kekuléschen Vision doch schließlich an sein chemisches Ziel gelangt und hat dem Verständnis organischer Verbindungen und dem späteren, unerhörten Aufschwung der synthetischen Chemie den denkbar größten Dienst geleistet.»[17]

[16] August Kekulé, *Rede im Rathaus zu Berlin am 11. März 1890*, in: Richard Anschütz, Werke von August Kekulé in zwei Bänden, Band II, Verlag Chemie, Berlin 1929, S. 942

[17] Carl Gustav Jung, *Die Psychologie der Übertragung*, Gesammelte Werke, Band 16, l. c., 1971 S. 179

Solchen Mystizismus hat der Freudianer Alexander Mitscherlich nicht hinnehmen wollen und eine Gegendeutung vorgelegt, die bei Kekulés «Junggesellenzimmern» ansetzt – und seinem Geständnis, den Rat seines verehrten Lehrers Liebig getreulich befolgt zu haben: «Wenn Sie Chemiker werden wollen, […] so müssen Sie sich Ihre Gesundheit ruinieren; wer sich nicht durch Studieren die Gesundheit ruiniert, bringt es heutzutage in der Chemie zu nichts.»[18] Das führt den Freudianer zu folgender Deutung: «Warum sollten wir nicht als stärkste Motivation die große sexuelle und Liebesentbehrung eines Mannes in seinen besten Jahren als Reiz für das ‹höhnisch› sich darbietende Schlangenbild in Rechnung setzen? So verlockend es für Kekulé […] gewesen sein muß, sich der Lust zu überlassen, wie das Verlangen und die Phantasie sie ankündigten […] so verboten waren solche Wünsche. Nicht in den gefährlichen Liebschaften, sondern im Dienst der personifizierten und geheiligten Wissenschaft mußte man sich auf Geheiß der mächtigen Väter die Gesundheit ruinieren. Als er von diesem rechten Pfad abkommen will, fährt der Träumende hoch wie am Abgrund einer großen Gefahr und verleugnet seine nächtlichen Hoffnungen auf ein Liebesmahl. […] Eine aufweckende Warnung, die sagte: Erwache, arbeite, vertraue nicht auf Täuschungen, nur Arbeit kann dir Befriedigung versprechen! […] Daß das Paar- und Schlangensymbol auftaucht, ist durch die sexuelle Notlage des Forschers, nicht durch die noch unerkannte Strukturformel des Benzols bedingt. Daß das Bild der Schlange, die den eigenen Schwanz ergreift, auch noch als Benzolring sich lesen läßt, ist ein echter Zufall.»[19]

Damit klingt wieder alles freudianisch vertraut. Ein latentes Motiv und eine Zensur sind zur Hand; da fällt der fehlende Tagesrest kaum ins Gewicht. Dafür aber ist eine entscheidende Freudsche Bestimmung des Traums im Handstreich eliminiert: daß er «primitive *Denk*tätigkeit» ist. Es muß ja gar nicht bestritten werden, daß das Triebleben des kleinen August K. erst einmal durch Verbote und Entsagungen so hatte hingebogen werden müssen, daß es chemische Strukturen ähnlich mit Libido zu besetzen vermochte, wie anderen das nur bei manifesten Sexualobjekten gelingt. Aber der Träumer des in Frage stehenden Traums *ist* dieser verbogene Chemiker. Wenn wir auch nicht wissen, bei welchen «andern Dingen» er gedanklich verweilte, so war er doch mit seinem Lehrbuch nicht wunschgemäß vorangekommen. Diese Frustration nahm er in seinen Schlummer mit. Dort knüpfte sie sich an ein latentes Motiv verwandter Art, nämlich den Wunsch, die Benzolstruktur zu verstehen,

[18] August Kekulé, l. c., S. 944

[19] Alexander Mitscherlich, *Kekulés Traum. Psychologische Betrachtung einer chemischen Legende*, in: Psyche 9/1972, S. 653 f.

und im Halbschlaf lockerte sich nun – die Zensur. Freilich muß man «Zensur» hier weiter fassen als nur sexualmoralisch. Wenn die Zensur, wie oben definiert, die Gesamtheit der Regeln ist, die sich einem Nervensystem im Laufe seiner Einübung in die Gesellschaft einschleifen, dann gehören dazu selbstverständlich auch elementare wissenschaftliche Standards. Was Thomas Kuhn ein «Paradigma» genannt hat, ist ein Paradebeispiel für mentale Zensur. Als Kopernikus das ptolemäische Weltbild mit der Erde als Mittelpunkt in Frage stellte, rührte er an eine elementare Zensurinstanz der abendländischen Kultur, auf die sich der seelische Haushalt einer ganzen Gesellschaft eingestellt hatte. Deswegen waren Kopernikus, Galilei und Bruno so unerträglich. Und in kleinerem Maßstab, weniger dramatisch, gehörte offenbar zum Paradigma der Chemie des 19. Jahrhundert, daß Benzol die Struktur einer Kette habe.

Bei Leuten, die einen heftigen, aber unbefriedigten wissenschaftlichen Drang mit in den Schlaf nehmen, lockert sich nicht nur die Sexualmoral, sondern auch das wissenschaftliche Paradigma, und in diesem Zustand ist bei Kekulé das im Halbschlaf fortgesetzte Brüten – womöglich unterstützt durch einen flackernden Kamin – in ein Bild übergegangen, das er sich als wacher Chemiker nicht gestattete. Und nur er, der Träumer, konnte es deuten. Nur ihm konnte blitzartig klar werden, daß sein Traumbild eine vom wissenschaftlichen Paradigma nicht vorgesehene Möglichkeit präfigurierte, und sofort ging er daran, diese Möglichkeit in Wirklichkeit zu überführen. Wieweit sein Traumbild auch noch sexuell unterlaufen war, sei es, daß es ihm sein verkrümmtes Triebleben vorführte, sei es, daß es ihm verbot, «seinen Schwanz zu erfassen» – das ist schwer zu sagen. Man hätte ihn befragen müssen. Jedenfalls nötigen die Freudschen Koordinaten nicht im mindesten dazu, Kekulés Traum auf ein plattes Sexualszenario herunterzubringen und seine Bedeutung für das Verständnis produktiver Einbildungskraft schlicht zu ignorieren.

Symbol und Allegorie

Legt man Nachdruck auf die «primitive Denktätigkeit», so tritt am Traum, wie von selbst, eine nahezu philosophische Grundstruktur hervor. In dem Begriffspaar manifest-latent lebt die alte, seit Platon wirksame Unterscheidung von Erscheinung und Wesen fort, welche besagt: Wir können die Welt nur so wahrnehmen, wie sie uns erscheint. Aber Erscheinungen sind immer bloß eine Außenseite: Erscheinungen von etwas, was selbst nicht erscheint. Dies in den Erscheinungen Verborgene, das sich nur «spekulativ», will sagen denkend, nicht durch die Sinne, erfassen läßt, heißt in der Philosophie dann «Wesen», «Substanz» oder «An sich». Auch an das latente Motiv im Traum kommt man nur durch Denken heran. Ob es im streng philosophischen Sinn ein «Wesen» ist, wird noch zu erörtern sein; aber das Wesentliche am Traum, sein Herd oder Glutkern, ist es zweifellos.

Dafür, daß er in philosophisches Fahrwasser geraten ist, spricht Freud allerdings bemerkenswert metaphorisch. Die Szene, die er entwirft, ähnelt einem illegalen Grenzübertritt. Da ist ein lichtscheuer, übelbeleumundeter Geselle namens Motiv, der über die Grenze will. Der Zöllner oder Zensor läßt ihn nicht durch, aber zwei Werkmeister, die übrigens eher Gaukler oder Schlepper als seriöse Handwerksmeister sind, verschaffen ihm die Verkleidung, in der er durch den Zoll schlüpfen kann. Natürlich sitzen da nicht wirklich vier kleine Männchen im mentalen Innenraum und belauern und übertölpeln sich. Ihre Namen sind Metaphern; aber wofür? Für Nervenleistungen – allerdings sehr spezifische. In ihrem Fall kann die Neurowissenschaft nämlich nicht nur nicht sagen, wie sie innerlich funktionieren; sie kann sie nicht einmal im Gehirn lokalisieren. Sie arbeitet mit andern Parametern. Motorik, Sensorik, Empfindung, Wahrnehmung, Gedächtnis, Sprache: dafür kann sie dominierende Hirnregionen ausfindig machen. Aber Verdichtung, Verschiebung, Zensur stehen dazu quer; sie haben an all diesen Parametern teil und sind mit keinem davon identisch. Sie sind synthetische Nervenleistungen, oder genauer: Momente einer einzigen Nervenleistung namens Synthese. Ohne solche Synthese gibt es kein Denken, auch nicht das primitive des Traums.

Allerdings geht es im Traum nicht zu wie in einem arbeitsteiligen Betrieb, wo verschiedene Funktionen ineinandergreifen. Es findet vielmehr ein Komplott statt, wobei die vier Beteiligten sich lediglich als vier Aspekte eines einzigen Beteiligten erweisen. Verschiebung ist nur ein anderer Aspekt von Verdichtung, Verdichtung ein anderer von Verschiebung. Die Zensur ist zwar der Gegenspieler beider; sie verschiebt und verdichtet nicht, sondern kontrolliert, aber erst die Kontrolle bewirkt, daß verdichtet und verschoben wird. Verdichtung und Verschiebung arbeiten also nicht nur im Dienste eines lichtscheuen Motivs, sondern ebenso auf Veranlassung der Zensur. Genauso wie der Wunsch, dem sie Tarnung und Verkleidung schneidern, ihr Wunsch ist, ist die Zensur ihre Zensur. Sie können nur gegen sie arbeiten, weil sie auch von ihr durchdrungen sind. In der Arbeit der Werkmeister wendet sich die Zensur gegen sich selbst. Sie wird reflexiv. Die Traumrätsel sind eine Selbstüberlistung des träumenden Organismus. Was er sich nicht auszudrücken gestattet, drückt er in verkappter Form gleichwohl aus. An dieses spannungsvolle Gegen- und Miteinander, das in der synthetischen Nervenleistung der Traumbildung steckt, ist anders als über Metaphern offenbar gar nicht heranzukommen. Solange bewußt bleibt, daß sie das Geheimnis dieser Nervenleistung nicht lüften, sondern es lediglich veranschaulichen, spricht aber nichts gegen ihre behutsame Verwendung.

Die Metaphorik hat hier zudem einen kongenialen Gegenstand, ist die «primitive Denktätigkeit» doch ein bildgebendes Verfahren. Darauf liegt in der kurzgefaßten «kleinen Traumdeutung», die Freud in seinen *Vorlesungen* präsentiert, besonderer Nachdruck. Nach der Darstellung von Verdichtung und Verschiebung heißt es dort: «Die dritte Leistung der Traumarbeit ist die psychologisch interessanteste. Sie besteht in der Umsetzung von Gedanken in visuelle Bilder.» Freud schränkt zwar ein: Nicht alles, was Gedanke ist, wird im Traum Bild, und visuelle Bilder sind nicht die einzig möglichen. Man kann auch Stimmen, Gerüche, Geschmäcke und Tastempfindungen träumen, insofern auch davon «Bilder» haben. Aber die visuellen «sind doch das Wesentliche an der Traumbildung» (VL 182). Ein prominentes Beispiel dafür kam schon vor. Der Gedanke «Ich war voreilig» wurde im Theaterkartentraum zum halbleeren Saal bzw. zum «schlechten Sitz». Weitere Beispiele: «Der Träumer *zieht eine* (bestimmte, ihm bekannte) *Dame hinter dem Bett hervor.* Er findet selbst durch den ersten Einfall den Sinn dieses Traumelements. Es heißt: er gibt dieser Dame den *Vorzug.*» «Ein anderer träumt, *sein Bruder stecke in einem Kasten.* Der erste Einfall ersetzt Kasten durch *Schrank*, und der zweite gibt darauf die Deutung: der Bruder *schränkt sich ein.*» Oder: «Der Träumer *steigt auf einen Berg, von dem er eine außerordentliche, weite Aussicht hat.*» Ihm fällt dazu jedoch «nichts von eigenen Bergbesteigungen ein, sondern er gedenkt des Umstandes, daß ein Bekannter von ihm eine ‹*Rundschau*› herausgibt, die sich mit unseren Beziehungen zu den fernsten Erdteilen beschäftigt» (VL 135).

Die Traumleistungen, die hier so lapidar berichtet werden, gehören zu jenen Erstaunlichkeiten, über die man sich viel zuwenig wundert. Künstler setzen ihre ganze Konzentration, Begabung und Fertigkeit daran, ein Sujet in ein Bild zu übersetzen, und brauchen womöglich Wochen und Monate dazu. Und im Schlaf geht etwas Ähnliches wie von selbst. Da werden, gleichsam im Handumdrehen, Worte in Bilder übersetzt, die dem Träumer dazu im Wachzustand vielleicht nie eingefallen wären. Ohne daß er weiß, wie ihm geschieht, gelingt ihm eine ebenso primitive wie originelle Übersetzungsleistung. Sie hat nur einen Haken: Sie läßt sich nicht aus dem Traum in den Wachzustand hinübernehmen und zur «Kunst» aufstocken.[20] Originell ist sie nur in elementarer Notlage, bei akutem «Bildwerdungsdrang». Es sind

[20] Deswegen war André Bretons Idee, die produktiven Bildkräfte des Traums durch ein «automatisches Schreiben» zu beerben, das die gedankliche Kontrolle aushängt und den unbewußten Quell der Phantasie direkt in die schreibende Hand fließen läßt, zum Scheitern verurteilt. Statt des erhofften traumhaften Bilderflusses kam die halbverdaute Masse jenes bürgerlichen Bildungsguts hoch, das die Surrealisten zuvor nicht minder verschlungen hatten als andere zeitgenössische Intellektuelle. (Cf. André Breton, *Erstes Manifest des Surrealismus*, 1924, in: ders., *Die Manifeste des Surrealismus*, Rowohlt, Reinbek 1993, S. 29 ff.)

nach Freud stets *Gedanken*, in denen dieser Drang steckt, und zwar verbotene. Im Traum regen sie sich – also ab mit ihnen ins nächstbeste Versteck. Die Übersetzungsleistung, die dabei erbracht wird, ist notdürftiges Überstülpen einer bildlichen Tarnung: eher Fluchtbewegung als Künstlertat. Dennoch bleibt unfaßbar, wie Verschiebung und Verdichtung so etwas in derartiger Schnelligkeit leisten können. Jedenfalls ist es anstrengend, sich andauernd in größter Eile Verstecke zu suchen, eine Erleichterung daher, wenn am Wege schon vertraute Verstecke liegen, in die man ohne Umstände schlüpfen kann. Zunächst werden Traumbilder spontan und diffus erzeugt, manche davon durch Wiederholung gefestigt und ausgebaut. Zu den naturwüchsigen Selbstverständlichkeiten, die eine Kultur ausbildet, gehört aber neben einem Gewebe von Ritualen und Sitten schließlich auch ein Arsenal von vertrauten Bildern, das dem träumenden Organismus bewährte Zufluchtsstätten bietet und ihm das Versteckspiel der Traumarbeit bequemer macht: Traumsymbole.

Freud ist schon in seinen frühen Hysteriestudien zu einem geradezu physiologischen Symbolbegriff gelangt, als er lernte, bestimmte Erscheinungsformen von Rheuma, Erbrechen, Lähmungen und Neuralgien als Bilder zu lesen. Da ist etwa die Patientin, die erzählt, wie ihr Mann ihr etwas zutiefst Kränkendes sagt; «dann faßte sie sich plötzlich an die Wange, schrie vor Schmerz laut auf und sagte: ‹Das war wie ein Schlag ins Gesicht›».[21] In diesem Fall hat die Patientin selber die Verbindung zwischen ihrer anfallartigen Gesichtsneuralgie und der ihr zugrundeliegenden Kränkung hergestellt. Gewöhnlich aber verrät das körperliche Leidenssymptom nicht, wovon es die Nachbildung ist. Es ist in dem Sinne Symbol, daß es als Bild für etwas anderes auftritt und sich zugleich an dessen Stelle setzt. Es verdeckt das Nachgebildete, drückt es nur mittelbar und widerwillig aus: beim Versuch, es bis zur Unkenntlichkeit zu unterdrücken.

Wie sich nun in einem kulturellen Zusammenhang bestimmte Leiden herausbilden, in die traumatische Kränkungen sich mit Vorliebe flüchten, so gibt es Freud zufolge auch einen Bestand halluzinierter Bilder, in denen peinliche Gedanken vorzugsweise untertauchen. Während es bei der hysterischen Neuralgie aber darauf ankam, das Symptom als Bild zu verstehen, so kommt es hier darauf an, Bilder als Symptome zu verstehen. Und wenn immer wieder, bei verschiedenen Personen, gewisse Traumbilder auftauchen, die den Träumer erregen, zu denen ihm aber partout nichts einfällt, dann obliegt es, so Freud, dem Arzt, einzuspringen und diese «‹stummen› Traumelemente

[21] Josef Breuer / Sigmund Freud, *Studien über Hysterie*, 1895, Fischer, Frankfurt am Main 1991, S. 198

selbst zu deuten». Und siehe da, es ergeben sich «für eine Reihe von Traumelementen konstante Übersetzungen». «Eine solche konstante Beziehung zwischen einem Traumelement und seiner Übersetzung heißen wir eine *symbolische*, das Traumelement selbst ein *Symbol* des unbewußten Traumgedankens.» (VL 160)

«Die Symbolik ist vielleicht das merkwürdigste Kapitel der Traumlehre», setzt Freud hinzu. Zumindest zeigt sie sich als das fragwürdigste, sobald der Symbolbestand durchgegangen wird. «Der Umfang der Dinge, die im Traume symbolische Darstellung finden, ist nicht groß. Der menschliche Leib als Ganzes, die Eltern, Kinder, Geschwister, Geburt, Tod, Nacktheit – und dann noch eines.» (VL 162) Und um dies «Eine» dreht sich dann alles. Es sind die Sexualsymbole. Freud gibt die bekannte lange und bis heute unabgeschlossene Aufzählung: Das männliche Genital ist symbolisierbar durch alle länglichen, hochragenden, spitzen und zudringlichen Gegenstände wie Stöcke, Schirme, Messer, Pistolen; das weibliche durch alles, was einen Hohlraum hat, Gruben, Höhlen, Koffer, Gefäße; der Koitus durch Reiten, Fliegen, Besteigen von Treppen und Bergen etc. (VL 163 ff.)

Für nichts ist Freud so berühmt geworden wie für die Sexualsymbole. In der Vulgärrezeption der Psychoanalyse sind sie genau das geworden, was er nicht wollte: Joker, überall einsetzbar, wo man nicht weiter weiß oder schnell ein stimmiges Weltbild braucht. Dabei hat Freud weder geleugnet, daß es noch andere Traumsymbole gibt, noch versäumt, bei der Deutung der sexuellen größte Zurückhaltung zu fordern. Nur als «Ergänzung» (VL 161) sei sie statthaft, wenn die Arbeit an den Assoziationen, die der Patient selbst zu seinen Träumen hat, stagniert. Doch wo immer Freuds weitgespannte theoretische wie therapeutische Arbeit auch ansetzt, gravitiert sie, wie magnetisch angezogen, auf die Sexualsymbole hin. Sie sind für ihn die Symbole *par excellence*. Er beteuert ihre Kontextabhängigkeit und nennt sie dennoch «feststehende Übersetzungen» (VL 160). Doch für wen stehen sie fest? Zunächst einmal für Freud selbst. Sein eigenes Lebens- und Patientenmilieu schien ihm diese Übersetzungen unablässig zu bestätigen. Und zweifellos war ja jenes großbürgerliche Wien um 1900, das Stefan Zweig so anschaulich als *Die Welt von gestern* geschildert hat, ein wahres Biotop für das Gedeihen jener Art von Neurosen, in deren Behandlung die Psychoanalyse entstanden ist. Freud denkt freilich weit über sein Wien hinaus. Er ruft die ganze Welt der Mythen und Märchen, den Volksmund, die Sprichwörter und Witze zu Zeugen für sein Symbolvokabular an. Doch seine Beispiele sind viel zu selektiv, um sich umstandslos auf die ganze Menschheit hochrechnen zu lassen. Sein Belegmaterial aus Witzen, Sprichwörtern und Volksmund entstammt fast ausnahmslos Mitteleuropa. Daß aber der Symbolgehalt in polynesischen oder afrikanischen Riten und Mythen, die er in seinen ethnologischen Studien behandelt, genau der Übersetzungslogik folgt, die im Wiener Biotop um 1900 gang und gäbe war, ist bei Freud nirgends über den Status einer Behauptung hinausgekommen.[22]

Mit der Formel «feststehende Übersetzungen» hat Freud weniger einen gesicherten Tatbestand als eine eigene Fixierung benannt. Vor allem steht eines nicht fest: daß «Sexualsymbol» immer «Symbol für Sexualität» heißen muß. Es kann ebenso das Umgekehrte bedeuten: Sexualität als Symbol für etwas anderes. Dafür liefert schon ein erstes Überfliegen der griechischen Mythologie, mit der Freud seit seiner Schulzeit vertraut war, einschlägige Beispiele. Wenn Hesiod erzählt, wie Kronos seinen Vater Uranos entmannt hat, dann gibt er nicht etwa auf symbolische Weise eine Sexualpraktik zu verstehen, sondern beschreibt sie ganz unverblümt, jedoch so, daß sie als einmaliges Ereignis zugleich eine erzählerische Verdichtung eines historischen Prozesses darstellt, der sich in seinen Details kaum mehr aufhellen läßt: langwierige Stammesfehden, in deren Verlauf ein Kronos-Stamm über einen Uranos-Stamm oder der Kronos-Kult über den Uranos-Kult gesiegt hat und mit den Unterlegenen noch ganz andere Dinge als Kastration angestellt haben dürfte.[23] Die Liebschaften, die Zeus mit Metis, Themis, Eurynome, Demeter, Leto, Hera, Semele, Alkmene etc. gepflegt haben soll,[24] sind nicht nur Ausdruck früher patriarchaler Sexualverhältnisse, sondern auch Nachhall eines flächendeckenden Sieges, den patriarchale Stämme im Mittelmeerraum über matriarchal organisierte errungen hatten, wobei Zeus' gelegentliche sexuelle Nötigungen vergleichsweise zarte Bilder für die Art und Weise darstellen dürften, in der die Zeus-Stämme über die der alten Muttergottheiten hergefallen sind. Im Mythos von Iphigenies Opferung vor dem Trojanischen Krieg steckt gewiß eine erzählerische Verdichtung des archaischen Brauchs, vor einem Kriegszug der göttlichen Schutzmacht eine Jungfrau darzubringen.[25] In diesem Opferritual

[22] Überhaupt hat sich erst im Zuge des Globalisierungsschubs seit den 1960er Jahren herausgestellt, wie westlich die Psychoanalyse eigentlich ist; als nämlich nicht mehr nur europäische Psychoanalytiker zu Feldforschungen nach Afrika oder Südostasien reisten, sondern Afrikaner und Südostasiaten sich zu Psychoanalytikern ausbilden ließen und feststellen mußten: Bestimmte Grundauffassungen von Vernunft und Glaube, Sitte und Recht, Individuum, Familie und Gesellschaft, wie sie nur das europäische Bürgertum der Neuzeit ausgebildet hat, sind vorab in die Konstitution der Psychoanalyse eingegangen. Dem setzten 1966 Marie-Cécile und Edmond Ortigues, zwei Vertreter der «Psychoanalytischen Schule von Dakar», programmatisch das Buch *Oedipe africain* (Der afrikanische Ödipus) entgegen, worin senegalesische Kinder dank eines eigens für sie entwickelten therapeutischen Settings in ihrer eigenen Sprache zu Wort kamen.

[23] Hesiod, *Theogonie*, 167 ff.

[24] Ibidem, 886 ff.

[25] Aischylos, *Agamemnon*, 205 ff.

lediglich ein Sexualsymbol zu sehen, etwa für die im Mittelmeerraum durchaus bezeugte rituelle Defloration, wird außer ein paar überdeterminierten Freudianern niemandem einfallen. Hingegen macht rituelle Defloration beim Opferfest durchaus Sinn, wenn man sie als Symbol für einen archaischen, längst tabuisierten Ritus begreift, bei dem ebenfalls jungfräuliches Blut floß, nur ungleich mehr, und die Jungfrau auf andere Art aufhörte, Jungfrau zu sein, nämlich indem sie geschlachtet wurde.[26]

Genauso wie man sich an den Doppelsinn des Wortes «Sexualsymbol» gewöhnen muß, muß man sich allerdings fragen, ob das, was Freud unter Traumsymbolen versteht, überhaupt Symbole sind. Das hatte sich schon Freuds abtrünniger Kronprinz, Carl Gustav Jung, gefragt, als ihm bei des Meisters tendenzieller Einengung auf Sexualsymbole unbehaglich wurde. Das konnte doch nicht alles sein. War Freud womöglich bei etwas Vordergründigem stehengeblieben, nämlich jenen Symbolen, die lediglich notdürftige Verhüllungen, Symptome, Zeichen für etwas anderes sind? War er zur Tiefenschicht der Symbolik gar nicht vorgedrungen? Das ist der Verdacht, von dem aus sich Jungs eigene Symboltheorie entfaltet. «Z. B. der alte Gebrauch, beim Verkaufe eines Grundstückes ein Stück Rasen zu überreichen, läßt sich vulgär als ‹symbolisch› bezeichnen, ist aber seiner Natur nach durchaus semiotisch. Das Stück Rasen ist ein *Zeichen*, gesetzt für das ganze Grundstück.» «Ein Ausdruck, der für eine bekannte Sache gesetzt wird, bleibt immer ein bloßes Zeichen und ist niemals Symbol.» Zeichen sind immer bloß äußerliche Substitute und Verhüllungen eines davon unterschiedenen Inneren. Im Symbol spricht dieses Innere selbst. Es findet zu seiner optimalen Offenbarung. «Jedes psychische Produkt, insofern es der augenblicklich bestmögliche Ausdruck für einen bis dahin unbekannten oder bloß relativ bekannten Tatbestand ist, kann als Symbol aufgefaßt werden, insofern man geneigt ist, anzunehmen, daß der Ausdruck auch das, was erst geahnt, aber noch nicht klar gewußt ist, bezeichnen wolle.» Echte Symbole verstellen nichts. «Das Symbol ist nur lebendig, solange es bedeutungsschwanger ist. Ist aber sein Sinn aus ihm geboren, d. h., ist derjenige Ausdruck gefunden, welcher die gesuchte, erwartete oder geahnte Sache noch besser als das bisherige Symbol formuliert, so ist das Symbol *tot*». Nur daß Symbole, die derart sterben oder zu Zeichen absinken können, für Jung gar keine echten Symbole sind. Die echten nämlich, wie etwa das Kreuz, das Mandala, die sich in den Schwanz beißende Schlange oder der Heros, gelten ihm als unsterblich, ewig bedeutungsschwanger, unerschöpflich Sinn gebärend und hören nicht auf, «Unaussprechliches in *unübertrefflicher Weise*»

[26] Cf. Walter Burkert, *Homo Necans*. Interpretationen altgriechischer Opferriten und Mythen, de Gruyter, Berlin und New York ²1977, S. 70 f.

darzustellen.[27] Die eigentlichen Symbole, so Jung, sind nicht äußere Male von Bedürftigkeit und Entbehrung, sondern Manifestationen der Tiefe und Fülle. Deshalb hat er ihnen eine seelische Tiefgarage eingerichtet, die sich unterhalb aller individuellen Entwicklung ausdehnt, ewig und gleichbleibend die archetypischen Grundmerkmale des Menschlichen enthält und in seiner Terminologie das «kollektive Unbewußte» heißt. Aus ihr steigen die Ursymbole auf. Es sind welche, die man sich nicht ausdenken, nicht konstruieren kann, sondern die seit jeher, unvordenklich und unmotiviert, aus unaussprechlich unbewußter Tiefe hervorbrechen. Sie stehen für nichts, repräsentieren nichts und sind von dem seelischen Urgrund, der in ihnen hochkommt, nicht zu unterscheiden. Symbol und Symbolisiertes rutschen bis zur Indifferenz ineinander.

Was Jungianer allerdings gewöhnlich nicht bedenken: Wenn das Symbol zur Sache selbst wird, dann ist es kein Symbol mehr. Jungs angebliche Vertiefung der Symbollehre läuft auf den Ausverkauf des Symbols hinaus. Freud war gut beraten, hier nicht mitzugehen. Ohne es ausdrücklich zu sagen, hält er die Primärbedeutung von «Symbol» wach. Das griechische *symbolon* ist eigentlich eine Scherbe. Und zwar war es Brauch, beim rituellen Schließen einer Freundschaft eine kleine Tontafel in zwei Stücke zu zerbrechen. Jeder der beiden Freunde nahm ein Stück mit auf seinen weiteren Lebensweg, und beim Wiedertreffen der Freunde oder ihrer Nachkommen konnte durch das Aneinanderhalten der Bruchstellen der beiden Scherben das Tontäfelchen rekonstruiert und damit die Freundschaft bekräftigt werden. Zur primären Bedeutungsschicht von *symbolon* gehört also der Bruch sowie der Wunsch nach bruchloser Vereinigung. Als Freud hysterische Lähmungen und Neuralgien als «Erinnerungssymbole» zu lesen begann, nahm er sie als seelische Bruchstücke wahr. Allerdings hatte er dabei eine besondere Art von Symbolbildung im Visier: die «Umsetzung von Gedanken in visuelle Bilder». Um deren Logik zu verstehen, genügt fürs erste die Vergegenwärtigung einer weiblichen Figur, die die Portale ungezählter Kirchen und Rathäuser ziert. Sie steht, in der Rechten ein Schwert, in der Linken eine Waage haltend, mit verbundenen Augen da. Wer nicht weiß, daß sie *Iustitia* heißt und einen bestimmten Begriff von Gerechtigkeit verkörpert, dem bleibt sie ein Rätsel. Wer es aber gesagt bekommt, dem löst sich das Rätsel umgehend: *Iustitia* straft die Ungerechten (Schwert), aber nur nach sorgsamer Abwägung von Für und Wider (Waage) und unbestechlich, ohne Ansehen der Person (verbundene Augen). Was der Begriff sagt, sagt die Verbildlichung noch einmal anders – in einem andern Medium. Sie gibt dem Begriff einen sinnlichen Nachdruck, den

[27] Carl Gustav Jung, *Typologie*, Gesammelte Werke, Band 6, l. c., S. 515 f.

er von sich aus nicht hat, aber sie erweitert sein Verständnis nicht, ist vielmehr ihrerseits nur verständlich für den, der über den Begriff schon verfügt.

Iustitia ist der klassische Fall einer Allegorie. Der von Freud so geschätzte Goethe sagt: «Die Allegorie verwandelt die Erscheinung in einen Begriff, den Begriff in ein Bild, doch so, daß der Begriff im Bilde immer noch begrenzt und vollständig zu halten und zu haben und an demselben auszusprechen sei.» Mit andern Worten: Goethe hält die Allegorie für Begriffskunst – und damit für die mindere Form bildlicher Darstellung: ohne voll entwickelten bildlichen Eigensinn. Sie ist für ihn weniger ein Sonderfall der Symbolik als deren Ausverkauf. Kunst soll symbolisch sein, nicht allegorisch; nicht dem Begriff geweiht, sondern der Idee. «Die Symbolik verwandelt die Erscheinung in Idee, die Idee in ein Bild, und so, daß die Idee im Bild immer unendlich wirksam und unerreichbar bleibt und, selbst in allen Sprachen ausgesprochen, doch unaussprechlich bliebe.»[28] Die Idee steht für Goethe weit über dem Begriff. Sie ist der gemeinsame Fluchtpunkt, auf den hin Begriffe und Sinnlichkeit konvergieren, das noch Unbenannte und Unerschienene in beiden, etwas Namenloses, sei es im beglückenden, erschreckenden oder unheimlichen Sinne. Wenn eine Rose Schönheit, ein Lorbeer Ruhm, ein Löwe Kraft oder Schrecken, ein Landschaftsbild befriedete oder tobende Natur, ein porträtiertes Antlitz Qual oder Erbarmen symbolisiert, so sind die hier gebrauchten Worte für das Symbolisierte bloß Hilfsworte – für etwas, an das Worte nicht heranreichen: die Idee. Das Symbol verdeckt sie nicht. Es ist gewissermaßen ihr Transparent; es läßt sie durchscheinen, und zwar dank seiner Bildqualität. Das Symbol bedarf dazu keiner begrifflichen Nachhilfe. Sein eigener Bildgehalt ist es, der die Idee offenbar macht, sie geradezu präsent sein läßt – jedoch als etwas Entrücktes: als «einmalige Erscheinung einer Ferne, so nah sie sein mag»,[29] um es mit Walter Benjamins berühmter Definition der «Aura» zu sagen, die sich wie eine Variation der Goetheschen «Idee» ausnimmt.

Derartige Symbole sind Freuds Traumsymbole nicht. Sie haben allegorischen Charakter. Man mag die Allegorie höher veranschlagen als die Weimarer Klassik, ihr als Rätselbild oder als Sinnbild des Verfalls jene eigene Ausdruckskraft zubilligen, die namentlich Benjamin in ihr zu sehen glaubte.[30] An einem ändert sich dadurch nichts: Allegorien sind Rückbildungen. Der Begriff oder Gedanke ist schon da und wird dann zurückversenkt ins Bild. Er ist darin verschlüsselt, und nur wer den Schlüssel, den «Code», kennt, dem erschließt

28 Johann Wolfgang Goethe, *Maximen und Reflexionen*, in: ders., Sämtliche Werke, Bd. 9, Artemis, Zürich 1950, S. 639

29 Walter Benjamin, *Das Kunstwerk im Zeitalter seiner technischen Reproduzierbarkeit*, l. c., S. 479

30 Cf. Walter Benjamin, *Ursprung des deutschen Trauerspiels*, Gesammelte Schriften, Bd. I. 1, l. c., S. 336 ff.

sich das Bild. Träume sind ebenfalls Rückbildungen. Der Organismus fällt im Schlaf weit hinter die Denkleistungen des Wachbewußtseins zurück. Im Traum ist es, sagt Freud, wie wenn man den «Leitartikel einer Zeitung durch eine Reihe von Illustrationen zu ersetzen» hätte, «also von der Buchstabenschrift zur Bilderschrift zurückgeworfen» (VL 182) wäre. Bei abstrakten Worten kann man sich dabei gelegentlich mit dem konkreten Bildgehalt behelfen, der in ihnen verblaßt ist, zum Beispiel «ein ‹Besitzen› eines Objekts als ein wirkliches körperliches Daraufsitzen darstellen» (VL 183). Aber was macht man mit Worten, deren Bildgehalt gegen Null geht, etwa mit Vergangenheit und Zukunft, mit Denkrelationen wie Weil, Darum, Obwohl, Aber, Insofern, was mit Bejahung und Verneinung? Sie alle werden im Traum gleichsam eingedampft, in einen dekonturierten Gärungszustand zurückversetzt und fordern den Traumdeuter um so mehr heraus.

Bekanntlich leiden Bilder an einer grundsätzlichen Einschränkung. Sie können nur im Ja-Modus existieren. Deshalb die große Irritation, als René Magritte eine Pfeife malte und darunter den Satz *Ceci n'est pas une pipe* (Dies ist keine Pfeife).[31] Das Vertrackte ist, daß dieser Satz zum Bild selbst gehört, also nicht bloß ein Titel ist. Ist er also das *Bild* eines Satzes? Oder ein *wirklicher* Satz, der aber sagen will: Dies ist keine Pfeife, sondern nur das Bild einer solchen? Oder will er lediglich zeigen, daß ein sich selbst verneinendes Bild ein Unding ist, weil das Bild eindeutig eine Pfeife zeigt und den Satz darunter dementiert? Magritte hat die Unfähigkeit des Bildes zur Selbstverneinung natürlich nicht überwunden, durch sein abgründiges Ja-Nein-Spiel aber gezeigt, daß Bilder diese Unfähigkeit als ihren eigenen Mangel anschaulich machen und zu verstehen geben können, daß sie eigentlich nein zu sich sagen wollen. Damit hat er eine künstlerische Form für einen inneren Bildkonflikt gefunden, der sich in Traumbildern noch zuspitzt. Oft sind sie ja besonders gefühlsgeladen und zudringlich – ein sicheres Zeichen dafür, daß sich ein heftiges Ja oder Nein in ihnen anmeldet.

Weniger noch als äußere Bilder sind Traumbilder fähig, lediglich neutral zu konstatieren. Der Patient Freuds, der im Traum seinen Bruder in einem Kasten sah, den Kasten sogleich als Schrank deutete und den Schrank als Bild für Einschränken, hat damit aller Wahrscheinlichkeit nach etwas gewünscht. Entweder: Der Bruder *soll* sich einschränken (etwa weniger Ansprüche an ihn, den Träumer, stellen), oder: Der Bruder soll sich *nicht* einschränken (zum Beispiel sich von seiner Frau nicht alles gefallen lassen). Jedes bildliche Traumelement kann also heißen: Es ist so; oder: Es ist so, aber ich wünsche es nicht; oder: Es ist nicht so, aber ich wünsche es mir. Der Traum kann Ja und Nein,

[31] Cf. Michel Foucault, *Dies ist keine Pfeife*, 1973, dt. Hanser, München 1974

Sein und Sollen nicht klar auseinanderhalten.[32] Und hier so lange zu fragen und zu bohren, die Traumelemente so lange experimentell unter entgegengesetzten Vorzeichen aneinanderzuhalten, bis sie sich ineinanderfügen und einen «latenten Gedanken» preisgeben, ist Freuds große Begabung und für ihn offenbar auch ein intellektuelles Vergnügen ersten Ranges gewesen.

Eine Sonderrolle spielt dabei die Umkehrung: Sie findet nicht nur zwischen Bejahung und Verneinung statt, sondern durchzieht die ganze Traumarbeit. «Im Traum schießt oft genug der Hase auf den Jäger.» «Umkehrungen der Situation», «Umkehrung der Reihenfolge der Begebenheiten» wie «in einer schlechten Schmiere, wo zuerst der Held hinfällt und erst hernach aus der Kulisse der Schuß abgefeuert wird»; «Träume, in denen die ganze Ordnung der Elemente verkehrt ist, so daß man in der Deutung ihr letztes zuerst und ihr erstes zuletzt nehmen muß» (VL 186 f.): dies alles rechnet Freud deshalb so unveräußerlich zum Traum, weil für ihn das Träumen insgesamt eine Umkehrbewegung darstellt. Der Träumer kehrt um – zurück in einen primitiven Zustand, über den er im Wachzustand weit hinaus ist. «Die Traumarbeit läßt also die Gedanken eine *regressive* Behandlung erfahren, macht deren Entwicklung rückgängig» (VL 187).

Damit drängt sich der allegorische Aspekt des Traums unverhältnismäßig weit in den Vordergrund. Freud sieht Traumbilder vorrangig darauf an, inwiefern sie abgesunkene Gedanken sind. Und daß sie auch das Gegenteil sein können: aufgestiegene Wünsche? Das muß man Freud nicht vorhalten, ist er doch selbst der Pionier dieser Einsicht. Oder hat sich jemand angelegentlicher als er um die verborgenen Wunschregungen gekümmert, die im Schlaf aufsteigen und im Traum eine bildhafte, halluzinatorische Erfüllung finden? Setzt die *Traumdeutung* nicht alles daran, zu zeigen, daß alle Träume Wunscherfüllungen sind – sogar Angstträume? (TD 555 ff.)

Doch hier heißt es genau hinschauen. Die *Traumdeutung*, die «den Menschen konsequent als das wünschende Tier darstellt»,[33] fokussiert stets eine bestimmte Sorte von Wünschen: diejenigen, die, ehe sie aufsteigen, bereits herabgedrückt worden sind. Es sind nicht einfach bloß Regungen, die auf Abfuhr drängen, sondern solche, die bereits von dem Wissen durchdrungen sind, daß sie nicht sein sollen. Gemeint sind vornehmlich frühkindliche Regungen, etwa das inzestuöse Verlangen, mit den allernächsten Angehörigen körperlich eins zu werden. Dadurch, daß es verboten wird, wird es nach Freud überhaupt erst zum Wunsch schlechthin, ähnlich wie im biblischen Sündenfallmythos erst das Verbot, vom Baum der Erkenntnis zu essen, den Wunsch danach

32 Auch die Sprache hat damit anfangs ihre liebe Mühe gehabt; siehe unten Kapitel 3, S. 183 ff.

33 Hans-Martin Lohmann, *Sigmund Freud*, Rowohlt, Reinbek 1998, S. 36

weckte. Der nüchterne Materialist Freud rutscht hier unversehens in eine Denkfigur des philosophischen Idealismus hinein: Der Geist konstituiert die Natur. In unserm Fall: Der Gedanke stiftet den Wunsch. Er gibt ihm nicht nur seine Identität, sondern wird identisch mit ihm, und zwar im Zustand des «Unbewußten». Mit «unbewußt» ist freilich nicht einfach die Summe dessen gemeint, was wir nicht wissen, sei es, weil wir es nicht gelernt haben oder gerade nicht daran denken. Das Unbewußte im spezifisch Freudschen Sinne wird vielmehr durchaus gewußt, und zwar so intensiv, daß es plagt. Es ist Wissen im Zustand der Verneinung: ein ins Vorgedankliche herabgedrückter Gedanke. «Verdrängt» heißt das Fachwort dafür. Ein derart herabgedrückter Gedanke ist für Freud bloß noch Wunsch, womit dann auch das Umgekehrte gilt: Der unbewußte Wunsch hat immer schon Gedankenform. Bei dem Kunststück, Gedanke und Wunsch ineinanderfallen zu lassen, ist Freud nahezu Hegelianer. Kein Wunder, daß ihm seine einseitig allegorische Perspektive auf den Traum gar nicht als Einschränkung vorkommt; der zum Traumbild aufsteigende Wunsch und der zum Traumbild absinkende Gedanke dünken ihn ein und dasselbe. Daher die unbedenkliche Redeweise von «latenten Traumgedanken».

Daß Traumbildung in vielen Fällen allegorisch funktioniert, ist unzweifelhaft. Aber sie kann nicht allegorisch begonnen haben. Es müssen erst einmal aus Erregungen Bilder und aus Bildern Gedanken aufgestiegen sein, ehe Gedanken zu Bildern absinken können.[34] Und in jener frühen Zeit, als das primitive halluzinatorische Bildgebungsverfahren, dessen Rückstand der Traum ist, begann, gab es nichts als Bilder. Sie waren der jämmerliche Anfang der Denktätigkeit – und zugleich ihr Höchststand. Die flüchtigen, flackernden, unscharfen Bilder, die auf diesem Niveau entstehen, sind nicht getarnte Gedanken, sondern Versuche, diffusen Erregungsschüben eine Fassung zu geben. Sofern man hier von Denktätigkeit überhaupt reden kann, besteht sie aus nichts als dieser Bildfassung selbst. Sofern sie mit gedanklichem Potential schwanger

[34] Diese elementaren Erregungen hat Wilfred R. Bion «Beta-Elemente» genannt. Das sind für ihn Eindrücke und Empfindungen im «protopsychischen» Stadium – derart diffus, daß sie buchstäblich noch nicht feststellbar sind. Erst «Alpha-Elemente» sind «psychisch»: Elementarmuster des Riechens, Hörens, Sehens etc. – bereits so stabil, daß sie Traumbilder entbinden können. «Alpha» kommt für Bion allerdings ausschließlich ontogenetisch, vornehmlich im Mutter-Kind-Verhältnis, in Betracht – und als Funktion. Er hat eigens ein Raster entwickelt, um darin psychische Elementarleistungen als Funktionen, Funktoren und Faktoren mit mathematischer Präzision zu verorten. Ein Wunderwerk instrumenteller Vernunft (cf. Wilfred R. Bion, *Lernen durch Erfahrung*, 1962, dt. Suhrkamp, Frankfurt am Main 1990). Doch werden sich seelische Primärprozesse durch noch so subtile Rasterfahndung jemals erschließen lassen? – Hier hingegen geht es erst einmal um die ungeheure Vorleistung, die die Spezies Homo sapiens bereits erbracht haben muß, wenn moderne Säuglinge fähig sein sollen, auch nur ein einziges «Alpha-Element» zu bilden.

geht, kündigt es sich lediglich in ihrer Bildgestalt an. Aber es ist noch nicht ausgetragen – noch weit davon entfernt, etwas explizit Gedachtes oder Begriffliches zu sein. In ihrem primären Stadium kann die halluzinatorische Bilderzeugung nicht regressiv, sondern nur progressiv gewesen sein: eine Keimform dessen, was bei Goethe «symbolisch» heißt. Und nur an diesem Punkt, wo der aufsteigende Wunsch definitiv noch kein abgesunkener Gedanke ist, läßt sich der Primärprozeß der Einbildungskraft erfassen – nicht an der vergleichsweise hochentwickelten allegorischen Traumkultur.

Umkehrung

Nun fällt an Freuds Umkehrungsbegriff aber nicht nur die allegorische Schlagseite auf. Er wird auch von einer Unklarheit überschattet, die ins Zentrum der Traumbildungstheorie reicht und uns ein wenig philologische Detailarbeit abverlangt. Wenn Freud von den «Werkmeistern» des Traums spricht, so nennt er gewöhnlich zwei, und in dem großen Kapitel über die Traumarbeit handelt er sie in den ersten beiden Abschnitten geradezu schulmäßig ab: «A. Die Verdichtungsarbeit» (TD 282 ff.), «B. Die Verschiebungsarbeit» (TD 305 ff.). Dann werden «zwei weitere Bedingungen» in Aussicht gestellt, «die unzweifelhaften Einfluß auf die Auswahl des in den Traum gelangenden Materials üben» (TD 309). Sie verteilen sich aber nicht auf die Abschnitte C und D. Erst 160 Seiten später geht Freud «endlich an die Hervorhebung des vierten der bei der Traumbildung beteiligten Momente» (TD 470). Das ist die «sekundäre Bearbeitung», die hier vernachlässigt werden kann. Aber da ist Freud bereits bei Abschnitt I. Und wo ist das dritte traumbildende Moment abgeblieben? Ihm ist nicht nur *ein* Abschnitt gewidmet, wie den andern drei; es wird von sechs umkreist. «C. Die Darstellungsmittel des Traums. D. Die Rücksicht auf Darstellbarkeit. E. Die Darstellung durch Symbole im Traume – Weitere typische Träume. F. Beispiele – Rechnen und Reden im Traum. G. Absurde Träume – Die intellektuellen Leistungen im Traum. H. Die Affekte im Traume.» Man sieht sogleich: Diese Überschriften stiften keinerlei gedankliche Ordnung. Übergeordnete und untergeordnete Gesichtspunkte gehen durcheinander, und das angekündigte dritte traumbildende Moment ist darin fast untergegangen. Es wird nämlich nur durch eine dieser Überschriften repräsentiert: «Die Rücksicht auf Darstellbarkeit» (TD 335).

Aber ist das überhaupt ein eigenes Moment? Was haben denn Verdichtung und Verschiebung, wenn sie einem latenten Motiv, das sich an der Zensur vorbeischleichen muß, eine bestimmte Verkleidung geben, anderes getan, als Rücksicht auf seine Darstellbarkeit zu nehmen? Und so führt Freud diese Rücksicht, sein drittes Moment, denn auch lediglich als eine Variante des zweiten ein: der Verschiebung. «Die Verschiebungen, die wir [sc. bisher] berücksichtigt haben, erwiesen sich als Ersetzungen einer bestimmten Vorstellung durch eine andere ihr in der Assoziation irgendwie nahestehende.» «Von einer anderen Art der Verschiebung haben wir noch keine Erwähnung getan. Aus den Analysen erfährt man aber, daß eine solche besteht und daß sie sich in einer *Vertauschung des sprachlichen Ausdruckes* für den betreffenden Gedanken kundgibt. Es handelt sich beide Male um Verschiebung längs einer Assoziationskette, aber der gleiche Vorgang findet in verschiedenen psychischen Sphären statt, und das Ergebnis dieser Verschiebung ist das eine Mal, daß ein Element durch ein anderes substituiert wird, während im anderen Falle ein Element seine *Wortfassung* gegen eine andere vertauscht», dergestalt, «daß ein farbloser und abstrakter Ausdruck des Traumgedankens gegen einen bildlichen und konkreten eingetauscht wird» (TD 335). Dadurch soll nun die «Rücksicht auf Darstellbarkeit» charakterisiert sein und sich als ein eigenständiges drittes Moment erweisen. Zum Vorschein gekommen ist aber lediglich eine andere Art der Verschiebung: eine, die die Wortsphäre mit der Bildsphäre vertauscht, statt bloß innerhalb der Bildsphäre ein Element durch ein anderes zu ersetzen.

Einen Abschnitt zuvor war übrigens schon ausgiebig von Vertauschung die Rede gewesen, nämlich vom Ausdruck eines Wunsches oder Gedankens durch sein Gegenteil, allerdings unter einem anderen Oberbegriff: Umkehrung. Und das besondere Interesse, das Freud an diesem Phänomen zeigt, hat ihn in einer späteren Auflage (1909) an dieser Stelle hinzufügen lassen: «Die Umkehrung, Verwandlung ins Gegenteil, ist übrigens eines der beliebtesten, der vielseitigsten Verwendung fähigen Darstellungsmittel der Traumarbeit.» (TD 324) Kein Zweifel: Auch die Umkehrung nimmt «Rücksicht auf Darstellbarkeit». Aber was hat sie selbst für einen Status? Offenbar einen zentralen. Jene sprachliche Vertauschung, die für Abstraktes Bildhaftes setzt, ist doch nichts anderes als eine Form von Umkehrung: Umkehr, Rückkehr in die primitive Bildsprache des Traums. Dennoch mag Freud der Umkehrung den Rang eines eigenen traumbildenden Moments nicht zuerkennen. Statt dessen: «Rücksicht auf Darstellbarkeit» – etwas völlig Unspezifisches. Die *ganze* Traumarbeit nimmt diese Rücksicht. Sie als eigenes traumbildendes Moment neben Verdichtung und Verschiebung aufführen ist etwa so, als würde man Hunde, Katzen und Säugetiere in einer Reihe nennen. Die «Rücksicht auf Darstellbarkeit» ist eine Verlegenheitslösung: lediglich eine Chiffre für etwas, was als traumbildende Kraft keinen klaren Status bekommt.

Geben die *Vorlesungen*, die fünfzehn Jahre später eine entschlackte, transparente Kurzfassung der *Traumdeutung* liefern, hier Aufschluß? Auf den ersten Blick scheint es so. Wieder werden zunächst Verdichtung und Verschiebung als *die* Mechanismen der Traumarbeit erläutert, und dann heißt es: «Die dritte Leistung der Traumarbeit ist die psychologisch interessanteste. Sie besteht in der Umsetzung von Gedanken in visuelle Bilder» (VL 182). Was aber heißt «dritte Leistung»? Etwas Gleichwertiges neben Verdichtung und Verschiebung? Und ist die Bildung von Traumsymbolen, die Freud zuvor in einem separaten Kapitel verhandelt hat, ein Teil dieser «dritten Leistung» oder davon unterschieden? Dann kommt er auf absurde Träume zu sprechen, auf den Umgang des Traums mit Gegensätzen, hebt in diesem Zusammenhang wie in der großen *Traumdeutung* die Umkehrung als ganz besonderen Kunstgriff der Traumarbeit hervor. Gemessen an dem Nachdruck, den er auf sie legt, müßte es sich eigentlich um eine weitere, eine vierte «Leistung» handeln. Um so erstaunlicher das knappe Resümee der Traumarbeit: «mehr als verdichten, verschieben, plastisch darstellen und das Ganze dann einer sekundären Bearbeitung unterziehen, kann sie nicht» (VL 188). Da kommt die Umkehrung gar nicht mehr vor. Sie hat in Freuds Traumdeutung große Relevanz, aber so recht keinen Ort. Sie ist eine unklare, dunkle Stelle in einer auf maximale Transparenz bedachten Theorie. Wo immer Freud auf dunkle Stellen stieß, schöpfte er bekanntlich Verdacht, hier könnte etwas besonders Wichtiges verborgen sein. Zeigt sich aber einmal eine dunkle Stelle bei Freud: Warum sollte man da nicht von ihm lernen und ähnlichen Verdacht schöpfen?

Im folgenden breite ich denn auch einen Generalverdacht aus: Verdichtung, Verschiebung und die dunkle Stelle enthalten zusammen weit mehr als nur das Geheimnis der Traumbildung, nämlich nichts Geringeres als das der Denkbildung, Kulturbildung, Menschwerdung. Wieweit es sich lüften läßt, steht dahin. Aber Aussicht, sich ihm anzunähern, besteht nur, wenn nun die Grundthese der *Traumdeutung* auf den Prüfstand kommt: «Der Traum ist eine Wunscherfüllung» (TD 141) – und sonst nichts. Beim Dursttraum ist das offensichtlich. Der Träumer erlebt den Durst als gestillt. Noch krasser sind unverhohlene Sexualträume. Der Träumer erlebt einen Orgasmus, sogar physisch, auch wenn er nicht die Person in Armen hält, von der er träumt. Hier wird die Grenze von imaginärer und realer Wunscherfüllung besonders unscharf. Man könnte nun sagen: Wenn ein Wunsch als erfüllt erlebt wird, ist doch egal, ob er an realen Objekten befriedigt wurde oder an eingebildeten. Entscheidend ist das subjektive Erlebnis. Aber es gibt keine reine Subjektivität. Erlebt wird immer *etwas*: Gestalten, Farben, Töne, Atmosphären, Gerüche etc. Und man kann nicht etwas erleben, ohne es im Moment des Erlebens auch für wirklich zu halten. Das ist im Traum nicht anders. Etwas träumen heißt, es in diesem Moment als wirklich zu erleben. Es *ist* so. Der Traum will nicht bloß Traum sein. Daher ja auch die Enttäuschung, wenn man erwacht, die erträumte Person gar nicht in Armen hält und einräumen muß: Der Traum war zwar Wunscherfüllung, aber eben bloß halluzinatorische; von wirklichen Objekten verschoben auf eingebildete. Die Wunscherfüllung war Ersatzerfüllung. Aber das merkt man erst im Wachzustand. Der Träumer selbst weiß nichts von Ersatz. Allenfalls in jenen kurzen Phasen «sekundärer Bearbeitung» (TD 470 ff.), die in einen schon laufenden Traum eingreift und ihn durch den Einsatz von Verbindungsstücken und Übergängen gleichsam zu glätten und zensurkonform zu gestalten versucht, geschieht es, daß sich der Gedanke «Ich träume ja bloß» in den Traum selbst einschleicht. Man hat diese Traumphasen «Klarträume» genannt, weil den Träumern «klar» ist, daß sie träumen. Sie können genausogut «Grenzträume» heißen, weil sie sich auf der Grenze zum Erwachen befinden. Wo der Traum jedoch in seinem Element ist, gehört zu ihm, daß er als *ens realissimum* erlebt wird.

Eine Vielzahl einfacher, unverschlüsselter Träume gehen also in diesem Sinne als Wunscherfüllung durch. Was aber ist mit all den Träumen, die von unangenehmen Gefühlen begleitet sind: Angst, Peinlichkeit, Hilflosigkeit? Ganz einfach, sagt Freud. Hier kommt die Traumzensur ins Spiel. Kinder träumen noch weitgehend unzensiert. Aber weil ihre Wünsche in hohem Maße kulturunverträgliche Wünsche sind, Wünsche des Betastens und Schmeckens von Exkrementen, inzestuöse Wünsche der Inbesitznahme von Mutter und Vater, werden sie ihnen verboten und verbieten sie sich mit der Zeit selbst. Wenn nun aber im Schlaf diese Wünsche rege werden, gibt es nach Freud zwei Möglichkeiten. Entweder sie werden so getarnt, daß sie die Zensur passieren können, oder sie zensieren und bestrafen sich im Moment ihrer Äußerung bereits selbst, so daß statt Lust Angst empfunden wird. Da ist etwa die honorige ältere Dame, die in einem von heftigem Peinlichkeitsgefühl begleiteten Traum einem Offizierscorps ihren «Dienst» anbietet, der sich als Kürzel für «Liebesdienst» erweist. Und Freuds Analyse ergibt, daß sie zu ihrem Sohn, der gerade Militärdienst leistet, eine Liebe hegt, die nicht ohne massive inzestuöse Wunschdimension ist. (VL 149) Sie hat einen tiefen Wunsch und wünscht zugleich, ihn nicht zu haben. Und dieser Wunschkonflikt äußert sich nicht nur in nachträglicher Scham über das Geträumte, sondern auch in Angst und Pein im Traum selbst.

Angstträume, so Freud, beweisen also nicht das geringste gegen die Wunscherfüllungsfunktion des Traums. Im Gegenteil: Je mehr Angst mit einem Trauminhalt verbunden ist, desto verbotener der Wunsch, der sich darin ausdrückt, desto mehr hat der Wunsch nötig, sich zu tarnen, verleugnen, dementieren, desto wahrscheinlicher, daß er auf jene oralen, analen, inzestuösen Regungen der frühen Kindheit zurückgeht, die Freud unter dem Terminus «libidinös» zusammenfaßt. Kurzum, Traumangst ist nichts anderes als Verwandlung verbotener Libido und insofern geradezu ein Kronzeuge für die These vom Traum als Wunscherfüllung.

So Freud bis zum Ersten Weltkrieg. Dann kehrten reihenweise Kriegstraumatisierte von der Front zurück. Freud hat sich nach ihrer Behandlung nicht gedrängt. Er hatte selbst kaum direkte Berührung mit ihnen. Aber was ihn an Nachrichten über sie und ihre Träume erreichte, genügte, um seine ganze Traumtheorie ins Wanken zu bringen. Sollen denn Leute, die Nacht für Nacht zitternd und schweißgebadet aus Träumen erwachen, in denen sie die Explosionen und zerfetzten Leichen noch einmal halluzinieren, die sie zuvor im Krieg erlebt haben, lediglich damit beschäftigt sein, sich für ihre verbotenen erotischen Regungen mit verschlüsselten Kastrationsträumen zu bestrafen? Das konnte Freud nicht ernstlich behaupten, und er war intellektuell viel zu redlich, um es auch nur zu versuchen. Also mußte er einräumen, daß es neben der Traumangst, die eine Verschlüsselung libidinöser Wünsche darstellt, noch eine andere Art von Traumangst gibt, und zwar eine ganz unverschlüsselte Todesangst. In *Jenseits des Lustprinzips* hat er den ersten großen Versuch unternommen, diese Angst zu verstehen. Sie ist anderer Art als die Angst, die erotische Wünsche verschlüsselt, aber sie hat eines mit ihr gemeinsam: Beide sind Reaktionsbildungen, die eine auf verbotene innere Regungen, die andere auf gewaltsam von außen einbrechenden Schock. Und indem Freud das Verhältnis von Schock und Angst analysiert, wird er wieder ganz der Neurologe, als der er seine ärztliche Laufbahn begonnen hat.

Nervensysteme sind unablässig mit Reizverarbeitung beschäftigt. Und zwar haben sie die Eigenart, Nervenzellenverknüpfungen, über die sich Reize, zumal unangenehme, erfolgreich ableiten ließen, beizubehalten und zu «Bahnen» auszubauen. Angst ist nun der Zustand, wo die Wiederkehr solch peinigender Reize erwartet wird. Anders gesagt: Angst ist eine Elementarform von Gedächtnis. Angst haben heißt nämlich, sich an erlebte Pein oder Peinlichkeit erinnern und sich auf neue Pein vorbereiten. Vorbereiten wiederum heißt, neue Pein nicht in gleicher Weise erleben wollen wie die alte, also besser mit ihr fertig werden wollen, also die nervlichen Bahnen, die beim Versuch, die erlebte Pein abzuarbeiten, angelegt wurden, zu mobilisieren, der neuen Pein mit einem besseren Auffangsystem zu begegnen. Insofern, sagt Freud, ist Angst nicht nur nicht dasselbe wie Schreck. Im Gegenteil: «an der Angst ist etwas, was gegen den Schreck und also auch gegen die Schreckneurose schützt».[35] Schreck hingegen trifft unvorbereitet. Hier ist die schützende Angst ausgefallen. Eine Überdosis von Reizen brach schockhaft ein, aber es stand kein Auffangsystem

[35] Sigmund Freud, *Jenseits des Lustprinzips*, Studienausgabe, l. c., Bd. III, 1975, S. 223. Weitere Zitate werden mit dem Kürzel JL im Text nachgewiesen.

dafür in Bereitschaft. Und wo die Vorbereitung nicht stattgefunden hat, da hilft sich das Nervensystem mit Nachbereitung. So erklärt sich Freud die Träume der Kriegs- und Unfalltraumatisierten. Sie «suchen die Reizbewältigung unter Angstentwicklung nachzuholen» (JL 241). Anders gesagt: Sie suchen durch ständige halluzinatorische Wiederholung der Schocksituation nachträglich ein Auffang- und Abfuhrsystem dafür anzulegen.

An diesen Träumen gibt es allerdings nicht viel zu deuten. Da ist kein latenter Traumgedanke, der sich in einem manifesten Trauminhalt sowohl ausdrückt als auch versteckt. Da ist kein verbotener Wunsch, den man durch gezielte Befragung enttarnen könnte. Trauminhalt und Traumgedanke fallen in eins, alles liegt offen zutage. Wie der Dursttraum ist auch der Schrecktraum eine eindimensionale, platte Primitivform des Traums, keine intellektuelle Herausforderung für den Psychoanalytiker. Wohl aber ein Angriff auf die Generalthese: Traum ist Wunscherfüllung – jedenfalls dann, wenn Wünschen ohne eine infantile erotische Tiefendimension gar nicht gedacht werden kann. Und das ist allerdings eine Auffassung, die sich wie ein Generalbaß durch Freuds Werk zieht. Wie sehr seine Ansichten über die Zahl und Art der Grundtriebe sich auch im Laufe von vier Jahrzehnten gewandelt haben, stets ist unterstellt: Wo Wunsch ist, ist Eros (oder Libido), wenn auch in einem sehr weiten Sinne verstanden: als Vereinigungsstreben. So gesehen ist selbst noch der Todestrieb, den er in *Jenseits des Lustprinzips* entdeckt zu haben glaubt und für die zwanghafte Wiederholung traumatischer Schocks verantwortlich macht, erotisch konzipiert: als Streben nach Rückkehr in den leblosen Urzustand – dahin, wo alles Lebendige herkommt.[36]

Ist aber alles Wünschen als erotisch definiert, dann paßt der Schrecktraum nicht ins Konzept. Nach einem erotischen Impuls sucht man in ihm vergeblich. Er widerlegt dann die These, die Freud jahrzehntelang mit Klauen und Zähnen verteidigt hat: daß *alles* Träumen Wunscherfüllung sei. Das hat Freud zwar dreizehn Jahre später in seiner *Revision der Traumlehre* eingeräumt, aber so, daß ihn das Zugeständnis nichts kostet. «Ich meine, wir sollen uns nicht scheuen zuzugestehen, daß in diesem Falle [sc. beim traumatischen Schrecktraum] die Funktion des Traumes versagt. Ich will mich nicht auf den Satz berufen, daß die Ausnahme die Regel bestätigt; seine Weisheit scheint mir recht zweifelhaft. Aber wohl hebt die Ausnahme die Regel nicht auf.» Und sogleich versucht er, durch ein kleines terminologisches Manöver, die Ausnahme auf die Regel zurückzuführen. Statt den Traum «eine Wunscherfüllung» zu nennen, so sein Vorschlag, nenne man ihn einfach «*Versuch* einer Wunscherfüllung» (VL 470 f.). Und schon fügt sich der traumatische Schrecktraum bestens

[36] Hierzu ausführlich Kapitel 2, S. 147 ff.

ein. Er läßt sich als mißglückter Wunscherfüllungsversuch verbuchen. Alle andern Träume hingegen, auch die Angstträume, erscheinen als geglückte Versuche. Die Tatsache, daß die Wunscherfüllung im Traum immer bloß halluzinatorisch und damit nie ganz geglückt ist, wird ausgeblendet – und der Schrecktraum bagatellisiert: zur Ausnahme, Randerscheinung, zum noch nicht ganz erhellten dunklen Fleck, der aber nicht im geringsten daran hindert, mit der Traumdeutung weiterzumachen wie bisher.

Wie anders die Töne, die er in *Jenseits des Lustprinzips* anschlug! Unter dem frischen Eindruck der Entdeckung, daß die Träume der Kriegstraumatisierten seine Wunscherfüllungsthese erschütterten, hat er eine geradezu grundstürzende Vermutung geäußert. Jener Wiederholungszwang, der im Traum immer wieder in die Situation des traumatisierenden Schocks zurückführt, sei «ursprünglicher, elementarer, triebhafter als das von ihm zur Seite geschobene Lustprinzip» (233) und nötige dazu, «auch für die wunscherfüllende Tendenz des Traums eine Vorzeit zuzulassen» (242). Keine Rede von einer bloßen Ausnahme, eher von einem Abgrund. Wenn es denn tatsächlich eine «Vorzeit» gibt, in der es «triebhafter» (ein Komparativ, den Freud nie wieder aufgenommen hat) zugegangen ist als in der erotischen Tiefenschicht, dann ist das eine andere «Vorzeit» als jene infantile, die die Erwachsenen nicht losläßt und neurotisiert, dann tut sich hier die gattungsgeschichtliche Dimension der Vorzeit auf: die «Altsteinzeit in uns». Freud hat sie im traumatischen Schrecktraum instinktsicher aufblitzen sehen, allerdings als eine akute Gefährdung für seinen gesamten bisherigen sexualitätszentrierten Forschungs- und Heilungsansatz. Und so hat er diese Dimension der «Vorzeit», wie im weiteren Verlauf dieses Kapitels noch zu erörtern, nicht ernstlich an sich herangelassen – und die «primitive Denktätigkeit» erst ins Visier genommen, nachdem sie das primäre Stadium der Primitivität längst durchlaufen hatte.

Schauen wir genauer hin. In der Entwicklung nachträglicher Angst zur Schockbewältigung steckt eine gewisse Logik. Es ist geradezu eine Physio-Logik. Auf den ersten Blick erscheint sie vollkommen unlogisch. Ein traumatischer Schock ist etwas Furchtbares. Ist es nicht absurd, wenn ein Organismus dies Furchtbare ständig wiederholt, statt es zu meiden oder zu fliehen? Offenbar treibt ihn das Bedürfnis, den Schock loszuwerden. Neurologisch gesprochen: Es werden, in immer neuen Anläufen, Bahnen angelegt, eingefahren, vertieft, auf denen sein peinigender Erregungsüberschuß abfließen kann. Erlebnistheoretisch gesprochen: Der ständig wiederholte Schrecken verliert allmählich seine Schrecklichkeit.[37] Man beginnt sich an ihn zu gewöhnen. Er be-

[37] Schrecken ist einerseits innerlich: ein Gefühl, das den Organismus zuinnerst durchfährt; andrerseits äußerlich: die Naturgewalt, die das bewirkt. Wenn im folgenden pauschal von «dem

kommt eine gewisse Vertrautheit, zumal er bei seiner Wiederholung nicht mehr jäh überfällt, sondern eigens veranstaltet, in eigene Regie genommen wird. Das Immer-Wieder-Veranstalten ist der Versuch, ihn herunterzuspielen, erträglich, gewöhnlich zu machen und so schließlich zum Verschwinden zu bringen.

Träume, die in zwanghafter Wiederholung wieder und wieder traumatische Kriegserlebnisse halluzinieren, sind Ausdruck des Wunsches nach Erlösung vom Schrecken. Sie sind Kronzeugen der Wunscherfüllung, nur nicht der Freudschen, die auf der Einschränkung beruht: wo Wunsch, da Eros. Hier hingegen offenbart sich eine Wunschdimension, die «triebhafter» ist als die erotische: der Wunsch, vom Schrecken loszukommen. Wo Schreck überfällt, hört alle Lust auf. Schreck, Traumatisierung, Schmerz aber kann man nicht erleben, ohne zugleich zu wünschen, sie mögen aufhören. «Weh spricht: Vergeh!»[38] Wenn Freud diese ursprünglichere, triebhaftere Wunschdimension, diese «Vorzeit» des Lustprinzips, wie er sie selbst genannt hat, an sich herangelassen hätte, wäre seine These, aller Traum sei Wunscherfüllung, keinen Moment in Gefahr gewesen. Seine eigenen Überlegungen zu Schreck und Angst sind es ja gerade, die die Kriegs- und Unfallträume als verzweifelte Rettungsversuche verstehen lehren. Sie offenbaren die nachträgliche Angstentwicklung als nervlichen Kunstgriff, um den Schrecken unschädlich zu machen. Wenn er zugeschlagen hat, nützt es nichts mehr, fortzurennen. Man nimmt ihn überallhin mit. Und er ist viel zu mächtig, als daß er sich ignorieren oder verdrängen ließe. Zur Verdrängung gehören immer zwei: eine Verdrängungskraft und etwas, was sich verdrängen läßt. Verdrängung ist kein seelischer Urmechanismus. Sie hat erst in gemäßigten Erregungszonen eine Chance. Der volle traumatische Einschlag spottet ihrer. Er gestattet nur eines: daß die Getroffenen ihn so lange wiederholen, bis sein Stachel sich abstumpft.

Am Anfang aller menschlichen Sinngebung steht somit ein ungeheurer Widersinn. Wiederholen heißt bejahen, bekräftigen, zelebrieren. Die Wiederholung traumatischen Schreckens jedoch geschieht, um ihn loszuwerden. Die Wiederholung will gewissermaßen sich selbst loswerden. Anders gesagt: Die wiederholte Bejahung des Schreckens geschieht um seiner Verneinung willen.

Schrecken» die Rede ist, sind immer beide Seiten gemeint. Die Pointe des Schreckerlebnisses ist die Ungeschiedenheit von Innen und Außen, Subjekt und Objekt. Es ist das grauenhafte Gegenstück zur *unio mystica*. Beide sind unaussprechlich. «Schrecken» ist ein Hilfswort für etwas, woran Worte nicht heranreichen, woran aber, wie im 3. Kapitel zu zeigen ist, sich Worte anfangs gebildet haben; siehe unten, S. 178 ff.

38 Friedrich Nietzsche, *Also sprach Zarathustra*, Kritische Studienausgabe (KSA), ed. Colli / Montinari, Band 4, dtv, München 1988, S. 404

Indem sie ihn allmählich gewöhnlich, erträglich, vertraut macht, macht sie sein eigenes Gegenteil aus ihm. *Sie kehrt ihn um.*

Soviel läßt sich umstandslos aus den simplen Träumen entnehmen, in denen Kriegsteilnehmer Nacht für Nacht wieder von den Explosionen, Überfällen, Sturmläufen gepeinigt werden, die sie zuvor an der Front erlebt haben. Diese Träume sind Selbstheilungsversuche. Natürlich keine ausreichenden. Die Träumer bedürfen weiterer therapeutischer Hilfe. Dennoch sind ihre Alpträume bereits eine vergleichsweise hohe kulturelle Errungenschaft. Traumatischer Wiederholungszwang, der sich im Traum ausagiert, ist halluzinatorisch gewordener, sublimierter, abgefederter Wiederholungszwang. Es wäre nie zu ihm gekommen, hätte er nicht ungleich rohere Vorformen gehabt. Diese Vorformen gilt es zu ergründen: die «Vorzeit», die der traumatische Wiederholungszwang gehabt hat, ehe er fähig wurde, Traumgestalt anzunehmen. Und dazu muß man ein wenig ausholen.

Opfer

Altsteinzeithominiden, die in Horden durch Wälder und Savannen streifen; die die Kunst erlernt haben, Faustkeile herzustellen und Feuer zu machen; die dadurch in der Lage sind, sich alle Arten von Nahrung zuzubereiten, sich gleichermaßen von Pflanzen, Kadavern, Tieren zu ernähren: Warum begnügen die sich nicht mit ihren Errungenschaften? Warum fangen sie an, die Beharrlichkeit und Geduld, die sie beim Herstellen von Steinwerkzeugen erworben haben, auf die viel aufwendigere Produktion von Dingen wie Gräbern, Bildern und Schmuck zu übertragen, auf Dinge, die nicht eßbar sind, sondern lediglich etwas *bedeuten* sollen? Warum machen sie solche Dinge zu ihrem Lebensmittelpunkt, warum umgeben sie sie mit festen Ritualen, zu deren strikter Befolgung sie sich durch unablässige Wiederholung erst mühsam haben zusammennehmen müssen? Warum tun sie sich das an? Was in aller Welt hat sie dazu getrieben, der Natur eine «Bedeutung» zu geben? Wir wissen es nicht. Kein Kulturanthropologe war dabei. Nur eines läßt sich mit Bestimmtheit sagen: Kein triebgesteuertes Wesen tut so etwas aus Lust und Laune, sondern nur unter äußerstem Druck.

Vielleicht ist es in diesem Fall ein bestimmtes körperliches Mißverhältnis gewesen, das über lange Zeit hinweg den Druck aufgebaut hat, nämlich das im Verhältnis zur Körpergröße ungewöhnlich große Gehirn. Keine Spezies ist so von Nerven durchdrungen wie der Homo sapiens (und der ausgestorbene Neandertaler), keine hat einen so hohen Grad an allgemeiner Reizempfindlichkeit; keine ist aber auch gleichermaßen genötigt gewesen, mit dieser Empfindlichkeit fertig zu werden, zur Abfuhr quälender Reize Mittel und Wege zu finden. Not macht erfinderisch, aber nicht überall, wo Not herrscht, wird erfunden. Zwar verband sich beim Homo sapiens die Not des ungewöhnlich großen Gehirns mit günstigen Erfindungsbedingungen, etwa mit ungewöhnlich gut funktionierenden Greiforganen und einer Konstellation von Kehlkopf und Stimmbändern, die es gestattete, Laute zu modellieren und zu modulieren. Doch dies alles ergibt lediglich unerläßliche physische Voraussetzungen dafür, der Natur eine Bedeutung zu verleihen, aber erklärt nicht zureichend, wie es dazu kam. Hier wird immer eine Lücke bleiben. Es läßt sich nie sagen, wie sich die Sphäre der Bedeutung auftat; es lassen sich immer nur Bedingungen nennen, ohne die sie sich nie hätte auftun können.

Zu ihnen gehört der traumatische Wiederholungszwang. Nicht, daß nur die Hominiden von Traumatisierung befallen worden wären. Die ganze Tierwelt laboriert daran. Aber nur eine Spezies ist zu diesem unerhörten physiologischen Kunstgriff gelangt: gegen etwas, wovor man sich nicht rechtzeitig hat schützen, wovor man nicht hat fliehen können, nachträglich einen Schutz aufzubauen, eine Flucht zu veranstalten. Traumatischer Wiederholungszwang ist nachträglich veranstaltete Flucht, und zwar Flucht in die Gegenrichtung, nicht vom Schrecken weg, sondern zu ihm hin, dorthin, wo er zugeschlagen hat, also gewissermaßen ins Innere, ins eigene Nervenzentrum. Anders gesagt: Traumatischer Wiederholungszwang ist eine Elementarform des Insichgehens: sich selbst noch einmal antun, was einen von außen traumatisch überkam. Das ist zunächst schwerlich mehr gewesen als ein rohes und diffuses Echo elementarer Naturgewalten: etwa daß ein Hominidenkollektiv, wenn es durch Lärm schokkiert war, wieder lärmte, oder wenn Unwetter, Erdbeben oder wilde Tiere über es hergefallen waren, eigens noch einmal über schwache, wehrlose, verletzte Glieder seiner selbst herfiel. Die Anfänge dieses Wiedertuns kann man nur erraten. Die geregelten Formen, die sich daraus entwickelten, lassen sich hingegen feststellen. Es mögen allerdings einige zehntausend Jahre verstrichen sein, bis sie feste Konturen annahmen. Jedenfalls wird der traumatische Wiederholungszwang erst dort faßbar, wo er längst in geregelten Formen verläuft. Und für die gibt es einen feststehenden Begriff: Opfer.

Die Bedeutung des Opfers für die frühe Menschheit[39] ist kaum zu überschätzen. Sobald altsteinzeitliche Siedlungsplätze die geordnete Gestalt von Stätten annehmen, sind sie um ein Zentrum gruppiert: einen Berggipfel, einen Stein, einen Pfahl, einen Herd, Gräber. Zentrum aber heißt Opferzentrum, und Begräbnis ist von Opferung anfangs nicht trennscharf geschieden. Und wo wir mythologisch auf die Spuren früher Menschheit stoßen, also auf

[39] Wenn im folgenden von «früher Menschheit» die Rede ist, so ist vorrangig der altsteinzeitliche Homo sapiens gemeint, der Neandertaler aber nicht ausgeschlossen.

alte Erzählschichten, da ist das Opfer entweder die zentrale Handlung selbst oder aber die treibende Kraft der Erzählung. Das griechische Verb *rezein* ist das Wortgedächtnis für diesen Sachverhalt. Es bedeutet sowohl «Opfer darbringen» als auch generell «handeln, tätig sein» und drückt damit aus, daß Opfern der Inbegriff menschlichen Handelns, die menschenspezifische Tätigkeit schlechthin ist. Töten – das tun auch die Tiere, gelegentlich auch ihresgleichen. Aber rituell töten, in feierlicher Versammlung an einem bestimmten Ort nach einem festgelegten Schema: das ist ein spezifisches, exklusives Merkmal des Menschen.

Opfer gehen an die Substanz. Man schlachtet nicht Frösche und Schnecken, sondern das Teuerste, was man hat: Menschen, später auch Großtiere. So etwas tut man nicht aus Spaß, sondern nur, wenn man sich anders nicht zu helfen weiß. Offenkundig sucht man sich damit Entlastung zu verschaffen. Nur was ist am Opfer entlastend? Es wiederholt doch Grauen und Leiden, es *tut* dasjenige, wovon es entlasten will. Das ist absurd. Das Opfer läßt sich überhaupt nicht verstehen, wenn nicht vom traumatischen Wiederholungszwang aus. Es ist der in eine Form gebrachte Wiederholungszwang. Um den Naturschrecken loszuwerden, von dem sie befallen wurde, befällt sich die Hominidenhorde noch einmal selbst. Von den lebendigen Wesen, an denen sie am meisten hängt, wählt sie einige aus und schlachtet sie gemeinsam. So spielt sie den Naturschrecken herunter, indem sie ihn selbst veranstaltet, einübt, in eigene Regie nimmt und ihm dabei jene festen Regeln gibt, die wir rituell nennen. Ritual kommt vom altindischen *rta*, was soviel heißt wie fester Bestand, Halt, Wahrheit, Recht. Wo *rta* ist, da ist Sicherheit, da geht alles mit «rechten Dingen» zu. Ritual und Opferritual sind anfangs identisch. Alle Rituale sind Abkömmlinge des Opferrituals.

In den Anfängen der Ritualbildung sind nun aber bereits jene elementaren Mechanismen am Werk, die Freud erst für die Traumbildung veranschlagt hat. Daß der traumatische Wiederholungszwang den Schrecken in sein Gegenteil verkehrt, wurde bereits gezeigt. Er ist die Umkehrung schlechthin: Gutheißung des Schrecklichen. Ritualisieren aber kann sich diese Gutheißung immer nur an einem bestimmten Ort. Zum Ritual gehört der abgegrenzte Raum, in dem es ungestört ablaufen kann.[40] Das muß ein befriedeter Raum sein. Die

[40] Wie später das naturwissenschaftliche Experiment, wo der Forscher ein Stück Natur so zu isolieren und von allen störenden Einflüssen zu befreien versucht, daß es allein auf seine Eingriffe reagiert und er die Reaktion rein herausfiltern kann. Die Herstellung von Experimentalbedingungen hat stets rituellen Charakter. An den Reinräumen der Hochtechnologie wird das ganz offensichtlich. Wer in sie eintreten will, muß sich zuvor reinigen, besondere Kleidung anlegen und die Regeln, die die Staubfreiheit garantieren sollen, strikt befolgen – als träte er in ein archaisches Heiligtum ein.

Horde muß einmütig in ihn eintreten und einvernehmlich das Ritual vollziehen, sonst ist es nicht *rta*. Auf den Boden dieser Einmütigkeit muß sie den Naturschrecken gleichsam herunterbrechen, ihn dort als Konzentrat seiner selbst vollziehen. Und dabei geschieht zweierlei: Seine vielfältigen Erscheinungsweisen werden im rituellen Raum zu einer einzigen *verdichtet*. Und er wird von seinen vielfältigen Erscheinungsorten in den rituellen Raum *verschoben*.

Da sind sie: Verdichtung und Verschiebung. Ohne sie kommt kein Traum zustande, sagte Freud. Nun läßt sich hinzufügen: Ohne sie kommt es nicht einmal zur Konstitution des rituellen Raums. Und hier erst zeigt sich, wie sie zusammengehören. Sie hängen in einem Dritten zusammen: der Umkehrung. Das gibt der Traum nicht mehr direkt zu erkennen. Dazu ist er schon zu sehr Sekundärphänomen. Er zeigt, wie Verdichtung und Verschiebung funktionieren, aber er offenbart nicht mehr den Kraftakt der Umkehrung, der sie einst in Gang gesetzt hat. Dieser Kraftakt ist im Traum schon zur Routine geworden. Er hat sich darin gleichsam verlaufen. Und deshalb merkte Freud zwar: Die Umkehrung durchzieht den Traum, sie ist essentiell für ihn. Aber er konnte sie nicht lokalisieren. Sie bleibt in seiner Traumtheorie eine dunkle Stelle, eine ortlose Funktion im Schlepptau von Verdichtung und Verschiebung.

Dabei hatte Freud emotional durchaus recht, die Umkehrung als dunkle Stelle zu empfinden, setzt sie doch am Furchtbarsten an: am Schrecken. Sie ist gleichsam der Urstrudel des Grauens – und zugleich der Angelpunkt der Menschwerdung: der erste Schimmer der Humanität. Erst im Erregungsstrudel der Umkehrung kommt es zu Verdichtung und Verschiebung. Sie sind Manifestationen der Umkehrung des Schreckens in sein Gegenteil durch Wiederholung. Durch Verdichtung in eine repräsentative Form wird der Schrecken überhaupt erst greifbar. Durch Verschiebung in einen rituellen, störungsfreien Raum wird er berechenbar. Verdichtung und Verschiebung sind die beiden elementaren Umkehrungsmaßnahmen, die den Schrecken durch unablässige Wiederholung[41] in einen rituellen Raum hinein zu konzentrieren und darin dingfest zu machen versuchen.

Das war zunächst freilich bloß ein fiktives Dingfestmachen – und aus heutiger Sicht vollkommen absurd. Als ob die Naturgewalten auch nur ein bißchen schonender daherkommen würden, weil Neandertaler und Homo sapiens Anstalten machen, einen Schonraum zu ihrer Bewältigung anzulegen. Dennoch beginnt mit der Anlage eines solchen Raums etwas unerhört Neues in der Naturgeschichte: der große Prozeß der Verinnerlichung. «Die Geschichte

41 «Unablässige» Wiederholung heißt im folgenden stets soviel wie «stoßweise Wiederkehr» in gewissen Abständen, nicht aber vierundzwanzig Stunden am Tag nichts anderes tun als wiederholen.

der Zivilisation ist die Geschichte der Introversion des Opfers», heißt es in der *Dialektik der Aufklärung*.[42] Aber das Opfer ist selbst schon Introversion: das Hineinziehen, Hineinverdichten des Schreckens in einen Schonraum. Der Schrecken wurde in diesen Raum hineingebildet, er wurde *ihm eingebildet*. Das ist die Urform von Einbildung: Kontraktion im Raum. Sie ist ein äußerlicher Vorgang, mit allen Sinnen wahrnehmbar und alle in Mitleidenschaft ziehend: eine kollektive Suggestivhandlung an einem identifizierbaren Ort, der durch sie allererst zum Schonraum wird. Er ist der erste Raum der Einbildung, aber noch kein eingebildeter Raum.[43]

Den Schrecken in diesen Raum hineinverdichten und -verschieben heißt ihm eine begrenzte, gedrungene, exemplarische Verlaufsform geben. Exemplarisch meint einerseits: Es wird ein Exempel statuiert, ein Muster einer immer wieder in gleicher Weise vollziehbaren Handlung angelegt, ein Ritus eingeübt. Andrerseits: Das Kollektiv beginnt zwischen sich als Ganzheit von seinen einzelnen Mitgliedern, den «Exemplaren» zu unterscheiden. Es tut sich zwar noch einmal an, was ihm traumatisch widerfuhr, aber eben exemplarisch, will sagen, ausgewählten einzelnen seiner Clangenossen. Dabei kommt

42 Max Horkheimer / Theodor W. Adorno, *Dialektik der Aufklärung*, Fischer, Frankfurt am Main 1969, S. 62

43 Sehr viel spricht dafür, daß er ursprünglich Kreisform hatte. Nicht nur, daß das Motiv des «Zauberkreises», in den hinein böse Geister gebannt werden, stets auf ganz archaische mythologische Schichten verweist. Es gibt ein noch tiefer reichendes physiologisches Indiz: die Tatsache, daß Organismen, die von heftigem Schmerz befallen werden, sich um die schmerzende Stelle krümmen, als wollten sie ihr nachträglich den Schutz zuteil werden lassen, den sie ihr nicht vorbeugend gewähren konnten. Die Geste des nachträglichen Schutzes ist das Sich-Winden um einen traumatischen Einschlag: kreisförmig (wobei man «Kreis» natürlich nicht im streng geometrischen Sinn nehmen darf, sondern lediglich als in sich geschlossene Rundung; sie kann auch oval sein). Vor diesem Hintergrund stellt sich das Mandala, jene gerundete Bildform, die ihrerseits noch einmal von einem Rechteck umschlossen ist, als ein hochstilisiertes ästhetisches Gedächtnis archaischer Vorgänge dar. Es hat sich darin der elementare Prozeß der Schonraumsicherung niedergeschlagen. Die originäre Form des Schonraums ist rund, gekrümmt, aber sobald dieser Raum nicht nur markiert, sondern befestigt werden soll, sei es durch einen Zaun, eine Mauer, später gar durch ein ganzes Gebäude, tritt zum physiologischen Problem der Schmerzbewältigung das physikalische der Statik hinzu. Befestigungen sind zunächst nur haltbar, wenn sie viereckig gebaut werden. Hier hat die berühmte Quadratur des Kreises ihren Ursprung. Sie ist keineswegs, wie Carl Gustav Jung suggerierte, ein immer schon im kollektiven Unbewußten der Menschheit ruhender Archetypus (Carl Gustav Jung, *Psychologie und Alchemie*, Gesammelte Werke, Bd. 12, l. c., 1972, S. 118 ff.), aber sehr wohl eine archaische, kulturübergreifende Rationalisierungsmaßnahme, die tief in den menschlichen Imaginationsfundus eingegangen ist. Den elementaren Schonraum zu einem haltbaren rituellen, sakralen Raum zu befestigen: das funktioniert nur, indem man seine Rundung viereckig macht. Rund bauen ist zwar nicht prinzipiell unmöglich, aber eine hohe Kunst, die erst spät gelernt werden konnte – nachdem die Gesetze der Statik am Viereck längst gründlich erprobt waren. Die Rundung ist stets weniger verfügbar als das Eck. Nicht von ungefähr lebt die Quadratur des Kreises in der Infinitesimalrechnung fort, die bekanntlich Rundungen in winzige Ecken auflöst – und dann die Ecken für das Rund nimmt: als «annähernd rund».

es nicht umhin, einen Auswahlmodus zu entwickeln. Wir kennen dessen Anfänge nicht, wissen aber, daß das Loswerfen zu den ältesten magischen Praktiken gehört. Es ist gewiß nicht erst zur Verteilung von Beute und Land eingeführt worden, also als Siegesmaßnahme, sondern zunächst als Notmaßnahme, um am Naturschrecken nicht zugrunde zu gehen, so wie es im Buch *Jona* treffsicher erinnert wird, wo die Besatzung eines in Seenot geratenen Schiffes das Los wirft, «damit wir erfahren, um wessen willen uns dieses Unglück trifft». Das Los fällt auf Jona; er wird ins Meer geworfen, damit es sich beruhigt.[44] Schwer vorstellbar, daß das Los woanders seinen Ursprung haben sollte als dort, wo es darum ging, an welchem seiner Exemplare das Kollektiv den Naturschrecken wiederholen soll. Um das herauszufinden, muß man nur einen Zweig, ein Blatt, ein Steinchen[45] oder sonst irgend etwas Leichtes mit unvorhersehbarer Fallbahn über den Köpfen des versammelten Kollektivs in die Höhe werfen. Derjenige, bei dem es zu liegen kommt, an dem es haften bleibt, auf den es zeigt, ist der Auserwählte. Aller Augen richten sich auf ihn. Das ist der Blick, der dem Tode weiht: die Elementarform des bösen Blicks.

Es folgt die Zurichtung des Erwählten. Auch deren Anfänge sind unbekannt. Vielleicht ist das Kollektiv zunächst ähnlich über ihn hergefallen wie noch in Euripides' Tragödie der wilde Schwarm der Backchen über Pentheus, den Herrscher von Theben, der von der eigenen Mutter zerfleischt wird.[46] Bekannt jedoch ist, daß Steinigung zu den archaischen rituellen Gewalthandlungen eines Kollektivs gegen einzelne gehört. Sie kann den Betroffenen sowohl töten als auch in einen Zustand versetzen, in dem sich seine Tötung widerstandslos zelebrieren läßt.[47] Und bei der Steinigung können alle mitmachen. Sie erfüllt ein Grundkriterium ritueller Tötung: Das Kollektiv muß sie einmütig vollziehen. Zum einen darf niemand ihren Ablauf stören. Der Schonraum ist ein Ort strikter Eintracht und Unverletzlichkeit – außer für diejenigen, die

[44] Jona 1, 7 und 15

[45] Das hebräische Wort für Los, *goral*, ist mit Kies und kleinen Steinen assoziiert (Vorformen des Würfels), das griechische Wort, *kleros*, mit Zweigen und Schößlingen.

[46] Euripides, *Die Backchen*, 1101 ff. Es spricht sehr viel dafür, daß diese grauenhafte Phantasie Echo realer historischer Praxis ist. Der Dionysoskult ist vital mit der Zerfleischung einzelner durch ein Kollektiv verbunden. Die Bemerkung, daß «die Titanen Dionysos zerrissen» (Kallimachos, Fragment 643, zitiert nach Walter Burkert, *Homo Necans*, l. c., S. 140), ist durchaus als authentische Erinnerung zu lesen, gerade weil sie deren Grauen eher zudeckt als offenlegt: die kultische Praxis zu einer einmaligen Tat verdichtet und in graue Vorzeit verschiebt, wo die inzwischen längst in die Unterwelt verbannten Titanen noch ihr Unwesen trieben.

[47] Wenn bei Homer das zum Opfer ausersehene und geschmückte Rind erst einmal mit «heiliger Gerste» beworfen wird, ehe «die geschliffene Axt» auf es niederfährt (Homer, *Odyssee* 3, 445 und 443), so ist darin eine doppelte Substitution zu erkennen: Das Rind ist an die Stelle eines Menschen getreten, die Gerste an die Stelle von Steinen; «in einigen altertümlichen Ritualen warf man indessen tatsächlich mit Steinen» (Walter Burkert, *Homo Necans*, de Gruyter, Berlin, New York ²1997, S. 12).

sie stiften: die «Auserwählten». Zum andern darf niemand sich ausnehmen. Jeder muß die Hand gegen die Auserwählten erheben: ihren Tod mit verursachen. Der Ritus sorgt für kollektive Anteilnahme: dafür, daß alle beteiligt und alle betroffen sind. Beteiligt als Täter; betroffen einerseits in dem Sinne, daß auch sie es hätte treffen können und sie selbst bloß mit knapper Not der kollektiven Tötung, die sie vollziehen, entronnen sind; betroffen andrerseits auch insofern, als sie selbst sich etwas vom Herzen reißen, wenn sie einen der Ihren erschlagen. Es ist furchtbar für sie, dies tun zu müssen, aber sie können nicht anders. Auch wo der traumatische Wiederholungszwang ins Ritual übergeht, hört er deswegen noch längst nicht auf, die Betroffenen mit der Gewalt eines Naturreflexes zu überkommen.

Ans rituelle Töten der eigenen Angehörigen haben sich denn auch zwei Arten von Betroffenheitszeichen geheftet. Das eine, womöglich frühere, aber nur aus Erzählungsbruchstücken und Spätformen rekonstruierbare, ist jenes rätselhafte Zeichen, das Gott an dem Brudermörder Kain gemacht haben soll, «damit ihn keiner erschlage».[48] Sinn macht das «Kainszeichen» nur, wenn der Brudermord, mit dem es in Verbindung steht, nicht individuelle Affekthandlung war, wie die Geschichte von Kain und Abel suggeriert, sondern kollektive rituelle Tat: Menschenopfer.[49] Es ist das Zeichen der Betroffenheit der Täter, das Zeichen des Todes, den sie bringen und dem sie entrinnen, das Zeichen ihrer Schuld und ihrer Verschonung, ein erstes Anzeichen für das Keimen eines spezifisch menschlichen Affekts, in dem Scham, Trauer und Erleichterung noch ungeschieden ineinanderliegen, der aber den Charakter des oben erwähnten «ersten Schimmers der Humanität» hat. Das andere Betroffenheitszeichen ist archäologisch verifizierbar: die Bestattung. Auf sie ist man gewiß nicht durch irgendwelche Anwandlungen von Hygienebedürfnis oder Pietät gekommen, sondern ebenfalls aus Not. Das Ritual der gemeinsamen Tötung eines Angehörigen war weniger grauenhaft, wenn sich ein zweites Ritual anschloß, das dem Getöteten nachträglich ein Übermaß jener Zuneigung zukommen ließ, die ihm zuvor entzogen worden war, und seine Überreste so unter die Erde brachte, daß sein Blut nicht länger «vom Acker-

48 Genesis 4, 15. An andern Stellen des Alten Testaments kommt dies Zeichen nur noch als etwas Verbotenes oder als etwas Sinnloses vor. «Ihr sollt euch am Körper nicht Einschnitte machen um eines Toten willen, auch sollt ihr euch nicht Zeichen einritzen», heißt es in Levitikus 19, 28. In 1. Könige 18, 21 ff. ist geradezu höhnisch von den Baalspriestern die Rede. Sie «riefen den Namen Baals an […] und machten sich nach ihrem Brauch Einschnitte mit Schwertern und Spießen, bis das Blut an ihnen herabrann» – ohne zu wissen, warum sie das tun, und ohne daß es ihnen etwas nützt. Der Prophet Elia «schlachtet» sie dennoch allesamt.

49 Ausführlich hierzu Christoph Türcke, *Vom Kainszeichen zum genetischen Code. Kritische Theorie der Schrift*, C. H. Beck, München 2005, vor allem das 1. Kapitel: der Nachweis, daß mit dem «Kainszeichen» die Schrift beginnt.

boden schreit».[50] Auch die Bestattung ist ein deutliches Zeugnis für das anfängliche affektive Ineinander von Scham, Trauer und Erleichterung – ein Fingerzeig dafür, wie der traumatische Wiederholungszwang, der zunächst auf nichts als die stoßweise Abfuhr unerträglicher Reizüberschüsse aus ist, im Zuge seiner Ritualisierung zum Bodensatz eines spezifisch menschlichen Gefühls zu werden beginnt.

Das in den letzten drei Absätzen Vorgetragene ist eine idealtypische Geschichtsskizze – konstruiert aus Indizien, aber durchaus nicht beliebig. Zwar läßt sie vieles offen: etwa wie Kollektive des frühen Homo sapiens strukturiert waren, ob sie anfangs über einen oder über unbestimmt viele Angehörige herfielen, ob ausschließlich über Mitglieder des eigenen Clans und nicht auch über die anderer oder über bestimmte Tiere, ob nicht auch noch andere Auswahlverfahren als Loswerfen praktiziert wurden, welche andern kollektiven Tötungspraktiken es neben der Steinigung gegeben haben mag, welche Betroffenheitszeichen neben dem Kainszeichen und der Bestattung etc. Kurzum, die Skizze ist äußerst lückenhaft. Das ändert nichts daran, daß der historische Prozeß in seinen Grundzügen schwerlich anders verlaufen sein kann, als es die sparsamen Linien dieser Skizze angeben. Sie sind nicht bloß hypothetisch. Es ist unabweisbar, daß rituelle Tötung konstitutiv für die frühe Menschheit und ihre Logik die des traumatischen Wiederholungszwangs ist; daß dieser Zwang sich erst allmählich ritualisiert hat; daß er das nicht hat tun können, ohne sich in einen rituellen Raum hinein zu verdichten und zu verschieben, nicht ohne sich darin in konzentrierter Form gegen eigenes Fleisch und Blut zu richten; daß den Kern des Rituals die Tötung eigener Angehöriger bildet, für die ein Auswahlverfahren unumgänglich ist; daß die rituelle Tierschlachtung bereits eine Ersatzleistung dafür ist, nicht umgekehrt die rituelle Menschenschlachtung eine Idee, auf die die Praxis der Tierschlachtung irgendwann gebracht hätte. Zur Signatur alter mythischer Erzählschichten gehört stets, daß sie von der Ablösung des Menschenopfers durchs Tieropfer handeln. Wo Menschenopfer in Hochkulturen auftreten, wie bei den Azteken, da handelt es sich um eine Wiederkehr von Verdrängtem, dem bestimmte historische Umstände ein Ventil geöffnet haben, aber nicht um eine Neuerfindung, die die historische Substitutionslogik des Opfers – Menschen sukzessive durch Tiere, Pflanzen, schließlich Metallgebilde zu ersetzen, um vom Druck des Opfer loszukommen – irgend entkräften könnte.

Vorerst ist die Rede vom «Menschenopfer» allerdings noch ein Vorgriff. Die archaische rituelle Tötung eigener Angehöriger hat den spezifischen Status eines Opfers erst erlangen müssen, und der Weg dahin läßt sich nur nach-

50 Genesis 4, 10

zeichnen, wenn jener denkwürdige Vorgang der Verinnerlichung, der mit der Konstitution eines rituellen Raums begonnen hat, zuvor noch ein wenig genauer unter die Lupe kommt. Verinnerlichung, so hat sich bereits gezeigt, fing äußerlich an: indem der erlebte Naturschrecken einem begrenzten Schonraum eingebildet wurde. Diese Einbildung war einerseits fiktiv: Die realen Naturgewalten, die das menschliche Kollektiv traumatisch erschüttern, lassen sich durch die Bildung lächerlich kleiner Schonräume zu ihrer Bändigung nicht im geringsten beeinflussen. Andrerseits ist die Einbildung aber höchst real: Aller Schrecken, der das Kollektiv durchfährt, wird wirklich in diesen Schonräumen zusammengeballt. Das Kollektiv gibt sich darin eine Vorstellung vom gesamten Schrecken der Natur. Nicht, daß Natur nur schrecklich wäre. Sie gewährt zahllosen Lebewesen ungezählte Momente friedlichen Behagens und Wohlbefindens. Aller Genuß ist anfangs Naturgenuß. Sonnenschein, Sternenglanz, Meeresrauschen, Vogelgezwitscher, reife Früchte, wohlige Wärme, erfrischende Kühle: das alles sind Geschenke der Natur. Und dennoch ist die ganze Fülle ihrer Wohltaten nicht das, was sie «der Rede wert» gemacht hat, oder zunächst einmal, ehe es zu geregelter Rede kam, der Vorstellung wert. Das vermochte einzig traumatischer Schrecken.

Vorstellung

Sich eine Vorstellung geben: das ist zunächst etwas ebenso Halluzinatorisches wie Performatives. Nicht von ungefähr drängt sich beim Versuch, die Ritualisierung des traumatischen Wiederholungszwangs in Worte zu fassen, unversehens Theaterterminologie auf: den Schrecken herunter*spielen*, ihn in eigene *Regie* nehmen, veranstalten. Der Mensch «ist nur da ganz Mensch, wo er spielt», sagt Schiller[51] und versteht dabei unter Spiel das ungezwungene Verhalten, in dem der Mensch sich in kultiviertem Einklang mit der Natur befindet. Aber Schillers Satz hat einen archaischen Subtext: Menschwerdung beginnt dort, wo begonnen wird, Spielregeln zu formen. Das Wort «Spiel» kommt einem dabei schwer über die Lippen. Was hier geregelt wird, ist blutiger Ernst. Dennoch hat dessen geregelter Vollzug zugleich auch schon den Aspekt einer Aufführung: Performance. In der Ritualisierung des traumatischen Wiederholungszwangs befindet sich das Kollektiv tatsächlich am Ursprung des Theaters. In immer neuen Anläufen, immer gedrängter und konzentrierter wiederholt es erlebten Schrecken. Es spielt ihn herunter. Dabei ist sein Spiel ebenso realitätsfremd wie realitätsgesättigt. Einerseits halluziniert es

[51] Friedrich Schiller, *Über die ästhetische Erziehung des Menschen*, 15. Brief, Reclam, Stuttgart 1965, S. 63

den realen Naturschrecken auf abstruse Weise. Andrerseits zelebriert es ihn in furchtbar konkreter Gestalt. Die Vorstellung, die es sich gibt, ist gleichermaßen Halluzination und wirkliche Tat. Die Einbildungskraft hat zunächst eine ganz handgreifliche Seite. Sie ist die Kraft, die das menschliche Muskelspiel rituell formt. In der Ausbildung dieser Kraft ist der Zwang zur Wiederholung sozusagen intelligent geworden: vom naturwüchsigen Wiederholen, das sich reflexartig vollzieht, zum Wieder-Holen übergegangen. Das Kollektiv holt vergangenen Schrecken wieder. Es bildet ihn sich ein. Es beginnt seiner zu gedenken, indem es ihn in seinen Körperbewegungen wiederaufleben läßt. So macht es ihn zur Vorstellung. Diese performative Gedächtnisleistung, mit der das Gedächtnis beginnt, spezifisch menschlich zu werden, kann man auch Vergegenwärtigung nennen.

Vergegenwärtigen heißt Abwesendes anwesend machen. Abwesendes, das ist zunächst Vergangenes, allerdings eine bestimmte Sorte davon: Vergangenes, das in bestimmter Hinsicht keineswegs schon vergangen ist, weil es nämlich nicht aufhört, zu peinigen. Seine Vergegenwärtigung dient dazu, es überhaupt erst ganz zur Vergangenheit zu machen, es gleichsam in den vollständigen Ruhestand zu versetzen, wo es nicht mehr plagt, ängstigt, beunruhigt. Vergangenheit erweist sich damit als etwas Paradoxes. Sie ist einerseits nur so lange da, wie Vergangenes erinnert wird. Was unbemerkt und spurlos vergangen ist, ist einfach bloß verschwunden. Es gehört nicht zur daseienden Vergangenheit. Andrerseits ist daseiende Vergangenheit stets unvollständige: gewissermaßen untote Vergangenheit. Ganz vergangen ist erst, was niemanden mehr berührt und bewegt: das vollständig Vergessene, die Vergangenheit, von der man erlöst ist – zugunsten einer ungetrübten Gegenwart. «Man wird der früheren Dinge nicht mehr gedenken, und niemand wird sich ihrer mehr erinnern, sondern man wird frohlocken und jubeln auf ewig.»[52] Das ist, in den Worten eines alttestamentlichen Propheten, der Fluchtpunkt der Vergegenwärtigung. Man vergegenwärtigt Vergangenes, damit es ganz vergehe. Man gedenkt, um nicht mehr gedenken zu müssen. An seinem Ursprung war menschliches Gedächtnis der Versuch, die Vergangenheit loszuwerden. Es entstand, um zu vergessen.

Das lateinische *repraesentare*, wörtlich: wieder gegenwärtig machen, ist hier hilfreich, unterstreicht es doch den theatralischen Aspekt der Vergegenwärtigung. Repräsentanten sind Darsteller. Sie spielen eine Rolle, und wenn es ein

[52] Jesaia 65, 17 f. Das in seliges Vergessen abgesunkene Vergangene und das einfach bloß unbemerkt und spurlos Verstrichene sind zwar strikte Gegensätze. Das eine ist durchgearbeitete, zur Ruhe gebrachte, das andere verlorene Vergangenheit. Und doch: Was unterscheidet seliges Vergessen von Nie-bemerkt-Haben? Am Ende berühren sich die Gegensätze, wenn sie nicht gar ineinanderfallen.

Kollektiv ist, das sie darstellen, dann spielen sie eine Hauptrolle, dann sind sie jene hervorgehobenen oder ausgewählten Personen, in denen sich eine amorphe und zerstreute Masse, sei es ein Stamm, eine Gruppe, ein Volk oder eine Nation, verdichtet und faßbar wird. Zu Repräsentation assoziiert man heute denn auch in erster Linie das medienwirksam inszenierte Stelldichein der Würdenträger, Abgeordneten und Wichtigtuer.[53] Ursprünglich ist *repraesentatio* eine Art kollektiver Notwehr gewesen. Repräsentativ sind dabei zunächst vor allem die «Auserwählten». Um sie herum gruppiert sich das Kollektiv. Ihre exemplarische rituelle Tötung verdichtet und verschiebt den Schrecken in einen Schonraum, drängt ihn in einer geballten Aktion zusammen, stellt ihn darin dar, macht ihn greifbar. In diesem handgreiflichen Sinne ist sie sein Inbegriff. Der aber ist noch längst kein mentaler Begriff, sondern physischer zu einem Bild zusammengedrängter Vollzug: die Szene schlechthin.

Das griechische Wort *skene* bezeichnet den eingefriedeten Raum, worin sich das entscheidende, mit höchster Aufmerksamkeit verfolgte Geschehen abspielt, und dann auch, davon abgeleitet, dieses Geschehen selbst. Die *skene* ist kein Tableau, kein stehendes Bild, sondern ein bewegtes – und sehr geeignet zur Korrektur zweier kunstgeschichtlicher Vorurteile. Das eine besagt, Bilder seien anfangs stehende Bilder gewesen: jene Skulpturen und Wandgemälde, mit denen der Homo sapiens vor dreißig Jahrtausenden seine spezifische Repräsentationskraft zu manifestieren begann, während bewegte Bilder erst ganz spät, Ende des 19. Jahrhunderts, hinzugekommen seien: durch die Erfindung des Films. Das andere Vorurteil: Bilder seien zunächst Abbilder gegenständlicher Vorbilder gewesen, ehe sie, fast zeitgleich mit der Erfindung des Films, ungegenständlich wurden: abstrakte moderne Kunst. Nun zeigt sich: Es ist nahezu umgekehrt. Bilder haben als bewegte Bilder begonnen. Und diejenigen, die ein solches Bild in Szene setzten, mußten gestikulieren, tanzen, lärmen, schreien, um ihre eigene Bildtätigkeit und Bildwerdung überhaupt auszuhalten. Rituelle Tötung ist für alle Beteiligten ein ungeheuer bewegtes und bewegendes Bild. Doch es bildet nichts ab. Es hat kein Vorbild. Vielmehr stellt es etwas dar: den Schrecken. Es verbildlicht ihn. Die Urfunk-

[53] Der verkörperte Widerwille dagegen heißt Gilles Deleuze. Ihm zufolge nimmt Repräsentation nicht nur falsche Formen an; sie ist selbst der gedankliche Grundfehler. «Der Vorrang der Identität […] definiert die Welt der Repräsentation. Das moderne Denken aber entspringt dem Scheitern der Repräsentation wie dem Verlust der Identitäten und der Entdeckung all der Kräfte, die unter der Repräsentation des Identischen wirken.» (Gilles Deleuze, *Differenz und Wiederholung*, Fink, München 1992, S. 11) Man soll die Repräsentation also abschütteln – und dennoch munter fortfahren, zu erinnern, zu interpretieren, zu kombinieren. Das ist, als wolle man das Gehirn loswerden, um endlich unbeschränkt zu denken – ein Wunsch, der bei den Pionieren der künstlichen Intelligenz in den 1940er Jahren übrigens durchaus einer der entscheidenden Antriebe zu ihrer fieberhaften Forschung war.

tion des Bildes ist Verbildlichung des Unbildlichen, Darstellung des Undarstellbaren, Faßbarmachung des Unfaßlichen.

Genau das meint Repräsentation. In ihr wird faßbar, was man sonst nicht zu fassen bekommt. Abbildung ist demgegenüber schon sekundär: Es ist bereits eine faßbare Gestalt da, die nachgebildet wird. Die frühesten erhaltenen Bilder, etwa die anthropomorphe Statuette mit dem Kopf einer Löwin aus Hohlenstein-Stadel in Württemberg oder die Tierbilder an den Wänden der Höhle Chauvet: Sie sind uralt, rund dreißig Jahrtausende, und dennoch Nachbildungen – Zeugnisse eines relativ späten Stadiums der menschlichen Einbildungskraft. Da muß die Aufführung bewegter Bilder längst in Fleisch und Blut übergegangen sein. Erst dann konnte sich die Fähigkeit entwickeln, aus bewegten, aber rituell gefestigten Bildern bestimmte signifikante Aspekte herauszulösen und auf eine neue, ungleich starrere Weise festzuhalten, nämlich in Stein, Elfenbein oder auf Wänden. Gut möglich, daß von den ersten bewegten bis zu den ersten starren Bildern ähnlich viel Zeit verstrichen ist wie von den ersten starren Bildern bis heute. Auch wenn über die genaue Funktion der frühsten Skulpturen, Reliefs und Malereien noch viel gerätselt wird, so darf eines doch als sicher gelten: Sie wurden nicht hergestellt, um still, andächtig und kunstsinnig betrachtet zu werden, sondern als feste Bestandteile einer bewegten *skene*, um nicht zu sagen, als Requisiten und Bühnenbilder jener archaischen Vorstellungen, die sich das Kollektiv gab.

Noch heute fühlt man sich beim Rückblick auf diese Vorstellungen hin- und hergerissen zwischen Bewunderung für die ungeheuerliche Selbstzähmung und -überwindung, die in der Ritualisierung des traumatischen Wiederholungszwangs vollbracht wurde, und Abscheu vor der grauenhaften Gestalt dieses Rituals. Wie heftig muß das emotionale Wechselbad erst für die Beteiligten gewesen sein. Sie haben ein Mittel gefunden, um von unerträglichem Schrecken loszukommen, aber dies Mittel ist fast ebenso furchtbar wie das, was es bekämpft. Die rituelle Tötung eigener Angehöriger hält es nicht bei sich aus. Sie drängt danach, über sich selbst hinauszuwachsen, und dieser Drang hat sich im Laufe einer langen Zeit einen Ausweg ohnegleichen eröffnet. Angelegt ist er, genaugenommen, schon in der Ritualisierung selbst. Wenn sie traumatischen Schrecken dadurch abbaut, daß sie ihn eigens veranstaltet, dann bekommt sie etwas Intentionales. Das lateinische *intendere* heißt wörtlich, sich auf etwas hin ausstrecken oder spannen. Handlungen, die das tun, sind zielgerichtet. Sie haben, wie Aristoteles so schön sagt, ein «Worum willen» *(hou heneka)* oder, einfacher: ein *Wozu*. Das Wozu ritueller Tötung ist zunächst ein ganz handfest Physiologisches: sich durch Spannungsabfuhr Erleichterung verschaffen. Die ständige Wiederholung der rituellen Tötung aber hat die Kollektive, die unter ihr litten, dazu gedrängt und allmählich auch befähigt, sich ein Wozu anderer Art zu geben: eines, das mehr bot als nur sporadisches Aufatmen, weil es den Schrecken selbst linderte. Es verlieh ihm einen Sinn. Rituelle Tötung, die Sinn hat, wird erträglicher.

Die Eröffnung solchen Sinns ist allerdings ein qualitativer Durchbruch, der an ein Wunder grenzt. Wie, wo und in welchem Zeitraum er stattfand, wissen wir nicht. Dennoch läßt sich einiges angeben, was nötig war, damit er stattfinden konnte. Und er *hat* ja stattgefunden. Dazu mußte die Einbildungskraft etwas vollziehen, was in der Philosophie später *metabasis eis allo genos* heißt: Übergang in eine andere Art. Sie mußte gleichsam von der Raupe zum Schmetterling werden. Offenbar ist das so geschehen, daß ihr jener rituelle Raum, dem sie den Schrecken eingebildet hatte, zur Bodenstation einer Expedition ins Unbekannte wurde: in ein Neuland, das durch diese Expedition überhaupt erst entstand. Indem sie die Vielfalt des Naturschreckens ins Innere des rituellen Raums hinein verdichtet und verschoben und zu geballten bewegten Bildern zusammengedrängt hatte, hatte sie zwar schon auf eindrucksvolle Weise den Weg in die Verinnerlichung angetreten. Doch die bewegten Bilder, sosehr sie auch Konzentrate und Extrakte darstellten, waren natürlich immer noch räumlich und zeitlich ausgedehnt: eine äußerliche, noch nicht zu sich selbst gekommene Innerlichkeit. Die Einbildungskraft mußte sich noch einmal neu zusammennehmen, gewissermaßen zu einer sekundären Bearbeitung ihrer selbst, zu einer Verdichtung und Verschiebung zweiten Grades, die sich nur metaphorisch umschreiben läßt – und selbst ein metaphorischer Vorgang ist. *Metapherein* heißt übertragen, und die Übertragung, die hier stattfand, verschob und verdichtete die Kontraktion des Naturschreckens im rituellen Raum zur Kontraktion des rituellen Raums selbst.

Wie das möglich war, wird sich kaum je lückenlos ermitteln lassen. Nur daß es nicht freiwillig geschah, dessen darf man sicher sein. Offenbar hat der Drang, vom Grauen des Tötungsrituals loszukommen, die Einbildungskraft allmählich dazu getrieben, das von ihr bereits zu bewegten Bildern Verdichtete und Verschobene seinerseits bis zur Unräumlichkeit zu verdichten und zu verschieben: räumlich und zeitlich auseinandergezogene Ritualfiguren buchstäblich auf den Punkt zu bringen, nämlich zu ausdehnungslosen Gestalten zusammenzuziehen. Das ist Kontraktion der Kontraktion: ihre Fortführung bis an den Punkt, wo ihre Verdichtung in Verflüchtigung umschlägt. Verdichtung und Verschiebung können aber nicht ins Stadium des zweiten Grades eintreten, ohne daß auch die Umkehrung das tut. Eine denkwürdige Umkehrung der Umkehrung setzt ein. Die Flucht nach vorn, zum Schrecken hin statt von ihm weg, die das Erfolgsgeheimnis des traumatischen Wiederholungszwangs gewesen war, nimmt nun nämlich die Form einer Flucht nach innen an. Ihr Vorwärtsgang wird zugleich Rückwärtsgang. Sie vollführt einen «Gegenstoß in sich selbst», wie Hegel gesagt hätte,[54] eine Bewegung, die in räumlichen Parametern gar nicht mehr voll zu erfassen ist, vielmehr ins Unräumliche diffundiert und dabei etwas schlechterdings Verblüffendes bewirkt: Im rituellen Raum der Einbildung tut sich ein eingebildeter Raum auf.

Mentaler Raum

Erst damit kommt die Verinnerlichung ganz bei sich selbst an.[55] Sie eröffnet *A Room of One's Own*, um es mit einem berühmten Buchtitel zu sagen, einen Raum, der gar nicht existiert hat, bevor die Einbildungskraft ihn eröffnete. Seine Eröffnung war vielmehr seine Hervorbringung. Und wo sie geschah, da wurde die rituelle Tötung buchstäblich genial. Sie übersetzte sich, setzte über – in den Genius ihrer selbst. Wenn die Römer unter einem Genius jenen Schutzgeist verstanden, der schon bei Erzeugung und Geburt eines Menschen wirkt und ihn sein ganzes Leben hindurch begleitet, so pflegten sie eine bereits stark individualisierte und vermenschlichte Version des Genius. Dessen Elementarform ist der *genius loci*, der Schutzgeist des Ortes, und der Ort zunächst einmal der Ort schlechthin, wo jene Handlung stattfindet, die auf latei-

[54] Georg Wilhelm Friedrich Hegel, *Wissenschaft der Logik II*, Werke in 20 Bänden (ed. Moldenhauer/Michel), Band 6, Suhrkamp, Frankfurt am Main 1969, S. 27

[55] Nietzsche war schon nahe daran. An der berühmten Stelle, wo er seine «Hypothese über den Ursprung des ‹schlechten Gewissens›» vorträgt, sagt er: «Alle Instinkte, welche sich nicht nach Aussen entladen, *wenden sich nach Innen* – dies ist das, was ich die *Verinnerlichung* des Menschen nenne: damit wächst erst das an den Menschen heran, was man später seine ‹Seele› nennt. Die ganze innere Welt, ursprünglich dünn wie zwischen zwei Häute eingespannt, ist in dem Maasse aus einander- und aufgegangen, hat Tiefe, Breite, Höhe bekommen, als die Entladung des Menschen nach Aussen *gehemmt* worden ist.» (Friedrich Nietzsche, *Zur Genealogie der Moral*, KSA 5, S. 322) Der Ursprung des schlechten Gewissens läuft hier auf nichts Geringeres hinaus als die Menschwerdung selbst. Nietzsche umgibt sie mit wunderschönen, ahnungsvollen Metaphern, denen es jedoch an Bodenhaftung fehlt, nämlich an Einsicht in die Funktionsweise und kultstiftende Kraft des traumatischen Wiederholungszwangs. Genauere Kenntnis hiervon hätte auch der oft recht plakativ gebrauchten Formel von der «Umwertung der Werte» ein ungleich solideres physiologisches Fundament gegeben. – Klarer gesehen hat hier ein ethnologisch dilettierender Bildtheoretiker: Aby Warburg. Das Schlangenritual, das er bei Indianern in Neu-Mexico zu beobachten Gelegenheit hatte, erschien ihm als ein bewegtes Bild, das nichts Geringeres als die Kräfte des Kosmos in sich zu versammeln suchte, indem es sich um das zum Weltsymbol verdichtete Schlangentier drehte. Den Schlangentanz erlebte Warburg als «getanzte Kausalität», vollführt mit einer «andächtigen Hingabe», in der er die hingebungsvolle Naturerforschung durch Wissenschaft vorgebildet sah. Der rituelle «Andachtsraum» war für ihn präfigurierter «Denkraum» (Aby Warburg, *Schlangenritual*. Ein Reisebericht, Wagenbach, Berlin 1996, S. 52 und 56). Freilich steckt in «Andacht» immer schon «Denken». Sie ist bereits ein sublimer Kulturzustand, der seinerseits viel rohere ekstatische Vorformen hat. Dennoch thematisiert Warburg eine entscheidende genealogische Struktur. Sein Verdacht, daß nur im «Andachtsraum» ein «Denkraum» aufgehen könne, liegt ganz auf der Linie der hier lediglich grundsätzlicher gefaßten These: Nur im rituellen Raum vermochte sich ein eingebildeter zu öffnen.

nisch *operari* heißt und sich ebenso mit operieren wie opfern übersetzen läßt. Insofern ist «Genius» zwar ein signifikantes lateinisches Wort, aber für etwas, was sich keineswegs aufs alte Rom beschränkt. Der authentische *genius loci* ist vielmehr ein kulturübergreifender Menschheitsdurchbruch, nämlich das flüchtig gewordene Tötungsritual, sowohl in dem Sinne, daß er ihm eine Ausflucht gab, als auch in dem, daß er dessen verflüchtigten Aggregatzustand darstellt, der sich zum physischen Vollzug des Rituals ähnlich verhält wie Dampf zu Wasser. Der Genius ist gleichsam das eingedampfte Ritual. Er schwebt über dessen Vollzug – ohne dessen konkrete Gestalt und klare Lokalisierbarkeit. Während die Vorstellung, die sich das Kollektiv im Vollzug der rituellen Tötung gibt, allen Beteiligten gemeinsam und in buchstäblichem Sinne handgreiflich ist, ist die Vorstellung, die sich nun darüberwölbt, ungreifbar geworden: imaginär.

Der imaginäre Raum vermag sich nur im rituellen Raum zu öffnen. Aber er öffnet sich nicht leer, sondern als erfüllt von der Vorstellung des Genius. In dieser Vorstellung vollzieht die Einbildungskraft ihre nie genug zu bestaunende Umkehrung zweiten Grades. Sie stülpt sich gleichsam nach innen: von der performativen Vorstellung zur mentalen. «Mental» kommt vom lateinischen *mens*, was soviel wie innerer Sinn oder ersinnende Kraft heißt und erst davon abgeleitet auch Gesinnung oder Geist. Vorsicht also mit der Behauptung, die mentale Vorstellung sei der definitive Anfang des Geistes. Anfänge haben ihre eigene Tücke. Wer etwa die moderne Gesellschaft im 19. und die moderne Kunst im 20. Jahrhundert beginnen läßt, ist bald mit einer *via moderna* im ausgehenden Mittelalter und surreal anmutenden Bildern aus dem Frühbarock konfrontiert. Wer den Anfang des Bürgertums in der Renaissancezeit sucht, steht vor der Frage, warum er nicht schon die attische Polis als Frühbürgertum gelten lassen will. Wo es Anfänge gibt, gibt es Vorformen. Beim Geist allemal. Wieweit die Fähigkeit mancher Tiere, Gestalten wiederzuerkennen, schon «geistig» genannt zu werden verdient, sei dahingestellt. Sicher aber ist das für den Homo sapiens spezifische Niveau des Geistigen erreicht, wo Repräsentation stattfindet, selbst wenn die Repräsentanten zunächst keine Ahnung davon haben, was Geist ist. Es genügt, daß das Ritual, das sie vollziehen, das bewegte Bild, das sie vorstellen, etwas repräsentiert, etwas wieder holt. Repräsentatives Gedächtnis ist bedeutendes Gedächtnis. Und zwar ist das Ritual nicht nur in dem Sinne bedeutend, daß es um Leben und Tod geht, sondern auch in dem, daß es auf jenes Abwesende, das es vergegenwärtigt, hindeutet und damit den paradoxen Sachverhalt des abwesenden Anwesenden darstellt. Wo ein Abwesendes, ohne selbst je greifbar zu werden, dennoch in einem Stellvertreter erscheint, der es ebenso verkörpert, wie auf es verweist, wird die Realität zweidimensional. Sie tritt auseinander in eine greifbare Erscheinung und das Ungreifbare, wovon sie zeugt. Wo solche Zweidimensionalität sich auftut, da entsteht Bedeutung, und wo Bedeutung ist – sei es, daß eine Erscheinung auf ein «Wesen» hindeutet, ein Besonderes auf ein Allgemeines oder ein Signifikant auf ein Signifikat –, da ist Geist. Geist ist keine eigene Substanz, sondern tätiges Bedeuten, und zwar so, daß das Bedeutete nie unmittelbar präsent wird, sondern stets ein bloß Intendiertes, Gemeintes bleibt. In der performativen Vorstellung geschieht das gestisch und stimmlich. Da ist der Geist, hegelisch gesprochen, im Zustand des Außersichseins. Beim Durchbruch zur mentalen Vorstellung geht er in sich. Die Bedeutung öffnet sich ihren eigenen Raum: die Sphäre des Imaginären. Sie ist von nun an der Raum des Geistes. Gestus und Stimme sind nur noch die äußeren, wenn auch stets unentbehrlichen Stützen seiner inneren Bewegung, aber nicht mehr die Medien seines Vollzugs.

Es gibt also durchaus prämentalen Geist. Das Mentale ist lediglich des Geistes eigene Sphäre, nichts als ein eingebildeter, imaginärer Raum – ein Unraum, der gleichwohl räumliche Assoziationen nie los wird.[56] Das macht: Er wird als ein erfüllter Raum erlebt – erfüllt übrigens auch in dem Sinne, daß sich in ihm ein verzweifeltes Wünschen erfüllt, wenn auch auf imaginäre, halluzinatorische Weise: von dem Grauen des Tötungsrituals loszukommen. Der Genius ist nicht nur das flüchtig gewordene Ritual, sondern auch dessen Fluchtpunkt: sein Wozu. Das Ritual gilt ihm. Mehr noch: Es wird erlebt, als gehe es von ihm aus, als sei er es, der das Ritual überhaupt erst konstituiere, indem er die rituelle Tötung verlangt. Das griechische Wort *chaos*, das ursprünglich «gähnender Schlund» heißt, erst später «leerer Raum» (und schon gar nicht «Durcheinander»), liest sich in diesem Zusammenhang wie der Klartext des *genius loci*. Er ist menschenfressender Schlund, aber nur als Schlund auch der Grund, der die rituelle Tötung rechtfertigt. Sie muß sein, weil er sie verlangt. Dadurch bekommt sie Sinn. Sie wird zu etwas gut: kann den Genius sättigen und machen, daß er nicht länger «zürnt», sondern als höhere Macht schützend über dem Ritual und dem es vollziehenden Kollektiv schwebt. Die rituelle Tötung, die einst als bloß reflexhafte Wiederholung unbewältigten Schreckens begonnen hatte, wird ungleich erträglicher, wenn sie einen Sinn hat, will sagen, einen Adressaten, dem die «Auserwählten dargebracht» werden, und dieser Adressat ist die Urform dessen, was in der Philosophie später

[56] Auch in seinen hochentwickelten Kulturformen nicht. Weder philosophische Logik noch Psychoanalyse kommen ohne Topik aus. Sobald man es mit Begriffen zu tun hat, die etwas *unter* sich befassen, oder mit der *Reichweite* von Urteilen und Schlüssen, sind räumliche Konnotationen im Spiel, und Modelle des psychischen Apparats können gar nicht anders, als Unbewußtes, Vorbewußtes und Bewußtes oder Es, Ich und Über-Ich wie übereinandergelagerte Schichten zu denken.

Zweckursache *(causa finalis)* heißt. Das ist eine Ursache, die nicht durch Stoßkraft wirkt, sondern durch Sogkraft. Sie zieht zu sich hin. Und ihre kategorische Sogkraft ist zugleich begründende und damit rechtfertigende Kraft. Begründen *ist* wesentlich rechtfertigen – bis heute. Handlungen und Sätze, denen man ein plausibles «Weil» unterlegen kann, sind gerechtfertigt und somit haltbar. Und bis heute wird Begründungsbedürftigkeit als mentales Vakuum mit Sogwirkung erlebt: gewissermaßen als Schlund, der sich unter dem Unbegründeten auftut. Ehe aber Begründung noch zu ersten Sätzen und Argumenten gefunden hat, ist sie längst schon als ritualgründende Zweckursache imaginiert worden. Der Genius ist ihr Archetypus: der Urgrund, der zugleich Urschlund ist.[57] Erst wo das Tötungsritual um seinetwillen, in seinem mentalen Kraftfeld vollzogen wird, wird es zur Darbringung an eine Gottheit und gewinnt den Status eines Opfers: einer sakralen Veranstaltung.[58]

[57] Der Grund als Abgrund: diese Denkfigur kennt man aus der neuplatonischen Weltentstehungslehre. Nichts ist abgründiger als das Ureine (*hen*), das bei Plotin (cf. *Enneaden*, IX 1 ff.) am Weltanfang steht, leer, bestimmungs- und bodenlos, und dennoch als Urpotenz gedacht werden muß, wenn die Zweiheit, die Vielheit, die Weltfülle aus ihm hervorgehen soll. Der Gedanke des schöpferischen Abgrunds kehrt selbst noch bei Schelling (*Das Wesen der menschlichen Freiheit*, Meiner, Hamburg 1997, S. 78) wieder, wo Gott ebenso als absoluter «Grund» wie «Ungrund» firmiert und dadurch als unauslotbare metaphysische Weltpotenz plausibel gemacht werden soll. Nun zeigt sich aber, woher diese Denkfigur kommt. Sie ist eine Deckerinnerung an den Genius. Sie deckt sein Grauen zu, sie versucht ihn noch nachträglich zu besänftigen, indem sie den Abgrund, als der er Grund war, in sein Gegenteil umkehrt: aus einem gähnenden Schlund in ein bodenloses Füllhorn schöpferischer Kraft. Diese Umkehrung ist der Subtext der allmählichen Vergeistigung des Göttlichen vom ritualgründenden Genius zum weltbegründenden Schöpfergott. Die Mythologie hat diesen Prozeß auf ihre Weise nachgezeichnet. Sie beginnt mit Ritualgründungsgeschichten und geht erst allmählich zu Weltgründungsgeschichten über, und erst in deren Spätphase, etwa den Geschichten vom Garten Eden, vom goldenen Zeitalter oder von der Traumzeit, ist die zudeckende Erinnerung an den Genius so weit gediehen, daß der Gründungszustand als opferlos, gewaltfrei, selig imaginiert wird und erst nachträglich von einem Tribut an die Realität die Rede ist: in Form von Sündenfallgeschichten.

[58] Es spricht nichts dagegen, den Genius als Archetypus – etwa der Zweckursache, des Grundes oder der Gottheit – zu bezeichnen, wenn dabei keinen Augenblick vergessen wird, daß er durch eine Elementarleistung der Einbildungskraft, ein denkwürdiges Ineinandergreifen von Umkehrung, Verdichtung und Verschiebung entstanden ist – und nicht ungeworden von jeher in der trüben Tiefe eines «kollektiven Unbewußten» ruht, wie Jung behauptete. Jung hat damit den Begriff des Archetypus selbst disqualifiziert, während die Freudschen Begriffe für seelische Primärprozesse, wenn man sie nur etwas grundsätzlicher nimmt als Freud selbst, etwas leisten können, was Jung nie vermochte: erklären, wie Archetypen zustande kommen. Freudianer können den Begriff des Archetypus fruchtbarer machen, als er bei Jung je war – und dabei zugleich zeigen, wie verfehlt die Entgegensetzung von individuellem und kollektivem Unbewußten ist. Jeder Mensch träumt wohl für sich, aber auf dem ganzen Globus geschieht das so, daß sich dabei Erregung verschiebt und verdichtet. Der konkrete Traum ist individuell; die Mechanismen der individuellen Traumbildung hingegen sind ein Menschheitsvermögen: kollektiv. Umgekehrt könnte von jener archaischen Tiefenschicht, die Jung der Tiefenschicht des «kollektiven» Unbewußten zurechnet, niemand etwas wissen, wenn es nicht Individuen wären, in denen sie aufstiegen und durch die sie jeweils eine persönliche Färbung bekämen. Wie

Das Sakrale ist zunächst einmal nichts als der sich selbst auslegende, sich einen Sinn unterlegende traumatische Wiederholungszwang. Allerdings ist hier kein mechanisches Basis-Überbau-Schema zu unterstellen, als wäre zuerst das Ritual fertig ausgebildet und dann der Genius daraufgesetzt worden. Zum traumatischen Wiederholungszwang gehört von Anfang an das Bestreben, ihn erträglicher zu machen. Daher der langwierige Prozeß seiner rituellen Verdichtung und Verschiebung. Im Drang, ihn auszuhalten, steckt also implizit selbst schon der Drang, ihn auszulegen. Daher ist das Ritual strenggenommen erst komplett, wenn es «genial» geworden ist: sich seinen höheren Adressaten gegeben hat. Seine Überhöhung durch den Genius arbeitet an der Herausbildung einer festen Ritualstruktur selbst schon mit und ist nicht bloß deren Produkt. Dennoch bleibt in einer Hinsicht ein klares Nacheinander festzuhalten. Wo sich rituelle Handlungsabläufe zu mentalen Gestalten verdichten und verschieben, da muß schon Verdichtung und Verschiebung dramatischen Ausmaßes stattgefunden haben. Wo mentale Vorstellung entsteht, da muß schon performative Vorstellung gewesen sein. Nur über den ungeheuerlichen Umweg der performativen ist die mentale möglich geworden.

Das heißt aber auch: Gattungsgeschichtlich gibt es keinen Direktweg von der sinnlichen Wahrnehmung zur mentalen Vorstellung. Ein Naturwissenschaftsmärchen der Glaube, bestimmte Hominiden seien irgendwann und irgendwie, sei's aus Trägheit oder Langeweile, darauf verfallen, ihre Sinneseindrücke gleichsam einzuwecken und sie schließlich so haltbar zu machen, daß sie auch fortdauerten, nachdem der äußere Sinnesreiz erloschen war. So etwas freiwillig zu tun, hatten sie nicht den geringsten Anlaß. Der mentale Raum ist zwar ein Überschuß der Natur und der Ort einer neuen Art von Vorratshaltung, aber er ist kein Luxus-, sondern ein Verzweiflungsprodukt. Ohne beharrliche nervliche Schwerstarbeit hätte er nicht entstehen können. Seine Eröffnung war ein Durchbruch ohnegleichen. Nachdem er aber geglückt war, war unversehens ein Übungsraum dafür da, die mentale Vorstellung so lange zu exerzieren, bis sie sich zur Disposition einer ganzen Spezies sedimentiert hatte. Und wo dies Sediment schließlich von Generation zu Generation weitergegeben wird, da ist der Weg von der Wahrnehmung zur Vorstellung in einer Weise begradigt und geebnet, als hätte es den Riesenumweg zu seiner Eröffnung nie gegeben. Die neue Generation muß ihn nur noch gehen, was zwar immer noch mit Beschwerlichkeiten verbunden ist, aber im Vergleich mit den Expeditionen der ersten Wegbahnung ein komfortabler Spaziergang. Kinder können

Individuum und Gesellschaft, so sind auch individuelles und kollektives Unbewußtes wechselseitig durcheinander vermittelt – und nicht zwei Stockwerke. Die Zweiteilung des Unbewußten in ein persönlich bedingtes und ein archetypisch unbedingtes ist haltlos.

von der Wahrnehmung in die Vorstellung so hinüberwachsen, als sei das ein von Mutter Natur immer schon für sie vorgesehener organischer Prozeß. Die moderne Neurophysiologie hat nur diesen organischen Prozeß im Blick. Aber sie weiß nichts davon, was die Einübung des Mentalen gekostet hat, nichts vom Genius, der ihr erstes Produkt war, als sie einst auf dem Indifferenzpunkt von Vorstellung und Wahrnehmung zu balancieren begann, dem Entstehungspunkt aller Halluzinationen, die bis heute geblieben sind, was Bleulers klassische psychiatrische Definition von ihnen sagt: «als Wahrnehmungen verkannte Vorstellungen».[59]

Der Genius ist eine solche Verkennung, und zwar eine kollektive. Das Kollektiv glaubte ihn gemeinsam wahrzunehmen, obwohl es ihn sich lediglich gemeinsam einbildete. Und erst als diese Einbildung eine gewisse Haltbarkeit und Stetigkeit gewonnen hatte, konnte sie ihrer selbst als einer eigenen Sphäre inne werden und sich von der Außenwelt unterscheiden. Erst damit treten Vorstellung und Wahrnehmung auseinander. Die Vorstellung bedarf weiterhin – übrigens bis heute – der äußeren Wahrnehmung. Aber sie hört auf, sich damit zu verwechseln. Sie stützt sich nur noch darauf wie auf eine Krücke, an der sie ihre eigenen Wege gehen lernt, oder, philosophisch gesprochen, ihre eigene Logik entwickelt.

In einer Kollektivhalluzination steckt allerdings auch schon der Keim der Individualität. Sie wird zwar von allen Beteiligten gemeinsam hervorgebracht. Dennoch besteht sie nur, sofern sie auch jeder für sich hat: als seine eigene Imagination. Wenn sich im rituellen Raum der imaginäre Raum auftut, dann entstehen, genaugenommen, so viele imaginäre Räume wie beteiligte Individuen. Nur sind diese Räume durch gemeinsame Gebärden, Gesten, Laute derart durchlässig füreinander, daß sie auch wiederum nur *einen* Raum darstellen, an dem die vielen Individuen so undifferenziert teilhaben, daß ihre persönlichen Eigenarten noch gar nicht zu Buche schlagen. Es ist nicht anzunehmen, daß die ersten halluzinatorischen Vorstellungen des Genius – und damit die ersten Halluzinationen überhaupt – schon zu einer klaren Unterscheidung von Einzahl und Mehrzahl gelangt waren. Wie sie dann aussahen? Das wissen wir nicht. Aber alles spricht dagegen, daß sie schon irgend klare Konturen oder signifikante Ähnlichkeiten mit Naturwesen oder -ereignissen hatten. Der flüchtige Aggregatzustand dürfte sich am ehesten durch das Wort «Spuk» charakterisieren lassen. Spukgestalten sind Gestalten, die noch so recht keine Gestalt haben. Sie sind ungefähr das, was Rudolf Otto so schön von den arabischen Wüstengöttern gesagt hat: «wandelnde Demonstrativ-Pronomina»[60].

[59] Eugen Bleuler, l. c., S. 36
[60] Rudolf Otto, *Das Heilige*, Neuausgabe C. H. Beck, München 1963, S. 149

will sagen, archaische Numina, die ihr Kollektiv nahezu gestaltlos umschweben und nur greifbar werden, wo sie selbst zugreifen: jäh hervorstoßen in ein schreckliches Hier und Jetzt. Dieses Hier-Jetzt heißt bei Otto *Das Heilige* – ein anderes Wort nur für das, was hier «Genius» genannt wurde. Der Genius oder das Heilige – beide Begriffe werden im folgenden bedeutungsgleich verwendet – ist die Embryonalgestalt der Gottheit, aber damit eben auch eine Ungestalt, an der charakteristische Züge des Tier- oder Menschenähnlichen sowie Einzahl und Mehrzahl noch nicht identifizierbar hervorgetreten sind. Und dennoch haben alle sublimen Vorstellungen, Gedanken und Begriffe, zu denen sich Menschen je emporschwangen, keine andere Keimzelle als diese: die armselige Halluzination des Genius.

Traumzeit

Am Anfang des Mentalen war die Halluzination. Der Traum hingegen, zumindest der spezifisch menschliche, ist aus der Halluzination erst hervorgegangen.[61] Er ist sozusagen die untergegangene Halluzination: die in den mentalen Untergrund gegangene. Und zwar ist dieser Untergang nur die Kehrseite des Aufgangs der Halluzination zum entwickelten Wachbewußtsein. Den Wechsel von Schlaf- und Wachzustand kennt zwar die ganze höhere Tierwelt. Aber vom tierischen Wachzustand zum menschlichen Wachbewußtsein führt ebensowenig ein Direktweg wie von der tierischen Wahrnehmung zur menschlichen Vorstellung. Wer halluziniert, ist zwar wach, aber die betäubende Gewalt primärer Halluzinationen ist ein stark abgesenkter Wachzustand. Sich daraus herauszuarbeiten in einen Zustand, wo man dieser betäubenden Gewalt nicht mehr ausgeliefert ist, sondern sich wach und nüchtern zu ihr verhalten, die Halluzinationen als «Stoff» behandeln, aus ihnen etwas formen kann, was sie selbst noch nicht sind, nämlich konturierte, haltbare, reproduzierbare Vorstellungen, die am Widerstand äußerer Natur nicht gleich wie Seifenblasen zerplatzen – diese Selbstbearbeitung der Halluzination darf durchaus und nicht einmal nur metaphorisch das «Erwachen» der Menschheit genannt werden.

Seine Anfangsphase wird sich nie im Detail rekonstruieren lassen, aber eine innere Logik gibt es auch hier. Wie der traumatische Wiederholungszwang sich selbst ritualisiert und so eine faßbare Gestalt gegeben hatte, so kam auch die primäre Halluzination nicht umhin, sich selbst zu strukturieren und aus dem diffusen ungestalten Genius durch ungezählt wiederholte kollektive Ver-

61 Wenn man einräumt, daß auch Tiere träumen, auch sie unbewältigte Reize im Schlaf nachbearbeiten, so muß man hinzufügen: Sie tun das in einem vorkulturellen, vorkultischen Stadium. Und daraus folgt: Ihr Träumen ist prähalluzinatorisch.

gegenwärtigung allmählich stehende Gebilde herauszumodellieren; sozusagen mentale Hohlformen – Gußformen aus amorpher Geniusmasse.[62] Diese Formen sind noch längst nicht so starr und konturiert wie die später in Stein gehauenen oder in Erz gegossenen. Stehende Gebilde sind sie lediglich in dem Sinne, wie man Redensarten «stehend» nennt. In ihrem flüchtigen Aggregatzustand hören sie nie auf, zu oszillieren und zu gären, und stehend sind sie nur in dem Maße, wie sie sich auf immer wieder gleiche rituelle Gesten und Stimmlaute stützen können.[63] Und doch ist die innere Modellierung flüchtigen Spuks zu relativ stehenden Vorstellungen die Voraussetzung dafür, daß jemals jene ersten Skulpturen und Wandbilder haben modelliert werden können, die als die ersten objektiven Zeugnisse für die spezifische *sapientia* des Homo sapiens gelten.

Gärend hingegen sind primäre Halluzinationen schon deshalb, weil es sie drängt, von sich selbst loszukommen. Ihr Inhalt, der Genius, ist zwar eine Ausflucht, aber eine schreckliche. Nur als menschenfressender Schlund gibt er dem Ritual ein Wozu. Die archaische Halluzination hat allen Anlaß, sich selbst zu bearbeiten, und dabei geht die Einbildungskraft ganz in sich. Nicht nur, daß sie Äußeres durch Verdichtung und Verschiebung innerlich einbildet; sie vermag das Eingebildete seinerseits zu verdichten und zu verschieben. Die inneren Hohlformen, die dabei entstehen, sind anfangs natürlich selbst nur halluzinatorisch. Aber indem sie beginnen, ungestalte Spukvorstellungen in Gestalten zu überführen, machen sie den Genius faßbarer und tragen dazu bei, daß das Kollektiv allmählich eine Fassung bekommt, in dem doppelten Sinn, daß es sowohl das Ritual gefaßter vollzieht als auch Elementarformen mentalen Fassungsvermögens entwickelt. Allerdings haben die mentalen Hohlformen unsäglich schwach, undeutlich und unsicher begonnen. Sie haben zahllose Male den Widerstand äußerer Natur spüren, sich korrigieren, differenzieren und der Außenwelt allmählich anmessen müssen, bis sie *fit* genug waren, das Äußere auf haltbare Weise innerlich zu repräsentieren. *Survival of the fittest* ist bei ihrer Entwicklung weit mehr noch im Spiel als bei der von Organismen.

Allerdings ist mentale *fitness* eine in spezifischer Weise gewendete *fitness*. Die Denkformen und Begriffe des Homo sapiens sind gattungsgeschichtlich gesehen nämlich allesamt Selbstkorrekturen von Halluzinationen – Metamorphosen der Halluzination, könnte man auch sagen, entstanden bei ihrem verzweifelten Versuch, von sich selbst loszukommen. Der mißlang zwar, ließ

[62] In Anlehnung an die von Bion eingeführte Container-Terminologie (cf. Wilfred R. Bion, l. c., S. 146) könnte man von mentalem *self containing* sprechen, wobei allerdings individuelles und kollektives *self* noch gar nicht scharf unterscheidbar sind.

[63] Wie die Modellierung mentaler Vorstellungen sich mit der Ausbildung spezifisch menschlicher Sprache verbindet, dazu ausführlich Kapitel 3, S. 165 ff.

aber unbeabsichtigt etwas anderes gelingen: die Wendung der Halluzination gegen sich selbst. Auch die ist ein Musterfall von Umkehrung. Die Flucht des Mentalen vor sich selbst kehrt sich in die Gegenrichtung: zur Flucht nach vorn. Dabei kommt etwas qualitativ Neues in die Naturgeschichte: Selbstüberwindung. Sie ist die Elementarform mentaler Selbstbezüglichkeit – jener paradoxe Vorgang, wo der Sieg auch Niederlage, der Überwinder auch das Überwundene ist, so daß eines garantiert nicht passieren kann: daß das Überwundene einfach verschwindet. Die sich selbst überwindende Halluzination wächst zwar über sich hinaus und läutert sich zu mentalen Hohlformen. Die aber können nicht entstehen, ohne sich zugleich von der diffusen Halluzinationsmasse («Geniusmasse») abzuscheiden, aus der sie sich bilden. Das heißt: All das an der Halluzination, was nicht zur wachen bewußten Vorstellung wird, wird aus dem Wachbewußtsein verbannt – in einen nichtwachen, aber gleichwohl mentalen Zustand unterhalb des Wachbewußtseins. Der mentale Raum wird zweidimensional. Er scheidet sich in das Wachbewußtsein und seinen Untergrund. Und dieser Untergrund wird zum Sammelbecken dessen, was von der Halluzination übriggeblieben ist. Sie, die einst der Inbegriff des Mentalen, der fortgeschrittenste Posten des Geistigen war, ist nun nur noch der Schatten ihrer selbst: durch die Kräfte, die sie einst selbst entbunden hatte, überflügelt, überblendet, ausgebleicht, herabgedrückt, zusammengestaucht, dekomponiert, zugedeckt. Und dennoch bleibt sie der elementare mentale Erregungsherd, der nicht aufhört, ins Wachbewußtsein hineinzuzucken und zu -züngeln – ebenso als Störenfried wie als Lebenselixier und Grundnahrungsmittel der mentalen Vorstellungswelt.

Zwischen Wachbewußtsein und seinem Untergrund verläuft also eine ebenso strikte wie durchlässige Grenze. Ähnlich wie eine durch Gegenströmung entstehende Wasserscheide tatsächlich zurückweisende und trennende Kraft hat, ohne deshalb aus anderem Stoff als Wasser zu sein und ihre prinzipielle Passierbarkeit an jeder beliebigen Stelle zu verlieren, so ist auch diese Grenze beschaffen: einerseits selbst bloß mental, genauso eingebildet oder imaginär wie alles Mentale, nichts, was sich neurologisch messen ließe, und andrerseits dennoch das Ergebnis einer unter größter Anstrengung vollzogenen Umkehrungsleistung, ohne die sich keine einzige klare Vorstellung aus der halluzinatorischen Urmasse je hätte absondern können. Für diese Art Grenzziehung gibt es kein passenderes Wort als «Urverdrängung». Der Aufgang des Wachbewußtseins, der zugleich der Untergang der Halluzination ist, ist die Verdrängungsleistung *par excellence* – und eine Reflexionsleistung *comme il faut*, nämlich die Wendung der Halluzination gegen sich selbst. Nur durch diese Wendung hat es zur bewußten Vorstellungswelt des Homo sapiens kommen können. Sie ist selbst schon ein Verdrängungsprodukt. Jede wache

Konturierung mentaler Formen ist immer auch Grenzziehung zwischen Wachbewußtsein und seinem Untergrund. Wann immer wir denken, verdrängen und zensieren wir auch. Was Freud «Urverdrängung» nennt, ist nur ein später Spezialfall davon. Er hat jene «erste Phase der Verdrängung» im Blick, «die darin besteht, daß der psychischen (Vorstellungs-)Repräsentanz des Triebes die Übernahme ins Bewußte versagt wird».[64] Doch wo diese «erste Phase» eintritt, da ist die wahre Urverdrängung längst erfolgt; das Vermögen, im mentalen Raum eine Grenze zu ziehen, ist längst zum Vernunftvermögen, zur scheinbar selbstverständlichen Grundausstattung des Homo sapiens geworden, als hätte sie immer schon zu seiner «Natur» gehört und nie etwas gekostet; Bewußtes und Unbewußtes sind feste Posten im «seelischen Apparat», und es geht nur noch um Details des Grenzverlaufs zwischen ihnen, um die Art, wie Reize, die auf ein hochkultiviertes Wachbewußtsein verletzend eindringen, abgewiesen und in jenen Zustand verbannt werden, den Freud «unbewußt» nennt – und der sich jetzt als mentaler Untergrund, als die Sphäre der herabgedrückten Halluzination besser verstehen läßt.

Gewöhnlich wird der untergegangenen Halluzination nur Aufmerksamkeit geschenkt, wo sie im Schlaf als Traum, im Wachzustand als Fehlleistung oder als Wahnvorstellung hochkommt. Doch für ihre Dauerpräsenz dicht unter der Oberfläche, für die Feinarbeit, die sie unablässig und mit größter Geläufigkeit an den Grenzen des Wachbewußtseins leistet, ist eben jenes Wachbewußtsein nahezu betriebsblind. Wie einem bei Sonnenlicht der Schein einer Kerze allzu leicht entgeht, so im Wachzustand die Tatsache, daß keine mentale Vorstellung ganz ohne halluzinatorischen Schein ist. Es gibt keine Vorstellung ohne Bildgehalt, ohne einen Rückstand jener sinnlichen Wahrnehmung, über die sich die Vorstellung sublim erhoben hat. Und der verschwindende Wahrnehmungsrest in der Vorstellung ist ihr halluzinatorischer Funke, der sie sowohl anzündet als auch in ihr verglimmt. Die Halluzination rumort nicht nur im mentalen Untergrund entthront und zusammengestaucht fort als «der Stoff, aus dem die Träume sind»; sie hört auch nicht auf, in jede unserer Vorstellungen hineinzufunken – und sich damit unablässig als der unerloschene Erregungsherd jeglicher Vorstellungs- und Gedankenbildung zu dokumentieren. Sie ist eine Vergangenheit, die nicht vergeht – die mentale Urzeit, die wir nicht loswerden.

Es gibt eine alte Kultur, die die Urzeit der Welt als eine «Traumzeit» vergegenwärtigt: die der australischen Aborigines. In ihren Mythen, die bis ins 19. Jahrhundert nur mündlich tradiert wurden, hat sich eine besonders signifikante Erinnerung an den langwierigen Selbstüberwindungsprozeß der Hallu-

[64] Cf. Sigmund Freud, *Die Verdrängung*, Studienausgabe, Bd. III, l. c., S. 109

zination erhalten, allerdings in einer Form, die zwischen Halluzination und Traum nicht unterscheidet und «Traum» weniger als menschlichen Gemüts- denn als einen allgemeinen Weltzustand faßt. «Traum» hat in diesen Mythen nur noch entfernt mit nachts im Schlaf aufsteigenden Bildern zu tun. Allein schon der Ausdruck *Altjiranga Ngambakala*, den man mit «Traumzeit» zu übersetzen pflegt, ist eine stark metaphorisierte Wortfügung. Sie bedeutet etwa «aus der eigenen Ewigkeit entstanden», «unsterblich», «unerschaffen» und, davon abgeleitet, soviel wie «ewige Dinge zu sehen oder zu träumen».[65] Es sind vor allem zwei Eigenschaften des Traums, an die sie anknüpft. Zum einen: Träume kennen weder Vergangenheit noch Zukunft, sondern nur Gegenwart. Zum andern: Träume fingieren – und sind damit schöpferisch. Beide Eigenschaften kommen in der «Traumzeit» zusammen. Einerseits ist sie als Vorzeit imaginiert, als die Zeit, bevor das Nacheinander, der Verfall, der Tod in die Welt kam; andrerseits als eine Zeit, die untergründig fortlebt, so daß man im Traum oder traumähnlichen Zustand wieder in sie eintauchen und an ihren schöpferischen Kräften teilhaben kann – jenen Kräften, die einst die Welt gesponnen haben. Einer der wichtigsten australischen Mythen erzählt das so:

«Während der Traumzeit lag die ganze Erde in tiefem Schlummer. Auf ihrer Oberfläche wuchs nichts, und nichts bewegte sich auf ihr, und über allem lag eine große Stille. Die Tiere, auch die Vögel, schliefen noch unter der Erdkruste. Doch eines Tages erwachte die Regenbogenschlange aus diesem großen Schlaf. Sie drängte sich mit Macht durch die Erde nach oben, und an der Stelle, an der ihr gewaltiger Körper die Erdkruste durchstieß, schob er die Felsen zur Seite. Dann begann die Große Schlange mit ihrer Wanderung. Sie zog in allen Richtungen über das Land, und während sie wanderte, hinterließ sie ihre Spuren auf der Erde, denn ihr Körper formte die Landschaft an vielen Orten. [...] Nun erwachten alle Tiere, kamen ans Licht und folgten der Regenbogenschlange, der Großen Mutter allen Lebens, durch das ganze Land. [...] Nun erließ die Große Schlange Gesetze, die für alle Wesen Gültigkeit hatten [...]. Manche Wesen gehorchten aber nicht, sondern stifteten Unruhe und stritten untereinander. Da wurde die Mutter allen Lebens zornig [...]. Die Frevler wurden also in Stein verwandelt, sie wurden zu Felsen, Hügeln und Bergen. [...] Dann verwandelte die Große Schlange diejenigen, die sich an die Gesetze hielten, in Menschen, und sie gab jedem von ihnen sein Totemwesen, von dem der Mensch stammte. So kannten sich die Stämme und Clans durch

[65] Robert Craan, *Geheimnisvolle Kultur der Traumzeit*. Die Welt der Aborigines, Knaur, München 2000, S. 88

ihr Totem: Sie waren die Nachfahren des Emus, des Känguruhs, der Schwarzkopfpython und vieler anderer Ahnenwesen aus der Traumzeit.»[66]

Man mag die Verbindung von Schlange und Regenbogen wohl als ein Traumbild erachten, worin das Schreckbild des jäh zubeißenden Reptils durch die Verbindung mit dem milden Glanz einer schlangenähnlichen Himmelserscheinung seinen Schrecken verliert und die tödliche Umarmung durch die Riesenschlange sich in eine weltstiftende, Himmel und Erde versöhnlich umfassende Großbewegung verwandelt. Die Windungen der Schlange durchs Land, die Berge, Täler, Seen und Flußläufe geformt haben sollen, lassen sich ferner als mythische Verdichtung lesen, worin die verschlungenen Wanderungen der Aborigines mit einem den ganzen Kontinent prägenden Schlangenkult verschmolzen. Damit stimmt bestens überein, daß die Schlange auch die «Gesetze» gegeben und die Menschen, die überhaupt erst durch Gesetzesbefolgung zu Menschen wurden, bestimmten Totems zugeordnet habe. Offenbar ist die Schlange selber das ursprüngliche Totemtier gewesen, das «Gesetz» der ihr gewidmete Kult und der australische Totemismus die Verzweigung des Schlangenkults und seine Verschiebung auf andere zentrale Tiere des Kontinents.

Daß der Mythos diese Vorgänge traumähnlich zusammengerafft hat, ist unzweifelhaft. Aber wo erzählt er in wörtlichem Sinne vom Träumen? Die Entstehung der konkreten, belebten Welt stellt er als allgemeines Erwachen aus einem traumlosen Weltkoma vor, wobei die Schlange als Bahnbrecherin und «Mutter» des Lebens firmiert. Ihr Durchbruch an die Erdoberfläche ist das Startsignal für alle Lebewesen, sich zu regen, und das Leben, welches sie beginnen, ist nur in dem sehr generellen Sinne traumhaft, daß Wunsch und Erfüllung darin anfangs noch nicht auseinanderklaffen, eine halluzinatorische Einheit bilden, die von Zeit und Vergehen noch nichts weiß. Aber so gesehen stellt jede Vorstellung eines goldenen Zeitalters oder guten Weltanfangs eine Traumzeit vor, und das Besondere der Aborigines ist lediglich, daß sie, indem sie zur Erzählung des Weltanfang ausgiebig Traumkategorien heranziehen, selber bereits eine bemerkenswert generalisierende Art von Traumdeutung praktizieren, die weniger konkrete Träume auslegt als das Phänomen Traum selbst. Es wird ins Kosmische übersetzt und als der gute Urzustand der Welt suggeriert. Dabei wird tatsächlich der halluzinatorische Anfangszustand des Mentalen erinnert, aber so, daß das Erinnerte zugleich unkenntlich gemacht wird: durch seine Verkehrung ins Gegenteil. Zwar war der mentale Urzustand insofern «traumhaft», als die Vorstellung des Genius eine halluzinatorische Wunscherfüllung darstellt. Aber die Erinnerung daran,

[66] Zitiert nach Robert Craan, l. c., S. 126 ff.

daß sie gleichwohl haarsträubend war, dürfte für die Aborigines, als sie vor ca. 70 000 Jahren Australien besiedelten, durchaus noch zum mentalen Schwergepäck gehört haben. Allerdings sind Mythen ja entstanden, um solches Gepäck loszuwerden. Sie holen unbewältigte Erlebnisse erzählerisch wieder, um ihren Alpdruck abzubauen. Die Regenbogenschlange ist so eine Wiederholungsfigur. Sie erinnert das Grauen eines archaischen Schlangenkults, der keine Sondererfindung der Aborigines war und durchaus zu ihren Mitbringseln nach Australien zählen dürfte, transfiguriert die Schlange zur mit zarten Regenbogenfarben gemalten «Mutter» allen Lebens und sedimentiert sich dabei zu einem Archetypus, um den sich ein ganzer Strauß von Mythen gruppiert.

Was davon überliefert worden ist – und man vergesse nicht, daß die australischen Mythen viel länger als die eurasischen, nämlich bis ins 19. und 20. Jahrhundert hinein, sich ausschließlich im Zustand mündlicher Weitergabe und -entwicklung befunden haben –, ist von der Einwanderungszeit der Aborigines weit entfernt, befindet sich auf dem Niveau einer Erzähl- und Traumkultur, für die Glück längst mehr geworden ist als punktuelles Verschontwerden, nämlich dauerhafter Einklang mit den natürlichen Lebensbedingungen, und stellt die halluzinatorische Ureinheit von Wunsch und Wirklichkeit als selige Einheit dar. Und ist der halluzinatorische Anfangszustand derart verkehrt, so können sich der Untergang der Halluzination in die mentale Subregion des Traums und der Aufgang des Wachbewußtseins ebenfalls nur noch in verkehrter Form darstellen: als Verfall der Traumzeit. Warum der selige Zustand nicht ausgehalten wurde, vermag allerdings keine Sündenfallgeschichte plausibel zu machen. Auch die australische kann lediglich fingieren, wie die selige Jetztzeit des Traums verdarb, wie Vergänglichkeit, Tod und Bosheit in die Welt kamen, der Traum in den Untergrund ging und von einem Wachbewußtsein derart überlagert und verstellt wurde, daß die Traumzeit seither nur noch sporadisch erlebbar ist, sei es im Schlaf, sei es in den Ritualen, die sie vergegenwärtigen und an ihrer vollständigen Wiederherstellung arbeiten – an der Rückannäherung an den seligen Ursprung.

Die Traumzeitmythen der Aborigines sind alles andere als getreue Berichte von Urmenschen über die Urzeit. Sie sind kultivierte Deckerinnerungen an den Ursprung des Traums. Streckenweise gewinnen sie geradezu den Allgemeinheitsgrad einer Traumtheorie. Dadurch wird übrigens noch einmal von einer anderen Seite deutlich, wie voraussetzungsvoll Freuds scheinbar so simpler Dursttraum ist. Verdichtung und Verschiebung müssen schon wie von selbst laufen, damit er stattfinden kann. Er gehört bereits zu jenen kultivierten «seligen» Träumen, von denen keineswegs ausgemacht ist, daß sie zum elementaren Traumbestand der Menschheit gehören. Einmal mehr stellt sich damit das Anfangsproblem, nun in Gestalt der Frage: Wie sahen die ersten Träume aus? Auch hier wieder gilt: Das wissen wir nicht – und können dennoch über die Physio-Logik des Traums einiges erschließen.

Selbst Hochkulturmenschen hören nicht auf, kunterbunt alles Mögliche durcheinander zu träumen. Manches davon ist so konfus, daß sie keine angemessenen Worte dafür haben. Gerade daran aber zeigt sich, wie sehr der Traum des Wortes bedarf.[67] Ohne es kann er nicht vergegenwärtigt und mitgeteilt werden. Wenn aber selbst wortgewandte Wesen gelegentlich die Erfahrung machen, daß ihre Worte an das, was sie geträumt haben, nicht entfernt heranreichen, wie mühselig hat da der Homo sapiens auf seinem langen Weg vom Stammeln zum Sprechen erst einmal lernen müssen, Träume als Träume zu benennen und von Wahrnehmungen und Vorstellungen zu unterscheiden. Das ist auch deswegen schwierig, weil Träume von Anfang an etwas Individuelles sind, längst ehe Menschen wissen, was Individualität ist. Alle träumen, aber jeder träumt für sich selbst. Es dauert, bis man fähig ist, die im Wachzustand geübte gemeinsame Sprache diesem individuellen Erleben anzumessen, das sich nur durch Worte, aber durch Worte nur unzulänglich mitteilen läßt. Die Sprache muß reif werden für Träume. Wo sie es aber wird, da artikuliert sie zunächst die Träume, die ihr besonders nahegehen. Es werden um so eher Worte für Träume gefunden, je bewegender, bedrängender die Träume sind, je mehr man sich durch Worte von ihrem Druck entlasten muß. Träume werden dort greifbar, wo sie sozusagen in Worte ausbrechen, wo sich Menschen in artikulierten Lauten gegenüber ihren Träumen Luft verschaffen. Und erst wo Träume greifbar werden, werden sie als Träume, als eine besondere Art des Erlebens, identifiziert. Vorher sind sie bloß ein mehr oder weniger undeutliches Erleben – der Rede nicht bedürftig und daher nicht der Rede wert.

Träume treten als etwas Exponiertes in die Überlieferung ein, sowohl was den Trauminhalt betrifft als auch den Träumer. Was aber sind exponierte Träumer? Das sind «Auserwählte», jedoch längst nicht mehr jene, die durchs Los zur rituellen Tötung bestimmt wurden, sondern, auf weit höherer Entwicklungsstufe, diejenigen, die sich durch besondere Kräfte hervorgetan haben, sei es durch körperliche Stärke und Beweglichkeit, Geistesgegenwart und Entschiedenheit oder auch durch bestimmte Abnormitäten. Man unterschätze zum Beispiel nicht den großen Respekt archaischer Kollektive vor epileptischen Anfällen, Schlafwandeln, Trancezuständen, die spontane Bereitschaft, darin bewegte Bilder zu sehen, performative Vorstellungen, in denen

67 Was ein Wort ist, wird erst im 3. Kapitel erörtert. Alles hier über Wort und Sprache Gesagte hat lediglich den Charakter einer Vorverständigung oder, hegelisch gesagt, einer Voraussetzung, die erst noch eingeholt werden muß.

der Genius oder die Ausformung, die er inzwischen bekommen hat, auf besonders direkte Weise vorstellig wird. In einem weiten Sinn des Wortes sind all die «Auserwählten», um die es hier geht, ekstatisch Begabte. Nur wer solche Begabung mitbringt oder angesehen wird, als hätte er sie, kann als Herrscher oder Schamane sein Kollektiv zusammenhalten. Und in dem Maße, wie man gelernt hat, den Traum unter die ekstatischen Phänomene zu rechnen, ist er in den Kreis dessen eingetreten, was als bedeutend, will sagen, schicksalsentscheidend erfahren wurde – und damit überhaupt erst artikulationsfähig geworden: als eine nach innen gekehrte Ekstase. Der Träumer schläft, hat sich von der Außenwelt zurückgezogen, ist ganz bei sich, so sehr, daß er in gewisser Weise auch gar nicht bei sich ist, nämlich nicht bei Besinnung, und erlebt nun das Merkwürdige, daß er gleichsam aus sich heraustritt in einen Zustand, in dem er mit geschlossenen Augen etwas sieht, wovon er sich unmittelbar betroffen fühlt und gleichwohl nachträglich, nach dem Erwachen, den Eindruck hat: Was ich gesehen habe, war nicht mein Bild; nicht *ich* träumte, sondern *mir* träumte; das Traumgesicht stieß mir zu, suchte mich heim.

Und erst wo solche Gesichte den vollen Nachdruck des Ekstatischen bekommen haben und eine solche Zudringlichkeit entwickeln, daß sie in Worte ausbrechen müssen, da ist die historische Durchbruchstelle zur Traummitteilung und -überlieferung. Daß dieser Durchbruch vorzugsweise in Herrschern und Schamanen (sofern man sie anfangs überhaupt auseinanderhalten konnte) geschah, liegt nicht nur an ihrer überproportionalen Begabtheit fürs Ekstatische, sondern mehr noch an der daraus resultierenden sozialen Stellung. Sie sind die Repräsentanten ihres Kollektivs. Ihre Träume sind keine Privatsache. Sie träumen stellvertretend für alle anderen. Nur deshalb sind ihre Träume schlechterdings bedeutend. Rettung und Verderben des Kollektivs steht darin auf dem Spiel. Achtlosigkeit gegenüber den Träumen des Repräsentanten wäre Fahrlässigkeit gegenüber dem Schicksal des Kollektivs. Man muß diese Träume wie rohe Eier behandeln. Bedeutend sein und nach Deutung verlangen ist bei ihnen ein und dasselbe. Gar nicht zu vermeiden, daß sie mit höchster sozialer Aufmerksamkeit umgeben werden und schließlich, in der mesopotamischen und ägyptischen Hochkultur, eine Kaste von Traumdeutern zeitigen, die für das Traumwohl des Königs ebenso verantwortlich sind wie Ärzte und Köche für sein leibliches. Völlig anachronistisch hingegen die Vorstellung, Menschen aus dem Volk hätten eines schönen Tages angefangen, sich ihre Träume zu erzählen, sich dann irgendwann gefragt, was das alles bedeuten mag, Deutungsmuster entwickelt, die dann am Hofe aufgegriffen und zur Deutung von Königsträumen professionalisiert wurden.

Traumdeutung hat schwerlich anders begonnen als Halluzination; man muß sie bitter nötig gehabt haben. Und zwar beginnt die Deutung eines

Traums schon damit, daß man ihn in Worte faßt. Der erzählte Traum ist nicht mehr der erlebte Traum. Er hat durch Worte einen bestimmten Zuschnitt mit Hervorhebungen und Weglassungen bekommen und, nicht zu vergessen, ein Ventil. Traumdeutung hat anfangs einen geradezu physiologischen Aspekt. Erzählen erleichtert. Der in Worte ausgebrochene Traum verliert etwas von seinem Alpdruck. Und nur erzählte, also schon gedeutete Träume können weiter gedeutet – einer sekundären Deutungsarbeit unterzogen werden. Allerdings sind Träume, die in Worte ausbrechen, dieser sekundären Bearbeitung auch höchst bedürftig. Erzählen allein genügt nicht, um ihren Alpdruck auf ein erträgliches Maß zu senken. Zur Deutung durch Erzählen muß eine Deutung des Erzählten hinzukommen. Und nur diese letztere, die sekundäre, sekundierende ist gewöhnlich gemeint, wenn man von «Traumdeutung» spricht. Sie hat als Abfederung der Traumerzählung begonnen. Das bedeutet aber: Traumdeutung im geläufigen Sinn des Wortes ist an ihrem Anfang schon einmal das gewesen, was sie durch Psychoanalyse wieder hat werden sollen: eine Linderungsmaßnahme.

Gilgamesch

Wie sich das beweisen läßt? Wiederum nur mittelbar, durch Indizien. An die ersten Träume kommt man nicht heran, nicht einmal an die ersten, die in Worte ausbrachen. Die ältesten erhaltenen Aufzeichnungen von Träumen stammen aus dem zweiten vorchristlichen Jahrtausend. Sie fallen in eine relativ späte Zeit des Homo sapiens: die Hochkulturen Mesopotamiens und Ägyptens. Und es sind natürlich keine authentischen Traumprotokolle, sondern literarische Stilisierungen. Um so erstaunlicher, wie gerade im gewichtigsten dieser Traumberichte alles darauf hindeutet, daß Stilisierung hier nicht freies Fabulieren bedeutet, sondern Verdichtung einer jahrtausendelangen Traumdeutungspraxis zu archetypischer Gestalt. Die Rede ist vom *Gilgamesch-Epos*. Gilgamesch, der legendäre sumerische Herrscher, ließ wahrscheinlich um Uruk, die Hauptstadt seines Reiches, eine mächtige Mauer ziehen und muß demzufolge etwa um 2700 vor Christus gelebt haben. Er ist die erste menschliche Figur, um die ein Sagenkranz entstand. Allerdings sind seine Heldentaten mit einer andern Figur verwoben, die viele Rätsel aufgibt: Enkidu. Viel spricht dafür, daß Enkidu ursprünglich der rituelle Zwilling Gilgameschs ist, der «Auserwählte», der für den Bestand des Volkes oder Reiches sterben muß, und Gilgamesch sein auserwähltes Gegenstück, der Priesterkönig, dem die Tötung obliegt. Jedenfalls ist die Totenklage um Enkidu, die Gilgamesch bis an die Grenzen der Welt, ja bis in die Unterwelt treibt und nach einem Mittel suchen läßt, um selber dem Tod zu entgehen, gewissermaßen der Generalbaß des Epos – und Chiffre einer lang zurückliegenden Menschenopferpraxis, die so mächtig war, daß das Epos noch von ihr widerhallt, obwohl es sie längst zugedeckt hat. Enkidus Tod ist in die Folge eines Fiebers verwandelt und seine Gestalt so kunstvoll mit der von Gilgamesch verwoben, daß er zu Lebzeiten als das Gegenstück des großen Königs auftritt, zunächst als dessen vormenschlicher Gegner, «in der Steppe geboren», ihm gleich an Kraft, so daß keiner den andern im Ringkampf überwindet,[68] sodann als sein unzertrennlicher «Bruder», Kampfgefährte und – Traumdeuter.

Als nämlich Gilgamesch und Enkidu gemeinsam in den Kampf gegen Humbaba, den schrecklichen Wächter des Zedernwaldes, ziehen – «seine Stimme ist die Sintflut, sein Mundwerk ist ‹Das Feuer›, und sein Atem ist der Tod»[69] –, da stieg des Abends «Gilgamesch hinauf auf den Gipfel des Berges, sein Röstmehlopfer goß er dem Gebirge dann hin. ‹Bringe, o Berg, mir einen Traum! – Ich möchte eine gute Nachricht sehen!› Da baute Enkidu ihm eine Traumhauch-Hütte. Er befestigte eine Tür für den Sturmwind in ihrem Eingang. Er ließ ihn sich betten in einem Kreise [...] Er selbst aber, wie ein Fangnetz [...], legte sich nieder in den Eingang. (Kaum) hatte Gilgamesch auf seine Knie sein Kinn gelehnt, da fiel über ihn der Schlaf, der die Menschen erfüllt. In der mittleren (Wache der Nacht) brachte er seinen Schlaf zu Ende. Er erhob sich, um mit seinem Freund zu reden: ‹Mein Freund, du riefst nicht nach mir. – Warum nur bin ich wach? Du rührtest mich nicht an. – Warum nur bin ich so verwirrt? Ein Gott ging nicht vorbei. – Warum nur ist mein Fleisch gelähmt? Mein Freund, ich habe einen Traum gesehen, und der Traum, den ich sah, ist ganz und gar verwirrend: In der Niederung eines Berges [...]. Der Berg stürzte herab [...].›» «Es sagt Enkidu zu seinem Freund, indem er ihn seinen Traum begreifen läßt: ›Mein Freund, gut ist dein Traum [...]. Der Traum ist überaus kostbar [...]. Mein Freund, der Berg, den du sahst, *das ist Humbaba*. Wir werden Humbaba ergreifen [...] und seinen Leichnam auf dem Schlachtfeld *liegen lassen*, und in der Morgenröte werden wir des Schamaschs gute Nachricht sehen.›»[70]

Der Übersetzer nennt das hier Dargestellte «ein uraltes Ritual»[71]. In der Tat entrückt die Erzählung ihre beiden Helden in die Vorzeit von Uruk, in jene

[68] Auch hinter diesem Kampf verbergen sich archaische Riten: Sei es das Gottesurteil, welches darüber entscheidet, wer «auserwählt», will sagen, zum Opfer bestimmt ist; sei es der Opfervollzug selbst, bei dem zwei «Auserwählte», Opfer und Priester, so aufeinandertreffen, daß der Priester hernach Anlaß hat, die Totenklage anzustimmen.

[69] *Das Gilgamesch-Epos.* Neu übersetzt und kommentiert von Stefan M. Maul, II. Tafel, Vers 278 f., C. H. Beck, München 2005

[70] *Das Gilgamesch-Epos*, l. c., IV, 7 ff. Die kursiv gedruckten Passagen sind sinngemäße Ergänzungen des Übersetzers, die sich aber durch den Kontext als nahezu gesichert erweisen.

[71] *Das Gilgamesch-Epos*, Kommentar, l. c., S. 163

vorurbane Zeit, wo man den Kult noch auf Bergeshöhen vollzog statt auf selbstgemachten Tempelhöhen im Stadtzentrum. Und trotzdem wird der Traum mit lauter kulturellen Errungenschaften abgefedert. Da wird eigens eine «Traumhauch-Hütte»[72] gebaut. Der «Sturmwind», der den «Hauch» des Traums bringen soll, soll durch eine Tür gut in die Hütte geleitet werden, der «Kreis», der um den Schlafenden gezogen wird (wahrscheinlich mit «Röstmehl»), ist der archaische Zauberkreis, der alles Böse fernhalten soll. Zudem postiert sich Enkidu als «Fangnetz» vor der Hütte, sei es, um den richtigen Traum einzufangen oder um den Sturmwind so abzufangen, daß er als milder Hauch in die Hütte eintritt. Doch all diese Vorkehrungen, die sich erst auf einem kulturellen Niveau treffen lassen, wo exponierte Träumer bereits von einer ganzen Traumverwaltung umgeben sind, hindern nicht, daß Gilgamesch «verwirrt» und «gelähmt» aus einem furchtbaren Traum erwacht. Die ganze Abfederung hat nichts genützt, woran sich erahnen läßt, als was für eine Natur-gewalt der exponierte Traum erlebt wurde. Nun muß die Traumdeutung ans Werk und leisten, was alle andern Vorkehrungen nicht vermochten: den Traum zu einer «guten Nachricht» machen. Enkidu tritt als archetypische Verdichtung institutionalisierter Traumdeutung auf, wenn er verkündet, der herabstürzende Berg werde nicht Gilgamesch, den Träumer, zerschmettern, sondern Humbaba, das Ungeheuer.

Fünfmal wiederholt sich dies «uralte Ritual» in der vierten Tafel des Gilgamesch-Epos, nahezu wortwörtlich. Nur der Trauminhalt wechselt. Der zweite und vierte Traum sind bisher nicht rekonstruierbar. Vom dritten Traum heißt es: «Es brüllten die Himmel, und dabei donnerte die Erde, der Tag verstummte, und Finsternis machte sich breit.» Im fünften Traum ist von einem «Löwenadler» und «Brüllen» die Rede.[73] Die starre, pedantische Wiederholung unterstreicht nicht nur das Rituelle des Ablaufs. Sie ist selbst ein Stück prozeduralen Gedächtnisses: ein ins Literarische transponierter Wiederholungszwang, dessen traumatischer Inhalt auf der Hand liegt und einen tiefen Blick in die Urgeschichte des Traums gestattet. Alles deutet darauf hin, daß die ersten artikulierten Traumerlebnisse – nicht anders als die primären Halluzinationen – Schreckimpressionen sind. Humbaba läßt noch etwas von der Erlebnisart der ersten Genius-Halluzinationen erahnen. Er ist derart schrecklich, daß er nicht einmal konturierte tier- oder menschengestaltige Züge gewinnt. Er bleibt ungestaltes, spukendes Grauen, dessen Beschreibung lediglich in der Schilderung seiner Wirkung besteht: «seine Stimme ist die Sintflut, sein Mundwerk ist ‹Das Feuer›,

[72] Wörtlich: «Haus des *zaqiqu*». «Das babylonische Wort *zaqiqu* bedeutet ‹Wind, Hauch; Geist; Traumgott›.» (Kommentar, l. c., S. 164)

[73] L. c., IV, 101 f. und IV, 155

und sein Atem ist der Tod». Die fünf Traumgesichte aber, die Gilgamesch von ihm hat, fünf Versuche, seine Unfaßbarkeit notdürftig faßbar zu machen, sind gar nicht so viel anders als diejenigen, die Freud von Kriegstraumatisierten berichtet wurden. Granatenexplosionen sind, unter dem Gesichtspunkt des Erlebens, von herabstürzenden Bergen und brüllenden Himmeln nicht sehr verschieden. Nur daß das Gilgamesch-Epos diese Art von Träumen sozusagen am entgegengesetzten Ende aufgreift: nicht dort, wo sie unter Hochkulturbedingungen wiederkehren und in eine Arztpraxis führen, sondern dort, wo menschheitsgeschichtlich ihre Artikulation begonnen hat. Und dort stellen sie sich umgekehrt dar. Schreckträume, die für den Psychoanalytiker so offen zutage liegen, daß sie ihm nichts mehr zu deuten geben, sind einst das Deutungsbedürftige schlechthin gewesen. Deutung war anfangs nicht darauf aus, Rätselhaftes zu entschlüsseln, sondern Schreckliches abzuwenden. Was der Schrecktraum selbst durch halluzinatorische Bildproduktion und seine Erzählung durch Worte versuchte, das erstreben ihre Worte durch Umbesetzung.

Auch die sekundären Worte der Deutung stehen anfangs ganz im Bann des Traums; auch sie haben teil an dem, was Freud nachholende Angstentwicklung nannte. Wieviel Angst dabei im Spiel war, mit welcher Gewalt Träume auf ein Wachbewußtsein einstürmten, das überhaupt erst im Begriff stand, sich zu konstituieren, kann man heute kaum mehr nachfühlen und allenfalls anhand ältester Schriftzeugnisse erahnen, etwa aus dem Umstand, daß das Gilgamesch-Epos den furchtbaren Träumen von Humbaba genausoviel Platz einräumt wie der Überwindung des furchtbaren Humbaba selbst, nämlich eine ganze Tafel. Als das Wachbewußtsein des Homo sapiens noch um seine elementare Kontinuität und Konsistenz rang, müssen Träume für das ganze Kollektiv ebenso bedrohlich gewesen sein, wie es heute noch bestimmte Halluzinationen für Psychotiker sind. Und so hat sich das werdende Wachbewußtsein in seiner Not ein weiteres Mal mit dem Kunstgriff der Umkehrung geholfen und die Repräsentanten der unerledigten halluzinatorischen Vorzeit in Vorboten der noch unentschiedenen Zukunft umgedeutet. Die Umdeutung von Vergangenheit in Zukunft und die von Schreckbildern in «gute Nachrichten» fallen dabei in eins. Allerdings ist es mit der Zukunft wie mit dem mentalen Raum: Sie eröffnet sich erst, indem deutend in sie ausgewichen wird. Sie ist Einbildung nach vorn: der Ausweg, den das Wachbewußtsein imaginiert, um von seiner halluzinatorischen Vorzeit nicht überrannt zu werden. Aber sie beginnt selbst halluzinatorisch. Wo die Traumdeutung anhebt, wird das große Drama, welches Wendung der Halluzination gegen sich selbst heißt, noch einmal im Zeitraffer nachgespielt. Der Felsbrocken, der im Traum auf Gilgamesch herabfiel, *wird* der erschlagene Humbaba sein: Das ist das archetypische Muster dieser Wendung – die Verdichtung der Urzeit der

Traumdeutung zu einer ersten faßbaren Gestalt. Erst im Vollzug dieser Deutung, die sich offenbar früh schon mit der Deutung des Vogelflugs und des Zustands der Eingeweide beim frisch geschlachteten Opfer verbunden hat,[74] ist der Menschheit die Zukunft als eine eigene zeitliche Dimension und grammatische Form überhaupt aufgegangen. Ihre Wahrnehmung beginnt als Reflex unbewältigter Vergangenheit.[75, 76]

Sind erst einmal Worte für Schreckträume gefunden, finden sich auch Worte für alle Träume. Das Worte-Finden für Träume aber verändert das Träumen selbst. Es stabilisiert das Wachbewußtsein und dessen Grenze zum halluzinatorischen Untergrund. Bis das Wachbewußtsein allerdings so gefestigt war, daß es nicht nur Riten, sondern auch Worte und in Worten so etwas Schwieriges wie Träume von Generation zu Generation weitergeben konnte, hat es einen jahrtausendelangen Grenzkampf gegen seinen eigenen Untergrund führen müssen. Die Oberhand gewann es erst, als es die Grenze nicht mehr bloß defensiv markieren mußte, sondern stark genug war, um sie seinerseits zu verwischen, sich offensiv in die inneren Angelegenheiten seines Untergrunds einzumischen und auf dem Gebiet der ohnehin schon zurückgedrängten Halluzination gleichsam einen Vorposten zu installieren. Dieser Vorposten ist Freuds «Traumzensur» – auch etwas, worüber man viel zuwenig staunt. Das Wachbewußtsein pausiert und bleibt in Gestalt seines Vorpostens gleichwohl präsent. Verglichen mit der zensierenden Kraft des Wachbewußtseins ist die Traumzensur zwar ein Schwächling. Gegen Gilgameschs Humbaba-Träume hat sie keine Chance. Aber wo es eine solche Zensur überhaupt gibt, da ist das Wachbewußtsein buchstäblich über sich selbst hinausgewachsen, seiner maximalen Ausdehnung und Befestigung bereits recht nahegekommen – und die Traumgewalt so weit zurückgewichen, daß sie als markerschütternde Gewalt nur noch in Ausnahmefällen erlebt wird. Für die

[74] Jedenfalls nennt noch Homer Opferer, Seher und Traumdeuter in einem Atemzug, als wären sie eine Troika (*Ilias* I, 63)

[75] *Mutatis mutandis* gilt das selbst noch fürs moderne Geschichtsbewußtsein. Seine Zukunftsvisionen, die sogenannten politischen Utopien, sind nach vorn gewendetes Gedächtnis. «Sie nähren sich an dem Bild der geknechteten Vorfahren, nicht am Ideal der befreiten Enkel» (Walter Benjamin, *Über den Begriff der Geschichte*, Gesammelte Schriften, Bd. I. 2, l. c., S. 700).

[76] Die berühmte alttestamentliche Geschichte, wo Joseph die Träume des Pharao deutet und die sieben fetten Kühe, die von sieben mageren gefressen werden, als eine Abfolge von sieben fetten und sieben mageren Jahren interpretiert (Genesis 41), stammt aus einer weit höher entwickelten Traumkultur und ist wahrscheinlich auch literarisch mehr als ein Jahrtausend jünger als das Gilgamesch-Epos. Dennoch stellt sie auf geradezu archetypische Weise die Zusammengehörigkeit von Traumdeutung und Zukunftsbewußtsein dar. Um die Zukunft wissen heißt nämlich etwas ganz Praktisches: Vorsorge treffen. Die Vorratskammern, die Joseph für die mageren Jahre füllen läßt, sind Orte, wohin Lebensmittel verschoben und an denen sie zu geballten Ladungen verdichtet werden. Verschiebung und Verdichtung, die beiden «Werkmeister» des Traums, werden, in die Zukunft gewendet, zu Werkmeistern der Ökonomie.

kleinen und mittleren Ausbrüche des halluzinatorischen Untergrunds, die der vergleichsweise beruhigte Alltag des Traumlebens mit sich bringt, ist die schwache Kraft der Traumzensur hingegen relativ gut gerüstet. Vieles davon vermag sie abzufangen oder wenigstens abzufedern. Anderes ist dem gefestigten Wachbewußtsein so ungefährlich geworden, daß sie es unbeanstandet passieren läßt.

Was Traumzensur ist, erhellt am ehesten, wenn man sich vergegenwärtigt, als was sie entstanden ist: nicht als ängstigende Aufsichtsbehörde, sondern als Angst linderndes Polster.[77] Die beiden «Werkmeister» des Traums haben als Polsterer angefangen: um den unberuhigten, plagenden Motiven aus dem mentalen Untergrund Verkleidungen, Tarnungen, Polsterungen zu fertigen, die den Traum erträglicher machen. Verdichtung und Verschiebung, jene elementaren Mechanismen, die einst die Halluzination konstituierten, kleiden sie jetzt ein und mildern sie ab, wenn sie nachts aus dem mentalen Untergrund aufsteigt, und werden so zu Hütern des Schlafs. Und wie einst der mentale Raum zweidimensional wurde, als die Halluzination sich gegen sich selbst wendete, so wird nun, wo das Wachbewußtsein einen Vorposten im Gebiet der Halluzination etabliert hat, der Traum zweidimensional. Der Vorposten drängt ihn, sobald er Unangenehmes enthält, in sich zurück, macht ihn in sich selbst gegenläufig – und doppelbödig. Die in den Untergrund gegangene Halluzination bekommt selbst noch einmal einen Untergrund. Sie differenziert sich in einen manifesten Inhalt und ein latentes Motiv darunter. Letzteres, der Erregungsherd des Traums, drückt sich nun in einem manifesten Trauminhalt aus und wird von ihm zugleich *unter*drückt, zugedeckt, chiffriert. Die konkreten Traumbilder werden zu Rätselbildern. Und wo der Traum dies zweidimensionale, reflexive Niveau erreicht, tritt auch die Traumdeutung in ihre zweite – und bisher letzte – große Phase. Sie wird zur Dechiffrierung.

Im Gilgamesch-Epos hat sich auch diese zweite Phase niedergeschlagen – in einer unerhört aufschlußreichen Frühform, an der sich ihre Entstehung fast noch ablesen läßt. Und zwar enthält die erste Tafel zwei weitere Träume Gilgameschs, deren ungleich höherer Komplexionsgrad sich schon daran zeigt, daß sie gleichsam um die Ecke erzählt werden – in einer Situation, die nur mittelbar mit ihnen zu tun hat und für ihr Verständnis gleichwohl unerläßlich ist. Die Dirne Schamchat, Repräsentantin der «Liebes»göttin Ischtar, ist auf Geheiß Gilgameschs in «die Steppe» ausgesandt worden, um Enkidu, der mit den Gazellen Gras frißt und sich mit Herdentieren an der Wasserstelle drängt, in

[77] Wie die Verdrängung selbst. Freud hat sie in seinem Wiener Biotop fast immer nur als Angsterzeuger angetroffen, aber entstanden ist sie als das ganze Gegenteil davon: als Notbarriere zur Angstabwehr. Nur letztere ist in vollem Sinne «Urverdrängung».

den Bann Uruks zu ziehen. Ihr Begleiter, der «Fallensteller», sagt: «Das ist er, Schamchat, entblöße deine Brust! Öffne deine Scham, auf daß er deine Reize nehme! Schrecke nicht zurück, nimm seinen Atem hin! [...] Breite deine Kleider aus, auf daß er auf dir liege. [...] Fremd wird ihm seine Herde (dann) sein, in deren Mitte er aufwuchs.» Und so geschieht es. «Sechs Tage und sieben Nächte stand Enkidu aufrecht und paarte sich mit Schamchat. Als er sich an ihrer Lust gesättigt, wandte er sein Gesicht seiner Herde zu. Es sahen Enkidu und stürmten davon die Gazellen, die Herde der Steppe wich zurück vor seiner Gestalt. [...] Geschwächt war da Enkidu, sein Laufen war nicht mehr so wie zuvor. Doch (mit einem Male) besaß er *Verstand*, und tief war seine Einsicht. [...] Der Dirne sieht er ins Gesicht, und was die Dirne spricht, vernehmen (auf einmal) seine Ohren.»[78]

Der Sexualexzeß mit Schamchat hat Enkidu zum Menschen gemacht. Es ist nicht die Kopulation selbst, die das bewirkte, kopulieren Tiere doch unentwegt, ohne je aufzuhören, Tiere zu sein, sondern der Umstand, daß sie in den Bann einer Gottheit geraten ist. Im Verhalten von Schamchat (wörtlich: ‹der Üppigen›) offenbart sich, was eine «Liebesgöttin» ursprünglich ist: noch längst keine bezaubernde Aphrodite oder Venus, die der Jugend den Kopf verdreht und augenzwinkernd die Hände über die Folgen breitet, sondern eine Gottheit, deren «Sanftheit» zunächst lediglich darin besteht, daß sie sich einen Teil dessen, was ihr zusteht, in minderer Währung bezahlen läßt: durch sexuelle Verausgabung statt durch Schlachtung. Enkidu wird der Götttin Ischtar geweiht, aber bloß metaphorisch, so daß er die Weihung überlebt. Er wird nicht in ihren geöffneten Schlund gezogen, sondern in den geöffneten Schoß ihrer Repräsentantin. Deren Begattung ist nicht mehr bloßer Naturvorgang, sondern zelebrierter Exzeß. *Excedere* heißt hinaustreten, und in ganz wörtlichem Sinne tritt die Sexualität, wenn sie in den Bann des Kults gerät, über ihre eigene Natürlichkeit hinaus und beginnt etwas zu repräsentieren, was sie nicht selbst ist: das Opfer. Damit wird sie spezifisch menschlich. Die Dimension des Geistes tut sich in ihr auf. In den Worten des Epos: Nach sechs Tagen und sieben Nächten ist Enkidu vom Hominiden zum Menschen geworden, «geschwächt» zwar und der Tierwelt entfremdet, aber voller «Einsicht» – reif, menschliche Sprache zu vernehmen, mit einem Wort: reif für die Kulturhauptstadt Uruk. Ehe er aber dort an der Hand Schamchats einzieht, erzählt sie ihm zwei Träume Gilgameschs, die auf verschlüsselte Weise von ihm, Enkidu, handeln. Er wird bereits in Uruk erwartet ...

«Noch bevor du herkamst aus dem Hochland, sah Gilgamesch im Herzen Uruks dich im Traumgesicht. Es erhob sich da Gilgamesch, um den Traum

[78] *Das Gilgamesch-Epos*, l. c., I, 180 ff.

zu lösen, indem er zu seiner Mutter sagt: ‹O, meine Mutter, der Traum, den ich sah im Verlaufe dieser Nacht: Da erschienen mir Sterne des Himmels. Wie Brocken des Anum fallen sie immer wieder auf mich hernieder. Ich hob einen an, doch er war zu stark über mir. [...] Uruk, das Land, steht da (gebeugt) über ihn. [...] Es drängt sich die Menge um ihn herum. [...] So, als sei er ein kleiner Säugling, küssen sie ihm die Füße. Ich liebte ihn wie eine Gattin und liebkoste ihn. Ich hob ihn hoch und warf ihn dann dir zu Füßen. Du aber wirst ihn mit mir auf eine Stufe stellen!›» Und die Mutter Gilgameschs, die göttliche «Wildkuh Ninsunna», «löst» den Traum so: «Zu dir wird kommen ein starker Genosse, einer, der errettet den Freund. [...] wie ein Brocken des Anum sind stark seine Kräfte. [...] Aus schlimmer Schlacht wird er dich immer wieder erretten.»[79]

Der «Brocken des Anum», den Gilgamesch nicht zu heben vermag, hat das Format eines Meteors: eines vom Himmel gefallenen «Sterns». Die Kaaba in Mekka ist so ein «Brocken». Kollektive, die Erfahrungen mit Meteoren haben, umgeben sie mit schaudernder, beschwichtigender Aufmerksamkeit. Die noch heute in Mekka geübte Praktik, dem Meteor gleichsam die Füße zu küssen, kommt schon in Gilgameschs Traum vor. Dort wird diese Praktik dann allerdings von einem Bild überboten, das zu bizarr scheint, um als direkte Wiedergabe eines Ritus in Frage zu kommen, aber gerade deshalb um so mehr wie eine traumhafte Verdichtung ritueller Vorgänge anmutet: «Ich liebte ihn wie eine Gattin und liebkoste ihn.» Nach psychoanalytischen Kriterien ist das pervers; ein krasser Fall von Fetischismus.[80] Wie einige von Freuds Patienten Taschentücher oder Frauenschuhe anstelle der Frau liebkosten, die ihnen verwehrt war, verfährt so nicht auch Gilgamesch mit dem «Brocken», nur daß es eine homosexuelle Neigung ist, die er sich versagt, da «Brocken» ja für Enkidu steht?

Wer so interpretiert, überträgt neuzeitliche Zensurbildungsverhältnisse auf einen Text des frühen zweiten vorchristlichen Jahrtausends und dessen Art, Geschichte zu bewältigen – und wird blind für das, was diesen Text für uns Heutige so lehrreich macht: die historische Differenz. Über Gilgamesch als historische Figur ist viel zuwenig bekannt, als daß sich über seine sexuelle Orientierung irgend sinnvoll mutmaßen ließe, zumal nicht davon auszugehen ist, daß bei mesopotamischen Herrschern, die einerseits in heute kaum mehr vorstellbarer Weise über ihre Untertanen verfügen konnten, andrerseits in rigide rituelle Zwänge verstrickt waren, die auf persönliche Vorlieben wenig Rücksicht nahmen, sexuelle Identitätsbildung schon nach den Mustern der

[79] L. c., I, 243 ff.
[80] Cf. Sigmund Freud, *Fetischismus*, Studienausgabe, Bd. III. l. c., S. 383 ff.

Welt von gestern verlaufen ist.[81] Gewiß, das Traumbild von der Begattung des «Brockens» ist ein perverses Rätselbild. Aber das Rätsel ist nicht das des bürgerlichen Sexualfetischismus, wo Schuh, Strumpf oder Taschentuch ein verwehrtes Sexualobjekt chiffrieren. Das Verwehrte ist hier anderer Art. Meteore sind nämlich Steinwürfe höherer Mächte – und insofern Paten einer menschlich-allzumenschlichen Steinwurfpraxis: der Steinigung. Wie «die Menge» sich um den Brocken schart, den Anum vom Himmel hat fallen lassen, so hat sich das Kollektiv einst um den «Auserwählten» versammelt: mit den «Brocken» in der Hand, die ihn der Gottheit «weihten». Der «Brocken», um den ganz Uruk sich drängt, ist eine Chiffre für die menschlichen Objekte, auf die einst die wirklichen Steinbrocken geflogen sind – eine Praxis, die nunmehr «verwehrt» ist, seit das Menschenopfer einer derart strikten Zensur unterliegt, daß nicht einmal mehr die Erinnerung daran unverstellt aufsteigen darf.

Wenn dem aber so ist, dann ist Gilgameschs Traum von der Begattung des Steins seinerseits ein halluzinatorischer Gedächtnisbrocken ersten Ranges, der auf äußerst verdichtete Weise daran erinnert, wie die Sexualität einst in den Kult eingetreten ist: als besänftigende Praktik. Daß Gottheiten sich durch sexuelle Verausgabung beschwichtigen lassen, heißt im Klartext: Sexuelle Verausgabung gehört zu den Maßnahmen, das Opfergrauen zu mildern, umzuwenden und schließlich abzuwenden. In diesem wörtlichen Sinn ist sie «pervertierend» in den Kult eingetreten: als rituelle Umwendungs- und Umdeutungsveranstaltung. Das Opfer bleibt nicht, was es ist, wenn sein Vollzug von exzessiven, demonstrativen Sexualpraktiken unterlaufen und durchdrungen wird. In Worten des Traums: Wenn der Brocken durch Liebkosung besänftigt, «geschwächt» ist, kann Gilgamesch ihn «heben» und seiner weisen göttlichen Mutter «zu Füßen» werfen, will sagen, zur Deutung vorlegen. Ihre Deutung tut übrigens verbal, was Gilgamesch im Traum zuvor handgreiflich getan hat: den «Brocken», der auf ihn gefallen ist, zum Guten wenden: «Zu dir wird kommen ein starker Genosse, einer, der errettet den Freund.»

Das hat einen geradezu messianischen Tenor – und unterstreicht unversehens, daß der «Brocken» Chiffre eines Auserwählten ist, der nun allerdings, auf der Stufe mesopotamischer Hochkultur, nicht mehr durch Gesteinigtwerden errettet, sondern durch Vernaschtwerden. Die Deutung der göttlichen «Wildkuh» offenbart die Mehrdimensionalität der ganzen Traumszene. Was Gilgamesch mit dem «Brocken» im Traum macht, macht Schamchat mit En-

[81] Auch das *ius primae noctis*, das Gilgamesch in der zweiten Tafel des Epos (II, 64 ff.) praktiziert, hat einst als ritueller Zwang begonnen, nicht als pures Ventil für Fürstengeilheit. Der Priester muß die Jungfrauen, ehe sie sich ihrem Gatten weihen, der Gottheit weihen, egal, was er und sie dabei empfinden.

kidu in der «Wirklichkeit» des Epos. Wie dort aber Gilgamesch dadurch errettet wird, daß Enkidu nach Uruk kommt – nur gemeinsam mit ihm vermag er Humbaba und den Himmelsstier zu erschlagen –, so hat einst das Eindringen der Sexualität in den Kult und ihre rituelle Überhöhung vom Menschenopfer errettet, das als Vorzeit, als halluzinatorischer Untergrund der Hochkultur, nicht aufhört, weiter zu rumoren, und dabei als einer der großen Bildspender des Gilgamesch-Epos wirkt.

Übrigens sind es *zwei* Träume, die Schamchat von Gilgamesch erzählt. Sie verlaufen nahezu gleich, nur daß es im ersten Traum ein «Brocken» ist, der auf dem Marktplatz von Uruk von der «Menge» ehrfürchtig umgeben und dann von Gilgamesch begattet wird, im zweiten «eine Axt». Auch darin steckt Mehrdimensionalität. Zwei verschiedene historische Phasen der Opferdarbringung sind repräsentiert. Die Steinigung, bei der alle Mitglieder so lange «Brocken» auf den «Auserwählten» werfen, bis er sich nicht mehr dagegen wehren kann, daß sie gemeinsam über ihn herfallen, ist die frühere; die spätere, ungleich kultiviertere diejenige, wo dem «Auserwählten» ein Gegenstück in Gestalt eines Schamanen, Priesters oder Herrschers erwachsen ist, der nicht minder «auserwählt» ist, nämlich bestimmt, die Opferaxt zu führen, und, wenn er sie auf das Opfer niedersausen läßt, ebenso stellvertretend für das ganze Kollektiv handelt, wie das Opfer für es stirbt.

Zur menschlichen Kulturentwicklung gehört auch die Entwicklung einer Traumkultur. Dafür ist das Gilgamesch-Epos ein großer Zeuge. Indem es die Roheit der Träume nachzeichnet, die einst den Durchbruch zum Wort schafften, und die Anstrengung, die es gekostet haben muß, sie so gegen sich zu wenden, daß sie als latentes Motiv und sich darüber wölbender manifester Inhalt ein reflexives Doppelleben begannen, liefert es die erste Kulturgeschichte des Traums – und vermag, wie vielleicht kein anderes Schriftstück, ein Gespür für die Geschichtlichkeit des Traums zu wecken. In Kollektiven, die sich durch Menschenopfer konstituieren, wird anders geträumt als in denjenigen, wo rituelle Sexualpraktiken bei der Gemeinschaftsstiftung die Hauptrolle zu übernehmen beginnen, und wiederum anders dort, wo die Sexualrituale sich zu festen Familien- und Verwandtschaftsverhältnissen sedimentiert haben, die im Heiligtum allenfalls besiegelt, aber nicht mehr aufgeführt werden. Zensurbildungsverhältnisse mögen sich langsamer verändern als Gesellschaftsverhältnisse; aber sie sind alles andere als ahistorisch. Wer die «primitive Denktätigkeit» des Traums für eine immergleiche Grundschicht hält, auf der die Denktätigkeit des Wachbewußtseins ihre historische Entwicklung genommen hat, wer also Traumlogik mit Traumontologie verwechselt, wird auch wenig Gespür dafür haben, wie sich Zensur- und Traumbildung in einer Gesellschaft verändern, die sich über den Markt konstituiert und für ihr Funktionieren immer weniger auf festgefügte traditionelle Sexualverhältnisse angewiesen ist, um so mehr aber auf die Ausstrahlung traumähnlicher Bildsequenzen.[82]

Wilde Deutung

Es ist hier nicht der Ort, die vom Gilgamesch-Epos begonnene Kulturgeschichte des Traums fortzuschreiben und nachzuzeichnen, wie sich über die soziale Einbettung von Schamanen- und Herrscherträumen allmählich feste Institutionen und Muster der Traumdeutung ausbildeten, vervielfältigten, überlagerten und popularisierten, so daß schon auf antiken Marktplätzen Traumdeutung als käufliche Dienstleistung angeboten wurde, bis schließlich, im zweiten nachchristlichen Jahrhundert, Artemidor von Daldis sein *Traumbuch* schrieb: ein umfassendes Kompendium aller möglichen Träume und Deutungen, thematisch sortiert, nach geradezu wissenschaftlichen Kriterien in mehr oder weniger glaubwürdige eingeteilt – und ein unfreiwilliger Beweis dafür, wie schwer sich fundierte und haltlose, seriöse und unseriöse Traumdeutung gelegentlich auseinanderhalten lassen.

Es ist hier ebenfalls nicht der Ort, einen neuen Anlauf zur Verwissenschaftlichung der Traumdeutung zu nehmen. Wie Friedrich Engels' *Entwicklung des Sozialismus von der Utopie zur Wissenschaft* in die Rückentwicklung der Wissenschaft zur Utopie mündete und die utopischen Impulse noch das Beste und Haltbarste am Sozialismus sind, so ist auch Freuds *Traumdeutung* dort, wo sie am meisten mit Wissenschaftsprätention daherkommt, am fragwürdigsten, nämlich an der Stelle, wo sie Sexualsymbole als «feststehende Übersetzungen» ausgibt. Der Rekurs aufs Gilgamesch-Epos hat höchst wahrscheinlich gemacht, daß «Sexualsymbol» ursprünglich das gerade Gegenteil dessen bedeutete, was Freud meinte; nicht Symbol für Sexualität, sondern Sexualität als Symbol – für anderes als Sexualität, etwas, was «triebhafter» als sie ist: traumatische Erregung. Wenn dem aber so ist, wenn Freuds «feststehende Übersetzungen» längst nicht so feststehen, wie er dachte, dann ist die Traumdeutung noch erheblich kontextgebundener, weit abhängiger von den kulturellen Standards,

[82] Für die umfassende Studie, die hier fällig wäre, fehlen mir nicht nur die Materialerhebungsmöglichkeiten. Es ist auch fraglich, ob sich die kapitalistische Gesellschaft schon in dem Stadium befindet, wo ihre Auswirkungen aufs Traumleben für standardisierte empirische Erhebungen zweifelsfrei greifbar werden können. Jüngste Studien zu hyperaktiven Kindern (Bernd Ahrbeck [Hg.], *Hyperaktivität*. Kulturtheorie, Pädagogik, Therapie, Kohlhammer, Stuttgart 2007) lassen sich als Indiz dafür lesen, daß dieses Stadium begonnen hat (siehe unten, S. 240 ff.). Aber es ist hier ein wenig wie mit Atomkraftwerken. Daß eine Strahlenbelastung von ihnen ausgeht, kann man sich an drei Fingern abzählen. Ein gerichtswirksamer empirischer Nachweis dafür ist hingegen schwer zu erbringen und gelingt gewöhnlich erst, wenn die Belastung gravierende Folgen hatte.

den semantischen Schemata sowie den Unwägbarkeiten in der konkreten Beziehung zwischen Träumer und Traumdeuter, als vom psychoanalytischen Setting zunächst zugestanden. Kurzum, die Traumdeutung rückt ein ganzes Stück zurück von der Wissenschaft in Richtung «wilde Psychoanalyse»[83], die Freud aus seiner wissenschaftlichen Methodik strikt verbannen wollte. Doch sobald er statt seiner sexualneurotischen Pappenheimer Werke der bildenden Kunst, literarische Texte, ethnologische Materialien, massenpsychologische Phänomene oder ganze Geschichtsverläufe vor sich hatte, war er ihr herzlich zugetan. Wie ungehemmt analysiert und deutet er, wo er nicht erst persönliche Assoziationen der Betroffenen auswerten muß, weil sie zum Glück nicht mehr zugänglich sind; wie schärft sich unter solcher Herausforderung sein Spürsinn! Ohne ihre spekulativen Überschüsse, ihre ungedeckten Vermutungen und riskanten Schlüsse wären seine Schriften nicht halb so interessant. Der Psychoanalyse alle «Wildheit» verbieten ist der sicherste Weg, sie zu sterilisieren. Nicht das Verbot hilft; man muß der «wilden» Deutung, ähnlich wie es Kant mit der überschwenglichen Vernunft tat, Grenzen ziehen, übrigens nach zwei Seiten: sie sowohl vor dem Abgleiten in regellose Assoziation bewahren wie vor der Illusion, sie könne jemals strenge Wissenschaft werden.

In diesem Kapitel ging es jedoch lediglich darum, den Traum als Spitze des Eisbergs «primitiver Denktätigkeit» wahrzunehmen. Dabei hat sich der Anfangsverdacht rundum bestätigt: Die «Werkmeister» des Traums sind weit mehr als nur Traumbildner. Sie sind nichts Geringeres als elementare Geist- und Kulturbildner: treibende Kräfte der Menschwerdung. Doch wenn man diese Kräfte als Verdichtung, Verschiebung *und Umkehrung* benannt und ihr Zusammenwirken als «Einbildung» beschrieben hat, so hat man vorerst nur ihre Außenseite ertastet. Was sie selbst *sind*, ist damit noch kaum gesagt. Gewiß, es sind energetische Nervenleistungen, aber keine, die sich neurologisch messen ließen. Es sind Übersetzungen, aber keine, die man einfach auf «Sprache» zurückführen könnte. Umgekehrt: Sprache ist, nicht anders als Einbildung, selbst erst aus dem Zusammenspiel dieser Kräfte hervorgegangen. Sprache bedarf stets eines physischen Trägers. Sie ist ein spätes Produkt der Naturgeschichte, eine mentale Firnisschicht auf energetischen Verlaufsformen, aber nicht deren Grundlage, schon gar nicht eine, die sich von selbst verstünde. Deshalb führt der von Jacques Lacan beschrittene Weg in die Irre. Wird irgend klarer, was das Unbewußte ist, wenn man gesagt bekommt, es sei «strukturiert wie eine Sprache»[84]? Nein; es ist lediglich ein Erklärungsbedürfti-

[83] Cf. Sigmund Freud, *Über ‹wilde› Psychoanalyse*, Studienausgabe, l. c., Ergänzungsband, S. 133
[84] Jacques Lacan, *Unbewußtes und Wiederholung*, in: derselbe, Das Seminar, Buch XI, Quadriga, Weinheim und Berlin 1987, S. 26

ges durch ein anderes definiert worden, wie in einer Mathematik, die eine Gleichung mit einer Unbekannten durch Einführung einer zweiten lösen möchte. Ist etwas gewonnen, wenn man die Freudschen Termini durch linguistische ersetzt und statt Verdichtung «Metapher», statt Verschiebung «Metonymie»[85] sagt? Im Gegenteil; man verflüchtigt physiologisch-energetische Prozesse in rein semiotische: in angeblich autarke, alles Begehren und Tun immer schon strukturierende Verweisungs- und Sprachgefüge.[86] Will man wirklich wissen, was Sprache ist, so muß man zunächst den Weg in die Gegenrichtung einschlagen, einen Schritt tiefer in die Physiologie eindringen und zu verstehen versuchen, wie energetische Nervenleistungen zur Menschwerdung haben *treiben* können – womit man unausweichlich vor der Frage steht, was ein Trieb ist.

[85] Jacques Lacan, *Das Drängen des Buchstabens oder die Vernunft seit Freud*, in: derselbe, Schriften, Bd. II, Quadriga, Weinheim und Berlin 1987, S. 30. Ausführlich zu Lacan siehe unten, Kapitel 3, S. 219 ff.

[86] «Deshalb kehrt sich uns der Satz ‹Das Unbewußte ist wie eine Sprache strukturiert› um zur These ‹Die Sprache ist wie das Unbewußte strukturiert›.» (Alfred Lorenzer, *Die Sprache, der Sinn, das Unbewußte*, Klett-Cotta, Stuttgart 2002, S. 84 f.)

2 Trieb

Konstanzprinzip

Gewöhnlich konjugieren moderne europäische Sprachen ihre Verben entweder im Aktiv oder im Passiv. Jemand tut etwas, oder: Etwas wird durch jemanden getan. Doch es gibt noch ein Mittleres: Etwas tut sich; es geschieht. Dafür hatte das Altgriechische eine eigene Konjugationsform neben Aktiv und Passiv: das Medium. Es hat sich nicht erhalten, lebt aber in gewisser Hinsicht fort in den intransitiven Verben, die zwar von einem Subjekt ausgesagt werden, aber auf kein Objekt hinführen. Zum Beispiel: «Das Kind wächst.» Da ist das Kind grammatisch zwar Subjekt. Aber ist das Wachsen sein Tun oder etwas, was ihm widerfährt? Beides. Der Sache nach ist das Kind ebenso Objekt wie Subjekt des Wachsens und damit auch wiederum keines von beiden. Wie mit dem Wachsen ist es auch mit dem Treiben. Wenn ein Boot «auf dem Fluß treibt», ist es sowohl das Treibende als auch das Getriebene – und weder das eine noch das andere. Das Verb «treiben» hat hier medialen Sinn, und der fehlt auch dem entsprechenden Substantiv nicht: Trieb. Trieb ist ein deutsches Idiom. Worte wie Instinkt, Impuls, Wunsch, Begehren geben es nur teilweise wieder; am nächsten kommt ihm noch Drang. Und es hat einen weiten Bedeutungsradius – bis hinein in die Pflanzenwelt. Das erste frische Grün, das im Frühjahr an Sträuchern und Bäumen sprießt, nennt man «Triebe».

Wo Trieb ist, ist Bewegung. Aber nicht alles, was sich bewegt, hat einen Trieb. Fliegende Geschosse etwa, aufgewirbeltes Laub oder Wellen haben keinen. Sie *werden* lediglich getrieben. Erst wo eine abgegrenzte Gestalt *sich selbst* bewegt, kann von Trieb die Rede sein. Zwar bewegt sich auch ein Stein, solange er fällt, und sogar aus eigener Kraft, nämlich der der Schwere, die ihn nach unten fallen läßt. Aber von Trieb spricht man erst, wenn etwas anderes als die eigene Schwere einen Gegenstand bewegt, eine Kraft, die die Schwerkraft korrigiert. Und über die verfügen alle Organismen, auch Pflanzen, wenn ihre Knollen oder Wurzeln Stiele, Stämme, Zweige, Blüten, Früchte hervortreiben. Wachstum ist eine Elementarform von Trieb. Pflanzen bewegen sich selbst, wenn auch nur *an* einem Ort. Erst Tiere sind fähig, sich *von* Ort zu Ort zu bewegen. Und einige besonders raffinierte Tiere haben schließlich sogar vermocht, ihre eigene Selbstbeweglichkeit bestimmten Geräten mitzuteilen, die sie Automobile nennen.

Selbstbeweglichkeit gehört zu den Naturmysterien. Man weiß bis heute nicht, wie die Materie die Fähigkeit dazu erlangt hat. Aber der enorme Vorzug der Beweglichkeit, den Menschen um so mehr schätzen lernen, je älter sie werden, ist gewiß nicht freiwillig ins Dasein getreten. Bestimmte Materiekonstellationen lernten sich zu bewegen, weil ihnen etwas fehlte. Steinen fehlt nichts, Bakterien offenbar einiges. Wie alle Organismen enthalten sie Feuchtigkeit und drohen auszutrocknen. Daher müssen sie Nahrung aufnehmen. Trieb ist Drang nach Ausgleich eines Mangels. Wenn Membrane, Organe und Schleimhäute nicht ein Minimum an Feuchtigkeit haben, tritt der Tod ein, und je höher ein Organismus entwickelt ist, desto stärker empfindet er das Austrocknen. Es erzeugt körperliche Spannung, die in Form von Hunger und Durst zu unerträglichem Schmerz werden kann. Das Zuwenig an Nahrung ist ein Zuviel an Spannung. Der Mangel ist zugleich ein Übermaß. Trieb ist Drang nach Abbau übermäßiger Spannung: Hindrängen auf einen möglichst spannungslosen Zustand. Anders gesagt: Trieb ist die Trägheitstendenz im Organischen. Sie weicht von bloß physikalischer Trägheit zwar ab, wirkt sie doch gerade als Korrektiv der Schwerkraft. Andrerseits setzt sie das Trägheitsprinzip in sublimierter, gelockerter Form fort: als Trägheits*tendenz*. Der Organismus bewegt sich, um sich nicht mehr bewegen zu müssen. Er tendiert zur Ruhe. Sein Trieb ist sein Ruhe-Wollen. Alle Aufregung auf Erden kommt von den Hindernissen, die dies Ruhe-Wollen hemmen, stauen, auf Um- und Abwege treiben.

Trieb ist scheinbar ein rein physiologisch-psychologisches Thema. Doch ein Blick auf die Anfänge der abendländischen Philosophie genügt, um zu sehen, wie mächtig darin das Ruhe-Wollen ist. Warum kam Thales von Milet auf den kühnen Gedanken, die gesamte Natur auf ein einziges Element, das Wasser, zurückzuführen? Weil es ihn drängte, in der Vielfalt und Unruhe der Erscheinungen und Bewegungen etwas unbedingt Zuverlässiges auszumachen: ein schlechterdings Seiendes, worin sich Zusammenhalt, Bestand, Halt, Orientierung, Ruhe finden ließe. Natürlich haben die antiken Ontologen dies Ruhestiftende nur ersehnt und fingiert, nie erwiesen, daß es wirklich existiert. Doch daß ihr Fiktionsbedürfnis so groß war, daß sie keine Mühe scheuten, einen Weltgrund (Thales), ein vollkommen unwandelbares Sein (Parmenides) oder ewige Ideen (Platon) zu erdenken, zeigt das Ausmaß des Mangels an, den sie zu kompensieren suchten.

Die gesamte antike Ontologie läßt sich als Ausdruck und Chiffre des Ruhe-

Wollens lesen.[1] Sie steht im Dienst des Triebs, von dem sie nicht spricht und dessen wahren Mangel ihr Schweigen schärfer markiert als das neurologische «Konstanzprinzip», das Freud in Anlehnung an Gustav Theodor Fechner so formuliert hat: «Das Nervensystem ist ein Apparat, dem die Funktion erteilt ist, die anlangenden Reize wieder zu beseitigen, auf möglichst niedriges Niveau herabzusetzen, oder der, wenn es nur möglich wäre, sich überhaupt reizlos erhalten wollte.»[2] Ja, «wenn es nur möglich wäre» … Mit andern Worten, das Nervensystem will etwas Unmögliches, nämlich «sich überhaupt reizlos erhalten». Das kann es nicht, denn es lebt davon, Reize zu verarbeiten, und es lebt nur, solange es das tut. Reizverarbeitung aber heißt, Reize loswerden wollen, und zwar nicht nur ein paar, sondern alle. Die Arbeit des Nervensystems ist also auf nichts Geringeres als vollkommene Reizlosigkeit aus. Es will sich, wie Freud richtig sagt, «reizlos *erhalten*»: zwar die Reize loswerden, aber keineswegs sich selbst. Der Zustand der Reizlosigkeit soll *sein* Zustand sein; es will ihn *erleben*. Daraus wird zwar nichts, denn wo erlebt wird, ist Reiz, wo Reizlosigkeit ist, ist Tod. Aber gerade im Drang nach dem Unmöglichen zeigt sich die utopische Dimension des Triebs. Die griechische Ontologie spricht aus, was ihm wirklich fehlt, nämlich das Zur-Ruhe-Kommen in einem schlechterdings Seienden – das strikte Gegenteil von Todesruhe, zumal der Tod ja gar keine Ruhe ist, sondern Abbruch, Auflösung, Nichtsein. Das buddhistische Wort «Nirwana» verklärt ihn bereits. Es macht aus dem Tod eine Utopie, allerdings eine resignierte, vom Leben gebeugte, die sich wie ein dämpfendes Trostpflaster aufs pulsierende Triebleben legt, um dessen utopischen Überschwang, die Unerfüllbarkeit seines Drangs zum Genießen der vollkommenen Reizlosigkeit nicht merken zu lassen.[3]

1 «Ontisches Bedürfnis» ist eigentlich bloß ein anderes Wort für Trieb – und nicht zu verwechseln mit dem «ontologischen Bedürfnis», das Theodor W. Adorno an seinen Zeitgenossen so unangenehm auffiel. Scharen von ihnen nahmen «das Sein», welches Heidegger auf dem Grund alles Seienden entdeckt zu haben glaubte, für bare Münze, während Adorno es als eine große Wortblase erwies. Doch auch wenn man sie zerplatzen läßt, ist man damit das ontologische Bedürfnis nicht los. In denkenden Lebewesen kann das ontische Bedürfnis nämlich gar nicht anders, als zum ontologischen zu werden: zum Bedürfnis nach Gedanken, die Halt und Orientierung geben. Selbstverständlich war es auch Adorno um solche Gedanken zu tun; keine Frage, daß seine *Negative Dialektik* zentraler Orientierungs- und Haltepunkt seiner Epoche sein sollte – in Zeiten, wo man an die haltende Kraft eines «Seins» vernünftigerweise nicht mehr glauben kann. Abschaffen läßt sich das ontologische Bedürfnis nicht. Aber man kann es triebtheoretisch reflektieren und zur Vernunft bringen.

2 Sigmund Freud, *Triebe und Triebschicksale*, Studienausgabe, Bd. III, l. c., S. 83 f. Weitere Zitate werden mit dem Kürzel TrSch im Text nachgewiesen.

3 Wer schläft, sündigt nicht, aber er genießt auch nicht, hieß es im 1. Kapitel (siehe oben, S. 25). Das Schlafbedürfnis ersehnt etwas, was der Schlaf selbst nicht bieten kann: den Genuß des vollkommenen Reizabbaus. Es ersehnt etwas anderes als Schlaf. Genauso ist es mit dem angeblichen Drang nach Selbstauflösung. Er drängt in Wahrheit auf etwas anderes hin.

Das «Konstanzprinzip» ist durchaus kein «Nirwanaprinzip» (JL 264), wie Freud in späteren Jahren, nach der Entdeckung des traumatischen Wiederholungszwangs, hat glauben wollen. Es ist eine gültige Formel für die physiologische Triebdynamik, allerdings ohne Bewußtsein für ihren paradoxen Drang nach dem Unmöglichen. Hingegen macht das Konstanzprinzip seinen Namen insofern alle Ehre, als es die konstante neurophysiologische Grundlage der Freudschen Theorie darstellt und geradezu zu den Geburtshelfern der Psychoanalyse gehört. Schon in Freuds frühem unveröffentlichten *Entwurf einer Psychologie* von 1895 kommt es vor als «das Prinzip der Neuronen-Trägheit», welches «besagt, daß Neuronen sich der Quantität [sc. ihrer neuronalen Erregung] zu entledigen trachten», indem sie sie «an die Muskelmaschinen abzugeben und [...] sich so reizlos» zu erhalten suchen. Äußere Reize sucht der Organismus durch «Reflexbewegungen» zu verarbeiten oder, wenn er beweglich genug ist, vorab zu vermeiden: durch «Reizflucht». Doch es gibt auch «endogene Reize, die gleichfalls abgeführt werden sollen. Diese entstammen Körperzellen und ergeben die großen Bedürfnisse, Hunger, Atem, Sexualität. Diesen kann sich der Organismus nicht entziehen wie den Außenreizen, er kann ihre Quantität (Q) nicht zur Reizflucht verwenden.» Und wo er sich etwas anderes einfallen lassen muß als Reizflucht, da beginnt für Freud «das Psychische». Es entsteht durch innere Reize; genauer: durch den Umweg, den ihre Abfuhr nehmen muß. Sie verlangt weit mehr als Reflex- oder Fluchtbewegungen, nämlich so aufwendige Aktionen wie die Suche nach Nahrung und Sexualpartnern. Um sie überhaupt durchführen zu können, muß der Organismus einen «Vorrat von Quantität» anlegen, also Erregung erst einmal stauen, ehe er sie abführen kann. Die inneren Reize setzen sich dem Trägheitsprinzip entgegen, aber nur, um ihm besser willfahren zu können. Es wird «modifiziert zum Bestreben, die Quantität wenigstens möglichst niedrig zu halten»,[4] aber es wird nicht ausgehebelt.

An diese Gedanken knüpft Freud erst zwei Jahrzehnte später wieder systematisch an, nachdem er die Grundzüge der Psychoanalyse längst entwickelt hat. Statt «endogene Reize» sagt er nun «Triebe». In den späten Vorlesungen heißt es sogar: «Die Trieblehre ist sozusagen unsere Mythologie. Die Triebe sind mythische Wesen, großartig in ihrer Unbestimmtheit. Wir können in unserer Arbeit keinen Augenblick von ihnen absehen und sind dabei nie sicher, sie scharf zu sehen» (VL 529). Über diesem berühmten Passus wird gern vergessen, daß in der Frühzeit der Psychoanalyse viel von Erregung, Wunschregung, affektiver Vorstellung und Reiz die Rede war, aber wenig von Trieb.

[4] Sigmund Freud, *Entwurf einer Psychologie*, in: derselbe, Aus den Anfängen der Psychoanalyse, l. c., S. 305 f. Weitere Zitate werden mit dem Kürzel EP im Text nachgewiesen.

Erst in den *Drei Abhandlungen zur Sexualtheorie* von 1905 wurde das Wort dominant, und erst ein weiteres Jahrzehnt später, in *Triebe und Triebschicksale*, hält es Freud für nötig, zu erklären, was er darunter versteht. Trieb, so sagt er nun, sei eine besondere Art von Reiz, nämlich «ein Reiz für das Psychische». «Der Triebreiz stammt nicht aus der Außenwelt, sondern aus dem Innern des Organismus selbst.» «Wenn z. B. ein starkes Licht auf das Auge fällt, so ist das kein Triebreiz; wohl aber, wenn sich die Austrocknung der Schlundschleimhaut fühlbar macht oder die Anätzung der Magenschleimhaut.» «Ferner: Alles für den Reiz Wesentliche ist gegeben, wenn wir annehmen, er wirke wie ein einmaliger Stoß.» «Der Trieb hingegen wirkt [...] immer wie eine *konstante* Kraft. Da er nicht von außen, sondern vom Körperinnern her angreift, kann auch keine Flucht gegen ihn nützen. Wir heißen den Triebreiz besser ‹Bedürfnis›; was dieses Bedürfnis aufhebt, ist die ‹*Befriedigung*›. Sie kann nur durch eine zielgerechte (adäquate) Veränderung der inneren Reizquelle gewonnen werden.» (TrSch 82)

Das Besondere der inneren Reize ist, daß ihre Verarbeitung auf sie selbst zurückwirkt, sei es, daß sie ihre «Quelle» versiegen läßt oder umlenkt. Durch diesen Rückbezug entsteht ein Wechselspiel zwischen der Quelle und der Verarbeitung der inneren Reize, und indem es sich ausbalanciert, konstituiert sich das, was Freud etwas plakativ «das Psychische» nennt – und sich gelegentlich so vorstellt, als habe es eine eigene Subsistenz. So auch hier, wo er aus seinen Überlegungen zum «Triebreiz» jene bekannte Triebdefinition herausfiltert, die unter Psychoanalytikern immer noch als mustergültig kursiert: Es «erscheint uns der ‹Trieb› als ein Grenzbegriff zwischen Seelischem und Somatischem, als psychischer Repräsentant der aus dem Körperinnern stammenden, in die Seele gelangenden Reize» (TrSch 85). Nicht nur, daß Seelisches und Somatisches hier gleichsam geographisch gedacht werden, wie zwei Gebiete, zwischen denen eine Grenze dafür sorgt, daß jedes autonom gegen das andere bleibt. Auch der «Triebreiz» zerfällt: in einen Trieb, der den Reiz nur noch «psychisch» repräsentiert, ohne daß irgend erhellt, worin seine Repräsentationsleistung besteht; und einen Reiz, der «aus dem Körperinnern stammt», ohne daß man noch wüßte, wie er sich zur «Reizquelle» verhält. Ist er mit ihr identisch, ist er davon unterschieden; ist er selbst etwas Somatisches oder bloß eine Art Ausdünstung davon? Zudem ist es nicht etwa der Reiz, der als «Grenzbegriff zwischen Seelischem und Somatischem» reklamiert wird, sondern der Trieb, was eine weitere Schwierigkeit mit sich bringt. Repräsentation ist eine duale Struktur. Ein Repräsentant repräsentiert *etwas*, ein Botschafter zum Beispiel sein Land. Aber er kann dann nicht auch noch ein Mittleres zwischen dem Land und sich sein. Entweder Repräsentant oder Mittleres. Repräsentant *als* Mittleres (oder «Grenzbegriff») ist ein hölzernes Eisen.

Freud hat denn auch, offensichtlich unzufrieden mit diesem Definitionsgemenge, noch im selben Jahr einen neuen Anlauf genommen. «Ein Trieb kann nie Objekt des Bewußtseins werden, nur die Vorstellung, die ihn repräsentiert. […] Würde der Trieb sich nicht an eine Vorstellung heften oder nicht als ein Affektzustand zum Vorschein kommen, so könnten wir nichts von ihm wissen.»[5] Das allerdings ist eine Wendung um 180 Grad. Hier ist der Trieb nicht mehr psychischer Repräsentant, sondern *wird* psychisch repräsentiert.[6] Er ist nun wieder definiert als «aus dem Körperinnern stammender» Reiz. Zu fassen bekommt man allerdings nur seine psychosomatischen Wirkungen. Seine Repräsentanten heißen nun Vorstellungen, und daß Vorstellungen etwas repräsentieren, bedarf keiner weiteren Erklärung; sie sind dadurch definiert. Und da es ein Reiz ist, der sich in ihnen manifestiert, haben sie stets auch eine energetische Seite. Sie sind «vom Trieb her mit einem bestimmten Betrag von psychischer Energie (Libido, Interesse) besetzt»,[7] dem sogenannten «Affektbetrag», der sich von der Vorstellung, die er «besetzt», ganz oder teilweise ablösen und auf andere verschieben läßt. Daraus ergeben sich dann jene Mißverhältnisse von Vorstellungen und Affektzuständen, an deren Auflösung die psychoanalytische Praxis arbeitet.

Freuds mehrfache Anläufe zu einer Triebdefinition sind vorab anthropozentrisch, ja therapiebezogen. Mit größter Selbstverständlichkeit versteht er unter «dem Psychischen» die menschliche Seele, um nicht zu sagen, die neurotische, die sich auf der Couch des Analytikers ausbreitet. Dennoch bringt erst die letztgenannte Definition Trieb und Repräsentation in ein plausibles Verhältnis. Zum einen stellt sie klar, daß der Trieb, jene organische Trägheitstendenz, die die einfachsten Organismen mit den kompliziertesten gemeinsam haben, nur in seinen Manifestationen greifbar ist, nie unmittelbar selbst. Zum andern hebt sie hervor, daß der Trieb gar nicht anders kann als sich manifestieren; darin *besteht* er. Das hat er mit Hegels «Wesen» gemeinsam.

5 Sigmund Freud, *Das Unbewußte*, l. c., Bd. III, S. 136

6 Eines geht nur: Entweder Repräsentant sein oder repräsentiert werden, aber nicht beides zugleich in derselben Konstellation. Wieweit Freud sich dieser Unvereinbarkeit bewußt war, steht dahin. Die Herausgeber der *Studienausgabe* versuchen sie jedenfalls zu kaschieren. Im zweiten Anlauf werde zwar «der Trieb nicht mehr als psychische Repräsentanz somatischer Regungen betrachtet, sondern selbst als etwas Nicht-Psychisches. Diese offenbar unterschiedlichen Auffassungen vom Wesen des Triebes finden sich beide auch andernorts in Freuds späteren Schriften, wobei die zweite vorherrscht. Möglicherweise ist der Widerspruch jedoch mehr scheinbar als real, und der Schlüssel könnte in der Doppelsinnigkeit des Begriffs selber – eben eines Grenzbegriffs zwischen dem Somatischen und Seelischen – liegen.» (TrSch 77, Editorische Vorbemerkung) Ausgerechnet jenes hölzerne Eisen, das zugleich «Grenzbegriff» und «psychischer Repräsentant» sein soll, wird als Schlüssel zur Lösung angeboten.

7 Sigmund Freud, *Die Verdrängung*, l. c., Bd. III, S. 113

«Das Wesen muß erscheinen»,[8] heißt es an einer berühmten Stelle. Es ist als reine Dynamik konzipiert, als ein zum Weltgeist aufgeblasener Welttrieb, der durch alle physischen und mentalen Gebilde hindurchgeht, sich in allen manifestiert und mit keinem identisch ist; aber für Freud viel zu windig. Er begnügt sich mit dem Trieb, der sich in allen Organismen regt: der organischen Naturbasis der Repräsentation. An dieser Basis muß denn auch jedes seriöse Studium der Repräsentation ansetzen – und dazu zunächst einen Schritt zurücktreten in die Neurophysiologie, aus der die Psychoanalyse einst hervorgegangen ist.

Erleben

Wir alle kennen Erregungs- und Spannungszustände. Nicht daß wir sie *er*kannt hätten und genau wüßten, was sie sind und woher sie kommen; wohl aber sind sie uns *be*kannt – als etwas, was wir täglich empfinden. Und seit es eine Neurowissenschaft gibt, läßt sich auch sagen, was in einem Organismus vor sich geht, wenn er Spannungen empfindet. Physische Reize, ausgehend von Druckeinwirkungen, Lichtstrahlen, Schallwellen, Gerüchen oder von inneren Organen, affizieren sein Nervensystem, werden in elektrische Impulse übersetzt und durch zahllose Nervenzellen hindurch mittels komplizierter chemischer Reaktionen abgeführt. Man darf durchaus von neuronaler Verdauung sprechen. Diesen Prozeß erlebt der Organismus passiv, indem er eine Fülle äußerer Eindrücke und innerer Empfindungen hat, und aktiv, indem er ständig darauf reagiert, ist doch sein Nervensystem, ganz wie das «Konstanzprinzip» besagt, mit nichts anderem als der Verarbeitung, Verdauung, Abfuhr von Reizen beschäftigt.

Seit die Hirnforschung untersucht, wie das geschieht, ist eine Kluft offenbar geworden. Kein Mensch erlebt das, was er neurologisch tut. Wer hätte je die Milliarden Nervenzellen seines Gehirns gezählt? Wir merken nichts von ihrer schwindelerregend hohen Zahl, von dem komplexen Verhältnis, in dem sie zueinander stehen, von den verschlungenen Wegen, die sich elektrische Impulse über chemische Mikroprozesse durch dieses Labyrinth bahnen. Wir erleben zwar nur dank dieser Mikroprozesse. Aber es gilt auch das Umgekehrte: Wir erleben nur etwas, weil wir diese Mikroprozesse nicht erleben. Anders gesagt: Nur wegen unserer Unempfindlichkeit gegen den Detailverlauf unserer eigenen Reizbewältigung sind wir überhaupt fähig zu empfinden. Einzelne Empfindungen sind schon Ballungszentren, haben bereits eine vergleichsweise klobige Kontur, erfüllen auf elementarem physiologischem

[8] Georg Wilhelm Friedrich Hegel, *Wissenschaft der Logik II*, l. c., S. 124

Niveau ein Kriterium, das René Descartes nur für unumstößliche Wahrheiten gelten lassen wollte: Sie zeigen sich *clare et distincte.*[9] Eine Wahrheit, so Descartes, muß so klar und distinkt sein, daß kein Zweifel an ihr möglich ist. Eine Empfindung, so die physiologische Gegenrechnung, muß so klar und distinkt sein, daß sie wenigstens, sobald es Worte für sie gibt, artikulierbar wäre.

Selbst Empfindungen sind also nichts Primäres. Es gibt etwas unter und hinter ihnen: Leben. Was das ist, wissen wir nicht. Stoffwechsel ist eine zwar zutreffende, aber auch recht äußerliche Definition, die an das Geheimnis, wie so etwas wie Leben möglich wurde, nicht heranreicht. Leben schließt Erleben ein, jedenfalls bei allen höheren Organismen. Aber auch schon bei den primitivsten? Nun, auch sie befinden sich bereits in «Wechselwirkung mit der Umwelt», und gewöhnlich «findet sich das, was an Energie und Materie benötigt wird, in ausreichendem Ausmaß in der unmittelbaren Umgebung». Doch werden sich dort «auch Stoffe befinden, die das Lebewesen nicht benötigt oder die ihm schaden können. Seine Membranen müssen also selektiv sein und dürfen nur bestimmte Stoffe herein- und wiederum andere herauslassen. Dies ist die Urform einer selektiven Interaktion von Lebewesen mit ihrer Umwelt und damit die Urform von Wahrnehmung.» So die These von Gerhard Roth. Gewiß, wo wahrgenommen wird, wird selektiert. Aber gilt damit umstandslos auch das Umgekehrte: Wo selektiert wird, wird wahrgenommen? Zumindest vollzieht sich die «Urform» von Wahrnehmung, wenn man sie überhaupt schon so nennen will, nicht durch differenzierte Sinne. Sie ist präsensuelles Stoffwechselverhalten. «Ein Beispiel hierfür sind die Pflanzen, die der Luft Kohlendioxyd und dem Boden Wasser (und einige Mineralien) entnehmen und daraus mithilfe des Sonnenlichtes im Prozeß der Photosynthese Zucker, d. h. Stoffwechselenergie, produzieren. Dazu benötigen sie kein Nervensystem. Trotzdem ist es schwer, ihnen Wahrnehmung abzusprechen. Sie haben einen lichtgesteuerten Tag-Nacht-Rhythmus, sie zeigen Phototropismus und Geotropismus, d. h., sie richten sich in ihrem Verhalten eindeutig nach Umweltreizen wie Licht und Schwerkraft.»[10] Mag es auch schwer sein, diesen Organismen Wahrnehmung abzusprechen, so ist es sicher nicht leichter, ihnen Erleben zuzusprechen. Es sind Grenzfälle. Spätestens jedoch wo sich erste Ansätze von Nerven finden, sind auch erste Erlebensansätze da. Wahrnehmung und Empfindung werden eins.

Erleben ist ein Intensitätskontinuum. Sein Maximum ist der Schock. Sinkt

[9] René Descartes, *Abhandlung über die Methode des richtigen Vernunftgebrauchs*, dt. Reclam, Stuttgart 1977, S. 19

[10] Gerhard Roth, *Das Gehirn und seine Wirklichkeit*, Suhrkamp, Frankfurt am Main 1994, S. 69 f.

die Intensität unter einen gewissen Grad, verliert es sich ins Unmerkliche, ohne daß man sagen könnte, es hätte schlechterdings aufgehört. Es trifft nicht zu, daß in Narkose und Koma schlechterdings nichts erlebt wird, auch wenn der Patient hinterher schwört, «nichts gemerkt» zu haben. Es gibt Erleben an und unter der Empfindungsschwelle, übrigens auch bei äußeren Dingen. Manche sind von einer bestimmten Entfernung an nicht mehr identifizierbar; rücken sie noch ferner, wird man unsicher, ob man sie überhaupt noch empfindet, und schließlich sind sie so weit, daß man sicher sein kann, sie üben definitiv keinen Reiz mehr aufs Nervensystem aus. Diese Sicherheit hat man bei inneren Reizen nicht. Sie affizieren auch dann noch den eigenen Körper, wenn die Affektion so gering ist, daß sie nicht mehr bemerkt wird. «Unmerkliches Erleben»: das klingt paradox, ist aber geradezu die Regel, nach der die ganze unermeßliche Mikrologie animalischer Reizverarbeitung verläuft. Die Empfindungen sind schon Highlights des Erlebens: grob, stark und distinkt genug, um die Regelschwelle zu überwinden. Und empfunden wird nicht die Reizverarbeitung als solche; diese manifestiert sich vielmehr in angenehmen oder unangenehmen Empfindungen von Kälte, Wärme, Farbe, Gestalt, Ton, Geruch, Geschmack, Druck, Hunger, Durst, Sexualdrang etc.

Dabei geschieht etwas, worüber man sich nicht genug wundern kann. Licht- und Schallwellen, Temperatur, Duftstoffe, Druck, Spannung, Schmerz können vom Nervensystem nur verarbeitet werden, sofern es sie in elektrische Impulse verwandelt. Es egalisiert all diese Reize. Es ist ihm buchstäblich egal, woher sie kommen, hebt alle qualitativen Unterschiede an ihnen auf und läßt nur quantitative übrig: verschieden starke Intensitäten. «Dies ist das Prinzip der *Neutralität des neuronalen Codes*. Diese Neutralität ist nötig, damit verschiedene Sinnessysteme und Verarbeitungsbahnen innerhalb eines Sinnessystems überhaupt miteinander kommunizieren und die Ergebnisse dieser Verarbeitung letztendlich in Erregung des Motorsystems und damit in Verhalten umsetzen können.»[11] So der neurologische Fachkommentar. Er würgt das Staunen ab, indem er den Vorgang sogleich in eine Sprache der Zwecke faßt: Neutralisierung in elektrische Impulse muß sein, *damit* koordiniertes Verhalten funktioniert. Aber dies «damit» ist nachträgliche Theorie, nicht das Motiv des sich formierenden Nervensystems. Es hat doch nicht die «Absicht», die Koordination zwischen seinen unzähligen Zellen zu optimieren. Wenn man ihm überhaupt ein Motiv unterstellen darf, dann nur eines: Reize möglichst schnell und vollständig loszuwerden. Und dabei hat sich dann, gewissermaßen als Nebenwirkung, koordiniertes Verhalten herausgebildet. Staunenswert dabei ist aber nicht nur, daß es gelingt, die verschie-

[11] L. c., S. 228

densten Reizqualitäten zu elektrischen Impulsen zu neutralisieren, sondern mehr noch, daß diese Reize gleichwohl als qualitative Fülle erlebt werden. Die Egalisierung von Qualität in Quantität ist mit einer Redifferenzierung von Quantität in Qualität verbunden. Und die ist das Rätselhaftere. Die Verarbeitung von Reizqualitäten in Erregungsquantitäten stellt sich gleichsam rückwärts dar, nämlich in Erlebnisqualitäten, die den Reizqualitäten auf frappierende Weise entsprechen – ähnlich wie die Außenwelt auf der Netzhaut kopfsteht und vom faktischen Erleben wieder auf die Füße gestellt wird. Wir wissen nur etwas von Reizverarbeitung, weil sie sich in Erleben manifestiert; nur als Erlebende konnten Menschen zu Hirnforschern werden. Aber wir wissen nicht, wie es kommt, daß Reizverarbeitung sich in Erleben manifestiert. Hier stoßen wir auf das Mysterium der Repräsentation. Daß Leben sich in Erleben repräsentiert, bleibt auch für Hirnforscher schlechterdings rätselhaft.

Bahnen

Freud ist zielsicher auf dieses Mysterium zugesteuert, als er Trieb mit Repräsentation assoziierte. Er lag zudem nicht falsch, als er dasjenige, was von den Reizen ins Nervensystem eintritt, als «Quantität» bezeichnete, auch wenn er sie sich noch etwas simpel als fließende Energie vorstellte und von den Neuronen, durch die sie hindurchgeht, nur unzureichende Kenntnis besaß. Man wußte damals wenig über den komplexen neurochemischen Prozeß, durch den an den Nervenenden elektrische Energie von einer Nervenzelle zur andern überspringt. Das ändert nichts daran, daß der Begriff, den Freud im *Entwurf* für die Reizverarbeitung einführte, sich gerade im fortgeschrittenen Stadium der Hirnforschung als besonders tauglich erweist: *Bahnung* (EP 309). Durch die Milliarden von Nervenzellen, die ein Organismus in wenigen Jahren aufbaut, bahnen sich elektrische Impulse ihre Wege. Wenn sie dabei überhaupt eine Gesetzmäßigkeit befolgen, dann die der Trägheit. Sie gehen den Weg des geringsten Widerstandes. Und wo ein solcher Weg gebahnt ist, bahnt er sich das nächste Mal schon leichter. Das gilt offenbar nicht erst bei der menschlichen Wegbahnung mit dem Buschmesser durch den Urwald, sondern auch schon bei jenem mikrologischen Prozeß, der an den winzigen Enden von Nervenzellen stattfindet.

Es gibt viele verschiedene Typen von Nervenzellen. «Mit Bezug auf ihre Form hören sie auf vielsagende Namen: Doppelbüschelneuron, Kandelaberneuron, sternförmiges Neuron, Pyramidenzelle, Bipolarzelle, Purkinjezelle (nach dem tschechischen Histologen, der diese Zellen im 19. Jahrhundert beschrieb), um nur einige Beispiele zu nennen. Trotz ihrer Unterschiede in Form und Größe – manche Neuronen, wie die Motoneuronen, die die Muskeln der großen Zehen steuern, haben Fortsätze von mehr als einem Meter Länge, die vom Rückenmark bis zum Fuß reichen, während andere nur einige Millimeter weit projizieren – ist ihre Funktionsweise relativ einheitlich. Glücklicherweise übrigens für den Neurobiologen, denn wie sollte er hoffen können, das Gehirn zu erforschen, wenn jede der 100 Milliarden Nervenzellen individuellen Funktionsregeln gehorchen würde?» «Von einem funktionellen Gesichtspunkt aus betrachtet, besteht jedes Neuron aus drei Teilen: einer Rezeptorzone, den Dendriten, die Information von anderen Neuronen empfangen; einer Zone, die die empfangenen Informationen integriert, dem Zellkörper, und einem Teil, durch den es Signale zu den anderen Neuronen weiterleitet, dem Axon.» Das Entscheidende sind nun «die Kontakte zwischen den Neuronen, [...] die Stellen, an denen der Informationsaustausch stattfindet. Diese Kontaktzone zwischen den Neuronen heißt Synapse. Sie umfaßt einen sogenannten präsynaptischen Teil, der sich am Ende des Axons befindet, und einen postsynaptischen Teil, der im allgemeinen einer spezialisierten Zone des Dendriten entspricht und dendritischer Dorn genannt wird.» «Jedes Neuron bildet etwa 10 000 Synapsen mit anderen Neuronen: Daraus ergeben sich eine Billiarde Kontaktstellen, zu denen die Information zwischen den Neuronen übertragen werden kann.» «Der präsynaptische Teil der Synapse enthält eine Art von Säckchen, die man Vesikel nennt und in denen sich Tausende von Molekülen ansammeln, die Neurotransmitter [...], durch die die Neuronen ihre Signale übertragen. Sie werden freigesetzt, wenn die Axonendigung aktiviert wird und die Vesikel ihren Inhalt an Neurotransmittern in den synaptischen Spalt ausschütten [...]. Der synaptische Spalt ist ein winziger Raum von einigen Millionstel Millimetern, der die prä- und postsynaptische Seite voneinander trennt.»[12]

Die Hirnforschung hat es mit unvorstellbar großen Zahlen und unvorstellbar kleinen Räumen zu tun. So winzig der Spalt, um dessen Überwindung es hier geht, auch sein mag; er ist leerer Raum. Die Transmittermoleküle müssen ihn ähnlich überspringen wie Bergsteiger die Gletscherspalte. Wenn der elektrische Impuls auf der präsynaptischen Seite anlangt und die Transmitter aus ihrem Vesikel heraustreibt wie einen Taubenschwarm aus seinem Verschlag, so erteilt er ihnen eine winzige elektrische Aufladung, und die ermöglicht die Überbrückung des Spalts. Auf der postsynaptischen Seite sitzen nämlich, wie in Wartestellung, entgegengesetzt aufgeladene Moleküle, an die die ausgeschütteten andocken. Wie zwischen negativem und positivem

12 François Ansermet / Pierre Magistretti, *Die Individualität des Gehirns*, Suhrkamp, Frankfurt am Main 2005, S. 36 ff.

Pol einer Batterie entsteht so zwischen den beiden Nervenzellen eine elektrische Spannung, gewissermaßen «Strom», eine «Leitung» elektrischer Impulse von der prä- zur postsynaptischen Seite. Dort können sie freilich nur aufgenommen werden, weil die postsynaptische Zellmembran nicht undurchlässig ist, sondern sich an bestimmten Stellen für Millisekunden öffnet, die Impulse einläßt und die Zelle zu einem Kanal macht, der sie weiterleitet. Und wo sich einmal eine Zellmembran geöffnet hat, öffnet sie sich das nächste Mal leichter – wie sich eine Flasche beim zweiten Mal leichter aufschrauben läßt als beim ersten Mal.

Die sogenannten neuronalen Bahnungen sind elektrochemisch bewirkte Nervenströme. Und wie ein ausgetrockneter Fluß ein Flußbett hinterläßt, das schon darauf vorbereitet ist, sich in der nächsten Regenzeit wieder mit Wasser zu füllen und sich dabei, je nach Stromstärke, zu verbreitern, zu vertiefen, zu verzweigen oder sonstwie zu modifizieren, so bereitet der Nervenstrom die Zellen, die sich dank elektrischer Aufladungen und chemischer Nachhilfe für seinen Durchlauf geöffnet haben, zugleich darauf vor, sich wieder zu öffnen. Er versetzt sie in erhöhte Bereitschaft und Empfänglichkeit für den nächsten Schwall elektrischer Impulse, der seinen Weg durchs Nervensystem sucht. Mit andern Worten: Der Nervenstrom präpariert das Gebiet seines Durchlaufs für den nächsten Durchlauf, für die Wiederholung seiner selbst, mit allen Modifikationen.

Die Erforschung des komplexen neurochemischen Prozesses, der diesen Durchlauf ermöglicht, ist enorm vorangeschritten. Eines allerdings kann sie nicht: den genauen Weg voraussagen, den die Reizverarbeitung durchs Nervensystem nimmt. Das liegt an der enorm großen Zahl von Nervenzellen. Die Reizverarbeitung hat eine Riesenauswahl. Sie steht gewissermaßen vor einem Überangebot, das sie nicht entfernt auszuschöpfen vermag. Ein Gehirn läßt zahllose seiner Bahnungsmöglichkeiten ungenutzt. Es waltet hier ein krasses Mißverhältnis von Angebot und Nachfrage. Ein drastischer Fall von Verschwendung. Aber gerade dieser verschwenderische Überschuß von Möglichkeiten ist der Intelligenzfonds des Gehirns. Er lockert nämlich die neuronale Determination. Welche Synapsenfolge für die elektrischen Impulse auf ihrer Fahrt durchs Gehirn die optimale ist, der Weg des geringsten Widerstands, das läßt sich bei dem Überangebot von Möglichkeiten nicht mehr eindeutig ausmachen. Nicht nur die Hirnforscher stoßen hier an Komplexitätsgrenzen, sondern auch die prozessierende Erregung selbst. Wie soll sie in ihrem Abfuhrdrang bei zehntausend Synapsen pro Neuron, bei unzähligen annähernd gleich durchlässigen Stellen, die sich ihr bieten, immer unfehlbar die durchlässigste wählen – zumal im Gehirn die Leitungswiderstände dem Prozeß der Reizverarbeitung selbst angehören, durch ihn in ständiger Bewegung und Modifikation sind und nicht nur, wie beim Flußlauf, äußere Bedingungen für ihn bilden. So gewiß die Reizverarbeitung nach neurochemischen Gesetzen verläuft, so gewiß ist der konkrete Weg, den die elektrischen Impulse dabei einschlagen, in seinem Detailverlauf durch Tausende von Nervenzellen hindurch nicht der einzig mögliche. Er hätte sich in ungezählten Fällen auch durch benachbarte Zellen bahnen, also ein wenig anders verlaufen können. Im konkreten Verlauf der Reizabfuhr steckt ein Moment von Spontaneität, etwas nicht Determiniertes, ein Freiheitsgrad. Der aber stellt ein spezifisches Intelligenzpotential dar.

Machen wir es uns am Doppelsinn des Wortes «Bahnen» klar. *Das* Bahnen ist eine Tätigkeit. Jemand bahnt sich einen Weg. *Die* Bahnen sind das, was dabei entsteht. Das ist beim Urwald im Prinzip nicht anders als beim Gehirn, nur daß der Urwald, durch den Lebewesen sich Wege bahnen, schon lange da ist. Hingegen muß ein Organismus mit dem Bahnen schon beginnen, während sein Gehirn selbst erst im Entstehen ist. Es kann ja mit der Reizabfuhr nicht warten, bis es fertig ausgebildet ist. Diese Ausbildung geschieht nach festen Naturvorgaben. Winzige Nukleinsäurekombinationen, auch Gene genannt, machen, daß sich Nervenzellen im Regelfall immer wieder nach demselben Muster zu dem komplexen Gebilde eines Gehirns auswachsen. In einer bestimmten Wachstumsphase geht das atemberaubend schnell. Während sich aber nach einem genetischen Programm Nervenzelle an Nervenzelle reiht, entstehen auch schon vielfältige Reizleitungsbahnen zwischen diesen Zellen und durch sie hindurch. Natürlich nur Bahnen, die mit den genetischen Vorgaben vereinbar sind, also nicht irgendwelche kühnen Rundum- oder Direktverbindungen, die das Material und der Aufbau des Gehirns gar nicht hergeben.

Der Aufbau ist genetisch bestimmt, aber nicht nur. Organismen nehmen Aufbaugewohnheiten an, die sich auf ihre genetische Beschaffenheit nicht zurückführen lassen, sich aber ähnlich konstant reproduzieren. Diese Gewohnheiten nennt man «epigenetisch». Genetisch bedingt ist «die Grundorganisation des Gehirns, wie sie sich in der Stammesgeschichte herausgebildet hat, also die Tatsache, daß unser Gehirn ein typisches Wirbeltier-, Säugetier- und Primatengehirn ist. Weiterhin gehört dazu, daß sich Sinnesorgane im Normalfall bei allen Angehörigen der Art, Gattung usw. in gleicher Weise mit bestimmten Hirngebieten *geordnet* verknüpfen und daß dann diese Hirngebiete sich untereinander in ebenso geordneter Weise untereinander verbinden. All dies geschieht teilweise erfahrungsunabhängig, freilich nicht in der Weise, daß es Gene gäbe, die dies alles exakt vorschreiben. Vielmehr bestehen während der Individualentwicklung des Gehirns bestimmte genetische Rahmenbedingungen, unter denen sich die strukturelle Ordnung des Gehirns [...] in selbstorganisierender, *epigenetischer* Weise ausbildet. So findet der optische Nerv seine Zielgebiete im Zwischenhirn und Mittelhirn auch dann, wenn man ihn ‹umzuleiten› versucht oder wenn man ihn durchschneidet und wieder auswachsen läßt.»[13]

«Epigenetisch» ist eigentlich bloß ein Verlegenheitswort für etwas nicht genau Lokalisierbares, was nicht genetisch ist, aber auch nicht individuell erworben. Die griechische Vorsilbe *epi* heißt soviel wie nach, nachgeordnet. Ein Epilog ist ein Nachwort, ein Epiphänomen etwas, was an einem Phänomen «dranhängt», ein Zubehör, philosophisch könnte man von einem Akzidens sprechen, das zur Substanz hinzukommt und ohne das sie kein konkretes Ding ergibt. Auch die genetische Substanz eines Organismus bedarf solcher Akzidentien, gewissermaßen eines *back office*, ohne dessen Mithilfe sie sich zu einem individuellen Organismus gar nicht entfalten könnte. Genetische Vorgaben entfalten sich nämlich nicht einfach von selbst, sondern stets an etwas, in etwas und dank etwas. Was sich epigenetisch bildet, ist allerdings nichts, was ein individueller Organismus noch einmal modifizieren oder gar revidieren könnte. Es gehört ebenso zu seiner Mitgift wie die Gene. Seine Grenze zum Genetischen ist ebenso unscharf wie die zum Individuellen. Wo die nicht mehr modifizierbaren Vorleistungen des Epigenetischen aufhören und das beginnt, was ein Organismus im Laufe seines Lebens noch modifizieren kann, läßt sich nie genau angeben. Und dennoch ist diese unscharfe Grenze eine entscheidende. Denn der genetisch-epigenetisch aufgebaute und schon von vielfältigen Leitungsbahnen durchzogene Verbund von Nervenzellen macht die Vorbestimmung des Organismus aus; dasjenige hingegen, was er daran modifiziert und an eigenen individuellen Bahnen zieht, ist seine Selbstbestimmungsleistung.

Reizflucht

Selbstbestimmung vollzieht sich freilich nicht so, wie die idealistische Philosophie sich das vorstellt, wenn sie ein vollkommen freies Subjekt unterstellt, das sich ganz nach eigenem Gusto selbst entwirft und sich seine eigenen Gesetze, seine eigene Bestimmung gibt. Wäre es so, dann wäre der Organismus der Souverän seiner Nervenbahnen. Davon kann aber nicht die Rede sein. Die Bahnen sind vielmehr in einem ganz wörtlichen Sinne Fluchtbahnen. «Reizflucht» kann nämlich noch etwas anderes heißen, als Freud meinte; nicht nur die Flucht, die ein Organismus antritt, um bestimmten Reizen auszuweichen, sondern auch die Flucht, die er seinerseits Reizen zuteil werden läßt, denen er

[13] Gerhard Roth, l. c., S. 235 f.

nicht auszuweichen vermochte. Kann er vor ihnen nicht fliehen, so macht er, daß sie ihn fliehen. Er legt Bahnen für sie an, eben Fluchtbahnen. Indem er das tut, ist er der Handelnde, Bestimmende. Aber er handelt aus Not. Er treibt die Reize durch sein Nervensystem, weil sie ihn dazu treiben. Er ist Treiber und Getriebener zugleich. Trieb, neurologisch gesehen, ist Reizflucht: entweder als äußere Bewegung, Flucht vor Reizen oder, wenn sie verstellt ist, als innere Bewegung, die die Reize in die Flucht treibt und ihnen Notausgänge verschafft.

Reizflucht ist etwas ganz Unsouveränes. Die dabei entstehenden Bahnen sind weder beabsichtigt noch gar mit Bedacht angelegt. Dennoch ist ihre Anlage ein Tun, nicht weniger Treiben als Getriebensein, und die Nichtfestgelegtheit der Reizflucht im Moment des Bahnens ist aller Aufmerksamkeit wert. Da ist der ungeheure Überschuß an Möglichkeiten, sich einen Weg durchs Nervensystem zu bahnen, und da ist die Not, die dazu treibt. Erst beide zusammen geben dem Trieb seine nie ganz vorherseh- und greifbare Verlaufsform[14] – auf einem Weg, der annähernd der des geringsten Widerstands ist. Doch solche Wege gibt es viele im Gehirn. Sie bilden eine Art Konstellation von Varianten um ein nie ganz festlegbares Optimum. Doch auf welchen von ihnen es die plagenden Reize treibt, ist nicht vorhersehbar. Hier waltet ein Moment von Spontaneität. Die Spuren, die sich bei der Reizflucht bilden, sind auch Spuren von Spontaneität, Spurenelemente von Freiheit im Organischen.

Ohne Spontaneität könnte kein Organismus sich selbst bestimmen. Organische Selbstbestimmung besteht allerdings nur darin, daß der Organismus selbst es ist, der seine Reizfluchtbahnen zieht. Und indem er sie zieht, legt er sich auch auf sie fest. Er gibt sich Bahnen, durch die er sich zugleich definiert und determiniert. Allerdings nicht absolut. Wie er verschiedene Möglichkeiten hatte, Bahnen zu ziehen, so kann er sich zu den gezogenen Bahnen auch verschieden verhalten. Ungeschehen machen, einfach wieder zuschütten kann er sie zwar nicht. Aber wie er sie vertieft, ausbaut, modifiziert, variiert, steht nicht vorab fest. Und vor allem an einer denkwürdigen Stelle, die oft terminologisch verkleistert wird, erbringt er eine erstaunliche Eigenleistung: dort, wo er, wie es heißt, die Bahnen, indem er sie zieht, zugleich zur Wiederholung «präpariert». Wie kann er das? Wie werden die Nervenenden, durch die Reize geleitet wurden, «empfänglich» dafür, wieder welche zu leiten, und vor allem: Wie ist es möglich, daß dieser Wiederholungsfall eintritt?

[14] Es ist, als hätte Platon das bereits gerochen, als er für den Eros allegorische Eltern erfand. Seine Mutter ist Penia, die personifizierte Bedürftigkeit, sein Vater Poros, der unerschöpfliche Ausweg (Platon, *Symposion*, 203 b).

Der Vergleich mit dem trockenen Flußbett, in das beim nächsten Regen das Wasser wieder einläuft, ist zwar hilfreich, aber auch grob. Denn die neuronalen Fluchtbahnen ziehen sich ja nicht mit der Kontinuität durchs Nervensystem wie ein Weg durchs Gelände. An den entscheidenden Stellen, den Synapsen, tun sich Klüfte auf, über die der abzuleitende Reiz hinwegspringen muß. Die mittelalterliche Scholastik behauptete: *Natura non facit saltus* (Die Natur macht keine Sprünge). Die Neurophysiologie beweist das Gegenteil: *Natura facit saltus*. Und wie. An jedem synaptischen Spalt, an den ein Reiz auf seiner Flucht gelangt, findet eine Übersprungshandlung statt. An der entscheidenden Stelle, dem Spalt, fällt nämlich der identifizierbare Weg aus. Von Wegen oder Bahnen läßt sich hier nur auf den Kredit sprechen, daß eine bestimmte Abfolge solcher Erregungssprünge über synaptische Abgründe, die sich bei der Reizflucht einmal ergeben hat, die präsynaptischen und postsynaptischen Umgebungen um den jeweiligen Spalt in eine besondere Bereitschaft versetzt, eine ähnliche Reizflucht wieder stattfinden zu lassen. Die Autobahn liegt auch dann fest betoniert und allerseits wahrnehmbar in der Landschaft, wenn niemand sie befährt. Die Nervenbahn ist hingegen nur virtuelle Bahn. Sie wird nur durch erneuten Durchlauf, der sie als Bahn wiederherstellt und modifiziert, manifest. Die Neurophysiologie spricht lapidar davon, die einmal gezogene Bahn werde «reaktiviert». Aber wie schafft der Organismus das: eine Bahn zu reaktivieren?

Dazu müssen ungezählte winzige erhöhte Öffnungsbereitschaften, die eine Reizflucht durchs Nervensystem hinterlassen hat, blitzartig aus dem Zustand der Bereitschaft in den der tatsächlichen erneuten Öffnung treten, mit all den mikrochemischen Prozessen, die diese Wiedereröffnung einleiten. Das ist eine schwindelerregende Verwandlungs- und Koordinationsleistung, von der sich weder sagen läßt, woher der Organismus das Vermögen zu ihr hat, noch vorherbestimmen, zu welchem Resultat sie ihn führt. Nur so viel ist sicher: Ein Organismus hat die starke Neigung, einmal gebahnte Bahnen wiederherzustellen. Aber jede wiederhergestellte wird immer zugleich eine irgendwie modifizierte Bahn sein. Die Leistung, die der Organismus dabei erbringt, erscheint einerseits als logistische Meisterleistung. Das Ziehen von Erregungsbahnen durchs Nervensystem, die ständige Wiederherstellung und Modifikation dieser Bahnen, ihre Verknüpfung zu einem Netz, das so komplex ist, daß die Hirnforscher noch weit davon entfernt sind, es zu durchschauen: dies alles grenzt an ein Wunderwerk. Andrerseits ist diese Leistung etwas, was ihn lediglich überkommt; etwas, was die Reizflucht mit ihm macht; etwas, was ihm gewissermaßen auf der Flucht und durch Flucht zustößt. Die ganze neuronale Logistik ist eine Ausflucht: ohne Vorsatz, ohne Plan. Der Organismus treibt sie hervor, aber als ein Getriebener: indem er die sich blind und zufällig durchs Nervensystem ziehenden Fluchtbahnen wiederherstellt.

Der Biologe Jacques Monod hat physische Strukturbildung sehr schön «den Zufall konservieren»[15] genannt, sich allerdings nicht ernstlich darauf eingelassen, was das heißt. Der Zufall konserviert sich ja nicht selbst. Ihn konservieren kann nur etwas, was ihn transzendiert, ihm im doppelten Sinne «entspringt»: sowohl aus ihm kommt als auch aus ihm heraustritt. Konservierter Zufall hat aufgehört, bloß zufällig zu sein. Ein Organismus mag auf seine ersten Fluchtbahnen zufällig verfallen sein. Sobald er sie wiederherstellt, tritt er aus dem Zufall heraus. Er beginnt Strukturen anzulegen: durch Wiederholung. Die Fähigkeit zur Wiederherstellung einer neuronalen Fluchtbahn ist auch durch Aufzählung aller neurochemischen Prozesse, die bei ihrer ersten Bahnung durchlaufen wurden, nicht zureichend erklärbar. Hier beginnt die Konservierung des Zufalls und damit organische Intelligenz: ebenso strukturbildend wie spontan. Sie hat etwas nicht Festgelegtes, einen Impuls, einen Freiheitsgrad, wie gering er auch sei, sonst könnte sie keine Struktur bilden. Und der strukturbildende Impuls kann die Struktur, die er bildet, nicht schon vorab haben. Sie wird ja erst durch ihn. Impuls oder Trieb sind Verlegenheitsworte für das selbst weder bloß zufällige noch vollkommen strukturierte Heraustreten aus dem Zufall. Die organische Intelligenz, die dabei in Gang kommt, ist aber gleichbedeutend mit Gedächtnisbildung. Sobald ein Organismus fähig ist, die Reizfluchtbahnen, die ihn durchziehen, zu reaktivieren, stehen sie ihm als Verhaltensrepertoire zur Verfügung. Er kann auf sie zurückgreifen: sich bei einem ähnlichen Reizandrang wieder so verhalten wie schon einmal. Nichts anderes als diese Fähigkeit zur Wiederholung ist die Elementarform des organischen Gedächtnisses.

Nun ist dieses Elementargedächtnis triebtheoretisch zu fassen. Für *das* Bahnen und *die* Bahnen läßt sich nämlich auch sagen: Trieb und Triebschicksal. Ein Trieb kann nicht wirksam werden, ohne sich ein Schicksal zu bereiten: sich eine Struktur zu geben und sich darin festzulegen. Anders gesagt: Ein Trieb kann sich nicht äußern, ohne intelligent zu werden. Triebschicksal ist in diesem Fall nur ein anderes Wort für Gedächtnis: das Verhaltensrepertoire, über das der Organismus verfügt, das aber auch über ihn verfügt. Er kann es möglicherweise etwas modifizieren, aber er kann aus ihm nicht hinaus. Zum einen hat es einen nicht beeinflußbaren Naturfundus. Der physische Aufbau des Gehirns läßt den Reizfluchtbahnen keinen beliebigen Spielraum. Zum andern sind sie in zwei Richtungen modifizierbar. Ständige Verfestigung eines einmal eingeschlagenen Wegs ist ebenso eine Modifikation wie ständige Korrektur. Und die Tendenz, daß eingefahrene Bahnen zur zweiten Natur wer-

15 Jacques Monod, *Zufall und Notwendigkeit*. Philosophische Fragen der modernen Biologie, 1970, dt. Deutscher Taschenbuchverlag, München 1975, S. 38

den, aus der der Organismus nicht mehr heraus kann, nimmt mit dem Alter gewöhnlich zu. Sie neigen im Laufe eines Lebens dazu, immer schicksalhafter zu werden. Anders gesagt: Das Verhaltensrepertoire tendiert dazu, in Richtung Naturfundus abzusinken und mit ihm zu verschmelzen.

Für ein Nervensystem, und zwar schon auf primitivstem animalischem Niveau, ist daher dreierlei entscheidend: sein Naturfundus, *das* Bahnen (Reizflucht, Triebabfuhr), und das, was sich beim Bahnen im Fundus niederschlägt: *die* Bahnen (Verhaltensrepertoire, Gedächtnis). Diese drei greifen so ineinander, daß keines ohne die andern beiden sein kann. Der Naturfundus, will sagen, der Nervenzellenverbund, kann nicht sein, ja nicht einmal sich aufbauen, ohne daß Reize sich durch ihn bahnen, also nicht ohne *das* Bahnen und *die* Bahnen. Das Bahnen wiederum kann nur in einem Fundus stattfinden und nicht, ohne Bahnen darin zu hinterlassen. Die Bahnen schließlich können nicht sein ohne den Fundus, worin sie gezogen sind, und die bahnende Aktivität, die sie gezogen hat. Man hat es hier nicht etwa mit drei verschiedenen Systemen zu tun, sondern lediglich mit jenem elementaren Zusammenwirken, das immer stattfindet, wenn Nervenzellen Reize leiten.

Dabei drängt sich unversehens ein Begriff auf, der konstitutiv für die Hegelsche Dialektik war: der des «Moments». Das lateinische *momentum*, eine Abkürzung von *movimentum*, heißt wörtlich das Bewegte, aber auch in dem Sinne, daß es durch sich selbst bewegt ist. *Momentum* schwebt ähnlich medial zwischen aktiv und passiv wie Trieb. Ferner kann es die Bewegung sein, die über eine so kurze Weg- oder Zeitstrecke geht, daß sie eigentlich schon gar nicht mehr Bewegung ist, sondern hervorgehobener «Augenblick». Schließlich kann es die ausschlaggebende Bewegung sein, die dann soviel wie Gewicht, Wichtigkeit, Geltung oder Bedeutung heißt. Bei Hegel sind diese Bedeutungsnuancen ineinandergerutscht und haben sich auf spezifische Weise verdichtet. Alles, was ist, was Wirklichkeit hat, ist in wörtlichem Sinne konkret: zusammengewachsen. Es hat Bestand durch Momente, wobei jedes Moment sowohl statisch ist, also ein Bestandteil, ein «Augenblick», den man separat wahrnehmen kann, als auch dynamisch: eine Kraft, die die Bestandteile zusammentreten und -wirken läßt. Momente sind nicht einfach Teile, sondern dasjenige, was macht, daß Seiendes, sei es ein einfaches Ding, ein System oder ein Organismus, zu einer Einheit zusammentritt, ohne aufzuhören, eine Vielheit zu sein. Schon jedes Mineral ist zugleich Vielheit und Einheit, erst recht ein so komplexes Organ wie ein Gehirn. Der Nervenzellenverbund, das Bahnen und die Bahnen, die sich als die drei Momente seines lebendigen Zusammenwirkens herausgestellt haben, sind keineswegs bloß Funktionen in einem arbeitsteiligen Betrieb oder Subsysteme in einem Gesamtsystem. Sie wirken nicht nur zusammen, sondern sie greifen so ineinander, daß jedes das andere ermöglicht. Mehr noch: Sie stecken wechselseitig derart ineinander, daß jedes seine besondere Identität erst durch die andern beiden empfängt. Was den neuronalen Fundus ausmacht, ist, daß die Aktivität des Bahnens ihn durchzieht und Bahnen in ihm hinterläßt. Das Spezifische des Bahnens ist, sich in einem Fundus zu vollziehen und dabei Bahnen zu hinterlassen. Die Bahnen wiederum sind dadurch definiert, daß sie als Niederschläge von Bahnungsaktivität in einem Fundus verlaufen. Meine These ist nun: Dieses dreieinige Ineinanderstecken ist die physische Vorform einer Konstellation, die Freud auf menschlichem Niveau aufgegriffen und in drei «Instanzen» vorgestellt hat: Es, Ich und Über-Ich. Doch wie hat die Reizflucht menschliches Niveau bekommen können?

Gedächtnis

Wenn es stimmt, daß die Reizflucht zur Wiederholung, zum «Konservieren des Zufalls», zum Anlegen von Bahnen neigt und daß diese Bahnen die Elementarform organischen Gedächtnisses, organischer Intelligenz sind, so ist diese Intelligenz zwar ein ungeheurer Fortschritt in der Naturgeschichte. Organismen wirken selbst an den Strukturen mit, in denen sie Reize aufnehmen und verarbeiten. Es beginnt die Selbstdefinition, die Selbstbestimmung. Allerdings in äußerster Beschränktheit. Reizableitung auf schon gebahnten Wegen geschieht zunächst nur, damit quälende Reize, die ein Organismus erlebt und durch Reizflucht irgendwie überlebt hat, nicht noch einmal in gleicher Weise erlebt werden müssen. Es findet Wiederholung statt, damit sich Qual und Schmerz *nicht* wiederholen. Das Anlegen von Bahnen und ihre Reaktivierung ist eine vitale Überlebens- und Schutzmaßnahme – um so dringlicher, je stärker und bedrohlicher die Reize sind, die auf den Organismus einwirken. Daher ist die Elementarform von Gedächtnis Angst. Angst kann nicht sein ohne Erinnerung an Unangenehmes, und zwar in dem Moment, wo es erneut droht. Als Bedrohung läßt sich nur erleben, was in irgendeiner Weise schon einmal erlebt worden ist. «Angst ist ein schlechter Ratgeber», sagen wir heute gelegentlich. In den Anfängen der Tierwelt, vor vielen Millionen von Jahren, ist sie der einzige Ratgeber überhaupt gewesen: das Selbsterhaltungsmittel *par excellence*.

Allerdings hat Angst in jedem Sinne des Wortes klein angefangen. Zum einen mit minimaler Intelligenz, beschränkt auf eine einzige Handlungsweise: Sobald Reize, die der Organismus als lebensgefährlich erlebt hat, sich erneut aufzubauen beginnen, mobilisiert er die Bahnen, auf denen er sie schon einmal (oder mehrmals) abgeführt hat. Damals hat es geklappt, also sollte es wieder klappen. *Never change a running system*. Angst können nur Überlebende haben; sie ist bereits ein Erfolgsmuster. Zum andern haben die Elementarformen von Angst einen minimalen Intensitätsgrad. Wir wissen zwar nicht genau, was die Kaurischnecke empfindet, wenn sie sich schon vorsorglich krümmt, ehe der bedrohliche Reiz sie voll erreicht. Aber gewiß ist sie weit davon entfernt, das Maß an Beklemmung, Schauder, Grauen durchzumachen, das Lebewesen mit einem hochentwickelten Nervensystem vorbehalten ist. Die repräsentative Kraft der Kaurischnecke ist außerordentlich gering. Sie ist fähig, die sie betreffenden Reize, während sie sie verarbeitet, in einer beschränkten und groben Skala von Empfindungen darzustellen, wozu etwa angenehm und unangenehm, hart und weich, warm und kalt, trocken und feucht, hell und dunkel gehören mögen. Und sie vermag die Bahnen, die sie zur Verarbeitung solcher Reize angelegt hat, aus dem Zustand der Virtualität in den der Aktualität zu überführen, sobald der entsprechende Reiz sich erneut aufbaut. Sie macht diese Bahnen wieder gegenwärtig, und nichts anderes ist der ursprüngliche Sinn des lateinischen *repraesentare*.

Freilich steht dieses Repräsentieren noch völlig im Bann der Präsenz. Nur solange sich ein Reiz im Prozeß der Verarbeitung befindet, kann er erlebt werden – gegebenenfalls als etwas, was schon einmal erlebt wurde. Wieder erleben und eine schon gezogene Bahn wieder gegenwärtig machen ist dabei ein und dasselbe. Hier liegt der Wahrheitsgehalt von Platons berühmter These, alles Erkennen sei Wiedererkennen.[16] Wiedererkannt werden natürlich nicht ewig in sich ruhende Ideen, die die Seele angeblich schon vor der Geburt erschaute, sondern Reize, die, wenn sie das erste Mal den Organismus treffen, ihn zwar in die Reizflucht schlagen und zum Ziehen von Fluchtbahnen nötigen, aber ihm noch zu nahe und zu stark sind, um schon erkannt werden zu können. Erkennbar werden erst Reize, für die schon eine Bahn da ist, worin sie sich auffangen und als etwas bemerken lassen, was schon gleichartige Vorgänger hatte, auch wenn dies Bemerken, dies «Erkennen» in nichts als einem dumpfen, vagen Wiederempfinden, einem «da war doch schon einmal so etwas» besteht, das zudem höchst flüchtig ist. Es erlischt, sobald der Reiz aufhört. Umgekehrt gesagt: Das Wiedererkennen, das Erinnern dauert nur so lange wie der Reiz, zu dessen Verarbeitung es stattfindet. Es besteht in nichts als dem Wiederempfinden von schon einmal ähnlich Empfundenem, dem Wiedertun von ähnlich Getanem. Gedächtnis ist hier nichts als die Prozedur der Wiederholung: «prozedural», wie die Neurowissenschaft sagt.

Hier aber ist anzusetzen, wenn man jenes Sondertier, das sich Homo sapiens nennt, durch ein signifikantes Merkmal von der übrigen Tierwelt

16 Platon, *Menon*, 81 c ff.

unterscheiden möchte. Im Vergleich zur Kaurischnecke sind Säugetiere wie Katze, Hund, Pferd oder Schimpanse fast schon wie Menschen. Ihr Empfindungs-, Wahrnehmungs- und Verhaltensregister übertrifft das schneckenhafte um ein Vielfaches. Auch ihre Gedächtnisleistung beschränkt sich längst nicht mehr auf ein «da war doch schon einmal so etwas». Vielmehr werden unterschiedlichste Härtegrade, Gerüche, Geräusche, Farben, Gestalten erinnert, ja sogar Individuen. Hunde etwa bemerken, daß es «Herrchen» ist, der da zur Tür hereinkommt, und verbinden dies individuelle Wiedererkennen gelegentlich mit Bewegungen und Lauten, die sich kaum anders denn als Anzeichen dessen deuten lassen, was man Freude oder zumindest Wohlbehagen nennt. Diese Gedächtnisleistungen sind über die der Kaurischnecke weit hinausgewachsen – und ihnen doch in einem Punkt nahezu gleich geblieben: Sie verharren immer noch in ähnlicher Weise im Bann der Präsenz. Er ist zwar etwas gelockert. Wenn Katzen und Hunde träumen, so bearbeiten sie offenbar bestimmte Reize, die selbst längst erloschen sind, im Schlaf noch einmal nach. Wenn sie, in eine fremde Umgebung versetzt oder ihrer vertrauten Gefährten beraubt, unruhig suchend umherlaufen, die Nahrungsaufnahme verweigern oder sich verstecken, so ist «Trauer» dafür sicher ein allzumenschliches Wort. Aber zweifellos vermögen sie nicht nur wiederzuerkennen, was da ist, sondern auch mit Unbehagen wahrzunehmen, wenn etwas Gewohntes fehlt. Sie haben ein Gespür für Abwesendes. Aber über erste Ansätze kommt es nicht hinaus. Im Prinzip gilt weiterhin: «Aus den Augen, aus dem Sinn». Das Gedächtnis reicht über die aktuelle Empfindung und Wahrnehmung nicht wesentlich hinaus; jedenfalls nicht so weit, daß dadurch eine neue Stufe in der Geschichte des Gedächtnisses erklommen würde.

Diese Stufe hat erst der Homo sapiens erklommen – unter unsäglichen Mühen und mit ständiger Gefahr des Rückfalls. Das «Aus den Augen, aus dem Sinn» hat ja unter Menschen nicht schlechterdings aufgehört. Es ist als Vorwurf gegen unbeständige, unzuverlässige, ihre Versprechen nicht haltende Zeitgenossen nach wie vor verbreitet. Zudem hat es seit etwa einer Generation eine neue Weltmacht als Bündnispartner: die High-Tech-Maschinerie elektronischer Bilder und Töne. Sie überschwemmt Auge und Ohr mit einer Reizfülle, zu deren auch nur halbwegs proportionierter Verarbeitung sie keine Chance läßt. Der nächste Reizschwall drängt schon nach. Betrachtet man nur für einen Moment die High-Tech-Maschinerie aus der historischen Vogelperspektive, so zeigt sich: Mit ihrer Tendenz zum absoluten Jetzt, zur permanenten Epiphanie, mit ihrem kategorischen Imperativ «Aufgemerkt», «Hergesehen» rüttelt sie an einer Fähigkeit, die als menschliches Spezifikum gelten darf: das, was aus den Sinnen schwindet, gleichwohl im Sinn zu behalten. Man kann dafür auch «Einbildungskraft» sagen. Über Nacht geht diese Fähigkeit natürlich nicht verloren. Aber selbst wenn die ersten unzweifelhaften Verlustsymptome sich erst im Laufe von ein paar Generationen einstellen, so ist das atemberaubend schnell im Vergleich zu der Zeit, die ihr Erwerb gekostet hat. Rechnen wir gar nicht erst die Millionen Jahre, bis ein geeignetes Gehirn dafür ausgebildet war. Bescheiden wir uns beim Gehirn des Homo sapiens selbst. Mit einem Volumen von 1100–1800 ccm ist es zwar nicht das größte; selbst der Neandertaler hatte ein größeres, nicht zu reden von Elefanten und Walen. Aber es ist im Vergleich zur Körpergröße unverhältnismäßig groß und hat eine besonders üppige Großhirnrinde. Doch das sind lediglich physische Voraussetzungen für Einbildungskraft; daraus erklärt sie sich nicht. Die entscheidenden Durchbrüche zu ihr geschahen erst in den letzten 100 000 Jahren. In diesem Zeitraum sind der Gehirnaufbau und -umfang des Homo sapiens aber nach allem, was man weiß, annähernd konstant geblieben. Nicht physische Gehirnerweiterung hat zur Einbildungskraft geführt, sondern eine veränderte Nutzung bereits vorhandener Gehirnressourcen: eine spezifische Umleitung der Reizflucht.

Trieblockerung

Freuds Begriff «Reizflucht» besticht durch seine intelligente Mehrdeutigkeit. Primär bedeutet er: den Reiz fliehen, sich ihm durch Ortsveränderung entziehen. Wenn aber solche Flucht nichts nützt, sei es, daß es für sie zu spät ist, weil der äußere Reiz bereits eindrang, sei es, daß es sich um einen inneren Reiz handelt, gegen den Ortsveränderung ohnehin nichts ausrichtet? Dann, so Freud, muß etwas anderes geschehen als Reizflucht. Bei Lichte besehen ist dies Andere jedoch bloß eine andere Art der Reizflucht. Sie kehrt sich um und nach innen; sie macht, daß der Reiz flieht. Was die Psychoanalyse Triebdynamik nennt, ist diese Fluchtbewegung im Inneren des Organismus. Die Fortsetzung der Flucht mit anderen Mitteln, ihre Verschiebung von außen nach innen ist eine der elementaren Nervenleistungen überhaupt, ja vielleicht das Wesen des Nervlichen schlechthin. Unter den Spezies, die bisher überlebt haben, sticht der Homo sapiens dadurch hervor, daß er, im Verhältnis zu seiner Körpergröße, die weitaus meisten Nervenzellen hat. Er ist mehr von Nerven durchdrungen, mehr «Nervenbündel» als alle anderen Lebewesen: reizempfindlicher, aber damit notgedrungen auch erfinderischer bei der Reizverarbeitung. Nun hat schon bei einigen Tierarten das Fluchtverhalten eine eigenartige Wendung genommen, und zwar in Situationen, wo es für Weglaufen oder Wegschwimmen zu spät ist. Der Hase duckt sich dann in den Erdboden, als wäre er selbst bloß Erde. Die Spannerraupe verharrt unbeweglich auf dem Ast, als wäre sie ein Stück von ihm. Die Scholle nimmt schutzsuchend die

Farbe des Meeresgrunds an. Das nennt man Mimikry: Angleichung an die Umgebung, um unkenntlich in ihr zu werden. Aber dieses Sich-unkenntlich-Machen ist eine Metamorphose der Flucht. In höchster Not versucht der Organismus zu fliehen, ohne sich wegzubewegen. Er hemmt seinen ursprünglichen Fluchtimpuls, bleibt unbeweglich an Ort und Stelle. Solche Selbsthemmung ist in der Naturgeschichte eine kaum zu überschätzende Zäsur. Einer der mächtigsten Naturimpulse wendet sich gegen sich selbst. Er wird gewissermaßen widernatürlich, pervers. Mimikry ist eine erste List der Natur gegen sich selbst. Anders gesagt: Die Triebnatur wird selbstbezüglich, reflexiv.

Es hat allerdings einiger Millionen Jahre bedurft, bis sich aus diesem ersten Ansatz zur Triebhemmung eine ganze Technik der Triebumwendung entwikkelte, und das auch nur bei einer einzigen Spezies: eben derjenigen, die am meisten «Nervenbündel» ist. Reize bilden, wie schon erwähnt, ein Intensitätskontinuum. Einige davon sind so schwach, daß ihre Wirkung nicht einmal bemerkt wird. Andere sind so gewaltig, erschütternd, quälend, daß ein Organismus nie genug Fluchtbahnen wird anlegen können, um sie abzuführen. Sie halten ihn auch dann noch in furchtbarer Erregung, wenn sie selbst längst erloschen sind. Nun sind Hominiden nicht die einzigen, die gewaltige Reizeinbrüche erlebt haben. Traumatische Erfahrungen macht die ganze Tierwelt. Aber die Hominiden als die nervösesten Tiere haben am empfindlichsten auf traumatische Einschläge reagiert und dabei allmählich ein Verhalten ausgebildet, für das «Überreaktion» vielleicht das passendste Wort ist.

Unter Hochkulturbedingungen hat Überreaktion einen denkbar schlechten Ruf. Wer eine kritische Frage mit einer Beleidigung beantwortet, einen spöttischen Blick mit einem Faustschlag quittiert oder die Feuerwehr ruft, wenn ihm die Milch überkocht, dem fehlt es an Sinn für Verhältnismäßigkeit, an Urteilskraft und Selbstbeherrschung. Aber daß diese Tugenden überhaupt haben ausgebildet werden können, dazu mußte erst einmal eine spezifische Unverhältnismäßigkeit ins Verhalten von Hominiden eingehen. Beim Versuch, Fluchtbahnen für den unerträglichen Erregungsüberschuß anzulegen, den traumatische Reize hinterlassen haben, muß sich ein Reaktionsüberschuß herausgebildet haben. Wie, wissen wir nicht. Aber offenbar begnügte sich der Organismus nicht mehr damit, auf Reize nur zu reagieren, solange sie auf ihn einwirkten. Auch nachträglich quälten sie ihn noch so, daß er nicht aufhörte, wieder und wieder an ihrer Abfuhr zu laborieren. Solche Nacharbeit ist Reaktion, geht aber in Reagieren nicht auf. Sie gewinnt einen Hauch von Eigenständigkeit, wird selbst zu einer treibenden Kraft eigener Art, beginnt nämlich ein Wieder-Hervortreiben von Vergangenem: eine *repraesentatio*, die nicht mehr bloß im Erleben eines aktuellen Reizes in der Spur einer schon gezogenen Fluchtbahn besteht. Die *repraesentatio* tritt aus dem Bann der Präsenz heraus.

Ihre Gedächtnisleistung übersteigt das bloße Wiedererkennen von Anwesendem, sei es ein dumpfes «da war doch schon einmal so etwas» oder ein helles «da ist ja wieder dieselbe Gestalt». Erleben von Anwesendem geht vielmehr in Erleben von Abwesendem über, unmittelbares Erleben in mittelbares, Wiedererkennen in Erinnern. Etwas nicht mehr Vorhandenes wird auf bestimmte Weise wieder gegenwärtig gemacht. Aus Wiederholen wird Wieder-Holen

Wieder-Holen ist zwar eine qualitativ neue Stufe von organischem Gedächtnis, aber zunächst auch bloß etwas Prozedurales: Vergegenwärtigung durch Wiedertun. Nur daß das Wiedertun jetzt etwas Vergangenem gilt, das selbst unwiederbringlich und nur mittelbar zu vergegenwärtigen ist: indem es vorgestellt wird. Erinnerung ist Vorstellung von Abwesendem. Zunächst verläuft diese Vorstellung auf äußerliche, performative Weise; sie wird agiert. Der traumatische Reiz, der einen Organismus zur Nachverarbeitung treibt, treibt auch zur Suche nach Gehilfen, die die Nachverarbeitung ermöglichen. Solche Hilfe leisten Reize, die in der Lage sind, den ursprünglichen, nun aber vergangenen Reiz zu repräsentieren, mittelbar gegenwärtig zu halten. Mit andern Worten: Die Nacharbeit manifestiert sich im Drang nach Stellvertreterreizen, die den ursprünglichen Reiz auf signifikante Weise darstellen, bedeuten. Sie sind ähnlich traumatisch und quälend wie er, nur mit dem entscheidenden Unterschied, daß sie den Organismus nicht mehr unvorbereitet überfallen, sondern er es ist, der sie herbeiführt. Dabei versetzt er alle schon gezogenen Fluchtbahnen in maximale Wiedereröffnungsbereitschaft – und sich damit in den Zustand, der psychologisch «Angst» heißt. Organismen, die von naturwüchsigen Reizen zu selbsterzeugten Stellvertreterreizen umschwenken, holen Angst nach. Dabei vollziehen sie eine Kehrtwende, eine Flucht nach vorn, wie es sie in der Natur noch nie gegeben hat. Die Mimikry der Schollen, Raupen und Hasen war nur ein erster zaghafter Ansatz dazu. Nun wird eine regelrechte Technik daraus: sich Furchtbares zufügen, um Furchtbareres loszuwerden, nämlich die unerträgliche Nachwirkung der vollen traumatischen Schreckensgewalt. In Dichtersprache: «Vor dem mirs graut, zu dem michs drängt.» Der psychoanalytische Fachausdruck dafür: traumatischer Wiederholungszwang.

Wo sich dieser Zwang einspielt, wendet sich die Triebenergie nicht nur bis zum Punkt der Selbsthemmung gegen sich wie bei der Mimikry. Sie geht aktiv darüber hinaus und verschiebt sich von der ursprünglichen Reizgewalt der Natur, die plötzlich, diffus und unberechenbar zuschlägt, zu Stellvertreterreizen, die sich eigens erzeugen, planen, wiederholen lassen, und zwar so, daß sich die ursprüngliche Reizgewalt in ihnen auf faßbare Weise verdichtet. Da sind sie wieder, Verschiebung und Verdichtung, diesmal triebtheoretisch gefaßt. Dabei zeigt sich, was im ersten Kapitel noch nicht zu sehen war: Sie sind Ergebnisse einer Triebloсkerung. Wo die Umkehrung der Reizflucht in eine Flucht nach vorn über den Punkt der Selbsthemmung, der Erstarrung in Mimikry, hinausschießt, da beginnt diese Lockerung. Hohe Empfindlichkeit, besondere Quälbarkeit hat dazu befähigt. Oder neurologisch gesagt: Ein unverhältnismäßig großes Gehirns hat zu einem unverhältnismäßigen Verhalten disponiert: zur Überreaktion, Nachreaktion, Nacharbeit. Aus dieser Disposition hat der traumatische Wiederholungszwang manifeste Realität gemacht. Mit ihm kam die Nachträglichkeit in die Welt. Sein Tun ist ein unablässiges Nachsetzen, um nicht zu sagen, Nachsitzen. «In jedem Jahrhundert muß die Menschheit nachsitzen»,[17] bemerkte Walter Benjamin und meinte damit: Jedes Jahrhundert hinterläßt dem folgenden eine Fülle unerledigter Aufgaben. Dieser Gedanke ist aber noch weit grundsätzlicher zu fassen. Kultur ist das Nachsitzen der Natur: die nicht enden wollende Nacharbeit der Natur an sich selbst. Sie ist einzig im Homo sapiens zu voller Entfaltung gekommen und hat seinem Triebleben einen Spielraum ohnegleichen verschafft: den Raum der Vorstellung, des Geistes, der Kultur. Umkehrung, Verschiebung, Verdichtung sind die gelockerten Triebbewegungen, die diesen Raum konstituiert haben. In ihnen ist das Triebleben, das Konstanzprinzip, spezifisch menschlich geworden.

Wo die Dreiheit von neuronalem Fundus, *dem* Bahnen und *den* Bahnen menschliches Niveau bekommt, da gewinnt sie eine qualitativ neue Innigkeit: die von Umkehrung, Verschiebung und Verdichtung. Diese drei sind nämlich nicht nur so miteinander verbunden, daß jedes seine Identität durch die andern beiden empfängt, sondern jedes ist in bestimmter Hinsicht selbst schon die beiden andern. Die Verschiebung von ursprünglichen Reizen zu stellvertretenden kann nicht stattfinden, ohne zugleich eine jähe, unfaßbare Reizgewalt zu wiederholbaren Reiztypen zu verdichten und dabei auch noch eine Umkehrung zu vollziehen, die die quälende Wirkung der ursprünglichen Reize durch unablässige stellvertretende Wiederholung abzubauen versucht. Verschiebung ist selbst schon Verdichtung und Umkehrung, Verdichtung selbst schon Verschiebung und Umkehrung, Umkehrung selbst schon Verdichtung und Verschiebung. Wer müßte da nicht an die christliche Lehre von der Dreifaltigkeit denken? Sie unterstellt bekanntlich einen ewigen, unermeßlich mächtigen, weisen, gütigen Gott, der die Welt geschaffen hat und sie, trotz des Versagens der Menschheit, auf ein gutes Ende hinleitet. Und wie hat er es vermocht, sich vollkommen in die Welt zu entäußern, ja Mensch zu werden bis zum Tode am Kreuz und dabei zugleich vollkommen bei sich zu bleiben? Die Antwort, die sich in gut drei Jahrhunderten christlicher Denkarbeit

[17] Walter Benjamin, *Das Passagen-Werk*, Gesammelte Schriften, Bd. V, 1, l. c., S. 177

herauskristallisiert hat, lautet: Gott ist dreifaltig, als Vater absolute Identität und Ungeschiedenheit, als Sohn ewiger Unterschied in sich («von Ewigkeit her gezeugt») und als Heiliger Geist («der von dem Vater und dem Sohn ausgeht», «eines Wesens mit ihnen» ist) vollkommene Einheit des Unterschiedenen. Ein Gott, drei Personen, und zwar so, daß jede Person sowohl im genauen Hegelschen Sinn ein «Moment» Gottes ist als auch ganz Gott – und insofern die andern beiden Personen mit umfaßt. Das mag glauben, wer will. Aber als dialektischer Gedanke ist es genial. Es besagt nämlich: Das göttliche Ganze besteht nicht nur aus drei Momenten, sondern in jedes dieser Momente ist es auch noch ganz zusammengezogen. Das Moment ist selbst schon das Ganze, von dem es als Moment zugleich unterschieden ist.

Genau so aber geht es bei der Reizflucht zu, wo sie menschliches Niveau bekommt. Sie wird buchstäblich dreifaltig. Umkehrung, Verdichtung, Verschiebung sind nur noch ihre unterschiedlichen Momente, in jedem dieser Momente aber ist sie zugleich die ganze, die ungeteilte Reizfluchtbewegung. Und genau daran reicht die Naturwissenschaft nicht heran. Sie vermag zwar die Reizflucht durchs Nervensystem dank hochtechnisierter Meßgeräte sehr genau zu verfolgen. Doch die spezifische Lockerung, die der Homo sapiens seiner Reizflucht verschafft hat, ist gerade dasjenige, was an ihrer energetischen Bewegung nicht sichtbar wird. Keine Messung von Hirnströmen wird je die Dreieinigkeit von Verschiebung, Verdichtung und Umkehrung ausmachen können. Sie sind nämlich in einem ganz buchstäblichen Sinne das Bedeutende an der Reizflucht: die Art und Weise, wie die Reizflucht über sich hinausdeutet. Und Bedeutung, so wußte schon Norbert Wiener, der Begründer der Informatik, ist dasjenige an der Übertragung elektrischer Impulse, was sich nicht messen läßt. Es gehört zum Unwägbaren daran, gewissermaßen zum «Rauschen», das, wenn nicht zu eliminieren, so doch so weit wie möglich zu minimieren ist.[18] Doch gerade dies Unwägbare ist «Geist». Nur wo Bedeutung ist, ist Geist, und nur Organismen, die Geist haben, können messen, wägen, rechnen – und schließlich, wie die Pioniere der Informatik, die ganze Mathematik für den aussichtslosen Versuch mobilisieren, die Bedeutung wegzurechnen.

Geist «hat» man freilich nicht, wie man eine Nase oder einen Computer hat. Geist ist kein Ding, keine Substanz. Es gibt ihn nur im Vollzug, eben als gelockerte Triebbewegung, in der die Tätigkeit des Bahnens sich zur Dreieinigkeit von Verschiebung, Verdichtung, Umkehrung zusammengezogen hat. Lebendiger Geist existiert nur in dieser Bahnungsbewegung, mit all ihren Modifi-

[18] «Die Nachricht ist eine zeitlich diskret oder stetig verteilte Folge meßbarer Ereignisse.» (Norbert Wiener, *Kybernetik*. Regelung und Nachrichtenübertragung im Lebewesen und in der Maschine, 1948, dt. Düsseldorf und Wien, 1963, S. 35)

kationen des Wiederbahnens und Weiterbahnens. Die Bahnen hingegen, die das Bahnen hinterläßt, sind lediglich Rückstände, ähnlich wie Schrift nie lebendiger Geist ist, sondern nur einer seiner Niederschläge – zudem ein äußerer, den ein Organismus durch Koordination von Muskeln und Nerven absichtlich auf einer Schreibfläche hinterläßt, während die inneren Bahnen, um die es hier geht, sich fluchtartig und unwillkürlich durch ein quicklebendiges Nervensystem ziehen, das von der Statik einer Schreibfläche weit entfernt ist. Die Metapher der Schrift ist für diese Bahnen nur mit größter Vorsicht zu genießen. Alle Schrift ist zwar Spur, aber nicht jede Spur Schrift.[19] Zudem sind die nervlichen Spuren oder Bahnen präskriptural, innerlich, ja in bestimmter Hinsicht nur virtuell. Solange sie nicht durch neues Bahnen aktualisiert werden, sind sie wie weggeblasen: latenter Geist. Allerdings gilt für die menschliche Triebstruktur nichts anderes als für die vormenschliche: Die Bahnen, die das Bahnen hinterläßt, sind Resultate der Selbstbestimmung, Selbstdetermination des Organismus. Sofern sich also gelockerte, «geistbegabte» Triebbewegung darin niedergeschlagen hat, sind sie nicht nur Rückstand, sondern auch Rückhalt des Geistvollzugs: sein Reservoir, sein Repertoire, aus dem er schöpft. Solange er nicht daraus schöpft, ist es buchstäblich nichts, einfach nicht da. Er ist es, der es mobilisiert. Aber er selber *ist* nur, sofern er daraus schöpft. Es ist nichts ohne ihn, aber er ist nichts ohne es. Es ist ihm in einem doppelten Sinne «über»: einerseits bloß sein Überbleibsel, andrerseits sein Überhang, gewissermaßen eine selbstgemachte Überinstanz. Und das hat Folgen für das Verständnis eines prominenten Freudschen Begriffs: den des «Über-Ich».

Seelischer «Apparat»

Freud ist erst in relativ späten Jahren aufs Über-Ich gekommen. Lange Zeit hatte er am «seelischen Apparat» des Menschen vor allem zwei «Systeme» unterschieden: das Bewußte und das Unbewußte. Ersteres schien sich von selbst zu verstehen, letzteres war um so erläuterungsbedürftiger. Wie kann in der Seele etwas nicht bewußt und dennoch «da» sein, und zwar nicht einfach bloß vorhanden, sondern als eine besondere, eigensinnige Macht, die das Bewußtsein irritiert, plagt, lähmt? Der Schlüssel dazu war der Traum. Im Schlaf, wo das wache Bewußtsein pausiert, seine Kontrollfunktion ausfällt, kann sich der Eigensinn des Unbewußten Luft und Ausgang verschaffen. Dabei stellt sich das Unbewußte allerdings als etwas Mehrschichtiges heraus. Es hat einen

[19] Diese kleine Differenz hat der große Differenztheoretiker Derrida schlicht ignoriert. Siehe meine Kritik an seiner «Krypto-Ontologie der Schrift» in: Christoph Türcke, *Vom Kainszeichen zum genetischen Code*, l. c., S. 170 ff.

triebhaft-emotionalen Bodensatz, der so gut wie gar nicht zu Bewußtsein kommt. Darüber ist eine Schicht, die nicht nur das Zeug hat, zu Bewußtsein zu kommen, sondern sich geradezu danach drängt. Aber sie wird nicht zugelassen, sondern mit großem energetischen Aufwand unbewußt *gehalten*: verdrängt. Die oberste Schicht ist das Vorbewußte: jederzeit fähig, zu Bewußtsein zu kommen, durch keine Hemmschwelle davon getrennt, sondern nur gerade nicht zum Bestand aktueller Bewußtseinsinhalte gehörig. Bei genauerem Hinsehen zeigte sich allerdings, daß die Verdrängungsbarriere durchaus keinen klaren Verlauf hat. Können im Traum doch verdrängte Inhalte bequem so weit hochkommen, daß sie sich in Worte fassen lassen. Sie gelangen also durchaus bis ins Bewußtsein, aber auf eine Weise, in der sie ihm zugleich fremd und unzugänglich bleiben.[20] Folglich verläuft die Trennungslinie keineswegs fein säuberlich zwischen Bewußtem und Unbewußtem, sondern quer dazu.

Damit geriet die dem Naturwissenschaftler Freud so liebe Vorstellung von zwei, gelegentlich auch drei «Systemen» – je nachdem, ob das Vorbewußte als eigenes System geführt oder auf die Seite des Bewußten oder des Unbewußten gerechnet wurde – ins Wanken. Den entscheidenden Stoß versetzte ihr aber seine wachsende Einsicht in die Verdrängung. Er erkannte, daß sie nicht nur bestimmte Inhalte unbewußt *hält*; sie *vollzieht* sich auch unbewußt.[21] Sie hat eine größere Reichweite als das Bewußtsein, wie sich am Traum zeigt, wo das wache Bewußtsein ausfällt, sein Vorposten, die Traumzensur, hingegen aktiv bleibt. Es ist also nicht einfach «das Bewußtsein», das da unbewußten Inhalten den Zugang in seine Sphäre verwehrt. Und so sah sich Freud genötigt, die Dreiheit von Bewußt, Unbewußt und Vorbewußt aufzugeben. Er ersetzte sie durch eine andere, die zu großer Berühmtheit gelangt ist: Ich, Es und Über-Ich. Ihr Vorzug liegt auf der Hand. An die Stelle eines eher mechanischen Modells von Systemen tritt ein eher dynamisches Modell von Instanzen. Gelegentlich ist ihr Zusammenwirken wie das von Personen gedacht. Einerseits macht sie das «menschlicher». Andrerseits droht sich dadurch ihre Kontur zu verlieren. Am klarsten ist vielleicht noch das Es, «welches die Leidenschaften enthält» (IE 294). Dieses von Georg Groddeck übernommene substantivierte Pronomen schien Freud besonders passend für die animalische Grundschicht im Menschen, den archaischen, unpersönlichen, triebhaften Seelenfundus. Das Gegenstück zum Es ist das Ich. Es sitzt, wie Freud trocken sagt, dem Es «oberflächlich auf» (IE 292), «repräsentiert, was man Vernunft und Be-

20 Sigmund Freud, *Das Unbewußte*, l. c., S. 145 ff.

21 Sigmund Freud, *Das Ich und das Es*, Studienausgabe, Bd. III, l. c., S. 286 f. Zitate werden mit dem Kürzel IE im Text nachgewiesen.

sonnenheit nennen kann» (IE 293), umfaßt aber noch mehr, etwa «die Herrschaft über die Zugänge zur Motilität» (IE 294). Und so spricht Freud vom Ich als der «zusammenhängenden Organisation der seelischen Vorgänge in einer Person» (IE 286).

Man könnte daraus nun eine hübsch runde Definition machen, etwa: «Das Ich ist die Gesamtheit der die Verdrängung leistenden und über die Motorik verfügenden, den Verkehr mit der Außenwelt regelnden Kräfte, der bewußten wie der unbewußten» – käme da nicht noch eine dritte Instanz ins Spiel, die dem Ich zentrale seiner Leistungen streitig macht: das Über-Ich. In früheren Schriften spricht Freud zunächst von einem «Idealich»[22], weil er entdeckt hat, daß menschliche Selbstliebe gar nicht dem faktischen, höchst unzulänglichen Ich gilt, sondern einem idealisierten. Ein Ich kann gar nicht entstehen, ohne sich durch ein Ideal von sich zu überhöhen. Das Idealich aber bildet sich nicht im leeren Raum, sondern stets *an etwas*: einem Vorbild. In der Studie *Zur Einführung des Narzißmus* denkt Freud dabei noch vornehmlich an die Mutter.[23] Später, als er das Idealich oder Ich-Ideal durch das Über-Ich ersetzt und den Vorgang der Idealbildung in sein Drei-Instanzen-Modell integriert, bekommt das Vorbild die scharfen Züge des Vaters. An seinen Geboten und Verboten – primär sind es Verbote erotischer Wünsche – wächst das (immer zuerst männlich gedachte) Kind empor. Gesetze, Institutionen, Autoritäten sind eigentlich bloß verallgemeinerte und anonym gewordene Väter, und wo sie genügend verinnerlicht sind, da fällt ihnen unversehens die Funktion zu, die unbewußten verbotenen Wünsche unten zu halten – eine Funktion, die allerdings auch das Ich ausübt, wenn es denn «repräsentiert, was man Vernunft und Besonnenheit nennen kann», und «die Herrschaft über die Zugänge zur Motilität» innehat. Das Über-Ich erscheint einerseits als Gegenspieler des Ich, andrerseits als dessen Geschäftsführer. Oder führt das Ich die Geschäfte des Über-Ich? Die Kompetenzverhältnisse zwischen beiden sind ebenso unklar wie die Entstehungsverhältnisse: Welches geht wie aus welchem hervor?

Hinzu kommt ein signifikanter Reflexionsausfall. Idealbildung erschöpft sich bei Freud im Sein-Wollen und Sein-Müssen wie das Vorbild, und er kennt kein stärkeres Vorbild als den Vater. So entsteht der Schein, als seien Idealisierung und Verinnerlichung eine geradezu naturwüchsige Folge väterlicher Gewalt. Davon kann freilich keine Rede sein. Auch andere Primaten haben starke Väter, ohne daß sich bei ihnen so etwas wie eine Idealvorstellung auch nur ansatzweise nachweisen ließe. Freud nimmt zwar einmal in einer Nebenbemer-

22 Sigmund Freud, *Zur Einführung des Narzißmus*, Studienausgabe, Bd. III, l. c., S. 60. Weitere Zitate werden im Text unter dem Kürzel EN nachgewiesen.

23 Cf. Janine Chasseguet-Smirgel, *Das Ichideal*, Suhrkamp, Frankfurt am Main 1987, S. 12 ff.

kung «auch für die höheren, dem Menschen seelisch ähnlichen Tiere» eine Art Über-Ich an, zumindest «überall dort», «wo es wie beim Menschen eine längere Zeit kindlicher Abhängigkeit gegeben hat».[24] Und kein Säugetier ist bei Geburt so unselbständig und wehrlos wie der Mensch. Aber diese Mängel machen noch kein Ideal. Idealbildung ist etwas qualitativ anderes als nachahmende Anlehnung an Elterntiere, nämlich Verinnerlichung eines Vorbilds – eine bewunderungswürdige Einbildungs- und Vorstellungsleistung. Darüber geht Freud souverän hinweg. Er nennt zwar das Über-Ich gelegentlich «Gewissen», ohne sich jedoch dabei aufzuhalten, daß kein Gewissen ohne Wissen ist. Für dessen imaginative und logische Strukturen ist in Freuds «seelischem Apparat» sozusagen niemand zuständig. Weder dem Ich noch dem Über-Ich sind sie exklusiv zuzurechnen, schon gar nicht dem Es, und doch machen sie auch wiederum nicht den Eindruck, als ließen sie sich von einer der drei Instanzen völlig ablösen. Wo also gehören sie hin?

Das ist eine unerledigte Frage – ebenso an die Psychoanalyse wie an die Philosophie. Im «seelischen Apparat» Freuds haben Einbildungskraft und Begriffsvermögen keinen Ort. In der philosophischen Logik haben Unbewußtes, Verdrängung und Traum keinen Ort. Kant bemerkt zwar in einer seiner früheren Schriften: «Man hat gar nicht Ursache zu glauben: daß in dem Zustande des Wachens unser Geist [...] andere Gesetze befolge als im Schlafe.»[25] Aber in der *Kritik der reinen Vernunft* hat er sich dann doch mit den Gesetzen begnügt, die der Geist im Wachzustand zeigt. Maßgeblich sind ihm allein noch die «reinen Verstandesbegriffe» oder «Kategorien», also jene Strukturen, die ein wacher menschlicher Verstand immer schon an sich haben müsse, um die vielfältigen Sinneseindrücke unter Regeln zu bringen. Schlaf und Traum, Phantasie und Unbewußtes werden, sofern sie überhaupt noch vorkommen, der Logik der reinen Verstandesbegriffe untergeordnet. Diese Hierarchie ist für den philosophischen Diskurs bestimmend geblieben. Das gilt selbst noch für den jungen Adorno, den ersten, der Freud philosophisch so ernst nahm, daß er den blinden psychoanalytischen Fleck in der Philosophie und den blinden philosophischen Fleck in der Psychoanalyse als eklatanten Mangel empfand. Seine Frühschrift *Der Begriff des Unbewußten in der transzendentalen Seelenlehre*, als Habilitationsschrift konzipiert, aber nicht eingereicht, zu Lebzeiten unpubliziert, aber für die Werkausgabe vorgesehen, ist eine Pionierarbeit. Sie versucht, Kants Kategorien mit Freuds «seelischem Apparat» zusammenzudenken. Dieser Versuch hat freilich Schlagseite. Freud erscheint lediglich als ein besonders konsequen-

24 Sigmund Freud, *Abriß der Psychoanalyse*, Einführende Darstellungen, Fischer, Frankfurt am Main 2002, S. 44. Weiterer Zitatnachweis unter dem Kürzel AP im Text.

25 Immanuel Kant, *Versuch über die Krankheiten des Kopfes*, Werke, l. c., Bd. II, S. 893

ter Kantianer, der nicht nur die äußeren Sinneseindrücke unter die Regeln des Verstandes bringt, sondern sämtliche psychischen Phänomene, Träume, Zwangsvorstellungen, Neurosen, Hysterien, wie bizarr und sinnlos sie auch erscheinen mögen. Sofern sich verdrängtes, verbotenes, abgespaltenes Bewußtsein in ihnen manifestiert, das nach Bewußtwerdung drängt, haben sie einen Sinn. Man muß sie deuten, sie demjenigen, der von ihnen geplagt ist, möglichst so zu Bewußtsein bringen, daß er sie kathartisch nacherleben und sich von ihnen befreien kann, statt sie von vornherein, wie die zeitgenössische Psychiatrie es überwiegend tat, als Unsinn zu denunzieren und mit Medikamenten wegzudrücken. Und diese umfassende Bewußtmachung, die Freud – übrigens erst Jahre nach Abfassung von Adornos Schrift – auf die berühmte Formel «Wo Es war, soll Ich werden» (VL 516) brachte, interpretiert der junge Adorno als Beitrag zur Einheit des Bewußtseins im kantischen Sinn: «alles Unbewußte ist ausnahmslos und notwendig bezogen auf Bewußtes in der Weise, daß es Zusammenhänge von Bewußtem [...] abgekürzt unter sich befaßt und in seinem Bestand ausweisbar ist allein durch den Rekurs auf Bewußtsein».[26]

Psychoanalyse wird hier als Entzauberung des Unbewußten durch seine Einordnung in die Kategorien des Verstandes gedeutet, auf die es, sofern es «Sinn» hat, immer schon bezogen sei und deren Vorgängigkeit, «Transzendentalität» es damit beweise. Das ist natürlich eine vorschnelle Vereinnahmung Freuds für die Transzendentalphilosophie.[27] So gewiß man nicht von Unbewußtem reden kann, ohne es aufs Bewußtsein zu beziehen, so wenig folgt daraus, daß die Bewußtseinsstruktur des vollentwickelten Homo sapiens das Vorgängige, immer schon Daseiende sei – und das Unbewußte nur der Abschaum davon. So hat Freud nicht gedacht. Seine Aufmerksamkeit für regressive Zustände, zumal die des Traums, hat stets einen genealogischen Aspekt. Sie will die «primitive Denktätigkeit» erhellen, die im Traum wiederkehrt und dadurch charakterisiert ist, daß ihr die Folgerichtigkeit, mit der ein wacher Verstand Einheit und Vielheit, Bejahung und Verneinung, Vorher und Nachher, Möglichkeit und Unmöglichkeit unterscheidet, gerade fehlt – womit sich diese Folgerichtigkeit als eine relativ späte Errungenschaft des Homo sapiens erweist. Freud erahnt in ihr einen mentalen Panzer, den sich der Homo sapiens im Laufe seiner Geschichte zugelegt hat. Jedenfalls bezeichnet er sie im Spätwerk als «Rindenschicht» (AP 42). Das ist hirnphysiologisch gedacht. Wie der Neocortex, in welchem die Bewußtseinsleistungen ihren Hauptsitz haben,

[26] Theodor W. Adorno, *Der Begriff des Unbewußten in der transzendentalen Seelenlehre*, 1927, Gesammelte Schriften, Bd. 1, Suhrkamp, Frankfurt am Main 1973. S. 203

[27] Sie ist ähnlich problematisch wie die Vereinnahmung Freuds für den Strukturalismus, mit der Lacan sich hervorgetan hat; siehe unten, Kapitel 3, S. 219 ff.

sich als Hirnrinde um den Hirnstamm gebildet hat, so seien die mentalen Strukturen, die den Verkehr mit der Außenwelt regeln, allmählich wie eine Rinde um den inneren Wunsch- und Erregungsherd gewachsen – gleichsam als schützende Ablagerung.

Allerdings hat dieser Vergleich Grenzen. Eine Rinde ist eine äußere Ablagerung; mentale Strukturen sind innere Ablagerungen. Um zu begreifen, wie Ablagerung und Verinnerlichung zusammengehören, hilft der Begriff der Rinde nicht weiter, wohl aber der des Über-Ich, wenn man ihn elementarer faßt als Freud selbst, nämlich als Überbleibsel und Überhang der menschlich gewordenen Reizflucht, die sich in einem artspezifischen Ensemble von Fluchtbahnen niedergeschlagen hat oder, anders gesagt, in einem artspezifischen Repertoire von Wahrnehmungs- und Verhaltensweisen. Wahrnehmungsweisen sind Grundempfänglichkeiten, die sich in Organismen so eingebahnt haben, daß in ihren Bahnen alle weiteren Bahnungen stattfinden. Wahrnehmungsweisen haben nur entstehen können durch millionenfach wiederholte Reaktivierung von Reizfluchtbahnen, die der Organismus zur Abfuhr heftiger Reizeinschläge anfangs spontan zog und dann allmählich ausbaute. Wahrnehmungsweisen sind gefestigte Reizfluchtbahnen. Und so, wie sie sich gebildet haben, haben sie sich auch geschärft und differenziert: durch Wiederholung. Schon einfachste Organismen haben feste Wahrnehmungsweisen. Andernfalls wären sie als Spezies nicht überlebensfähig. Bewegt – ruhig, hart – weich, trocken – feucht, kalt – warm, hell – dunkel, eines – vieles: die Unterscheidungsfähigkeit hiervon, wie vage und unstet sie anfangs auch sein mag, macht den Grundbestand tierischer Wahrnehmungsweisen aus. Wahrnehmungsweisen sind nur ein anderes Wort für Triebschicksal, Repertoire oder Gedächtnis. Als das Gedächtnis spezifisch menschlich wurde, als es den Bann der Präsenz lockerte, nicht mehr nur Anwesendes wiedererkannte, sondern sich den Spielraum der Nachträglichkeit eröffnete, da bahnte sich in den Bahnen tierischer Wahrnehmungsweisen etwas qualitativ Neues: Vorstellungsweisen. Und wie Gedächtnis durch nichts anderes als tätiges Erinnern entsteht, so haben sich auch Vorstellungsweisen lediglich durch Vorstellen formieren können.

Wir wissen inzwischen, was bestimmte Hominidenkollektive zur Vorstellung getrieben hat: die Abfuhr traumatischer Reize durch gezielte gemeinsame Wiederholung. Lernen, sich etwas vorzustellen, heißt aber lernen, sich etwas *anders* vorzustellen, als es ist. Vorstellung verändert; an ihrem Anfang bis zum Exzeß. Da ist Vorstellung nicht nur etwas Äußerliches, Performatives, sondern auch eine Kehrtwende. Sie besteht darin, etwas für sein Gegenteil zu nehmen: Gegenwärtiges für Vergangenes, Faßbares für Unfaßbares, Nahes für Fernes, Weniges für Vieles und – Tod für Rettung. Die «Weisen», in denen sich dieses Vorstellen niedergeschlagen hat, lassen sich erstaunlich genau angeben.

Es sind die Verlaufsformen ritueller Tötung. Das Kollektiv hält es nicht aus, ohne in gewissen Rhythmen einen oder wenige auszuwählen, die «für viele» stehen, unfaßbaren Schrecken faßbar, unbewältigte Vergangenheit gegenwärtig machen sollen – und deren folgerichtige Zubereitung zur Opferung nach stets genau demselben Schema und am selben Ort die Folgerichtigkeit zur kollektiven Schutzmaßnahme und die *theoria*, wörtlich die genaue Beachtung der göttlichen Vorschriften, zur Tugend hat werden lassen.

So unterschiedlich sich rituelle Tötung in verschiedenen Weltgegenden auch entwickelt hat: Das Grundmuster des traumatischen Wiederholungszwangs scheint in all ihren Varianten durch. Vorstellungsweisen sind jene spezifischen Bahnen, die der traumatische Wiederholungszwang bei seiner allmählichen Festigung zum Opferritual hinterlassen hat. Neurologisch gesprochen: bestimmte Reizfluchtbahnen; erlebnistheoretisch: Ritualstrukturen. «Geist» ist anfangs nichts als eine durch Verschiebung, Verdichtung, Umkehrung gelockerte Reizflucht, die durch ständige Wiederholung allmählich jene feste Form gewinnt, die wir nachträglich «Opfer» nennen. Und die Bahnen, die diese Reizflucht hinterläßt, sind Niederschläge dieses Geistes.

Idealbildung

Wo Geistbildung beginnt, da beginnt aber auch Idealbildung. Ideale sind ungleich viel älter als Ich-Ideale. Es gab sie längst, ehe Menschen in der Lage waren, ihren Organismus als jene separate, für sich selbst zuständige Einheit zu erleben, die man «Ich» nennt. Der Anfang der Idealbildung ist bereits dort, wo sich der mentale Raum auftat. Was ist der Genius, der diesen Raum erfüllte, der als kollektiv eingebildete spukhafte schreckliche Schutzmacht den Ritualvollzug überwölbte und ihm ein Wozu, einen Sinn gab, anderes als ein Ideal? Bis heute sind Ideale etwas Eingebildetes und Überhöhtes, das Orientierung und Sinn gibt. Die Urform der Einbildung und Überhöhung aber war die Umkehrung ins Gegenteil: den Schrecken als das nehmen, was von ihm errettet. Der traumatische Wiederholungszwang ist der Idealbildner *par excellence*. Nichts greift so an wie traumatischer Schrecken. Ihn wiederholen, um von seiner Übermacht loszukommen: das ist die Elementarform dessen, was psychoanalytisch «Identifikation mit dem Angreifer» heißt. Und als Angreifer kommen alle möglichen Naturgewalten in Frage: wilde Tiere, Unwetter, Erdbeben, Vulkanausbrüche, Steinschläge etc. Die Väter im Kollektiv sind diesen Gewalten ähnlich ausgeliefert wie alle andern Mitglieder, ihre eigene Gewalt ist im Vergleich dazu relativ gering. Erst unter hochkulturellen, patriarchalen Bedingungen, unter denen menschliche Naturbeherrschung weit fortgeschritten ist, kann die väterliche Gewalt zum Inbegriff allen kindlichen Gewalterlebens werden und Identifikation mit dem Angreifer beim (männlichen) Kind zu einem Sein-Wollen wie der Vater, zur Verinnerlichung des Vaters als eines Ich-Ideals, um so seine drückende Übermacht loszuwerden. Das aber ist schon ein sehr später und beschränkter Aspekt der Idealbildung, bei dem die Frage, wie es zu so etwas Erstaunlichem wie Verinnerlichung überhaupt kommen kann, gar nicht erst gestellt wird. Die Umkehrungsleistung der Vorstellung, die im Zuge verzweifelter Reizflucht Anwesendes für Abwesendes, Gegenwärtiges für Vergangenes, Vereinzeltes für vieles und, vor allem, Schreckliches für Rettendes zu nehmen gelernt hat, wird nicht annähernd ermessen.

Nur durch die Anstrengung äußerster Entgegensetzung tat sich die Welt der Vorstellung auf. Sie hat als etwas vollkommen Widersinniges begonnen. Aber erst damit ist Sinn in die Welt gekommen. Sinn hat als Widersinn begonnen. Und wie der traumatische Wiederholungszwang darin besteht, sich selbst zu bearbeiten, um sich loszuwerden oder, in der Terminologie des Konstanzprinzips, «die anlangenden Reize auf möglichst niedriges Niveau herabzusetzen», nämlich tendenziell auf Null, so besteht der Weltsinn darin, den Widersinn, der er ist, bis zur Auflösung abzumildern. Vorstellungstheoretisch heißt das: die Gegensätze abbauen, die Kluft zwischen Unfaßbarem und Faßbarem, Vergangenem und Gegenwärtigem, Vereinzeltem und vielem, Schrecklichem und Rettendem überbrücken. Und siehe da: Unfaßliches wird faßlicher, Unbewältigtes erträglicher, Schreckliches aushaltbarer, wenn es besser repräsentiert wird, wenn die primären Repräsentationen des Schreckens, die ja selbst schrecklich sind, ihrerseits durch einen Verbund weiterer Repräsentationen abgefedert werden. Die Geschichte des Opfers stellt sich in ihren Grundzügen als eine solche Repräsentationsgeschichte dar. Die bewegten Bilder ritueller Tötung, die Primärrepräsentanten, werden ihrerseits durch einen Genius repräsentiert, der als imaginäre höhere Schutzmacht über dem Ritualvollzug schwebt und ihn bedeutend erträglicher macht, indem er ihm ein Wozu, einen Adressaten, einen höheren Sinn gibt und ihn damit überhaupt erst in den Rang einer Opferhandlung erhebt.

Und nach diesem Muster hat sich die Repräsentation fortgesetzt. Das Menschenopfer wurde repräsentiert durch die Darbringung von Großtieren, dann von kleineren Tieren, von Feldfrüchten, Edelmetallen und schließlich weniger erlesenen Naturstoffen. Aber auch im Binnenraum des Mentalen selbst hat sich die Vorstellung nach der Logik der Repräsentation differenziert. Der spukhafte Genius peinigt weniger, wenn er seinerseits durch Vorstellungen repräsentiert wird, die weniger bedrängend, weniger halluzinatorisch, dafür faßbarer, objektivierbarer, distanzierbarer sind, Vorstellungen, deren Ähnlichkeit mit äußeren Naturdingen allmählich wächst, die zu einem Verbund schemenhafter Abbilder äußerer Realität werden und schließlich den Genius, als dessen Attribute sie begonnen haben, überdecken. Ein wenig müssen sich Vorstellungen schon zu einem solchen Verbund zusammengezogen und gefestigt haben, ehe sie ihrerseits akustisch repräsentierbar werden. Erst an ein relativ gefestigtes Vorstellungsarsenal können Laute in so geregelter und wiederholbarer Weise anknüpfen, daß daraus ein System von Worten wird. Wie die Geschichte des Opfers, so läßt sich auch die Kulturgeschichte des menschlichen Gehirns als eine Geschichte einander überlagernder Repräsentationen lesen. Nur wo schon ein hochdifferenziertes Bahnengeflecht von Wahrnehmungsweisen war, haben sich Vorstellungen bahnen können. Nur wo schon relativ gefestigte Vorstellungsweisen waren, hat Lautbildung andocken und sich zu geregelter Sprache entfalten können. Wahrnehmen, Vorstellen, Sprechen haben zwar verschiedene Aktivitätszentren im Gehirn, und doch sind sie synthetische Leistungen des Gesamtgehirns. Sie bauen aufeinander auf, überlagern einander, dergestalt, daß Vorstellung und Sprache sowohl Repräsentanten der Wahrnehmung sind als auch einander wechselseitig repräsentieren können. Letzteres allerdings nicht symmetrisch. Erst wenn Laute zu Repräsentanten von Vorstellungen, also zu Worten, geworden sind, können, gleich einem Echo, auch Vorstellungen zu Repräsentanten von Worten werden.

Hier ging es darum, diese Repräsentationsleistungen triebtheoretisch zu begreifen, eingedenk der Freudschen Einsicht, daß zur Dynamik des Triebs, jedenfalls des menschlichen, das Repräsentiertwerden essentiell gehört. Und da zeigte sich: Vorstellungs- und Sprechvermögen sind Niederschläge gelockerter Triebbewegung; etwas, was von ihr «über»bleibt – und damit in einem ganz wörtlichen Sinne ein Über-Ich, das weit mehr umfaßt als die Verinnerlichung väterlicher Autorität. Es ist nichts Geringeres als das menschenspezifische Repertoire, sozusagen der Kulturfonds, aus dem alle Tätigkeit schöpft, die irgend geistig genannt zu werden verdient. Wenn dem aber so ist, wie verteilt sich dann das, was Freud Ich und Es nennt? Das Ich auf die spezifisch menschliche Reizfluchtbewegung und das Es auf den neuronalen Fundus? So einfach ist es nicht. Der Fundus kann sich zwar gar nicht aufbauen, ohne dabei schon reizableitend tätig zu sein. Insofern gehört ihm die Reizfluchtbewegung an. Andrerseits ist sie von ihm unterschieden – wie der Fluß vom Flußbett. Nun hat sich die Reizableitung allerdings schon auf tierischem Niveau in bewunderungswürdiger Weise koordiniert. Auch in Schnecken und Würmern, nicht erst in Hunden und Katzen, gibt es etwas, was «die Herrschaft über die Zugänge zur Motilität» ausübt, das heißt die Muskelbewegungen im Dienst der Selbsterhaltung lenkt, ohne daß man sagen würde, dieses Etwas sei ein Ich. Bei Tieren spricht man da lieber von Instinkt, der damit als koordinierte Triebbewegung im ungelockerten Naturzustand definiert wäre. In diesem Zustand ist alles Es: sowohl der Fundus, das Bahnen als auch die Bahnen. Erst wo die Bahnungsbewegung sich durch Verdichtung, Verschiebung und Umkehrung lockert, öffnet sich der Spielraum der Nachträglichkeit, der Raum des Mentalen, und sofern er sich in jedem Individuum öffnet, mag man ihn die Dimension des Ich nennen, auch wenn in der Frühzeit des Homo sapiens die Individuen noch gar nicht in der Lage waren, sich als «Iche» zu erleben. Das Ich ist allerdings nicht etwas schlechterdings anderes als die triebhafte Bahnungsbewegung; es ist lediglich deren Modifikation. In dieser Bewegung ist sowohl Es als auch Ich. Sofern sie Triebbewegung ist, ist sie Es; sofern sie gelockert ist, ist sie Ich. Und was für die Triebbewegung selbst gilt, gilt ebenso für ihre Niederschläge. Sedimentiertes Ich, welches Über-Ich heißt, und sedimentiertes Es sind nur zwei Aspekte derselben Ablagerung. Kulturfonds ist sie nur als Naturfonds. Kultur ist lediglich gelockerte Natur, nicht etwas neben ihr. Freud macht aus dem Ineinander ein Nebeneinander. Es, Ich und Über-Ich werden zu drei Instanzen eines «Apparats». Sie können aber nur drei Momente ein und derselben Reizfluchtbewegung sein – einer Bewegung, der aus tiefer Not das Kunststück gelungen ist, dialektisch zu werden: sich gegen sich selbst zu wenden, sich von sich selbst zu unterscheiden und dabei mit sich identisch zu bleiben.

«Seele ist nur ein Wort für ein Etwas am Leibe», sagt Nietzsche.[28] Dementsprechend sind «Ich» und «Über-Ich» nur Worte für ein Etwas am Triebe: für die atemberaubende Trieblockerungsleistung, die die Dreifaltigkeit von Umkehrung, Verdichtung und Verschiebung vollbracht hat. Sie ließ im animalischen Es ein Ich aufkeimen und es sich in einem Über-Ich niederschlagen. «Geist» ist nur ein anderes Wort für die gelockerte Triebbewegung, der sich Es, Ich und Über-Ich verdanken – als drei Momente. Als Instanzen sind sie nicht haltbar. Nicht von ungefähr laufen sie Freud gelegentlich regelrecht aus dem Ruder, etwa wenn er in der Sublimierung den Fall zu erkennen meint, wo das «Ich die ersten und gewiß auch spätere Objektbesetzungen des Es dadurch erledigt, daß es deren Libido ins Es aufnimmt und an die durch Identifizierung hergestellte Ichveränderung bindet. […] Indem es sich in solcher Weise der Libido der Objektbesetzungen bemächtigt, sich zum alleinigen Liebesobjekt aufwirft, die Libido des Es desexualisiert oder sublimiert, arbeitet es den Absichten des Eros entgegen» (IE 312). Unter der Hand sind hier aus Instanzen aparte Personen geworden, die einander belauern und übertölpeln: Hauptdarsteller eines innerseelischen Schmierenstücks. Werden Es, Ich und Über-Ich hingegen an die Kandare der Reflexion genommen und als Momente einer dialektischen Triebbewegung begriffen, so sind sie unvermindert aktuell und durch keine Neurowissenschaft überholt.

[28] Friedrich Nietzsche, *Also sprach Zarathustra*, l. c., S. 39

Gelockert, bedeutend, kurzum, spezifisch menschlich wurde das Triebleben erst beim Homo sapiens: im traumatischen Wiederholungszwang. Er ist der menschliche Trieb *par excellence*, allerdings ein präerotischer Trieb. In Freuds Worten: «elementarer, ursprünglicher, triebhafter als das von ihm zur Seite geschobene Lustprinzip» – dessen «Vorzeit» angehörig. Anders gesagt: Die Sexualität ist nicht sein Stammsitz. Wie aber hat sie in den Prozeß der Trieblockerung, der Nachträglichkeit, der Vorstellung hineingeraten können, so daß aus der bloßen hormonellen Spannungsabfuhr und Fortpflanzungsfunktion allmählich etwas Bedeutendes wurde, etwas, worin die Dimension des Erotischen aufging? Einmal mehr ist hier die Historik hoffnungslos überfordert. Es gibt aus der langen Konstitutionsphase des Homo sapiens nicht einen authentischen Zeugen für diese Entwicklung. Die ältesten Bild- und Wortdokumente sind schon späte, ferne Echos davon. Zahllose Details werden für immer unerhellt bleiben. Und dennoch impliziert Triebdynamik immer auch Trieblogik und damit Entwicklungslogik des Triebs. Deren Grundzüge aber sind rekonstruierbar, und zwar von zwei physiologischen Grundsachverhalten aus. Den einen nennt Nietzsche in seiner berühmten Sentenz: «Weh spricht: Vergeh! Doch alle Lust will Ewigkeit.» Das ist eine unübertroffene erlebnistheoretische Formel für das Konstanzprinzip: quälende Reize zum Verschwinden bringen, die kurze Spanne aber, um nicht zu sagen, den Augenblick, wo die gelingende Reizverarbeitung in Genuß übergeht und als Erfüllung des Triebverlangens empfunden wird, auf Dauer stellen. Der auf Dauer gestellte Glücksaugenblick, «wo erklingt, was keine Zeit wegnimmt, wo duftet, was kein Wind verweht, wo schmeckt, was keine Sattheit verleidet, wo sich aneinanderschmiegt, was kein Überdruß auseinanderlöst»[29] – das ist das Modell für die christliche Ewigkeitsvorstellung: das «stehende Jetzt». Es ist in wörtlichem Sinne utopisch, nämlich ohne Ort in dieser Welt, aber genau der Ruhezustand, auf den die Triebspannung aus ist.

Das gilt auch dann noch, wenn man Lust und Ewigkeit erst einmal auf ihre animalische Vorform herunterbringt: Behagen und Trägheit. Jedes Behagen oder Wohlbefinden ist sich selbst genug – ohne Verlangen, daß es anders werden soll, als es gerade ist. Schmerz oder «Weh» hingegen können gar nicht sein, ohne aufhören zu wollen. Davon ist auch der menschliche Sonderfall des Masochismus nicht ausgenommen. Genossen werden kann Schmerz nur als Stellvertreter einer abwesenden oder erst im Kommen befindlichen Lust, also nur als abgemilderter, an der Schwelle des Umschlags ins Gegenteil. Schmerz-

[29] Aurelius Augustinus, *Bekenntnisse*, X, 6.

genuß hat aber relativ enge Grenzen; wo die Folter beginnt, hört der Masochismus auf. Es gibt weit größeres «Weh» als das sexuelle. Das Unwohlsein, das hormonell bedingte Sexualspannung mit sich bringt, reicht nicht entfernt an die Qual heran, die Hunger und Durst bereiten können, nicht zu reden von traumatischen Einschlägen. Erst wenn sich mit sexueller Entbehrung das Gefühl der Unerfülltheit verbindet, kann sie unerträglich werden. Aber dazu muß die Sexualität schon bedeutend geworden sein, während hier erst einmal zu zeigen ist, wie sie es werden konnte.

Damit zum zweiten physiologischen Grundsachverhalt. Jene menschliche Besonderheit, die in diesem Kapitel Trieblockerung genannt wurde, bedeutet physiologisch: Bestimmte Reizfluchtbahnen sind aus ihrer angestammten Spur geraten. Dafür gibt es ein plastisches lateinisches Verb: *delirare*. Wer (beim Pflügen des Ackers) aus der Spur kommt, deliriert. So gesehen ist Trieblockerung ein sehr drastisches, grundsätzliches Delirieren, und es hat, weil der Trieb gar nicht anders kann, als sich zu manifestieren, eine geradezu kongeniale rituelle Erscheinungsform angenommen: den Exzeß. Ein Opferritual läßt sich nicht aus dem Stand vollziehen. Ein Kollektiv, das den Drang dazu verspürt, verspürt zugleich, daß es sich auf etwas Ungeheuerliches einläßt. Es beginnt, psychologisch gesprochen, die Angst nachzuholen, deren Schutz beim traumatischen Einschlag gefehlt hatte. Ritualtheoretisch gesprochen: Es beginnt sich in einen besonderen Zustand zu versetzen, in dem es seiner eigenen Tat gewachsen ist, einen Zustand des Taumels, der Trance, der Ekstase, des Rausches, der es befähigt, die rituelle Tötung überhaupt auszuhalten. Alles, was dazu dient, diesen «erhöhten» Zustand zu erreichen, ist willkommen: sei es der Vollzug immer wieder gleicher kollektiver Bewegungen, die man später «Tanz» nennt, seien es die regelmäßigen Begleitgeräusche dazu, die Elementarformen von Rhythmus und Gesang, sei es der Genuß berauschender Substanzen, sei es die gezielte Selbstverwundung, das Anbringen von «Kainszeichen», die nicht nur das Verschontsein des Kollektivs und seine tätige wie leidende Anteilnahme am Schicksal der Auserwählten anzeigen, sondern auch ganz elementare Schmerzablenkungs- und Betäubungsversuche darstellen, um die doppelsinnige Anteilnahme an der Opferung zu ertragen. *Excedere* heißt hinausschreiten, und der Exzeß ist zunächst nichts Geringeres als das Hinausschreiten aus dem Natur- in einen Kulturzustand: eine Leistung von enormer Anstrengung, die nur durch gemeinsames geduldiges Sich-Hineinsteigern gelingt – also eine kollektive Selbstdisziplinierung ersten Ranges, das strikte Gegenteil dessen, was man unter Hochkulturbedingungen als Exzeß erachtet: partielles Ausflippen aus festen sozialen Regelwerken. Exzesse haben gelernt werden müssen. Ihre Entwicklung dürfte anfangs eine sehr mühselige Trieblockerungsarbeit gewesen sein – und zugleich eine ebenso mühselige Ritualbildungsarbeit. Trieblockerung und rituelle Strukturbildung sind nur zwei Seiten desselben Prozesses.

Nun fällt auf, daß Sexualität, die heute mit dem Wort Exzeß bevorzugt assoziiert wird, im Tierreich, bis hin zu den Primaten, wenig exzessive Züge zeigt. Sich mit mehreren Partnern paaren statt nur mit einem: das hat unter animalischen Bedingungen noch nichts mit Exzeß zu tun, sondern zunächst nur mit wenig ausgeprägter Wahl. Selbst Paarungszeiten, die verschiedene Arten von Balzverhalten zeitigen, sind zwar Zeiten gesteigerter hormoneller Spannungen, die auf Abfuhr durch Kopulation drängen, aber es sind keine Exzeßzeiten. Die Tiere hauen dabei nicht über die Schnur. Sie bleiben in den festen Bahnen ihrer eingespielten Reizfluchtmechanismen. Von Trieblockerung kann nicht die Rede sein. Und die sich in regelmäßigen Abständen steigernde Sexualspannung, die schließlich wieder abflaut, hat durchaus keine so quälende Intensität, daß sie nachträglich durch immer neue Wiederholung abgearbeitet werden müßte. Dennoch haben die Pioniere der Psychoanalyse einmütig versucht, Kultur aus Sexualspannung herzuleiten. C. G. Jung stellte sich das so vor, daß der Sexualakt, wodurch auch immer, «aus der ihm eigentlich zugehörigen Sphäre herausgedrängt» worden sei, zum einen «in die analoge Mundzone», die sowohl «als erotisch wichtig beibehalten» als auch «zur Erzeugung der Lockrufe» und damit zur Sprache präpariert worden sei; zum andern in die Hand, die nun sowohl «onanistisch» tätig werde als auch Feuer reibend, was ebenfalls eine sexuelle Ersatzhandlung sei, die aber zur Kulturhandlung mutiere: zur «ersten Kunst». Weil aber «die sekundäre Sexualtätigkeit (der verlagerte Koitus) nie imstande ist oder sein wird, jene natürliche Sättigung herbeizuführen, wie die Betätigung an eigentlicher Stelle», sei damit «auch der erste Schritt zur charakteristischen Unzufriedenheit getan, welche den Menschen späterhin von Entdeckung zu Entdeckung trieb, ohne ihn je die Sättigung erreichen zu lassen».[30]

Das ist ein Ammenmärchen der Menschwerdung. Ein völlig nebulöses «Herausgedrängtwerden» der Sexualität aus ihrer «eigentlich zugehörigen Zone» (wer oder was hat sie denn herausgedrängt?) soll dafür gesorgt haben, daß das Sexualverhalten der Hominiden sich in Ersatzhandlungen seiner selbst übersetzte, die Balz in Tanz und Feuermachen, der Lockruf in Sprache. Freud mochte zwar nicht glauben, daß die Hominiden so glimpflich in den Kulturzustand hinübergeglitten seien, aber auch seine Version der Menschwerdung ist ein Märchen: die Geschichte von der Urhorde, wo «[e]in gewalttätiger, eifersüchtiger Vater [...] alle Weibchen für sich behält und die heran-

[30] Carl Gustav Jung, *Wandlungen und Symbole der Libido*, 1912, Neuausgabe, Deutscher Taschenbuch Verlag, München 2001, S. 161–164

wachsenden Söhne vertreibt». «Der gewalttätige Urvater war gewiß das beneidete und gefürchtete Vorbild eines jeden aus der Brüderschar gewesen.» Daher «taten sich die ausgetriebenen Brüder zusammen, erschlugen und verzehrten den Vater und machten so der Vaterhorde ein Ende.» (TT 425 f.) Diese Geschichte ist insofern hellsichtig, als sie die menschliche Kultur mit einem kollektiven Mord an einem einzelnen beginnen läßt; aber sie ist anachronistisch und unpsychologisch in dem Glauben daran, daß Sexualneid zu dieser Tat getrieben habe. Wohl gibt es in der Natur Sexualneid; aber natürliche Sexualität ist nicht mit so viel Spannung aufgeladen und so viel Unerträglichkeit verbunden, daß sie von sich aus zur Kultur nötigte. Umgekehrt: Erst Kultur hat sie unter jene spezifische Spannung gesetzt, die wir «erotisch» nennen. Auch Sadismus und Masochismus sind Kulturphänomene. Tiere mögen grausam sein. Sadisten sind sie nicht.

Wenn es stimmt, daß der traumatische Wiederholungszwang dort, wo er historisch greifbar zu werden beginnt, nämlich im Opferkult, schon eine lange Vorgeschichte hinter sich hat, dann wird man auch die Entwicklung der Sexualität zur Erotik erst in einem fortgeschrittenen Stadium zu fassen bekommen. Das Aurignacien (vor ca. 35–28 000 Jahren), die Epoche der ältesten uns bekannten Wandmalereien und sehr alter Skulpturen, ist jedenfalls schon eine frühe Hochkultur. Dennoch läßt sich aus ihren eindrücklichen Bilddokumenten einiges Frühere erschließen. Es ist ein langer Weg, bis frühmenschliche Kollektive jene bewegten Bilder, in denen sie sich den Naturschrecken selbst vorstellen, derart eingeübt und ausmodelliert haben, derart routiniert und distanziert vollziehen, daß sie fähig werden, davon gleichsam einzelne Abzüge zu machen und sie in Elfenbein oder Stein festzuhalten. Und wo das geschieht, nehmen diese Abzüge Tiergestalt an. Möglicherweise ist das jüngst in einer Höhle in Kalahari (Südafrika) entdeckte Relief einer Riesenschlange an die 70 000 Jahre alt, also etwa doppelt so alt wie die ältesten Bildzeugnisse aus dem Aurinacien – ein Indiz mehr dafür, daß die Gestaltung stehender Bilder kein anderes Anfangsmotiv gehabt haben dürfte, als Schreckliches zu bannen. Das jähe, blitzartige Auftauchen der Schlange, ihre schwer faßbaren, gleichsam gestaltlosen Schlängelbewegungen, die schon vor dem tödlichen Biß «gewisse typisch intuitive, irrationale, phobische Reaktionen» «des vegetativen Nervensystems» «sowohl bei Menschen als auch bei Primaten hervorrufen»[31] – dies alles schreit sozusagen nach bildlicher Bannung. Daß die ältesten stehenden Bilder Schlangenbilder sind, läßt sich zwar nicht beweisen. Wohl aber stellt die Schlange unübertrefflich das Grauen dar, das zum stehenden Bild getrieben hat und darin vergessen werden sollte. Sie repräsentiert wie nichts anderes die Un-

[31] Ulrich Raulff, *Nachwort*, in: Aby Warburg, l. c., S. 78

faßbarkeit des Naturschreckens und ist doch etwas, worin er faßbar wird: das Tier, an dem maximal begreiflich wird, warum es wilde Tiere sein mußten, an denen sich die Bildgestaltungskräfte entzündeten. Nirgends verdichtet sich der Schrecken so wie in ihnen. Der unfaßbare Blitz wird in der blitzartigen Schlangenbewegung faßbar. Das Dröhnen des Donners oder des Erdbebens bekommt im Löwen, der markerschütternd brüllt, eine Gestalt. Und wenn man erst einmal gelernt hat, den Schrecken in Tierbilder zu bannen, dann kann man sie auch weiter bannen – durch Bilder weniger schrecklicher Tiere flankieren, überlagern, ersetzen. Die dämpfende Entwicklungslogik der Repräsentation funktioniert auch hier. Die Wandbilder in den berühmten Höhlen Südfrankreichs und Spaniens bilden denn auch ein ganzes tierisches Repräsentationssystem. Seine Genealogie ist allerdings kaum mehr zu ermitteln. Pferde sind am häufigsten dargestellt, aber gewiß nicht die schrecklichsten Tiere; dann erst kommen Wisent, Auerochse, Steinbock, Hirsch, Mammut, Ren, Bär, Löwe und Nashorn, ohne daß sich an dieser Reihenfolge einfach der Gefährlichkeits- oder der Häufigkeitsgrad des jeweiligen Tiers ablesen ließe. Gewiß sind all diese Bilder auf die Jagd bezogen, zu der die dort ansässigen Menschen sowohl waffentechnisch als auch organisatorisch fähig geworden waren. Insofern ist es nicht falsch, von Jagdzauber zu sprechen. Nur wird der von modernen Menschen meist zu instrumentell gedacht, als hätten die Steinzeitmenschen aus den Tieren durchs Festhalten im Bild einfach bloß wehrlose Zielscheiben machen wollen. Tiergewalt unschädlich machen bedeutete aber weit mehr. Voll gerüstet zur Jagd war man erst durch Rituale, die die fürchterliche Tierkraft zur eigenen Kraft zu machen suchten, die übermächtige Naturgewalt zur Schutzmacht. Das ist die Urfigur der Magie. Sie ist in der Umkehrungslogik des traumatischen Wiederholungszwangs enthalten. Und die Wandbilder sind die Bühnenbilder dieser rituellen Aufführung. Sie richtet sich an die Tierkraft, die sich an den Wänden in gebanntem Zustand befindet.

Der Genius war das erste «Wozu» des Kults: sein erster Adressat. Wenn seine Spukgewalt sich in Tiergewalt, seine Spukgestalt sich in Tiergestalten konkretisiert, geht auch das Wozu an sie über. Tiere werden zu Adressaten des Kults, sie werden «heilig»: zu Totems. Die ersten Tierbilder sind Totembilder, gewissermaßen überdimensionale Talismane. Ihre Vielfalt an den Höhlenwänden zeugt von einem bereits weitverzweigten, in seinen Details nicht mehr durchschaubaren totemistischen System.[32] Dennoch hat es eine Entwicklungslogik. Den Bildern ist sie nicht mehr zu entnehmen. Doch es gibt

[32] Max Raphael hat in dieses System gewiß viel Unhaltbares hineinprojiziert: etwa daß es «die Herrschaft des Menschen über den Menschen verhindern wollte», «eine Art heiliger Andacht vor dem Sein schlechthin» ausdrücke oder daß «in jedem Tier des Paläolithikums und erst recht in jeder Tiergattung das Antlitz eines Menschen oder einer menschlichen Gruppe»

einen Mythos, der sie nahezu unverblümt offenlegt. Es ist der im ersten Kapitel zitierte australische, wo es heißt: «Dann verwandelte die Große Schlange diejenigen, die sich an die Gesetze hielten, in Menschen, und sie gab jedem von ihnen sein Totemwesen, von dem der Mensch stammte. So kannten sich die Stämme und Clans durch ihr Totem: Sie waren die Nachfahren des Emus, des Känguruhs, der Schwarzkopfpython und vieler anderer Ahnenwesen aus der Traumzeit.» Die «Traumzeit» war die Zeit des Schlangenkults, und er ist nicht nur für die Aborigines konstitutiv gewesen. Der Fund von Kalahari sowie die weite Verbreitung der Schlange in den Frühschichten der indischen, mesopotamischen, mediterranen und amerikanischen Mythologie – mit Vorliebe kommt sie dort als etwas Überwundenes, Erschlagenes, in den Untergrund Gedrängtes vor – sprechen dafür, daß sie, wenn nicht überhaupt der erste, so doch einer der ersten tiergestaltigen Adressaten des Kults gewesen ist – und somit ein zentraler Ausgangspunkt des Totemismus. Urtotems sind zu schrecklich, als daß man bei ihnen verweilen mag. Man fängt an, sie durch weniger furchtbare, vertrautere zu repräsentieren, und die Verzweigung hordenhafter Kollektive zu organisierten Stämmen, Clans und Subclans hat diesen Repräsentationsprozeß zusätzlich befördert. Ein Clan braucht, um sich von andern abzuheben, eine eigene Identität, das heißt einen eigenen Kultadressaten. Daß «die Schlange» «jedem sein Totemwesen gab», ist sowohl eine atavistische Erinnerung an den Differenzierungsprozeß menschlicher Kollektive als auch an den Repräsentationsprozeß des Schreckens. Je mehr sich das totemistische System verzweigt, desto mehr verläuft sich darin der totemistische Anfangsschrecken. Im australischen Mythos ist er noch aufbewahrt. In der Höhlenmalerei der Südwesteuropäer hat er sich bereits so weit verlaufen, daß sich Urtotems nicht mehr sicher ausmachen lassen – ein weiterer Fingerzeig für den hohen Entwicklungsgrad dieser Kultur.

Gegenüber den Tierdarstellungen sind die Menschendarstellungen nachran-

stecke, «die durch das Tier sich selbst in ihren letzten Bedürfnissen und Idealen bloßlegen» (Max Raphael, *Prähistorische Höhlenmalerei*, Neuausgabe Bruckner & Thünker, Köln 1993, S. 24, 28 und 29). Erstaunlich, wieviel Schwulst ein bürgerlich gebildeter Marxist noch in die menschliche Frühzeit hineinzutragen bereit war. Dennoch bleibt es Raphaels Verdienst, die Höhlenbilder als totemistisches Repräsentationssystem erkannt zu haben. Neuerdings wird dies System bestritten; «insbesondere die Homogenität und Beständigkeit der Tiermotive, das völlige Fehlen von Gegenstands- und Pflanzentotems [...] sowie die Vielfalt der Zeichen und ihrer topographischen Verbreitung [...] stimmen nicht im entferntesten mit dem uns heute bekannten Totemismus der ‹primitiven› Gesellschaften überein» (Michel Lorblanchet, *Höhlenmalerei. Ein Handbuch*, Thorbecke, Stuttgart ²2000, S. 87). Das zeigt freilich nur, wie wenig primitiv der «heute bekannte Totemismus» ist, wie sehr er sich seit dem Aurinacien weiterentwickelt hat, aber doch nicht, daß er damals noch keiner war. Andernfalls müßte man auch einem Fisch, weil er in vielem «nicht im entferntesten» mit einem Säugetier übereinstimmt, den Tierstatus absprechen.

gig. Sie sind definitiv nicht die ersten, erst allmählich zu den Tierdarstellungen hinzugetreten und anfangs noch gar nicht trennscharf von ihnen geschieden. Sofern sie überhaupt Köpfe haben, sind sie eher undeutlich und noch weitgehend tierähnlich, während etwas anderes recht ausgeprägt ist: ihr Geschlecht. Bei der ältesten erhaltenen Menschendarstellung, der ca. 25 000 Jahre alten «Venus» von Willendorf, einem kleinen weiblichen Elfenbeintorso, treten Brüste und Vulva unverhältnismäßig stark hervor. Man darf zwar sicher sein, daß diese Statuette Teil eines Rituals war, worin das weibliche Geschlecht als bedeutend zelebriert wurde, aber man weiß nicht, inwiefern und wofür. Es sind weitere fünf Jahrtausende vergangen, etwa soviel Zeit wie von Gilgamesch bis zu uns, bis sich in der berühmten Höhle von Lascaux eine Menschendarstellung im Tierkontext niedergeschlagen hat, als Teil einer Bildererzählung. Ein mächtiger Wisent – sein Unterleib ist von einem Speer so durchbohrt, daß Gedärme heraushängen – hat den Kopf zum Angriff gesenkt. Direkt daneben eine menschenartige Figur, auffallend primitiv und unplastisch dargestellt, wie ein Strichmännchen, in Schräglage nach rückwärts, mit ausgebreiteten Armen, vogelartigem Kopf und erigiertem Penis. Ist diese männliche Figur dargestellt im Moment des Umfallens nach dem Kopfstoß des Wisents? Oder im erregten Zustand eines kultischen Tanzes, zumal eine direkte Linie von ihrem vogelähnlichen Kopf aus über den rechten Arm auf eine separate Vogelfigur an der Wand unter ihm verweist, die ebenfalls rituelle Bedeutung haben dürfte? Diese beiden Deutungen müssen einander nicht ausschließen. Man darf nur nicht so anachronistisch sein, den Kopfstoß des Wisents, der einen Mann umwirft, als Momentaufnahme aus einem realen Jagdzug zu lesen. Nimmt man die Szene aber als Verdichtung eines Rituals, so kommt darin das scheinbar Unvereinbare zusammen. Der Wisent *als Totem* streckt einen Menschen nieder, das heißt, ein Mensch wird ihm dargebracht. Und zur Darbringung gehört ein erregter Tanz, dessen sichtbares Zeichen die sexuelle Erregung ist. Sie gibt sich als Bestandteil jenes «erhöhten», rausch- und tranceartigen Zustands zu erkennen, in dem sich das Kollektiv beim Ritualvollzug befindet. Wie, wenn das Wandbild von Lascaux den Ursprung eines Motivs offenlegt, das als eine der großen Triebkräfte dramatischer Gestaltung bis heute nicht aufgehört hat, zu wirken? Gemeint ist der Liebestod.

Eros

Kopulierende Tiere machen nicht «Liebe». Sie vollziehen auch keinen Exzeß. Sie bauen miteinander eine ihnen gemeinsame hormonelle Spannung ab. Das hat, ganz im Sinne des Konstanzprinzips, etwas Einvernehmliches, Behagliches, Beruhigendes – etwas, was auf Dauer aus ist. Von sich aus hat

Sexualität keinerlei Anlaß, aus diesem Naturzustand herauszutreten. Wenn sie es dennoch tat, dann nicht freiwillig. Sie ist daraus vertrieben worden. Die Ausbildung des traumatischen Wiederholungszwangs hat den ganzen Organismus in Mitleidenschaft gezogen, auch seine Sexualität. Während die Hominiden sich durch rhythmische Bewegungen, Rauschmittel, Selbstverletzungen gemeinsam in den erhöhten Zustand des Ritualvollzugs hineinsteigerten, während sie sich angsterfüllt aneinanderdrängten, um gemeinsam die Schwelle zur Tötung der «Auserwählten» zu überwinden, müssen sie gemerkt haben, daß Körperkontakt Angst mindern hilft, daß sexuelle Bewegungen ebenfalls eine Rhythmik haben, daß auch sexuelle Erregung sich kollektiv steigern, ins Exzessive treiben läßt und dabei eine rauschhafte, schmerzlindernde, ablenkende Wirkung eigener Art zu entfalten vermag. Man muß Verschiebung und Verdichtung nur etwas weiter und elementarer fassen als Freud, und schon zeigt sich das Einbeziehen der Sexualität ins Ritual, ihre damit verbundene Intensivierung und Überhöhung als eine der großen Verschiebungs- und Verdichtungsleistungen der frühen Menschheit. Verschiebung und Verdichtung erweisen sich auch hier als Elementarkräfte der Trieblockerung, und die Lockerung zeigt zusätzlich die Seite, daß sie von der Abfuhr traumatischer Erregung auf die Abfuhr sexueller Erregung übergreift.

Menschen, die seit Jahrtausenden in eine gelockerte Triebkonstitution hineingeboren werden, als hätte es sie immer schon gegeben, können schwerlich nachempfinden, wie sexuelle Trieblockerung in ihren Anfängen erlebt wurde. Aber daß sie sich wie die Befreiung von einem Joch anfühlte, ist getrost auszuschließen. Nichts deutet darauf hin, daß die natürliche hormonelle Spannungsabfuhr anders empfunden wurde denn als Behagen und Erleichterung. Es dürfte umgekehrt eher so gewesen sein, daß mit beginnender Trieblockerung dieses Behagen einem Delirieren wich, mit dem die eingespielten natürlichen Abläufe und Signale, die zum heterosexuellen Abbau hormoneller Spannung zu führen pflegten, buchstäblich aus der Spur gerieten und in einen Zustand versetzten, der eher wie eine Störung des Gleichgewichtssinns denn als sexuelle Befreiung empfunden wurde. Von überschäumendem Genuß kann nicht die Rede sein. Sexuelle Trieblockerung hat zwar nur kollektiv beginnen können. Aber sie hat mit dem, was sich moderne Menschen unter «Gruppensex» vorstellen, herzlich wenig zu tun. Wir wissen nicht, wie der sexuelle Exzeß anfangs verlief, wie er das Tötungsritual umgab, in welchem Maße er es vorbereitete, überlagerte oder nachbearbeitete, ob das kollektive Aneinander- und Ineinanderdrängen jeden mit jedem in sexuellen Kontakt brachte oder gar nötigte. Allerdings muß die Trieblockerung, die hier stattfand, auch die Naturanlage der Heterosexualität gelockert haben. Und indem im Kraftfeld des Tötungsrituals die Sexualität rauschhaft-betäubende Intensität annahm, ging zugleich eine Grundeigenschaft des Rituals auf sie über: die Vorstellungsqualität. Der sexuelle Exzeß wurde Teil der Opfervorstellung – damit aber auch eine eigene Vorstellung des Opfers. Dessen verzweifeltes Bestreben war es ja, das Kollektiv in Einklang mit der furchtbaren Übermacht der Naturgewalt zu setzen. Wo die Sexualität in diese Einklangsbeschwörung hineingezogen wird, hört sie auf, ein bloßer Naturvorgang zu sein. Kopulation dient nicht länger bloß dem Spannungsabbau. Sie wird zelebriert. Sie beginnt auf unblutige Weise jenen Einklang mit der Naturgewalt darzustellen, den das Opferritual nur auf blutige Weise aufzuführen vermochte. Und erst die derart mit Bedeutung aufgeladene, über sich hinausweisende, zu Vorstellung gewordene Sexualität verdient den Namen Eros.

Erst wo Eros ist, beginnt, was die Psychoanalyse «libidinöse Besetzung» nennt. Das ist nicht dasselbe wie Abfuhr hormoneller Spannung, allenfalls etwas, was bei solcher Spannungsabfuhr geschieht, wenn sie wieder und wieder im gleichen Kontext erfolgt. Besetzung braucht Wiederholung und Kontinuität: eingefahrene Reizfluchtbahnen. Sie ist eine Gedächtnisleistung. Besetzen heißt: eine Bedeutung beilegen, und die primären Bedeutungen sind, wie sich im Laufe dieser Abhandlung gezeigt hat, Umdeutungen. Wenn ein kollektiver sexueller Exzeß das Tötungsritual «besetzt», dann stellt er es als das Gegenteil dieser Tötung vor. Er versucht es abzufedern. Libidinöse Besetzung beginnt als Besänftigung. So roh sie sich anfangs vollzogen haben mag – vom übereinander Herfallen nicht weit entfernt –, so strebt sie doch über die Roheit hinaus. Die das Opfer vollziehen, begehen eine Bluttat, um verschont zu werden. Im Sexualexzeß hingegen verschonen sie einander tatsächlich. Und der verschonende, der schonungsvolle Umgang miteinander ist nichts Geringeres als die Urform von Liebe. Aller Respekt, alle Zartheit, alle Zärtlichkeit, zu denen menschliche Kultur je gelangt ist, kommt aus der Verschonung. Auf die Unversehrtheit des anderen bedacht sein: was ist Liebe, wenn nicht das?

Liebe entstand nicht freiwillig. Sie ist aus der Natur buchstäblich hervorgetrieben worden. Völlig anachronistisch die Vorstellung, ein von Natur aus liebevoll-zärtlicher Sexualtrieb habe sich gelegentlich mit einem von ihm unabhängigen Aggressions- oder Destruktionstrieb verbunden und dann die perversen Phänomene des Sadomasochismus gezeitigt. Die Lockerung oder Erotisierung des natürlichen Sexualtriebs ist selbst schon pervers. Generell ist Kultur pervertierte Natur, verdankt sie sich doch dem Mechanismus der Umkehrung – wie auch alle Zartheit und Liebe, zu denen die Menschheit je fähig wurde. Sie sind im Kraftfeld des Opfergrauens aufgekeimt. Ihr Anfangsstadium hat freilich wenig zu tun mit dem, was in einer Hochkultur als Sadomasochismus praktiziert wird, wo Gewalttun und -leiden als sexuelle Stimulantien eingesetzt werden. Ursprünglich war es umgekehrt um die Deeskalierung von Gewalt und Grauen durch Sexualität zu tun. Genau das ist der Entstehungszusammenhang der Liebe und der Ursinn von Liebestod: Die ersten rohen Formen von Liebe hat der Opfertod entzündet. Er hat die Dimension der Verschonung in der Sexualität aufgehen lassen. Er hat die Sexualität erotisiert.

Der Eros hat kultisch begonnen. Nicht von ungefähr nannten ihn die alten Griechen einen Gott. Das ist weit mehr als nur eine Floskel: geschichtsgesättigte Redeweise, nirgends großartiger dokumentiert als in Platons *Symposion*, jenem Reigen von Lobgesängen auf den Eros, dessen phantasievollster dem Komödiendichter Aristophanes in den Mund gelegt wird. Es ist die Geschichte von den Urmenschen, die es in dreifacher Ausfertigung gegeben haben soll, männlich, weiblich und mannweiblich. Und zwar «war die ganze Gestalt eines jeden Menschen rund, so daß Rücken und Brust im Kreise herumgingen. Und vier Hände hatte jeder und Schenkel ebensoviel wie Hände und zwei Angesichter auf einem kreisrunden Halse einander genau ähnlich und einen gemeinschaftlichen Kopf für beide einander gegenüberstehenden Angesichter und vier Ohren, auch zweifache Schamteile und alles übrige, wie es sich hieraus ein jeder weiter ausbilden kann.» Und da diese Wesen derart stark und schnell gewesen seien, «daß sie sich einen Zugang zum Himmel bahnen wollten, um die Götter anzugreifen», «zerschnitt» Zeus «die Menschen in zwei Hälften, wie wenn man Früchte zerschneidet, um sie einzumachen», und ließ «sie gehen auf zwei Beinen».[33] Und damit erst sind sie zu den Wesen geworden, die sich seither als Spezies Mensch fortpflanzen.

Die Geschichte von den Urmenschen als hybriden Doppelwesen, die Zeus erst durch Zweiteilung zu Menschen gemacht hat, ist eine der sinnigsten Verdichtungen menschlicher Triebgenealogie. Die Fiktion des hybriden Doppelwesens ermöglicht Platon, auf komödiantische Weise eine todernste Menschheitserinnerung zu artikulieren. Erst wo die Gottheit Menschen zerschneidet, «wie man Früchte zerschneidet, um sie einzumachen», anders gesagt, erst wo um der Götter willen Menschen geschlachtet werden, vollzieht sich die Menschwerdung. Platon sagt hier nichts anderes das griechische Verb *rezein*, das sowohl «Opfer darbringen» wie generell «handeln, tätig sein» heißt und damit zum Ausdruck bringt, daß Opfern der Inbegriff menschlichen Handelns, die menschenspezifische Tätigkeit schlechthin ist. Die Pointe ist nun aber die Fortsetzung der Geschichte: Nichts anderes als die sakrale, durch «Zeus» veranstaltete «Teilung» der Menschen entbindet den Eros. «Nachdem nun die Ge-

[33] Platon, *Symposion (Das Gastmahl)*, 189 e ff., übersetzt von Friedrich Schleiermacher, in: Platon, Werke in acht Bänden, Band 3, Wissenschaftliche Buchgesellschaft, Darmstadt 1990, S. 269 ff.

stalt [wörtlich *physis* = Natur] entzweigeschnitten war, sehnte sich jedes nach seiner anderen Hälfte, und so kamen sie zusammen, umfaßten sich mit den Armen und schlangen sich ineinander», in «dem Begehren, zusammenzuwachsen»; «und dies Verlangen eben und Trachten nach dem Ganzen heißt Liebe [*eros*]». Der Eros ist «den Menschen angeboren, um die ursprüngliche Natur wieder herzustellen».[34] Diese Wiederherstellung gelingt ihm nicht, aber sie hört nicht auf, sein Fluchtpunkt zu sein. Stets weist er über sich hinaus. Wo der Mensch «entzweigeschnitten», will sagen, Mensch geworden, erotisch geworden ist, ist er, wie Platon sagt, *symbolon*, wörtlich: Bruchstück, das auf sein Gegenstück, von dem es abgebrochen ist, verweist. Zum Menschsein gehört das Symbolsein. Es bedeutet eine integrale Einheit, die es nicht erreicht.

Todestrieb

Was Aristophanes im Symposion gleichsam augenzwinkernd erzählt, ist ein eigens von Platon erfundener Kunstmythos, kein atavistisches mythologisches Erbstück, und gleichwohl eine große Erinnerungsspur der Herkunft des Eros aus dem Menschenopfer. Bei Freud wird nun ausgerechnet dieser Passus zum Kronzeugen für seine These vom Todestrieb, auf die er in *Jenseits des Lustprinzips* verfallen ist und die ihn die letzten zwei Jahrzehnte seines Lebens nicht mehr losgelassen hat. Er nimmt die Phantasie von der Zerschneidung der Urmenschen als «Wink des Dichterphilosophen» dafür, «daß die lebende Substanz bei ihrer Belebung in kleine Partikel zerrissen wurde, die seither durch die Sexualtriebe ihre Wiedervereinigung anstreben» (JL 267). Diese Vermutung ignoriert sowohl die kultische Dimension des platonischen Mythos als auch die Differenz von Eros und Sexus. Der Sexualtrieb wird zu einer allgemeinen Lebenskraft verwässert, die darauf angelegt sei, Körperzellen zusammenzuhalten, und die Frage, wie die unbelebte Substanz just dadurch hat belebt werden können, daß sie «zerrissen wurde», wo Zerreißen doch Töten ist, wird sicherheitshalber erst gar nicht gestellt. Man erlebt hier förmlich mit, was Fixierung ist. Freud ist im Begriff, sich auf den Todestrieb zu versteifen, und greift nach allem, was dessen Existenz zu stützen scheint.

Ein Vierteljahrhundert lang bildete zu dieser Zeit das Konstanzprinzip bereits die physiologische Grundlage seiner Theorie. Es hatte ihm ermöglicht, jene verkleideten Wunscherfüllungen, die er in den Träumen seiner Patienten aufspürte, als verstohlene Abfuhr besonders drängender, weil verbotener Re-

[34] L. c., 191 a (S. 273), 192 e (S. 281), 191 d (S. 275)

gungen zu verstehen: der sexuell-inzestuösen.[35] Und dann häuften sich, mit dem Ersten Weltkrieg, jene Soldatenträume, die Nacht für Nacht die *Stahlgewitter* der Kriegsfront wiederholten und beim besten Willen nicht mehr als Manifestationen verbotener Sexualregungen zu deuten waren, die Freud bis anhin als den Motor sämtlicher Träume angenommen hatte. Er entdeckte die volle Wucht des traumatischen Wiederholungszwangs, den er zuvor nur in abgefederter Form, als sexualtraumatischen, wahrgenommen hatte und den er nun, in einem seiner lichtesten Augenblicke, «ursprünglicher, elementarer, triebhafter als das von ihm zur Seite geschobene Lustprinzip» nannte: dessen «Vorzeit». Im Klartext: Die Sexualität ist nicht das Primäre im menschlichen Triebleben. Diese Einsicht rüttelte ebenso an Freuds Dogma von der Sexualität als der fürs Traumleben konstitutiven Kraft wie an seiner kulturtheoretischen Behandlungsgrundlage: dem Märchen von der Entstehung der Kultur aus Sexualneid. Der traumatische Wiederholungszwang bedrohte das Fundament der ganzen bisherigen psychoanalytischen Arbeit. Er durfte nicht zugelassen werden. Der Titel *Jenseits des Lustprinzips* läßt sich durchaus als verkappter Ausruf lesen: Bleib jenseits des Lustprinzips, traumatischer Wiederholungszwang; störe dessen sexualitätszentrierte Kreise nicht! Es galt, den traumatischen Wiederholungszwang unschädlich zu machen, ihn abzuführen wie einen plagenden Reiz. Die Todestrieb-Hypothese war die eigens dafür angelegte theoretische Reizfluchtbahn. Auf ihr ließ er sich ins Jenseits des konkreten Wirkungskreises der Psychoanalyse befördern: in die vorpsychologische Sphäre reiner Biologie und Physiologie. Und worauf beruft sich Freud dabei? Ausgerechnet auf das Konstanzprinzip. Jahrzehntelang war es für ihn nichts als ein Lebensprinzip. Nun glaubt er daran eine neue Seite zu entdecken. Zeugt der Zwang, traumatisierende Reize immer und immer wieder abzuarbeiten, nicht davon, daß es den Organismus eigentlich zur völligen Reizlosigkeit drängt, also zum eigenen Tod? Ist das Konstanzprinzip nicht in letzter Instanz ein «Nirwanaprinzip»?

Das hat Freud tatsächlich über Stock und Stein zu beweisen versucht. Dabei muß das Konstanzprinzip in ähnlicher Weise für ein Ursprungsmärchen herhalten wie zuvor die ödipale Familiensituation für das Märchen vom erschlagenen Urvater. «Irgend einmal wurden in unbelebter Materie durch eine noch ganz unvorstellbare Krafteinwirkung die Eigenschaften des Lebenden erweckt. [...] Die damals entstandene Spannung in dem vorhin unbelebten Stoff trachtete danach, sich abzugleichen; es war der erste Trieb gegeben, der, zum Leblosen zurückzukehren.» (JL 248) Schier unerfindlich allerdings, wie bei solchem Drang zum Tode das entstehende Leben jemals über die Augen-

[35] Siehe oben, Kapitel 1, S. 55 f.

blicksexistenz von Einzellern hat hinauskommen können. Stattdessen soll aber das Gegenteil geschehen sein; «äußere Einflüsse» «nötigten» «die noch überlebende Substanz zu immer größeren Ablenkungen vom ursprünglichen Lebensweg und zu immer komplizierteren Umwegen bis zur Erreichung des Todeszieles» (JL 248), aus Einzellern wurden Vielzeller, hochkomplexe Organismen, bis daß der Todestrieb schließlich in Gestalt von Keimzellen seine eigenen Widersacher hervorbrachte: «die Gruppe der Sexualtriebe». «Sie sind die eigentlichen Lebenstriebe» (JL 250).

Wäre das Hervorgehen der Sexualtriebe aus dem Todestrieb doch wenigstens als reflexive Bewegung konzipiert; aber es ist gedacht wie eine Zellteilung. Eines teilt sich in zwei und erzeugt so sein eigenes Gegenstück. Bei einer Zelle mag das angehen. Wie aber soll sich ein Trieb teilen, zumal wenn er ein Drang zum Tode ist, ohne jeden Widersacher, aber auch ohne jeden Anlaß, einen Gegendrang von sich abzuspalten? Die Teilung des Triebs in Todes- und Lebenstrieb impliziert zudem *nolens volens* auch ein gespaltenes Konstanzprinzip. Einerseits soll der Spannungsabbau zur Befriedigung drängen, andrerseits zum Tod, ohne daß irgend plausibel gemacht werden kann, wie beide gleichzeitig im selben Organismus wirken und ihm auch noch Bestand geben sollen. Und wie steht es mit Verdrängung, Verschiebung und Verdichtung beim Todestrieb? Welcher Art sind die Krankheiten und Leiden, die aus seiner gehemmten Abfuhr resultieren? Sind seine Neurosen – das Leben? Ist libidinöse Befriedigung seine Frustration und libidinöse Frustration seine Befriedigung? Nicht ansatzweise wird versucht, zur psychosexuellen Entwicklung, der die ganze psychoanalytische Aufmerksamkeit gilt, ein psychothanatoides Gegenstück zu skizzieren. Ein solches müßte es ja geben, wenn der Todestrieb wirklich ein Trieb wäre. Aber wo die Spekulation über ihn beginnt, hört jede seriöse triebenergetische Reflexion auf. Es bleibt nur der vage Verweis auf die «Trägheit im organischen Leben» (JL 246) und die Folgerung daraus, daß «alle organischen Triebe konservativ, historisch erworben und auf Regression, Wiederherstellung von Früherem, gerichtet sind» (JL 247).

Letzteres ist ein schwacher Versuch, die Spaltung des Konstanzprinzips durch Vermengung von zwei Begriffen zu übertünchen: konservativ und regressiv. Konservativ sein heißt sich erhalten wollen, bleiben wollen, wie man ist; regressiv sein heißt in einen früheren Zustand zurückstreben. Freud tut so, als liefe beides auf dasselbe hinaus, als sei auf Spannungsabfuhr drängen soviel wie nicht mehr leben wollen. Nun gibt es zwar Phänomene, die auf ihr Nichtsein aus sind. Wenn ein Gewitter auf Entladung drängt, «will» es aufhören. Es hat gewissermaßen einen Todestrieb – aber nur, weil es selbst schon tot ist. Die Spannungsabfuhr geschieht auf rein physikalischem Niveau, in einer unbelebten Konstellation. Sobald sie aber in einem belebten Körper stattfindet, tut sie das zu dessen Konditionen – zu den Konditionen des Lebens. Gewitter mögen regressiv sein. Organismen sind primär konservativ – auf ein behagliches Reizminimum aus, um sich optimal zu *erhalten*. Manche von ihnen entwickeln regressive Tendenzen, etwa wenn sie im Schlaf fötale Körperhaltung annehmen. Aber auch das dient der Reizminderung zu besserer Selbsterhaltung und ist nicht das mindeste Zeichen dafür, daß «das Leben» zum Tod dränge. Andere bilden einen traumatischen Wiederholungszwang aus. Auch dessen Wiederholungen geschehen, um sich selbst überflüssig zu machen. Sie drängen also nach ihrem Ende, aber natürlich im Dienste eines schreckfreien Lebens. In metaphorischem Sinne kann man jede Triebregung als Todestrieb deklarieren, denn jede will das Ende einer Entbehrung. Aber so unspezifisch war es bei Freud gerade nicht gemeint. Gewiß hat er recht, wenn er sagt: «Das Leblose war früher da als das Lebende.» (JL 248) Doch Unbelebtsein ist nicht der Urzustand des jeweiligen belebten Körpers, als wäre er zuerst dagewesen und hätte dann erst Leben eingehaucht bekommen wie der Erdkloß im Garten Eden den Odem Gottes. Ein belebter Körper ist von Anfang an ein Zellgebilde, eine organische Organisation, und die will sowohl Reizlosigkeit erlangen als auch Reizlosigkeit erleben. Sie will das Unmögliche: nicht den anorganischen Urzustand, sondern etwas, was noch nie war. Sie ist nicht regressiv, sondern utopisch.

Inzest

Platons triebtheoretischer Mythos hat genau diese utopische Drift. Zwar ist der Eros als Sehnsucht nach Wiederherstellung des Urzustands konzipiert. Aber der Urzustand ist ein imaginärer: rückwärtsgewandte Utopie. Mit wiederhergestellter Natur ist geheilte Natur gemeint, nicht tote; bruchlose, nicht leblose. Der Eros will mehr als nur «Befriedigung» oder «Leben»: die geheilte, versöhnte, unversehrte Natur. Das hat Platon besser verstanden als Freud, weil er den kultischen Ursprung des Eros im Sinn behalten hat. Gewiß ist der griechische Gott Eros bereits eine Allegorie, keine alte Kultgottheit; ohnehin schief die Vorstellung, archaische Kollektive hätten «die Liebe als solche» angebetet. Das haben sie nicht einmal an den Altären von Ischtar, Aphrodite oder Venus getan. Ihr Status als «Liebesgöttinnen» deutet lediglich darauf hin, daß die sexuelle Unterfütterung der ihnen dargebrachten Opfer besonders nachdrücklich war. Allerdings werden die rohen Frühformen delirierender menschlicher Sexualität dunkle Stellen der menschlichen Frühzeit bleiben, zumal gar kein Anlaß bestand, sich ihrer gern zu erinnern. Dennoch scheint es da eine Art Grunddatum zu geben, das so tief im Menschheitsgedächtnis liegt, daß es sich weder vergessen noch ans Licht heben läßt. Die

Mythologie erzählt davon meist nur sporadisch und andeutend, und dennoch hat es in ihr eine unheimliche, unausgesprochene Präsenz, gilt es doch als das schlechterdings Verbotene. Die Rede ist vom Inzest. Bis heute hat das Inzesttabu seine Rätselhaftigkeit nicht verloren. Die Natur kennt keine Inzestschranke. Mäuse und Karnickel paaren sich, ohne auf ihre Verwandtschaftsverhältnisse irgend zu achten, und etwas von dieser Unbekümmertheit reicht bis zu den Primaten hinauf. Inzest tut nicht weh, er ist ausgesprochen naheliegend; denn wer liegt näher als die eigenen Verwandten? Daß er langfristig degenerativ wirkt, hat erst auf relativ hoher Kulturstufe zu Buche geschlagen und ist nichts, was den einzelnen direkt bedroht. Das dürfen wir nicht tun, davon werden unsere Nachkommen blöd: das ist eine späte Überlegung, aber keine tabubildende Elementarreaktion. Was aber dann hat den Inzest tabuisiert? Daß er alle Verwandtschaftsverhältnisse durcheinanderbringt? Das tut er nur, wo es diese Verhältnisse schon gibt. Hier aber geht es darum, warum menschliche Kollektive die dringende Notwendigkeit verspürt haben, dem Inzest ein Ende zu setzen, indem sie Abstammungs- und Verwandtschaftsverhältnisse zu strikten Regulatoren des Sexualverhaltens machten. Anders gesagt: Warum hielten sie den Inzest nicht aus? Gewiß nicht, weil «die Brüder» der Urhorde, aus schlechtem Gewissen über dem Mord am Urvater, von nun an darauf verzichteten, sich mit den weiblichen Angehörigen des eigenen Clans zu paaren, wie es der geile Alte getan hatte, und sich ihre Frauen aus anderen Horden suchten.

Aber Freuds Märchen setzt gewissermaßen an der richtigen Stelle an. Irgend etwas muß den Inzest unerträglich *gemacht* haben. Kann das aber, nach allem bisher Entwickelten, etwas anderes gewesen sein als seine Einbeziehung in die rituelle Tötung? Mit ihr hörte der Inzest auf, natürlich zu sein. Er wurde spezifisch menschlich: exzessiv, bedeutungsgeladen – und hineingezogen in den kollektiven Zwang zur Einmütigkeit gegen das Opfer. Die rituelle Schlachtung eines Angehörigen war ja nur auszuhalten, wenn alle Clanmitglieder einträchtig daran teilnahmen, sich ohne jede Feindseligkeit untereinander zu kollektiven rhythmischen Bewegungen und Lautartikulationen, zur Einnahme von Rauschmitteln und zu narkotisierender Selbstverletzung vereinigten, um sich gemeinsam in den ekstatischen Zustand zu steigern, worin sie zu einer solchen Tat überhaupt nur fähig wurden. Und wo der dabei unvermeidliche Körperkontakt in sexuelle Handlungen überging und auch sie zum Bestandteil des gemeinschaftlichen Exzesses machte, bekam auch der Inzest eine neue Qualität und Intensität. Das Kollektiv nahm sich gewissermaßen vorsätzlich zu ihm zusammen und veranstaltete ihn rituell, um das Opfergrauen zu besänftigen. Andrerseits wurde er gerade dadurch dessen Repräsentant – und dermaßen mit ihm assoziiert, daß beide nicht mehr ohne einander haben erinnert werden können. Wenn das aber stimmt, dann zeigt sich ein bestimmter Grundverdacht Freuds als vollkommen berechtigt: Der archaische Inzest ist untrennbar von kollektiv veranstalteter Menschentötung, weshalb alle Kultur auf einem strikten Verbot beider beruht: einem Doppeltabu. Nur daß Freud nicht gewahr wurde, *wie* Inzest und Tötung zusammengehören, wie sehr der Inzest selbst schon ein Versuch war, die nicht enden wollende Tötung zu bewältigen; daß in Gestalt dieser beiden Urtabus die Kultur ihren eigenen Anfangszustand tabuisiert, daß sie sich auf der Flucht vor ihrem eigenen Ursprung, als Verdrängungsversuch der Menschwerdung entfaltet hat – und daß die Sage von König Ödipus, der seinen Vater tötet und seine Mutter heiratet, bereits eine hochkultivierte Deckerinnerung darstellt, die den wahren Sachverhalt eher verschleiert als offenlegt. Indem sie ihn in individualisierter Form und auf dem Niveau einer patriarchalen Familienstruktur vergegenwärtigt, deckt sie ihn zugleich zu. Sie befindet sich ähnlich auf der Flucht vor dem wahren Ursprung der Kultur wie Ödipus auf der Flucht vor dem Orakelspruch, während Freud die Geschichte geradezu wie eine treuherzige Offenbarung las, als enthalte die darin festgeschriebene familiäre Dreierkonstellation das Urschema aller Kultur und als gebe die Doppeltat des Ödipus «den beiden Urwünschen des Kindes» (TT 417) unverblümten Ausdruck – wo Ödipus doch seine Verbrechen unwissend und wider Willen begeht: beim verzweifelten Versuch, ihnen zu entrinnen.[36]

Macht man sich klar, daß die frühe Menschheit allen Anlaß hatte, den inzestuösen Sexualexzeß zu fliehen, weil er, sosehr er das Opfergrauen zu besänftigen suchte, selbst grauenhaft war, so bekommt der Begriff «Reizflucht», der zunächst triebtheoretisch gemeint war, auch einen geschichtsphilosophischen Aspekt. Die Überwindung des kollektiven Inzests muß eine solche Reizflucht gewesen sein. Wie sie vonstatten ging, welche Verhaltensweisen sie zeitigte, ist kaum mehr zu ermitteln. Aber eines kann auch hier nicht gefehlt haben: die besänftigende Wirkung der Repräsentation. Wie sich das Tötungsritual durch sexuellen Exzeß repräsentieren ließ, so ließ sich dieser Exzeß wiederum durch sein Gegenteil repräsentieren: durch kollektive sexuelle Enthaltung. Auch sie ist ein *excedere*, ein Heraustreten aus dem natürlichen Umgang mit dem eigenen Sexualdrang, gleichsam ein Negativexzeß, das Gegenstück zum Kollektivinzest und insofern ein besonders probates Mittel, um von ihm loszukommen.

[36] Ihm mit Kennergestus unterstellen, sein Grausen vor seinen Taten sei lediglich Freudsche Verneinung, insgeheim habe er doch nichts sehnlicher gewollt, als sie zu verüben, heißt die Eigenlogik der sophokleischen Tragödie zu ignorieren und ihr ein psychoanalytisches Schema überzustülpen, dem sie sich gerade nicht fügt. Cf. dagegen den ergiebigen religionsphilosophischen Zugang von Klaus Heinrich, *Arbeiten mit Ödipus. Begriff der Verdrängung in der Religionswissenschaft*, Stroemfeld/Roter Stern, Basel 1993, v. a. S. 120 ff.

Zudem erreicht sie ein neues Niveau der Opferrepräsentation. Das Kollektiv bringt der Gottheit temporär die eigenen Sexualbedürfnisse dar. Es verleiht damit dem Schlachtopfer Nachdruck und stellt es zugleich auf unblutige und nichtinzestuöse Weise dar. Ein ganzes Leben lang sexuelle Enthaltsamkeit zu üben, kam auf dem Selbstbeherrschungsniveau der frühen Menschheit noch gar nicht in Betracht. Eremiten und Mönche sind Enthaltsamkeitsvirtuosen – Hochkulturerscheinungen. Enthaltsamkeitsexzesse sind im Vergleich dazu grob und sporadisch – nichts, was sich auf Dauer stellen läßt. Und so konnte die Flucht der frühen Menschheit vor ihren eigenen inzestuösen Sexualpraktiken zu nichts anderem führen als der strikten Beachtung von Verwandtschaftsverhältnissen. Verwandtschaftsverhältnisse als Regulatoren des Sexualverhaltens sind abgelagerte, profan gewordene Ritualstrukturen. In ihnen hat die gelokkerte Bewegung des Sexualtriebs eine Zuflucht gefunden. Wenn zum Ritualvollzug einst die inzestuöse Zusammendrängung des Kollektivs gehört hatte, so mußte deren Verneinung ebenfalls im Ritual beginnen: zunächst als kollektiver Enthaltsamkeitsexzeß; dann als gezielter Enthaltsamkeitszwang bestimmter Personengruppen gegeneinander, etwa Angehörigen verschiedener Generationen oder derselben Kernfamilie; schließlich als Verselbständigung dieses Zwangs zu einer generellen Lebenshaltung: dem Zölibat.

Zur Flucht der frühen Menschheit vor ihrem eigenen Inzest gehört auch die Flucht aus dem Erregungszentrum des Rituals – hin zu profanen Verhältnissen, in denen der gelockerte, delirierende, erotisch gewordene Sexualtrieb zur Dauerhaftigkeit deeskalieren kann. Jene *Ancient Society*, die Lewis H. Morgan in seinem gleichnamigen, bahnbrechenden ethnologischen Werk untersuchte, ist jedenfalls alles andere als der menschliche Urzustand, vielmehr ein bereits hochentwickeltes Gefüge von Abstammungs- und Clanverhältnissen, in denen das Inzesttabu derart abgekühlt, verzweigt, verfeinert, veralltäglicht und zu einer kollektiven Haltung sedimentiert ist, daß der Exzeß, dem es Einhalt geboten hat, als solcher kaum mehr kenntlich ist. Er läßt sich allenfalls noch erschließen aus der Rigorosität der Regeln, die ihn verbieten. Schlägt man hingegen das Gilgamesch-Epos auf, jenes älteste erhaltene der großen Erzähl- und Erinnerungsstücke der Menschheit, so präsentiert sich darin zwar eine urbane, despotisch-patriarchale Hochkultur, und doch ist der Glutkern des Sexualexzesses in ihrem Innern nicht erloschen. «Sechs Tage und sieben Nächte stand Enkidu aufrecht und paarte sich mit Schamchat.» Erst die vollständige sexuelle Verausgabung, die Enkidu so «geschwächt» hat, daß «seine Knie» «still standen» und unfähig wurden, «mit der Herde zu laufen», gibt ihm «Verstand» und «Einsicht»,[37] obwohl der Exzeß selbst längst Teil eines stren-

[37] *Das Gilgamesch-Epos*, l. c., I, 194 ff.; siehe oben, S. 88 ff.

gen rituellen Regelwerks geworden ist. Er hat das feste Zeitmaß einer Woche, womöglich das einer ganz besonderen Woche, etwa der vor der Sonnenwende oder der Tagundnachtgleiche. Der Zwang, die unbewältigte Herkunft menschlicher Sexualverhältnisse aus einem mörderischen Exzeß wieder und wieder zu vergegenwärtigen, ist auf Repräsentanten abgewälzt, die ihn stellvertretend für das ganze Kollektiv – wahrscheinlich zu genau festgelegten Jahreszeiten und im Rahmen bestimmter Opferfeste – vollziehen. «Kultprostitution» ist dafür ein eher schiefer Ausdruck. Mit käuflicher Liebe hat das, was da geschieht, jedenfalls nichts zu tun. Die «Dirne Schamchat» ist nicht irgendeine Straßenhure, sondern eine Kultbeamtin, Priesterin, womöglich die oberste, weil sie mit ihrer ganzen Person dafür einsteht, daß die unbewältigte kultische Herkunft des Eros, ganz im Sinne des Konstanzprinzips, durch rituellen Reizabbau unschädlich für das Gemeinwesen wird. So gesehen ist Gilgamesch geradezu die männliche Entsprechung zu Schamchat. Wenn er das *ius primae noctis* praktiziert, versieht er die Bräute gleichsam mit dem Stempel der Gottheit, die sie in die Ehe entläßt – und vollzieht im Zeitraffer noch einmal jenes Heraustreten aus dem kultischen Kollektivexzeß in wohltemperierte profane Familienverhältnisse, das die Menschheit so ungeheuer viel Zeit und Mühe gekostet hat.

Die Profanierung des Eros ist auch seine allmähliche Naturalisierung gewesen. Die unnatürliche Trieblockerung, die der traumatische Wiederholungszwang einst in Gang setzte, ist dem Homo sapiens schließlich zur Natur geworden. Ob sich die Geschichte dieser Sedimentierung nach den strengen Kriterien moderner Historik jemals wird schreiben lassen, steht dahin. Dennoch hat ihr Verlauf eine Logik, die hier «erogenetisch» genannt werden soll. «Erogen» nennt Freud jene Körperzonen, die «die Genitalien vertreten und sich ihnen analog verhalten» (EN 51), aber die Fähigkeit zu solcher Stellvertretung hat der menschliche Körper erst erwerben müssen. Erogene Zonen haben eine lange erogenetische Vorgeschichte. Wenn besonders empfindliche und erregbare Körperpartien erogen werden, so beginnen sie, füreinander einzustehen: einander zu bedeuten. Sie werden gewissermaßen semantisch aufgeladen, gewinnen eine im wörtlichen Sinne bedeutende Empfindsamkeit, die sie von Natur aus nicht hatten, die ihnen aber allmählich zur Natur wird – und ins Bedeutungsgefüge erotisierter Sexualität eintritt. Bedeutend war der kollektive inzestuöse Exzeß zunächst ja lediglich insofern, als er das Tötungsritual bedeutete. Aber Bedeutung ist verschiebbar. Sie konnte vom Ritual selbst auf dessen Repräsentanten übergehen, so daß herausgehobene Einzelne den Exzeß stellvertretend für das Kollektiv vollzogen und dabei ebenfalls füreinander bedeutend wurden. Daß Sexualpartner einander «die Welt bedeuten»: das hat nicht als spontane private Gefühlsaufwallung begonnen, sondern im Kult – in der feierlichen Vereinigung priesterlicher Repräsentanten, deren Kopulation das Wohlergehen des Kollektivs und den Bestand seiner sozialen Ordnung beschwor.

Libidinös besetzen heißt immer auch bedeutungsvoll machen. Lieben kann man nur, was einem etwas bedeutet, und das heißt stets: was einem mehr bedeutet, als es ist. Erst dieses Mehr läßt das physische Behagen bei der hormonellen Entspannung in ein Glückserleben übergehen. Und dieser Übergang ist ein entscheidender Schritt in der Profanierung des Eros. Sein besänftigendes, verschonendes Bedeuten, das nirgends anders als im Kraftfeld rituellen Grauens gelernt wurde, tritt aus diesem Bann heraus. Es humanisiert sich. Bis es sich zur beglückenden Liebe zweier Personen zueinander sublimierte, die nun ihr Lebtag nicht mehr voneinander lassen wollen; bis es so tief in die menschliche Natur eingesunken war, daß es an den Lippen des Säuglings seinen individualgeschichtlichen Anfang nehmen konnte, sind kaum zählbare Jahrtausende verstrichen. So gewiß aber nur der profane Eros human wirken kann, so gewiß gilt auch umgekehrt: Ganz profan kann er nie werden. Solange er etwas bedeutet, wird er seinen kultischen Ursprung nicht los, hört er nicht auf, über sich hinauszuweisen: auf jene versöhnte und verschonte Natur, die einst das Ritual suggerierte – und die auch die liebevollste Handlung eben nur bedeuten, aber nicht herstellen kann.

Säuglingsmystik

Damit ist noch einmal auf Platons wunderschönen Mythos zurückzukommen. Die kultische Teilung des Menschen hat nämlich eine natürliche Vorgeschichte. Auch bei jeder Geburt werden aus einem Doppelwesen zwei Einzelwesen. Und das Neugeborene will zunächst gar kein Einzelwesen sein. Es will, daß jener Schwall von Reizen, dem es mit seiner Geburt ausgesetzt wird, bestehend aus Licht, Geräuschen, Temperaturschwankungen, Berührungen etc., wieder aufhört. Es will, ganz im Sinne des Konstanzprinzips, zurück in den Zustand der Reizlosigkeit und Versorgtheit, aus dem es durch Geburt hinausgepreßt worden ist. Deshalb drängt sich jedes Säugetier, nicht nur das menschliche, zurück an den Mutterleib, aus dem es gerade hervorgekrochen ist. Es sucht nicht eigentlich die Mutter. Es findet sie auf der Suche nach maximalem Reizabbau. Der Saugreflex, den es als Disposition mitbringt und der es geradewegs an die Zitzen der Mutter führt, ermöglicht ihm zwar, sich von der Muttermilch zu ernähren. Aber die primäre Intention des Saugens ist eine andere: die Teilung in zwei Einzelwesen rückgängig zu machen. Der Säugling versucht, sich in den Mutterleib und den Mutterleib in sich hineinzusaugen. Sein Saugen ist nichts Geringeres als ein mystischer Akt, und es ergeht ihm dabei nicht anders als später den theologischen Mystikern. Die *unio mystica* ist stets ein Mißlingen; sie kommt über eine bloß gefühlte und punktuelle Einheit nicht hinaus. Faktisch wird der Säugling ebensowenig wieder eins mit der Mutter wie Meister Eckehart mit Gott. Gleichwohl verschafft das Saugen etwas, was es nicht intendiert hat und was für die fehlschlagende Wiedervereinigung reichlich entschädigt: Nahrungsgenuß. Saugen erweist sich als anstrengend, nahrhaft und angenehm, und erst wenn diese drei Eigenschaften zusammenwirken, gerät das Neugeborene in den Zustand einer erfüllten Erschöpfung, die den Archetypus des Genusses darstellt.

Nun ist zwar schon bei Katzen, Hunden und Affen das Saugen an der mütterlichen Zitze ein mystischer Akt, aber einer, bei dem die Mystik latent, gewissermaßen im Naturzustand bleibt. Sie kommt nicht zum Ausbruch, wird nicht kulturell, nicht bedeutend. Und das hat – neben dem Gehirnvolumen der jeweiligen Spezies – gewiß auch damit zu tun, daß der Geburtsschock, den jedes aus dem Mutterleib hinausgepreßte Wesen erleidet, gewöhnlich nicht heftig genug ist, um von sich aus schon jene kulturstiftende Kraft zu entfalten, die der traumatische Wiederholungszwang bewiesen hat. Folglich macht der bloße Naturvorgang der Geburt, der ein Lebewesen in zwei teilt, von sich aus auch noch keinen Eros. Damit sich die Dimension des Erotischen auftut, muß eine weitere, eine spezifisch menschliche Teilung hinzukommen. Und die assoziiert Platon zielsicher mit Zeus. Erst wenn durch gewalttätige kultische Zweiteilung aus Hominiden Menschen geworden sind, kann auch die Zweiteilung durch Geburt spezifisch menschliche Züge annehmen. Nun erst kann die Mutter lernen, ihr Kind als bedeutend wahrzunehmen: als Objekt der Erziehung, nicht nur der triebgeleiteten Fürsorge. Und dem Kind kann etwas widerfahren, was weit erstaunlicher ist. Bei jener Tätigkeit, nach der es benannt wird, nämlich dem Saugen, beginnt ihm die Dimension der Bedeutung aufzugehen. Das ist nur möglich, wenn die erogene Fähigkeit, also die Fähigkeit des Eros, sich von einer Körperzone zur andern, von einem Objekt zum andern zu verschieben und Repräsentationsverhältnisse zwischen ihnen herzustellen, auch eine historische, «erogenetische» Entwicklungsrichtung[38] hat. Der Eros ist nicht in der Mutter-Kind-Symbiose gelernt worden, wie all jene Psychologen mit größter Selbstverständlichkeit unterstellen, die sich keinen Augenblick fragen, warum junge Hunde, Pferde oder Schimpansen trotz allen Saugens nicht zur Erotik gelangen. Der Eros ist in die Mutter-Kind-Symbiose

[38] Damit ist nicht gemeint, daß der Eros Bestandteil der genetischen Ausstattung wird. Vielmehr ist an einen epigenetischen Prozeß gedacht, in dessen Verlauf die Fähigkeit zur Erotik zu einer allgemein menschlichen Disposition geworden ist. «Sedimentierung» ist dafür ein zwar ungenaues, aber dennoch treffendes Wort, ähnlich wie «Bahnung» für die hochkomplexen neurochemischen Reizverarbeitungsprozesse.

geraten – auf seinem unvorstellbar langen, kaum mehr rekonstruierbaren Weg des Absinkens aus dem kultischen Erregungszentrum in die natürliche Disposition der menschlichen Spezies. Und er hat sich in diesem Prozeß auch insofern verschoben, als sein physischer Herd gleichsam ans andere Ende des menschlichen Körpers gewandert ist: von den Genitalien zum Mund. Gattungsgeschichtlich begann der Eros im Kult. Individualgeschichtlich beginnt er am Kopf. Der menschliche Säugling gibt geradezu das Sinnbild dafür, daß Eros zu Kopfe gestiegene Sexualität ist. Und auch hier kommt der Eros, wie schon an seinem menschheitsgeschichtlichen Ursprung, nicht freiwillig in Gang. Das erschöpfende Saugen an der Mutterbrust ist zwar lustvoll, aber noch nicht erotisch. Das wird es erst, wenn der Säugling die Erfahrung der Versagung macht, wenn er merken muß, daß die mütterliche Brust nicht die seine, nicht *er* ist, sondern etwas von ihm Unterschiedenes, Eigenes, was sich ihm widersetzt. Erst dadurch wird sie ihm zum Objekt; *obicere* heißt entgegenstehen, Widerstand leisten. Und er wird in einem sehr wörtlichen Sinne zum Subjekt; *subicere* heißt unterliegen. Sie als Objekt und sich als Subjekt erfahren heißt also, ihren Widerstand zu bemerken, sich von ihr unterworfen, verworfen zu fühlen, und das wiederum heißt nichts Geringeres, als die eigene Nichtigkeit zu spüren zu bekommen. Selbsterfahrung beginnt als Nichtigkeitserfahrung. Über diese Erfahrung muß der Säugling irgendwie hinwegkommen. Dazu braucht er viel Zuwendung von außen, aber das Entscheidende muß er selbst leisten. Er muß lernen, die Versagung anzunehmen, indem er sie nicht nur immer wieder geschehen läßt, sondern beginnt, sie eigens zu provozieren, herbeizuführen, in eigene Regie zu nehmen. Und dabei vollzieht er individuell in abgefedertem Kleinformat etwas nach, was die Menschheit einst kollektiv bei der Bewältigung traumatischer Einschläge vorexerziert hat: die Gutheißung des Unerträglichen.

Die Gutheißung der Versagung, an der jeder Säugling laboriert, ist längst in Gang, wenn er beginnt, seine Lippen, denen der mütterliche Saugzipfel entzogen ist, mit den Fingern, mit Stoffzipfeln etc. zu reizen und sich so einen gewissen Ersatz für die versagte Lust des Saugens zu verschaffen. Daran wird für die Außenstehenden sichtbar: Der Säugling heißt sich selbst gut; er wendet die primäre Selbsterfahrung, die eine Erfahrung der Nichtigkeit ist, in Selbstbejahung. Selbstbejahung geht nur durch ihr Gegenteil hindurch. Sie ist, philosophisch gesprochen, stets Negation der Negation – nicht anders als ihr Gegenstück, die Fremdbejahung. Genuin fremd wird dem Säugling die mütterliche Brust, wenn sie sich ihm versagt, und dies äußere Negative muß er ebenso negieren lernen wie seine eigene Nichtigkeit. Indem er sich gutheißt, heißt er auch das Fremde gut – und bewirkt damit, daß die mütterliche Brust für ihn nicht länger in disparaten Erlebenszuständen des Versagens und Gewährens besteht, sondern zu einem Objekt zusammenzuwachsen beginnt. Indem er erfährt, daß die versagende Brust keine andere als die gewährende ist, wird sie für ihn überhaupt erst Brust. Sie als Objekt kennenlernen heißt, sie ebenso als einen Widerstand bemerken, der zurückweist, wie als einen Halt, der einlädt – und gewahr werden, daß beide zusammengehören. Damit bekommt dieser Halt eine neue Qualität. Er hilft nicht nur, die Versagung zu ertragen; er macht auch aus der Gewährung mehr, als sie war, bevor sie versagt wurde, nämlich eine Überwindung des Widerstands, eine Negation der Negation. Sie spendet nicht mehr einfach bloß Genuß, sondern einen Genuß, der mehr bedeutet als er ist: das Ende der Versagung.[39]

Beim Säugling ist der Saugtrieb keineswegs schon ein «Partialtrieb», wie Freud hat glauben machen wollen. Er *wird* erst partial – in dem Maße, wie der erogene Prozeß andere Körperzonen einbezieht und die Genitalien allmählich zu Erregungs- und Lustzentren werden. Anfangs ist der Saugtrieb der Trieb *par excellence.* Es gibt keinen andern als ihn. Hunger und Liebe, die Freud eine Zeitlang sehr willkürlich in die zwei konträren Grundtriebe der Selbsterhaltung und der Sexualität zerlegt hat, sind darin noch ungeschieden. Und an den Organen des Saugtriebs, den Lippen, geht denn auch der Eros auf. Sie sind der – präsexuelle – Ort, wo das Drängen nach Spannungsabfuhr am Widerstand der Versagung bedeutend wird. Das Spielen des Säuglings an seinen Lippen bedeutet den Genußzipfel, der ihm entzogen ist; und wenn es diesen Zipfel wieder «hat», dann bedeutet er etwas anderes, als er ist. Er wird zum Ideal. Zur Idealbildung ist der Säugling freilich nur fähig, weil ihm die dazu erforderliche Trieblockerung, die sich die Menschheit einstmals unter schrecklichen Bedingungen erworben hat, schon in die Wiege gelegt ist. Drastisch gesagt: Nur weil in der Altsteinzeit Erwachsene gelernt haben, in das Grauen einen Genius hineinzuhalluzinieren, der von diesem Grauen errettet, ist der Weg dafür gebahnt worden, daß Säuglinge in ein Organ, das sie zurückstößt, die Errettung von solcher Verstoßung hineinhalluzinieren können. Menschheits- wie individualgeschichtlich beginnt die mentale Vorstellung oder Ideal-

[39] Melanie Klein nennt diesen Verlauf den Weg von der «paranoid-schizoiden» zur «depressiven» Position. Wenn ihre Entdeckungen hier nicht in ihren Worten wiedergegeben werden, dann deshalb, weil sie ihnen eine höchst voraussetzungsvolle, wie ein Räderwerk ablaufende Fachterminologie aufgesetzt hat. Da verfügt der Säugling vom ersten Tag an über ein «Ich» und «Objektbeziehungen»; er empfindet eine vom «Todestrieb» hervorgerufene «Angst vor Vernichtung», die «sich als Verfolgungsangst äußert»; er ist sogleich tüchtig mit Introjektion und Projektion, Verleugnung innerer und äußerer Realität beschäftigt, vollzieht Spaltung und Idealisierung der Mutterbrust, die als Objekt immer schon gegeben ist, in gute und böse «Anteile, ohne daß man irgend erfährt, was ihn dazu befähigt. Es ist, als würden da lediglich angeborene auslösende Mechanismen aktiviert» (Melanie Klein, *Bemerkungen über einige schizoide Mechanismen*, 1946, Gesammelte Schriften, Bd. III, Frommann-Holzboog, Stuttgart-Bad Cannstatt, 2000, S. 8, 11, 13, 15).

bildung als Halluzination. Und am Säugling zeigt sich besonders gut, wie wenig die Idealbildung auf ein bestimmtes Objekt festgelegt ist. Das Ideal ist nicht einfach identisch mit dem Genußzipfel oder mit der Brust, ja nicht einmal mit der Mutter, weshalb es in einer späteren Phase auch mühelos auf den Vater und andere Personen und Dinge übergehen kann. Sie alle *sind* weniger Ideal, als daß sie es repräsentieren. Sie stehen selbst nur für etwas anderes: das Ende der Versagung. Das aber ist genaugenommen gar kein Objekt, sondern ein Zustand: derjenige, den das Saugen intendiert.

Wir haben allen Anlaß, die Mystik des Saugens ernstzunehmen. Statt sie in zwei Triebe zu zerlegen, den «der Selbsterhaltung» und den «sexuellen», der sich daran «anlehnt» (EN 54), empfiehlt es sich, ihren Eigensinn wahrzunehmen. Wenn das neugeborene Säugetier sich in die Mutter und die Mutter in sich hineinzusaugen sucht, sucht es die Geburt rückgängig zu machen. Es will zurück in die Reizlosigkeit und Bedürfnislosigkeit des Mutterleibs. Aber es will zu neuen Konditionen dahin zurück. Denn die Geburt hat es nicht nur mit lauter unangenehmen Reizen überschüttet, die es wieder loswerden will, sondern dabei überhaupt erst voll erlebnisfähig für Reize gemacht. Nicht, daß im Mutterleib gar nichts erlebt wurde. Von einem gewissen Entwicklungsstadium an ist ein Fötus durchaus empfindlich für Temperatur und vor allem für Erschütterungen. Die Bewegungen des mütterlichen Organismus, sein Stoffwechsel, seine Stimme: dies alles teilt sich dem werdenden Leben durchdringend mit. Es hielte diese Erschütterungen gar nicht aus, wäre es nicht von einer schützenden Fruchtblase umgeben. Doch der Fötus ist praktisch blind, ob seine Tonwahrnehmung schon ein Hören ist, steht dahin, und wieweit er schon etwas riecht oder schmeckt, ist fraglich. Erst die Geburt bringt sein Sensorium voll in Gang. Damit werden die Karten sozusagen neu gemischt. Die Reizverarbeitung will zwar zurück in die Reizlosigkeit des vorgeburtlichen Zustands. Aber sie will diesen Zustand anders, als er war, denn es ist nun ein entfaltetes, voll erlebnisfähiges Sensorium, das ihn will, und das will etwas, was das vorgeburtliche Leben noch nicht so recht konnte und das nachgeburtliche nicht mehr kann: diesen Zustand erleben.

Ein weiteres Mal macht sich die paradoxe Dynamik des Konstanzprinzips geltend. Indem es das Lebensnotwendige tut, will es zugleich das Unmögliche. Es ist gleichermaßen Realist wie Theologe – implizit übrigens schon auf vormenschlicher Stufe. Auch das nichtmenschliche Säugetier will sich das Unmögliche ersaugen. Auch ihm wird schon in dem nahrhaften Genuß, den es an den mütterlichen Zitzen erlebt, nur ein Zweitbestes zuteil – auf der Suche nach dem Besten. Und doch ist diese Suche noch präerotisch – nicht von Halluzination überwölbt. Auch der menschliche Säugling fängt präerotisch an. Er erlebt zwar, indem er sich an der Mutter vollsaugt, einen Genuß von durchdringender Intensität, worin Sättigung und Vereinigung auf eine im späteren Leben nicht mehr wiederkehrende Weise zusammenfallen. Und doch ist dieser Genuß trügerisch. Er wird als eine Einheit mit der Mutterbrust erlebt, die nicht besteht. Das mystische Primärerleben ist auch Primärtäuschung. Die Enttäuschung folgt ihr auf dem Fuße. Und erst deren Verarbeitung, die Negation der Negation, führt zu einem Genießen zweiten Grades, über dem, sozusagen als *genius infantis*, ein Ideal zu schweben beginnt: das Ende der Versagung, die bruchlose, eins gewordene Natur, nach der Platons geteilte Menschen sich sehnen. Erst das derart überwölbte Genießen, das mehr bedeutet, mehr halluziniert, als es ist, ist erotisch. Zum Eros gehört ebenso die Unstillbarkeit wie das Hinausweisen über sie: die Transzendenz. Eros gibt stets weniger als volle Befriedigung und zugleich mehr als bloß Befriedigung: Glück. Zum wahren Glück gehört die Würze der Unvollkommenheit.

Ursprungsmärchen

Darüber kann man bei Platon mehr lernen als bei Freud. Freud hat die utopische Dimension des Triebs einfach nicht wahrgenommen. Warum eigentlich nicht? Fürchtete er, den Theologen den kleinen Finger zu geben, die dann die ganze Hand nehmen würden? Jedenfalls trübt sein Wahrnehmungsausfall seine gesamte Kindheitsanalyse, wie exemplarisch an jener Schlüsselstelle der *Traumdeutung* zu sehen, wo er die Entstehung der frühkindlichen Halluzination herleiten will und sie an «die Erfahrung des Befriedigungserlebnisses» knüpft. Damit meint er nicht irgendein Erlebnis, sondern das befriedigende Erlebnis schlechthin, das authentische, erste, das er für so tiefgehend hält, daß es unweigerlich ein «Erinnerungsbild» hinterlasse. Wann immer nun das Bedürfnis, das da so eindrucksvoll befriedigt wurde, wieder auftrete, werde mit ihm auch das Erinnerungsbild geweckt. Jede neue Befriedigung wolle «also eigentlich die Situation der ersten Befriedigung wiederherstellen», eine «Wahrnehmungsidentität» (TD 539) mit ihr erreichen, und weil das nicht gelingt, werde diese Identität durch das Erinnerungsbild halluziniert. Auch wenn Freud es durch besonders nüchterne Wortwahl zu verdecken sucht: Was er hier konstruiert, ist eine vollkommene, nicht wiederherstellbare Urbefriedigung, der das ganze weitere Wunschleben des Menschen vergeblich nachjagt; die es nie mehr wirklich, nur noch halluzinatorisch erreicht. Daß schon die ersten Befriedigungen durch Saugen, so intensiv und umfassend ihr Genießen auch sein mag, nicht das gewähren, was das Saugen intendiert, daß die Versuche, sie zu wiederholen, stets mehr wollen als nur wiederholen, schlägt dabei ebensowenig zu Buche wie die Frage, warum ausgerechnet die vollkommene Befriedigung der primäre Gedächtnisstifter sein soll, wo man doch weiß, daß Gedächtnis bei dem Versuch entstand, unerledigte, quälende Reize loszuwerden.

Die Fiktion eines seligen Urzustandes, die in der *Traumdeutung* erste zarte Umrisse zeigt, hat Freud so wenig losgelassen, daß er in späteren Jahren daranging, sie mit einem schützenden Kokon zu umspinnen: dem des «Autoerotismus». Er verwendet dieses Wort für jene frühe Phase, wo der Säugling sich mit seinen eigenen Lippen zu befassen beginnt. Doch will er damit nicht etwa sagen, daß die Erotik dort beginnt, wo der Saugtrieb durch Versagung auf sich zurückgeworfen und selbstbezüglich wird, sondern genau das Gegenteil. «Die Sexualtriebe benehmen sich zunächst autoerotisch, sie finden ihre Befriedigung am eigenen Leib und gelangen daher nicht in die Situation der Versagung.»[40] Der Säugling sei anfangs ähnlich «autistisch» wie «das mit seinem Nahrungsvorrat in die Eischale eingeschlossene Vogelei, für das sich die Mutterpflege auf die Wärmezufuhr einschränkt». «Autistisch» steht hier nicht, wie in der Psychiatrie, für die seelische Schwerbeschädigung der Kontaktunfähigkeit, sondern für den selbstgenügsamen, unversehrten, noch von keiner Versagung gebeutelten Zustand «eines von den Reizen der Außenwelt abgeschlossenen psychischen Systems». Und wenn «der psychische Ruhezustand anfänglich durch die gebieterischen Forderungen der inneren Bedürfnisse gestört wurde», «wurde das Gedachte (Gewünschte) einfach halluzinatorisch gesetzt, wie es heute noch allnächtlich in unseren Traumgedanken geschieht».[41]

Wann aber soll sich das hilflose kleine Menschenkind jemals in diesem vogeleiähnlichen Zustand befunden haben? Sobald es geboren wird, ist Schluß mit Vogelei. Seinen selbstgenügsamen Anfangszustand kann Freud überhaupt nur suggerieren, indem er die Halluzination zu einem Primärverhalten erklärt. Er wird hier wieder zum philosophischen Idealisten. Halluzinatorische Befriedigung soll vor wirklicher kommen, Denken vor Sein. Vielleicht meint er ja etwas anderes: daß der intensive kindliche Primärgenuß etwas Trügerisches hat. Aber dieser Trug ist vorhalluzinatorisch. Ein Kind halluziniert nicht vom ersten Tag an. Auch Halluzination will gelernt sein; ist sie doch, wie ja gerade von Freud erkannt, «primitive Denktätigkeit». Und die kommt nicht freiwillig in Gang, sondern nur durch Versagung. Die Geschichte vom Zustand vor aller Versagung, worin sich das Kind bereits erotisch-halluzinatorisch alle Befriedigung verschafft, ehe es vom «Realitätsprinzip» aus diesem Einssein mit sich hinausgeworfen wird, ist das dritte große Märchen, das Freud erzählt: das Märchen

[40] Sigmund Freud, *Formulierungen über die zwei Prinzipien des psychischen Geschehens*, Studienausgabe, Bd. III, l. c., S. 21

[41] L. c., S. 19 und 18

vom Säuglingsparadies. Er kann es nur erzählen, indem er, scheinbar beiläufig, einen bezeichnenden terminologischen Wechsel vollzieht. In der Traumdeutung sprach er noch vom «Unlustprinzip» (TD 569) und unterstrich damit: Wo Wunsch ist, ist Entbehrung. Nun wird dasselbe Prinzip «als das Lust-Unlust-Prinzip (oder kürzer als das Lustprinzip) bezeichnet»,[42] als sei es lediglich eine praktische Abkürzung, wenn die «Unlust» wegfällt und bloß die «Lust» übrigbleibt. Dabei ist es eine Kehrtwende ins Gegenteil. Freud suggeriert nun: Ehe die Suche nach Lust begann, war sie schon gefunden. Und die lebenslange Suche besteht im Wiederfinden-Wollen dieser ursprünglichen Lust. «Lustprinzip» ist eine Chiffre für Säuglingsparadies, «Realitätsprinzip» für Vertreibung aus dem Paradies. Das theologische Muster der biblischen Urgeschichte hat den Juden Freud so geprägt, daß er in seiner Konzeption der kindlichen Entwicklungsgeschichte nicht davon losgekommen ist.

Daher vermochte er auch nie den Unterschied zwischen Autoerotismus und Narzißmus plausibel zu machen. Narzißmus, «bei dem ein Individuum den eigenen Leib in ähnlicher Weise behandelt wie sonst ein Sexualobjekt» (EN 41), soll sich ja erst einstellen, wenn das Kind seine nach außen gehenden Liebeswünsche auf sich selbst zurückwendet, während die «autoerotischen Triebe [...] uranfänglich» (EN 44) seien. Aber alle Anzeichen des Autoerotischen, die sich tatsächlich beobachten lassen, sind bereits Rückwendungsphänomene. Das Kind führt seinen Lippen die eigenen Finger, sodann Stoffzipfel und Schmusetiere zu, weil es die Erfahrung des Zurückgestoßenwerdens von einem äußeren Widerstand schon gemacht hat. «Autoerotisch» ist von «narzißtisch» gar nicht trennscharf zu scheiden – und zudem eine Tautologie: Erst der zurückgewendete Sexualtrieb *ist* erotisch. Daß die Menschheit die Wendung des Triebs gegen sich selbst aber nicht am Sexualtrieb gelernt hat, hat Freud gelegentlich selbst geahnt. Nicht von ungefähr bringt ihn der Narzißmus darauf, «daß der von organischem Schmerz und Mißempfindungen Gepeinigte das Interesse an den Dingen der Außenwelt, soweit sie nicht sein Leiden betreffen, aufgibt»; Anlaß für Freud, «dieser Tatsache [...] eine Übersetzung in die Ausdrucksweise der Libidotheorie zu geben»: «Der Kranke zieht seine Libidobesetzungen auf sein Ich zurück, um sie nach der Genesung wieder auszusenden. ‹Einzig in der engen Höhle›, sagt W. Busch vom zahnschmerzkranken Dichter, ‹des Backenzahnes weilt die Seele.›» (EN 49)

Freud versteigt sich hier bis an den Rand der Behauptung, daß das Verhalten des Schmerzgepeinigten narzißtisch sei, und läßt dabei zweierlei ineinander verschwimmen: den Schmerz selbst, der alles andere Erleben übertrumpft, solange der Organismus bestimmte unerträgliche Reize nicht los-

[42] L. c., S. 18

wird, und die Maßnahmen, die der Gepeinigte ergreift, um den Schmerz zu lindern, sei es, daß er sich um die schmerzende Stelle windet, ihr die Hände auflegt, sich schüttelt – oder sich selbst noch einmal Schmerzendes zufügt. Diese Maßnahmen narzißtisch zu nennen wäre zwar immer noch grob zynisch, aber es ist nicht zu leugnen, daß der Gepeinigte sich mit ihnen «etwas Gutes tun» will. In gewisser Weise präfigurieren sie den Narzißmus; sie vollziehen zum Abbau von Unlust eine Wendung gegen die eigene Person, die, wenn sie zum Lustgewinn stattfindet, narzißtisch heißt. Unlustabbau ist das Negativ von Lustaufbau: einerseits das strikte Gegenteil davon, andrerseits die Vorarbeit dazu. Erst wenn ein gewisser Grad von Schmerzfreiheit erreicht ist, läßt sich Lust überhaupt empfinden. Der Punkt, wo Unlustabbau in Lustgewinn übergeht, wird sich nie genau erfassen lassen. Neurophysiologisch gesehen ist beides lediglich Spannungsabbau, Reizminderung, und das Konstanzprinzip verrät nicht, von wann ab die Reizminderung jene eigenartige Restsüße bekommt, die wir als Lust empfinden.

Freuds Versuch, Schmerzphänomenen «eine Übersetzung in die Ausdrucksweise der Libidotheorie zu geben», ist inakzeptabel. Er lädt dazu ein, wenn auch gewiß unbeabsichtigt, im Gefolterten einen Narziß zu sehen. Aber eine Übersetzung von Schmerzbekämpfung in Libido: die hat menschheitsgeschichtlich tatsächlich stattgefunden. Man muß Freuds «Übersetzung» lediglich umgekehrt lesen: nicht den Schmerz als Narzißmus interpretieren, sondern den Narzißmus als kultivierten Ableger der Schmerzbekämpfung. Wenn unter entwickelten Kulturbedingungen der Säugling an der Verneinung seiner eigenen Nichtigkeit zu laborieren beginnt – und nichts anderes ist «primärer Narzißmus» im Freudschen Sinne –, dann bildet er ein Verhalten nach, das der traumatische Wiederholungszwang einst vorgebildet hat, und erinnert dabei *nolens volens* an die Herkunft des Eros aus dem Opferritual.

Freuds Bedürfnis, selbst noch den peinigenden Schmerz libidotheoretisch zu begreifen, verrät, wie tief sein Glaube ans Lustprinzip ist. Es ist für ihn nicht nur eine Metapher für unablässiges Streben nach Lust, sondern in wörtlichem Sinne *principium*: Anfang, Ursprung, dasjenige, von dem aus alles weitere zu verstehen ist. Theologisch gesprochen: Am Anfang war die Lust. Individualgeschichtlich heißt das: Am Anfang, wie kurz und ungreifbar auch immer, befand sich der Säugling im Zustand ungetrübter Wunscherfüllung, ehe «die Not des Lebens» (TD 538), will sagen, das Realitätsprinzip, diese paradiesische Blase platzen ließ. Schaut man sich Freuds Märchen vom Säuglingsparadies aber einmal genau an, so zeigt sich, wie wunderbar es mit dem Märchen vom erschlagenen Urvater harmoniert. Ehe den Urvater sein Schicksal ereilte: Lebte er da nicht in einem Zustand ungehemmter Wunscherfüllung? Konnte er sich nicht nach Belieben jedes Weib seiner Horde zur Brust nehmen? War nicht seine

Herrschaft die ungetrübte Herrschaft des Lustprinzips, seine Erschlagung der Einbruch des Realitätsprinzips, mit dem die menschliche Kultur begann? In der Tat, der autoerotische Säugling und der Urvater sind einander wie aus dem Gesicht geschnitten. Dieser stellt menschheitsgeschichtlich dar, was jener individualgeschichtlich verkörpert: daß am Anfang die Lust gewesen sei, wobei Lust mit Sexuallust und Eros bis zur Indifferenz verschwimmt. Und Freuds drittes Märchen, das vom Todestrieb, ist das Stützmärchen der beiden andern. Es soll ihnen den Raum freihalten: gewährleisten, daß sie ungestört weitererzählt werden können und der traumatische Wiederholungszwang, der «ursprünglicher, elementarer, triebhafter als das von ihm zur Seite geschobene Lustprinzip» (JL 233) ist, hübsch draußen bleibt: *Jenseits des Lustprinzips.*[43]

Nicht alle Mitglieder der psychoanalytischen *community* glauben heute noch an alle drei dieser Märchen. Das vom Säuglingsparadies hat bereits Melanie Klein gründlich untergraben. Dafür ist der Glaube an den Todestrieb bei Kleinianern besonders tief verankert. Das Märchen vom Urvatermord hingegen läßt sich über die Schulgrenzen hinweg halbherzig mitschleppen, solange man kein besseres kennt, denn behandlungspraktisch ist es so gut wie folgenlos. Kaum beachtet wird allerdings, wie die drei Märchen ineinandergreifen, daß jedes von den beiden andern affiziert ist – und daß sie gemeinsam zu den Gründungsgeschichten der Psychoanalyse gehören. Und so hat sich noch nicht so recht herumgesprochen, daß *alle* drei Märchen zu verabschieden sind, wenn man der «primitiven Denktätigkeit» wirklich auf den Grund kommen will. Anzusetzen ist dort, wo der Trieb menschlich wurde, wo seine physiologische Elementarform, die Reizflucht, sich im Zuge der Schreckverarbeitung zur Vorstellung gelockert hat – durch das Ineinandergreifen von Umkehrung, Verdichtung und Verschiebung. Diese drei haben das Wunder der Trieblockerung zustande gebracht; durch ihr Zusammenspiel ist die Vorstellung in die Welt gekommen. Der anfänglichen, halluzinatorischen Vorstellung sieht man freilich die «primitive *Denk*tätigkeit» noch kaum an, fehlt ihr doch nahezu noch alles, was *wir* mit Denken assoziieren. Und aus ihrer diffusen Bildlichkeit wäre nie abstraktes, logisches, begriffliches Denken geworden, wenn nicht etwas an sie angeknüpft, sie durchdrungen und geläutert hätte, das nun in den Mittelpunkt der Aufmerksamkeit rücken muß: der modellierte Laut oder *das Wort.*

[43] Wer ans Lustprinzip glaubt, ist daher fast schon genötigt, an den Todestrieb zu glauben, genauso wie es die Theologen schwer haben, an Gott zu glauben, die Existenz des Teufels aber zu leugnen. Und so hören die Rechtfertigungsversuche, die neuen Begründungen, die Respektsbezeugungen für den Todestrieb bei den Psychoanalytikern ebensowenig auf wie bei den Theologen für den Widersacher Gottes. (Cf. den instruktiven Überblick über die nicht enden wollende Debatte bei Rolf Vogt, *Der «Todestrieb», ein notwendiger, möglicher oder unmöglicher Begriff?*, in: Psyche, Zeitschrift für Psychoanalyse, Jg. 55, S. 878 ff.)

3 Wort

Eid

Was ist schon ein Wort? Lediglich ein Stimmhauch: kaum ausgesprochen, schon verflogen – untergegangen in vielen anderen Worten, die sich gegenseitig überlagern, unterhöhlen, zu einem allgemeinen Gemurmel verschwimmen und, seit Massenmedien sie auch noch ständig vervielfältigen, zu einem unaufhörlichen Hintergrundrauschen der High-Tech-Kultur geworden sind. Sprache – das ist mehr als ein Haufen Worte, nämlich eine grammatisch-syntaktische Struktur, die Ordnung und Orientierung stiftet. Das einzelne Wort hingegen ist lediglich ein unbeständiges, verschwindendes Element darin.

Um so bemerkenswerter sind die Momente, wo das Wort unbedingt zählt: wenn jemand sein Wort gibt – sei es vor einem Standesbeamten, einem Altar oder in einer Situation, wo er bitter nötig hat, daß man seinen Behauptungen glaubt. «Sein Wort geben» heißt sich dafür verbürgen, daß sich etwas so und so verhält; mit seiner ganzen Person dafür einstehen. Hier ist das Wort nicht leer, sondern «voll», nicht bloß ein verschwindender Teil der Sprache, sondern ihr Extrakt. Im Wort, das man gibt, zieht sich die Sprache zu ihrem Inbegriff zusammen. Sein Wort geben ist stets ein feierlicher Akt. Er hat, selbst wenn er informell geschieht, etwas von einem Ritual, hebt sich vom alltäglichen Sprechen ab, versetzt das Wort in einen Sonderstatus, gibt ihm einen Nachdruck, der ihm im Alltag fehlt. Wer einem solchen Akt beiwohnt, mag zwar dem Sprecher mißtrauen; vielleicht lügt er ja. Aber dann ist das Wort falsch, weil er es mißbraucht, nicht weil es falsch wäre, sein Wort zu geben. Vielmehr unterstellen alle Beteiligten wie selbstverständlich, daß dem Wort gar nichts Würdigeres passieren kann, als feierlich gegeben zu werden, ja daß es erst dadurch überhaupt zu sich selbst kommt. Um so unwürdiger, es in einer solchen Situation zu mißbrauchen.

Die Urform des Wortgebens ist der Eid. Darin verpfändet der Sprecher sein Leben an das, was er spricht. Wenn seine Worte nicht randvoll sind von dem, was sie besagen, wenn sie nicht selbst schon die Wirklichkeit in sich tragen, von der sie handeln, wenn sie sich in irgendeiner Hinsicht als leer, als nichtig erweisen, dann sollen sie auf den Sprecher zurückschlagen und ihn selbst nichtig machen – vernichten. Der Meineid ist der Ernstfall des leeren Wortes; darauf stand lange der Tod. Der Eid ist der Ernstfall des vollen Wortes, und erst das volle Wort ist in vollem Sinne Wort. Und wenn wir sonst auch noch nichts über die Entstehung des Wortes wissen, läßt sich eines bereits sagen: Gewiß ist das Wort nicht leer zur Welt gekommen und dann allmählich gefüllt worden. Umgekehrt: Wo sich erste Worte bilden, sind sie hochbedeutend. Wenn Kleinkinder aus ihrem Gelalle allmählich die Silben «Mama» und «Papa» herausmodellieren, so bedeuten ihnen diese bescheidenen Lautkombinationen die ganze Welt.

Worte beginnen «voll»; sie *werden* erst leer: durch dauernden Gebrauch. Wer das Wort «Tisch» ausspricht, meint damit gewöhnlich einen Gegenstand mit vier Beinen, die eine Platte tragen. Wer dieses Wort aber zweihundert Mal hintereinander ausspricht, wird merken, wie das Gemeinte sich verflüchtigt. Von dem Wort bleibt nur noch ein Klang oder Geräusch zurück. Dafür sorgt der Doppelsinn der Wiederholung. Daß man eine bestimmte Lautfolge beliebig oft wiederholen kann, das erst macht sie zu einem Wort. Nur die Wiederholung hebt das Wort aus dem Lautfluß hervor, nur sie gibt ihm Nachdruck. Wiederholung bekräftigt. Von einem bestimmten Punkt an jedoch tut sie das Gegenteil; sie nutzt die Worte ab, und abgenutzte Worte werden leer. Leere Worte sind durch Dauergebrauch entleerte Worte. Sie waren einmal voll. Der feierliche Akt, wo jemand sein Wort gibt, erinnert unwillkürlich daran. Hier kehrt das Wort, ohne daß sein Sprecher dessen gewahr werden muß, dahin zurück, wo es herkommt: in die Sphäre des Rituals. Dort hat es seinen Ursprung. Daraus folgt nicht, der Eid sei selbst schon die Urgestalt des Wortes. Aber er ist ein guter Wegweiser zu ihr hin.

Wenn auch nicht das Urwort, so ist der Eid dennoch uralt; doch selbst die moderne Rechtsprechung kann nicht auf ihn verzichten. Und immer noch ist er ein Ritual. Der Zeuge wird vom Gericht feierlich vereidigt. Er bekommt eingeschärft, einen bestimmten Sachverhalt genau so auszusagen, wie er ihn erlebt hat. Mehr jedoch als an die Wahrhaftigkeit des Zeugen appellieren und ihm bei Falschaussage mit Strafe drohen kann das Gericht nicht. Das archaische Ritual hat eine hochrationalisierte Gestalt angenommen. Es gehört keiner bestimmten Religion mehr an, ruft keine höheren Mächte mehr herbei, aber beerbt deren Aura. Es erzeugt eine vage Feierlichkeit. Sie soll den Zeugen gewissermaßen läutern und zur Wahrhaftigkeit bewegen: zu Worten, die nach bestem Wissen und Gewissen wiedergeben, was er erlebt hat. Der archaische Eid aber nahm weit mehr für sich in Anspruch. Seine Worte wollten nicht nur unverbrüchlich aussagen, was ist, sondern selbst das sein, was sie aussagten. Sein Wort geben hieß nicht bloß Worte geben, sondern durch Worte die Sache selbst. Beschwören hieß nicht nur bekräftigen, daß sich etwas so und so verhalte, sondern Worte sprechen, die den besagten Sachverhalt selbst verkörpern, ja der Sachverhalt *sind*.

Der archaische Eid hat eine gewisse Kindlichkeit. Für Kinder ist das, was sie wahrnehmen, so, wie sie es wahrnehmen, das, was sie sagen, so, wie sie es sagen. Sie unterscheiden ihren Teddy noch nicht von der Art, wie sie ihn wahrnehmen, und dem Wort, mit dem sie ihn benennen. «Teddy», das ist für sie nicht nur ein Name; das ist der Teddy selbst. Sie wissen noch nicht, daß man grundehrlich sprechen kann und sich dennoch gründlich irren. Auch der archaische Eid weiß das noch nicht. Er unterscheidet noch nicht zwischen wahr und wahrhaftig. Alles wahrhaftig Gesagte ist für ihn auch wahr.

Das Eideswort so darzustellen, daß es nicht nur schlechterdings wahr sei, sondern die Sache selbst: das war allerdings nicht möglich ohne Anrufung höherer Mächte. Man mußte bei etwas schwören: bei einer Gottheit, die dafür zeugte, daß im Eideswort die beeidete Sache selbst präsent war – und die den Eidessprecher auf der Stelle töten sollte, wenn sein Wort leer war. Das altgriechische Wort *horkos*, dessen Grundbedeutung Eid oder Schwur ist, kann auch für die göttliche Macht stehen, bei der man schwört, und schließlich sogar für das Eidesunterpfand, das zur Bekräftigung des Eides dargebrachte Opfer. *Horkon temnein*, wörtlich «einen Eid schneiden», bedeutet soviel wie «einen Bund schließen». Zwei Parteien, etwa zwei Stämme, schwören einander Frieden und bekräftigen ihren Schwur, indem sie gemeinsam Rinder oder Schafe «schneiden», das heißt schlachten und darbringen. Der Bundesschluß ist eine der Schlüsselsituationen des Eides, auch insofern, als er das Ineinandergreifen von Wort und Sache besonders sinnfällig macht. Wenn Parteien sich wechselseitig Frieden schwören, praktizieren sie in diesem Moment doch selbst schon etwas von dem Frieden, den sie sich wechselseitig zusagen. Um so suggestiver kann das Eideswort hier den Anschein bekommen, als wäre es schon die Sache selbst.

Der Eid ist eine der großen moralischen Errungenschaften der Menschheit: das Herstellen einer Situation, in der sich alle Beteiligten auf unbedingte Wahrhaftigkeit verpflichten. Verpflichtung ist zwar noch keine Garantie, wie die andauernden Selbstverpflichtungen der Industrie zur Bereitstellung von soundsovielen Lehrstellen jedes Jahr aufs neue beweisen. Wahrhaftigkeit kann man überhaupt nicht garantieren oder erzwingen, lediglich die optimale Umgebung für sie schaffen: Zeugen, ein Unterpfand, eine Drohkulisse. Aber für den Fall, daß das Eideswort tatsächlich grundehrlich gesprochen wird, ist es ein schlechterdings volles Wort.

Allerdings kein ursprüngliches. Ehe sich Worte zur Eidesformel verdichtet haben, hat das Wort schon eine lange Geschichte durchgemacht. Der archaische Eid ist bereits ein Hochkulturphänomen. Und «voll» ist nicht dasselbe wie «rein». Selbst wenn der Eid wahrhaftig ist, ist damit noch keineswegs gesagt, daß er auch wahr ist. Schlimmer noch: Die hohe moralische Leistung der Wahrhaftigkeit, die er erbringt, erkauft er dadurch, daß er simuliert, die beeidete Sache selbst zu sein. Das plaudert gerade die rituelle Wahrhaftigkeitskulisse aus, die er um sich aufbaut. Die höheren Mächte, die er als Zeugen anruft, das Unterpfand, das er ihnen als Opfer darbringt, sind Stützen des Eids. Sie sollen dartun, daß sein Wort mehr ist als nur ein Wort: die Sache selbst. Aber sie bezeugen gerade das Gegenteil. Wenn der Eid solche Stützen nötig hat, dann gesteht er unfreiwillig, daß er als bloß gesprochenes Wort nicht das ist, was er zu sein beansprucht.

Damit erweist sich die Rede vom «vollen» Wort als paradox. Das wahrhaftige Eideswort ist zwar schlechterdings volles Wort, voller geht nicht – und dennoch weniger voll, als es vorgibt. Denn es simuliert bloß die Sache selbst, es ist sie nicht. Wäre es so voll, wie es simuliert, wäre es nicht einmal mehr Wort. Das restlos erfüllte Wort wäre die Sache selbst. Daß gerade das volle Wort noch unerfüllt ist, reflektiert eine stehende Redewendung aus dem Neuen Testament: «auf daß erfüllt würde das Wort des Propheten ...»[1] Bekanntlich hatten die frühen Christen die kühne Vorstellung, ihr Jesus von Nazareth sei der Fluchtpunkt der gesamten altisraelischen Prophetie, deren Zukunftsvisionen seien allein auf ihn gemünzt. Entsprechend haben sie alles, was ihnen in den Schriften von Jesaia, Jeremia, Hosea etc. irgend auf Jesus zu passen schien, brutal aus dem Zusammenhang gerissen und als Ankündigung seiner Taten und Leiden ausgegeben. Und doch ist diese Notzüchtigung von Prophetentexten worttheoretisch nicht uninteressant. Jedes Prophetenwort galt als «voll», will sagen, als erfüllt von göttlicher Eingebung und daher als unverbrüchlich wahr. Weissagungen jedoch sind Wahrheiten auf Kredit. So erfüllt sie als Worte auch sein mögen – das, was sie besagen, ist noch unerfüllt. Sie sind gewissermaßen Eide auf die Zukunft, ähnlich wie Bundesschlüsse. Gerade das Wort, das sich als «voll» weiß, weiß auch von seinem Ungenügen. Es ergeht ihm wie dem Wunsch. Gerade wenn man zutiefst von einem Wunsch erfüllt ist, ist der Wunsch unerfüllt, woraus sich unversehens ein Verdacht ergibt: Wie, wenn das Wort Wunschstruktur hat, Worte so etwas sind wie erkaltete Wünsche?

Das berühmteste Mißtrauensvotum gegen den Eid findet sich ausgerechnet im Neuen Testament, in der Bergpredigt Jesu: «Ihr habt gehört, daß zu den Alten gesagt ist: Du sollst nicht falsch schwören; halte dem Herrn deine Eide. Ich aber sage euch: Schwört überhaupt nicht. [...] Eure Rede sei vielmehr ja

[1] Vor allem das Matthäusevangelium bedient sich ihrer: 1, 23; 2, 15; 2, 18; 4, 15 und öfter.

für ja, nein für nein; was darüber hinausgeht, ist vom Bösen.»[2] Sehr unwahrscheinlich, daß Jesus hierbei bereits die ganze Zwiespältigkeit des Eids klar war: der Umstand, daß der Eid seine Ernsthaftigkeit seiner Eigenschaft verdankt, ein Simulant zu sein; daß er zu der großen moralischen Errungenschaft der Wahrhaftigkeit, die er darstellt, nur hat werden können, indem er über seine Verhältnisse lebte;[3] daß er gerade dort, wo er randvolles Wort ist, die Unerfülltheit des Wortes aufzeigt. Jesus dachte eine Umdrehung schlichter: Der Eid ist in Ordnung, sofern er wahres Sprechen verlangt, aber er ist nicht in Ordnung, solange er eine Ausnahmesituation darstellt. Warum denn nur gelegentlich wahr sprechen? Warum nicht immer? «Schwört überhaupt nicht» heißt daher soviel wie «Schwört immer». Erst wenn alles, was ihr sagt, jedes Ja und Nein, die volle Wahrheit eines Eids hat, ohne der rituellen Bekräftigung des Eides zu bedürfen, wäre erreicht, was der Eid fordert. Der erfüllte Eid bedarf keines Rituals mehr; er ist in alltägliches Sprechen übergegangen – und insofern nicht mehr Eid, sondern nur noch profanes Wort, aber eben «volles» Wort, Wort im vollen Sinn.

Die Gebote der Bergpredigt sind wahrscheinlich ohne jedes Wenn und Aber vorgetragen worden, mit einer Schroffheit, die schon für ihre ersten Hörer ebenso faszinierend wie verstörend gewesen sein muß. Das Gehörte bedurfte der Nachbearbeitung, um überhaupt faßlich zu werden. So ist es denn schon im Zuge der ersten mündlichen Überlieferung an allen Ecken und Kanten abgemildert worden; auch das kompromißlose «Schwört überhaupt nicht». Der gute Vorsatz, von nun an einfach nur noch wahr zu sprechen, ist nicht durchsetzbar. Worte und ihre Sprecher sind derart in Verhältnisse von Gewalt, Unterdrückung, Entbehrung, Irrtum und Lüge verwickelt, daß niemand die Kraft aufbringt, sich vollständig rein davon zu erhalten. Jedes wahre Wort steht immer schon im Kontext von Halbwahrheiten, Irrtümern und Lügen, die es zu trüben drohen. Das Gebot, jederzeit und überall wahr zu sprechen, wäre erst erfüllbar in einer wahren Welt – wo es sich erübrigt. Umgekehrt aber gilt: Dies Gebot ist deshalb so dringlich, weil die bestehende Welt

[2] Matthäus 5, 33 f. und 37. Die Radikalität dieses Worts spricht dafür, daß Jesus es tatsächlich so oder ähnlich gesagt hat. Das im Zitat Ausgelassene hingegen stammt gewiß nicht von ihm. Es bemüht sich um nachträgliche Abfederung durch angestrengte Begründungen, die den Geist der frühchristlichen Gemeinde atmen.

[3] Genau das ist übrigens die Pointe von Thomas Manns *Felix Krull*, der seine Simulation mit größter Ernsthaftigkeit betreibt. Er verstellt sich dabei nicht, sondern offenbart sich. Simulieren ist sein Wesen. Seine Hochstapeleien sind Resultate von Wahrhaftigkeit und Authentizität. Sie sind Kunst, und zwar keineswegs in ironischem Sinne, es sei denn, Kunst als solche sei etwas Ironisches, weil von Hochstapelei nie säuberlich trennbar. Dann aber ironisiert Krull nicht die Kunst, sondern offenbart Kunst als etwas unheilbar Ironisches. Ein brisanter Berührungspunkt von Kunst und Eid.

mit Unwahrheit geschlagen ist. Dieser Zwiespalt schlägt sich im Eid nieder. Er ist verlogen, sofern er im Status der Ausnahme verharrt. Er ist aber ehrlich, sofern er einräumt, daß es schlicht unmöglich ist, alles Sprechen per Dekret und Vorsatz zu wahrem Sprechen zu machen. Denn «die Verhältnisse, sie sind nicht so»[4]. Über den zweiten Aspekt setzt sich das Eidesverbot Jesu schwungvoll hinweg. Es ist einseitig, überspannt – nur verständlich, wenn etwas mitgedacht wird, was im damaligen Judentum, in seiner trostlosen Lage als kleiner römischer Provinz, wie ein Virus umging: die Obsession, die bestehende Welt sei am Ende, der Einbruch einer anderen, der «wahren» Welt, des «Reiches Gottes» stehe unmittelbar bevor. In Jesus hat diese Obsession eine singuläre Zuspitzung erfahren. Offenbar schwebte ihm vor, das «Reich», das Gott zu bringen im Begriff stehe, durch suggestive Redeweise – kategorische Imperative, Seligpreisungen, Gleichnisse – selbst schon anbrechen zu lassen. Während die Prophetenworte Eide auf die Zukunft sind, suggerieren Jesu Worte, die ersehnte Zukunft beginne *jetzt*. Sie wollen mehr als bloß ankündigen; sie wollen selbst schon die Ouvertüre zum «Reich Gottes» sein. Dadurch aber beschwören sie noch inständiger als alle herkömmlichen Prophetenworte. Gerade das «Schwört überhaupt nicht» ist als Herbeibeschwörung der wahren Welt zutiefst in die Simulation des archaischen Eides verwickelt.

Übersetzte Naturerschütterung

Nicht nur Jesus ist den Eid nicht losgeworden; die ganze moderne Welt schleppt ihn weiter mit sich, und der Eid wiederum wird die Eigenschaft nicht los, von der Sache, die er beschwört, selbst affiziert zu sein. Diese Eigenschaft aber scheint generell zur Frühphase des Wortes zu gehören. Sie zeigt sich überall, wo alte Sprachen ein Wort für das Wort bildeten. Nehmen wir das hebräische *dabar.* Die ägyptisch-aramäische Wurzel, aus der es stammt, ist assoziiert mit vorwärtstreiben, führen, leiten, also Hirtentätigkeiten. *Dobar* heißt Trift, *dabar* ist also eine treibende, leitende Kraft. Sofern man sie mit «Wort» übersetzt, bedeutet sie lautes, gerufenes Wort; durch Geflüster hält man keine Herde zusammen. Zugleich aber bedeutet *dabar* (Plural *debarim*) auch Sache, Ereignis, Begebenheit, und es gibt eine Stelle, wo beide Bedeutungen aufschlußreich ineinanderspielen. Der Erzvater Abraham ist von Mesopotamien nach Kanaan und Ägypten gezogen, und nachdem erzählt wurde, was ihm dabei alles zugestoßen ist, heißt es: «Nach diesen Ereignissen *(debarim)* geschah das Wort *(dabar)* Jahwes an Abram im Traum.»[5] Man kann hier schlecht

[4] Bertolt Brecht, *Die Dreigroschenoper*, in: derselbe, Die Stücke in einem Band, Suhrkamp, Frankfurt am Main 1978, S. 181

[5] Genesis 15, 1

übersetzen mit «nach diesen Worten»; gemeint sind die gerade erzählten Ereignisse. Luther übersetzt sehr geschickt «nach diesen Geschichten». Das kann sowohl für die Ereignisse selbst stehen als auch für die Worte, in denen sie erzählt werden – und gibt dem «Wort», das danach an Abraham «geschah», den Nachdruck eines großen Ereignisses, das, wie man heute umgangssprachlich sagt, «Geschichte geschrieben» hat.

Wo man in der Antike begann, wörtliche Rede wiederzugeben, da besteht sie aus knappen, randvollen Worten. Nur die sind wert, zitiert zu werden, und ihr Zitieren ist nahezu ein Rezitieren. Das hebräische Verb *hajah*, das wir mit «geschehen» übersetzen, wird bevorzugt für Naturereignisse verwendet, etwa wenn ein Sturm aufkommt,[6] ein Regenbogen entsteht[7] oder Licht «wird».[8] *Hajah* kann aber auch große Zitate einführen; «das Wort geschah» eine feste Formel, die fast monoton wiederkehrt, wenn der Gott Israels sich an seine Auserwählten wendet: Abraham, Mose, die Propheten. Dabei ist zweierlei unterstellt: Das schlechterdings volle Wort ist göttliches Wort, und es überkommt und erschüttert seine Adressaten wie eine elementare Naturgewalt. Sie halten es fast nicht aus.

Die Assoziation von Wort mit Gott und Naturereignis führt nahe an den Ursprung des Wortes heran, allerdings nur, wenn «Wort Gottes» dabei nicht naiv für bare Münze genommen wird, als ob da tatsächlich Gott gesprochen habe. Vielmehr ist so zu kombinieren: Wo das Wort entstand, war es randvoll von dem, was später «Gott» genannt wurde und aufs engste mit Naturereignissen verbunden, und zwar nicht mit irgendwelchen alltäglichen wie Schluckauf oder Muskelkater, sondern solchen, die derart überwältigend daherkommen, daß sie sich unvergeßlich einprägen. Und es gibt eine Stelle im Alten Testament, an der Naturereignis, Gott und Wort zu einem Knoten zusammengezogen sind, der nichts Geringeres darstellt als eine maximal verknappte und verdichtete Genealogie des Wortes. Man liest nur gern darüber hinweg, weil dieser Passus so bekannt ist. Das Volk Israel ist aus Ägypten ausgezogen, zum Berg Sinai gelangt und hat dort Order bekommen, sich auf «den dritten Tag» vorzubereiten. «Und als der dritte Tag kam und es Morgen ward, da geschah *(hajah)* ein Donnern und Blitzen und eine dicke Wolke auf dem Berge und ein starker Schall eines Horns. Das ganze Volk im Lager aber erschrak. Und Mose führte das Volk aus dem Lager Gott entgegen, und es trat unten an den Berg. Der ganze Berg Sinai aber rauchte, weil Jahwe auf den Berg herabfuhr mit Feuer; und sein Rauch ging auf wie ein Rauch vom Ofen,

[6] Jona 1, 4
[7] Gen 9, 16
[8] Gen 1, 3

daß der ganze Berg sehr bebte. Und der Schall des Horns wurde immer stärker. Mose redete, und Gott antwortete im Schall. [...] Und Gott redete all diese Worte: Ich bin Jahwe, dein Gott, der dich aus Ägypten aus dem Sklavenhaus geführt hat. Du sollst keine andern Götter neben mir haben.» Das ist bekanntlich das erste der berühmten Zehn Gebote; es folgen die weiteren neun: sich kein Bildnis machen; den Namen Jahwes nicht mißbrauchen; den Sabbat heiligen; Vater und Mutter ehren; nicht töten; nicht ehebrechen; nicht stehlen; keinen Meineid leisten; nicht fremden Besitz begehren. Und dann heißt es: «Und alles Volk nahm Donner und Blitz wahr, den Schall des Horns und das Rauchen des Berges. Da sie es aber wahrnahmen, flohen sie, stellten sich in der Ferne auf und sprachen zu Mose: Rede du mit uns, wir wollen gehorchen, und laß Gott nicht mit uns reden, sonst müssen wir sterben.»[9]

Gewöhnlich werden aus dieser Passage nur die Zehn Gebote herausdestilliert. Doch wie interessant sind sie eingerahmt! Natürlich ist dieser Rahmen für alle, die die Zehn Gebote als Gottes bleibendes Ethikprogramm für die ganze Menschheit verstanden wissen wollen, nur störend. Es zeigt sich nämlich, daß zu den verschiedenen Komponenten, aus denen der alttestamentliche Jahwe zusammengewachsen ist, nicht nur Erhabenheits- und Majestätsattribute der ägyptischen und mesopotamischen Hochkultur gehören; auch ein Sinai-Traditionsstrang zählt dazu, worin Jahwe mit den Insignien einer archaischen Vulkangottheit, Blitz und Donner, Feuer, Rauch und Beben umgeben ist. Die glaubenskonforme Bibelexegese hat alle Hände voll zu tun, diese Erinnerungsmale einer furchtbaren Herkunft herunterzuspielen und die hohe Geistigkeit hervorzuheben, mit der Gott sodann die wohlgeformten Worte seiner Gebote spricht. Die Pointe ist freilich: Das Volk Israel bekommt von Gottes elaborierten Worten nichts mit als Blitz und Donner, Rauch und Hörnerschall. Das ist etwa, als nähme jemand von der sonntäglichen Predigt lediglich Grunzen und Rülpsen wahr. Nur daß die Komik der Sinai-Szene zugleich den ganzen Ernst einer Genealogie des Wortes enthält. Man kommt an den Ursprung des Wortes tatsächlich erst dann heran, wenn man Blitz und Donner, Rauch und Hörnerschall zu seinen Initialzündungen rechnet.

Genereller gesprochen: Das Wort ist aus der Erschütterung hervorgegangen. Deren Maximum sind Vulkanausbruch und Unwetter. Sie lassen die Erde erbeben, und das Erbeben des Volkes ist bloß Teil eines umfassenderen Naturbebens.[10] Nun ist in dies Naturbeben ein Stück Kultur zurückprojiziert wor-

[9] Exodus 19, 16–19; 20, 1–3 und 18 f.

[10] «Der Erderschütterer» ist bei Homer ein festes Attribut Poseidons. Auf den Jahwe der Sinai-Tradition paßt es nicht minder.

den: der Schall eines Blasinstruments, das hebräisch *schofar* heißt: Horn, vornehmlich Widderhorn. Das Horn ist nicht nur eines der ältesten Trinkgefäße; seine Nutzung als Schallverstärker (Megaphon) ist einer der frühsten Versuche, das Naturbeben nicht nur zu erleiden, sondern selbst zu veranstalten: es in menschliche Regie zu nehmen. Die ersten durch Hörner hervorgebrachten Töne müssen Menschenkollektive mit ähnlichem Schauder durchdrungen haben wie Donner und Tiergebrüll. Aber sie waren selbstgemachtes Donnern und Brüllen, insofern bereits eine archaische Antwort auf das Naturbeben, das Gegenmittel dazu, die Gegenerschütterung, die dann im Laufe der Zeit übrigens zu einem unentbehrlichen Bestandteil der Kriegführung wurde, wie unübertroffen drastisch geschildert in der Geschichte von der Eroberung Jerichos. Das Volk Israel, so heißt es dort, war nach den vierzig Jahren in der Wüste ins Gelobte Land vorgedrungen, aber die Stadt Jericho öffnete ihm seine Tore nicht. Da umzog es die Stadt «sechs Tage lang», und am siebten Tag rief Josua, sein Anführer: «Macht das Kriegsgeschrei, denn Jahwe hat die Stadt in eure Gewalt gegeben.» «Da machte das Volk das Kriegsgeschrei, und die Widderhörner wurden geblasen; denn als das Volk den Hörnerschall hörte, machte es ein großes Kriegsgeschrei. Und die Mauern stürzten ein, und das Volk erstieg die Stadt.»[11] Kriegsgeschrei und Hörnerschall rufen hier einander wechselseitig hervor; eines verstärkt das andere. Daß beide zusammen die Mauern Jerichos zum Einsturz gebracht haben sollen, ist natürlich eine märchenhafte Übertreibung. Aber sie spricht wahr über das Erschütterungspotential des Megaphons und das sich darum scharende Kriegsgeschrei. Der plötzlich losbrechende Lärm dekomponiert den Feind ebenso wie ein Erdbeben die Mauern.

Das *schofar* ist ein Sammelpunkt; nicht nur strategisch, indem sich das Kriegsvolk um die Bläser sammelt; auch akustisch sammeln sich im Klang des *schofar* die vielen Kriegerstimmen zu einem durchdringenden Ton. Er ist ihr Konzentrat: geballtes Echo der Naturerschütterung, aber kein bloßes Naturecho, wie etwa eine Gebirgswand den Schall eines Rufs zurückwirft und abgeschwächt wieder ans Ohr des Rufers dringen läßt. Geballtes Echo ist vielmehr gestaltetes Echo. Es verlangt einiges Know-how. Da muß ein Widderhorn so zurechtgemacht worden sein, daß man durch ein kleines Loch in seiner Spitze einen lauten Schall erzeugen kann, und jemand muß geschickt genug sein, durch dieses Loch so zu blasen, daß der Schall erschütternde Kraft bekommt. Das ist Kunst, wenn auch in primitivster Form. Sie hat mit dem, was wir uns unter Musik vorstellen, zwar wenig zu tun, ist aber ihr Beginn. Wenn Musik ergreift und erschüttert, so deshalb, weil ihre Ur-

[11] Josua 6, 14. 16. 20

form gestaltetes Echo von Naturerschütterung war. Dies Echo zittert noch in subtilster Kunstmusik nach. Gestaltetes Echo aber ist zweierlei: einerseits Widerhall als Bestätigung, Noch einmal, *Da capo*; andrerseits Widerhall als Gegenmaßnahme, Abschwächung, *Diminuendo*.[12] Erneut haben wir es mit dem traumatischen Wiederholungszwang zu tun – nun mit seiner akustischen Seite. Erschütterungen wird man nur los durch wiederholende Verarbeitung. Sie geschieht aus Not. Man kommt nicht aus Spaß darauf, aus einem Horn ein Blasinstrument zu machen, sondern auf der Suche nach einem Notausgang für unverarbeitete Naturerschütterung. Das mundgerecht präparierte Blasloch ist ein *emergency exit*. Durch ihn kann sich die unverarbeitete Erregung Luft verschaffen – abgebaut werden. Der Schall des *schofar* ist Fortsetzung der Naturerschütterung in anderer Form, aber damit auch etwas qualitativ anderes als bloß Naturerschütterung: deren kulturelle Formung.

Ritualakustik

Wenn es stimmt, was im ersten Kapitel dargelegt wurde, nämlich daß die frühe Menschheit den diffusen Naturschrecken in einen rituellen Raum hineinverdichtete und verschob, um ihn dort in geballter Form als rituelle Tötung aufzuführen, so kann das nicht lautlos geschehen sein. Die «Erwählten» hatten allen Anlaß, zu schreien, und die Kollektive, die sich anschickten, ihre eigenen Angehörigen zu schlachten, hatten ebenso Anlaß, die Erwählten zu überschreien – sie niederzuschreien und sich von dem Grauen ihrer eigenen Tat gleichsam loszuschreien. Und wenn kollektives Schreien unveräußerlich zum Ritual gehörte, konnte nicht ausbleiben, daß es selbst rituelle Form annahm – gewissermaßen chorisch wurde. Noch im späteren griechischen Stieropfer, dessen Grundstruktur Walter Burkert aus Homers Epen und den Tragödien herausdestilliert hat, ist der chorische Punkt der Höhepunkt, auf den die ganze Zeremonie zuläuft.

Nachdem man den Stier zum Opferstein, dem Altar, geführt hat, wird dort «zunächst ein Kreis markiert, Opferkorb und Wassergefäß werden rings um die Versammelten herumgetragen». «Erste gemeinsame Handlung ist das Waschen der Hände.» «Auch der Stier wird mit Wasser besprengt.» Man ruft «schüttle dich» und «redet sich ein, die Bewegung des Tieres bedeute ein ‹freiwilliges Nicken›, ein Ja zur Opferhandlung». «Aus dem Korb entnehmen die Teilnehmer jetzt die ungeschroteten Gerstenkörner» und bewerfen den Stier

[12] Dirigenten müssen ihre Orchester immer wieder daran erinnern, daß *diminuendo* nicht *leise* heißt, sondern leiser *wird*; meistens beginnt es laut.

damit. «Gemeinsames, gleichzeitiges Werfen von allen Seiten ist ein aggressiver Gestus», «auch wenn die denkbar harmlosesten Wurfgegenstände gewählt sind; in einigen altertümlichen Ritualen warf man indessen tatsächlich mit Steinen». Spätestens hier wird unabweisbar, daß das Gerste-Werfen Chiffre eines Steinigungsrituals ist, das anfangs statt einem Stier einem Stammesgenossen galt. «Unter den Körnern im Korb aber war das Messer verborgen, das jetzt aufgedeckt ist.» Der Priester ergreift es, schneidet dem Tier ein paar Stirnhaare ab, und dann «erfolgt der tödliche Schlag. Die anwesenden Frauen schreien auf, schrill und laut: ob Schreck, ob Triumph, ob beides zugleich, der ‹griechische Brauch des Opferschreis› markiert den emotionellen Höhepunkt des Vorgangs, indem er das Todesröcheln übertönt.»[13]

Freilich ist das nicht nur ein griechischer Brauch. Das griechische Wort für Opferschrei, *ololygé*, mit seinen zwei exponierten, von dunklen Vokalen eingeleiteten «l» ist den hebräischen Verben *jalal* (heulen) und *halal* (jauchzen) sowohl akustisch als auch semantisch eng verwandt. Auch sie umkreisen den chorischen Punkt, jenen Indifferenzpunkt von Schreck und Triumph, von Heulen und Jauchzen, der ursprünglich weit mehr zu übertönen hatte als nur das Todesröcheln eines Stiers: das grauenerregende Geschrei eines sich gegen seine Tötung sträubenden Menschen. Im gemeinsamen Überschreien des schreienden Opfers nimmt sich das opfernde Kollektiv zum Chor zusammen. Zum archaischen Jauchzen gehört, daß es jäh hervorbricht, sich Bahn bricht als Triumphgeschrei – was es nicht könnte, würde darin nicht noch etwas von dem Grauen nachzittern, über das es jubelnd triumphiert.[14] Das feierliche Blasen des Horns, das bis heute zu den hohen jüdischen Festen gehört, ist seinerseits ein Konzentrat des Chors. Es verdichtet und verschiebt dessen Vielstimmigkeit zum durchdringenden Klang eines solistischen Instruments – und ist noch in einem andern, eher kulturhistorischen Sinne Triumph. Hornblasen gehört nämlich zur Signatur der neolithischen Revolution, jener Epoche vor etwa zwölf Jahrtausenden, als im Vorderen Orient die Tierzähmung aufkam, mit ihr neue Formen von Boden-, Holz-, Stein- und Metallbearbeitung, Kriegstechnik, Siedlungsbau, Vorratswirtschaft um sich griffen – und sich die Möglichkeit eröffnete, Menschenopfer durch Tieropfer zu ersetzen. Erst gezähmte Tiere lassen sich rituell schlachten, nicht jene wilden, die man jagt. Bläst man nun auf einem Horn des Tiers, dessen rituelle Schlachtung die von Menschen erübrigt hat, so gibt man dem Sieg des Tieropfers über das Menschenopfer akustischen Ausdruck. Das ändert freilich nichts daran, daß auch

[13] Walter Burkert, *Homo Necans*, l. c., S. 11 f.

[14] Ausführlicher hierzu Christoph Türcke, *Zurück zum Geräusch. Die sakrale Hypothek der Musik*, Merkur 6/2001, S. 509 ff.

im Hörnerschall der Opferchor nachklingt – wie das Nachgrollen eines abgeklungenen Erdbebens.[15]

Davon ist Exodus 19 das kondensierte Gedächtnis. Der Hörnerschall, der ein zwar immer noch schauriges, aber doch schon recht hochkultiviertes Echo der Naturerschütterung darstellt, wird wieder an die elementare Naturerschütterung selbst zurückgebunden. Unwetter, Vulkanausbruch und Schall des *schofar* bilden geradezu eine Dreieinigkeit. Sie firmieren als die Medien, durch die Gott sich am Sinai kundtut: als der Untergrund, um nicht zu sagen, Humusboden seines Wortes. Aus ihrer Erschütterungsgewalt geht das Wort hervor, das als das Wort schlechthin gilt: die Zehn Gebote. Sie sind das Muster einer hochkultivierten Gesetzgebung. Der israelische Volksgeist hat sie lange bearbeiten müssen, bis sie die geschliffene Form annahmen, in der der Text sie nun vom Sinai dröhnend hervorbrechen läßt. Das Volk bekommt allerdings nur Feuerspeien, Erderschütterung und Hörnerschall mit. «Mose redete, und Gott antwortete im Schall», man könnte auch übersetzen «mit Schall», wobei offenbleibt, welcher Schall gemeint ist: der des Donners oder der des *schofar*? Jedenfalls nimmt das Volk beide zusammen als tödliche Bedrohung wahr. Sie «flohen, stellten sich in der Ferne auf und sprachen zu Mose: Rede du mit uns, wir wollen gehorchen, und laß Gott nicht mit uns reden, sonst müssen wir sterben». Mose soll dolmetschen: die Manifestationen von Gottes Wort, also Donner, Blitz, Rauch und Schall in Worte übersetzen, die sich aushalten lassen. Welcher Art aber ist dann seine Dolmetscherleistung? Verwandelt sie göttliche Worte in menschliche, oder verwandelt sie etwas, was sich als gewaltige Naturerscheinung kundtut, überhaupt erst in Worte?

[15] «Es ist lange her, daß ich die Töne des Schofars nicht gehört hatte», schreibt Theodor Reik, «und als ich kürzlich, eben im Interesse dieser Arbeit, das Schofarblasen an einem Neujahrstage hörte, konnte ich mich nicht völlig der Erschütterung entziehen, welche diese vier rohen, angstvoll sich brechenden, stöhnenden, aufschmetternden und lang aushallenden Töne auslösen – ich wage nicht zu entscheiden, ob der Grund darin lag, daß ich an diesen Klang von Jugend an gewöhnt, oder daß eine allgemein-menschliche Wirkung vorliegt.» (Theodor Reik, *Das Schofar*, in: derselbe, Probleme der Religionspsychologie, I. Teil, Internationaler Psychoanalytischer Verlag, Leipzig und Wien 1919, S. 192 f.) Reiks Studie ist nach wie vor lesenswert; überzeugend in dem Nachweis, daß sich die «kulturelle Bedeutung der Musik [...] aus den religiösen Kulten entwickelt» habe (ibidem, S. 256); scharfsinnig in ihrer Zurückführung des Hornblasens auf den Stier- und Widderopferkult; überspannt erst von dem Punkt an, wo der Hörnerschall vom Sinai zusammen mit dem (widder?)gehörnten Mose, den Michelangelo in Stein gehauen hat, und dem Tanz Israels ums goldene (Stier-)Kalb ernstlich dazu herhalten soll, das Freudsche Märchen vom Vatermord durch die Urhorde historisch zu verifizieren, als sei Jahwe tatsächlich der «Vater» gewesen, den der «Sohn» Mose als Anführer einer Brüderschar getötet habe, als sei das Geheimnis, das sich hinter der Ablösung des Stieropfers durch ein Kalb- oder Widderopfer verberge, das des Aufstands von «Söhnen» gegen einen Urvater. – Bemerkenswert übrigens, wie zurückhaltend Freud Reiks Schützenhilfe aufnahm. Er schrieb zwar ein lobendes Vorwort zu Reiks religionspsychologischen Schriften, machte sich aber dessen Mose-Deutung nie zu eigen.

So oder so: Die elementaren Worte des Gesetzes werden dargestellt als übersetzte Naturerschütterung. Der Hörnerschall hat dabei eine Mittlerfunktion. Er ist nicht Donner und nicht Wort, aber er unterstreicht sowohl die Sprachähnlichkeit des Donners als auch die Donnerähnlichkeit des authentischen Worts. Das Wort kann nicht im Flüsterton begonnen haben. Das «volle» Wort ist Wort im Fortissimo. Es ist, wie der Schall des *schofar,* laut bis zur Schmerzgrenze, denn es ist, wie er, gestaltetes Echo der Naturerschütterung.[16] Übersetzung ist nicht nur etwas Innersprachliches. Sie beginnt nicht erst dort, wo ein Wort in ein anderes, eine Sprache in eine andere übersetzt wird. Das Wort selbst ist etwas Übersetztes. Eine Spezies von Hominiden setzte zum Wort über, um so unerträglichen Naturerschütterungen zu entkommen. Das ist ein Prozeß, der einige Zehn-, wenn nicht Hunderttausende von Jahren gekostet haben dürfte. Seine Mühseligkeit wird im Rückblick leicht unterschätzt. Ganze Kollektive mußten gemeinsam ihre Stimmlaute regulieren. Das lief natürlich nicht so, daß sie sich zusammensetzten und Regeln für ihr Stimmlautpotential beschlossen. Dazu hätten besagte Regeln schon da sein müssen. Sie sind aber im Zuge der Stimmlautregulierung erst entstanden. Es lief freilich auch nicht so, daß bestimmte Naturlaute, etwa Balzlaute, sich im Laufe der Zeit wie von selbst zu ersten Liebesliedern und Wortkombinationen erweitert hätten und aus überschäumender Lust in Musik und Sprache übergegangen wären. Kein Organismus verfällt aus Lust darauf, seinem Stimmpotential Regeln aufzuerlegen. Deren Zustandekommen ist vielmehr zäheste Kollektivarbeit an der eigenen Triebnatur gewesen: In-Zucht-Nehmen der eigenen Stimme – ohne Zuchtmeister, ohne gut zuredende Erzieher, ohne Klangvorbilder, auf die hin man das eigene Stimmpotential hätte regulieren können. Das ist im genauen Wortsinn eine unerhörte Anstrengung. Bestimmte Lautkombinationen mußten so eingeübt werden, daß sie jederzeit reproduzierbar waren und auf ihrer Basis andere eingeübt und reproduzierbar gemacht werden konnten. Der Sprechapparat eines ganzen Kollektivs mußte

16 Das Geniale an Exodus 19, 16 ff. ist, daß hier mit der Wortähnlichkeit des *schofar* und der *schofar*-Ähnlichkeit des Wortes und ihre Rückbindung an Unwetter und Vulkanausbruch, der gemeinsame Punkt der Entstehung von Musik und Sprache getroffen wird, der allerdings auch der Punkt ihres Auseinandertretens ist. Beide sind sie dem Naturschrecken entsprungen, beide sind sie geformter Naturlaut, aber sie formen ihn auf unterschiedliche Weise. Musik kundschaftet das gesamte Gebiet möglicher Klangerzeugung aus. Der Wortklang hingegen beschränkt sich auf einen Ausschnitt des menschlichen Stimmregisters, bedarf allerdings einer besonderen Feinjustierung, um leisten zu können, was ihn auszeichnet: den Transport von etwas Klanglosem, nämlich der Bedeutung. An ihrem Ursprung sind Musik und Sprache allerdings kaum voneinander zu unterscheiden, und beide entstehen am Rande des Unerträglichen, denn sie sind Notausgänge: Versuche, unerträgliche Erschütterungen so zu gestalten, daß sie erträglich werden.

auf sie hin getrimmt werden, und erst wenn die Lautregulierung mühelos funktioniert, also erst auf einer relativ hohen Kulturstufe, können Sprechen und Singen selbst lustvoll werden.

Zum Wort gehört unveräußerlich die Wiederholung. Nur eine Lautkombination, die in einem bestimmten Kollektiv jederzeit wiederholbar ist, hat den Status eines Wortes. Wie aber wird etwas wiederholbar? Durch Wiederholung. Der Pianist kann seine Virtuosenstücke nur deshalb so brillant wiederholen, weil er sie zuvor schon unzählige Male wiederholt hat. Und wenn ihm diese Art der Wiederholung in Fleisch und Blut übergegangen und zur höchsten Lust geworden ist, so deshalb, weil die Ungelenkigkeiten und Mißerfolge des ersten Übens weit hinter ihm liegen. Er hat alle Widerstände, die das musikalische Material seiner Fingerfertigkeit entgegensetzt, als überwindbar erfahren. In jeder Aufführung feiert er einen Sieg. Die eingespielte Wiederholung ist eine Quelle der Lust, die beginnende ein mühseliges Ansetzen, Scheitern, Neuansetzen, wieder Scheitern, bis schließlich durch Beharrlichkeit und Geduld bestimmte Handlungsweisen wiederholbar geworden sind. Die Beharrlichkeit, die eine neue Generation braucht, um sich in bereits vorhandene kulturelle Fähigkeiten einzuüben, ist aber ungleich geringer als die, die erforderlich ist, um diese Fähigkeiten überhaupt erst einmal zu etablieren. Es kostet Kleinkinder zwar erhebliche Anstrengung, sich in die Worte einzufinden, die in ihrer Umgebung ständig gesprochen werden. Aber das ist ein Kinderspiel im Vergleich zu der Mühe, die die Umgestaltung von Naturlauten zu ersten Worten darstellt. Worte bilden, wo noch keine Worte sind, Kehle, Stimmbänder, Zunge, Gaumen, Zähne und Lippen zur Erzeugung unerhörter Laute koordinieren, und zwar so, daß diese Laute, die ja etwas sehr Flüchtiges sind, gleichwohl die feste Form bestimmter Lautfolgen annehmen: das ist eine Wiederholungsarbeit von Jahrtausenden, der sich nur unterzieht, wer nicht anders kann, wer durch unerträglichen Zwang zu ihr getrieben wird, wer das Gefühl hat, durch sie etwas Unerträgliches zu mildern oder loszuwerden. Wenn zum Wort die Wiederholung gehört, so zu seiner Entstehung der Wiederholungszwang, der mit erschütternden Naturereignissen, die gewissermaßen durch Mark und Bein gehen, nicht anders fertig zu werden weiß, als daß er sie durch ständige Wiederholung abzuarbeiten versucht.

Urworte

Damit wissen wir allerdings noch nicht, welcher Art die ersten Worte waren, geschweige denn, wie sie geklungen haben und wofür sie standen. Die Ethnologie war lange Zeit auf der Jagd nach Urworten, die sie Naturvölkern glaubte ablauschen zu können. Aber mit der Frage «Was war das erste Wort?» ist es ähnlich wie mit der Frage «Wer war der erste Philosoph?» Wie Thales nicht aus dem Nichts gedacht und reichlich Vorläufer gehabt hat, so haben die Schlüsselworte, die man in primitiven menschlichen Kulturen entdeckt, allesamt Vorformen. Nie wird historische Recherche oder ethnologische Feldforschung das definitiv erste Wort zu fassen bekommen. Wohl aber läßt sich einiges benennen, was dafür definitiv nicht in Frage kommt. Konjunktionen, Pronomina, Verben sind sicher keine Kandidaten für Urworte. Kinder benennen gewöhnlich als erstes die Mutter. Das heißt aber nur, daß in geregelten Familienverhältnissen, in denen längst eine entfaltete Sprache waltet, die Mutter ein starker Kandidat für das erste Wort ist, aber nicht, daß ihr das menschliche Urwort gilt. Psychologen, die das glauben machen wollen, denken sich den Durchbruch der Menschheit zum Wort wie das Sprechenlernen von Kleinkindern unter abgefederten Kulturverhältnissen. Sie ignorieren die Differenz von Onto- und Phylogenese.

Gewiß müssen Menschenkinder auf ihrem Weg zum Erwachsenwerden vieles noch einmal durchmachen, was die Menschheit kollektiv bereits durchlaufen hat, jedoch stark abgekürzt und modifiziert, auf von der Menschheitsgeschichte längst vorgezeichneten und geebneten Bahnen und so, daß ihnen vieles von den Kinderkrankheiten des Homo sapiens erspart bleibt. Vom Verlauf der Individualgeschichte läßt sich keineswegs umstandslos auf den der Gattungsgeschichte schließen. In einem Punkt allerdings ist die Ontogenese ein zuverlässiger Indikator. Wo Kinder heute noch erhebliche Widerstände zu überwinden haben, wenn sie gehen, sprechen, lesen oder schreiben lernen, da hat die Spezies, als sie diese Fähigkeiten einzuüben begann, ungleich größere Widerstände zu bewältigen gehabt. Daß erste Worte nicht erste Laute sind, sondern erste in spezifischer Weise geformte Laute: dafür zum Beispiel ist die Ontogenese durchaus aufschlußreich. Wenn aus dem kindlichen Lallen erste geformte Lauteinheiten mit Wortcharakter hervortreten, so nimmt sich das Kind regelrecht zusammen. Sein Lautregister engt sich ein. «An die Stelle der phonetischen Fülle des Lallens tritt die phonematische Kargheit der ersten Sprachstufen», wobei «der Erwerb des Sprachschatzes und das Absterben des vorsprachlichen Bestandes sich parallel abspielen».[17] Die ersten Worte sind Lauteinheiten, die aus einer diffusen Umwelt Sacheinheiten herausmerken. Ein Kind muß bereits eine beträchtliche Konzentrationsleistung erbringen, bis es zu Lauteinheiten wie «Mama» fähig ist. Doch seine Anstrengungen finden gewöhnlich in vergleichsweise gut abgeschirmten Räumen statt und werden von einem wohlwollenden Wesen, das ihm unzählige Male «Mama» vorsagt,

[17] Roman Jakobson, *Kindersprache, Aphasie und allgemeine Lautgesetze*, Suhrkamp, Frankfurt am Main 1969, S. 26 und 31

unterstützt und gelenkt. Es muß nicht noch einmal die ganze Passionsgeschichte der primären Wortbildung durchmachen, die die Spezies Homo sapiens durchlaufen hat, als sie sich mühte, Naturerschütterungen durch ständig wiederholte Lautfolgen abzuarbeiten. Auch wenn wir nicht wissen, wie sie geklungen haben: Wo sich erste Worte bildeten, können sie schwerlich etwas anderes gewesen sein als Ausdruck des Schreckens. Das Alte Testament hat den Vorzug, wie kein anderes Dokument darüber Aufschluß zu geben. Nicht, daß es verriete, welches das erste Wort war. Aber es bietet etwa mit Exodus 19 einen Text, der als Zeitraffer der Wortentstehung lesbar ist. Ferner enthält es eine Vielzahl von Episoden, wo das Wort ausgesuchte Individuen wie ein Naturereignis überfällt und zuinnerst erschüttert. Schließlich findet das, was es über das Wort sagt, ein Echo darin, wie es selbst Worte bildet, und hier sticht ein Beispiel hervor, das ganz dicht ans Geheimnis der Wortentstehung heranführt.

Es gibt ein einsilbiges hebräisches Wort, das sich auf den ersten Blick recht unbedarft und arglos ausnimmt: *šm*, gesprochen *scham*, wörtlich übersetzt: «da». Meist ist dieses «da» räumlich gemeint. «Und Gott Jahwe pflanzte einen Garten in Eden gegen Osten, und *da* setzte er den Menschen hinein.»[18] Gelegentlich kommt *scham* aber auch als zeitliche Bestimmung vor. Jahwe schaut vom Himmel prüfend auf die Menschen. «*Da* fürchten sie sich.»[19] Man ist also geneigt, *scham* als ein Adverb einzuordnen, das sowohl räumlichen als auch zeitlichen Sinn annehmen kann. Doch es gibt eine brisante Stelle, an der solche Einordnung nicht greift. Der Prophet Ezechiel, bekannt für die gewaltigen und gewalttätigen Visionen, die ihn nach der Zerstörung Jerusalems in der babylonischen Gefangenschaft überkamen, rechnet gnadenlos ab mit seinem Volk, gibt ihm, nicht Jahwe, die Schuld an seinem Schicksal – und wird am Schluß doch noch von Hoffnung ergriffen. «Auferstanden aus Ruinen», erscheint Jerusalem vor seinem inneren Auge. Er entwirft einen utopischen Stadtplan, mißt minutiös jedem der zwölf Stämme Israels seinen Platz darin zu und schließt sein Buch mit den feierlichen Worten: «Und der Name der Stadt wird sein: *Jahwe šmh* (gesprochen *schamah*).»[20] *Šmh* ist eigentlich dasselbe wie *šm*, lediglich mit dem Nachdruck eines hinzutretenden *h* versehen. Dessen Hauch wirkt wie eine Entrückung; die räumliche und zeitliche Bedeutung des Wortes lassen sich nicht mehr auseinanderhalten. *Jahwe schamah* kann ebenso «Jahwe hier» heißen wie «Jahwe jetzt». Es ist sowohl gemeint «Hier, in der heiligen Stadt, ist Jahwes Ort» als auch «Jetzt erst, wo seine Stadt angemes-

[18] Genesis 2, 8
[19] Psalm 14, 5
[20] Ezechiel 48, 35

sen eingerichtet ist, ist seine Herrschaft die ungetrübte Präsenz, die er seinem Volk beim Auszug aus Ägypten verheißen hat».

Jahwe schamah mutet an wie eine archaische rituelle Formel. Dabei stammt sie offenkundig erst von Ezechiel, legt aber, gewissermaßen im Handstreich, den Ursprung von *šm* bloß. Wenn dieses Wörtchen je nach Kontext den räumlichen oder zeitlichen Sinn von «da» haben kann, spricht sehr viel dafür, daß es anfänglich, als es sich formte, zwischen Hier und Jetzt noch gar keinen Unterschied machte, also ein ganz primitives, elementares Wort ist. Und es kann sich schwerlich an beliebigen Hiers oder Jetzts gebildet haben, sondern nur an ihrem gemeinsamen Ernstfall. Schlechterdings hier-jetzt aber ist etwas dann, wenn es *plötzlich da* ist, und zwar so, daß es die gesamte Aufmerksamkeit vollkommen absorbiert, und dazu ist nichts so gut in der Lage wie jäh überfallender Schrecken. Wenn plötzlich ein Vulkan ausbricht oder die Erde bebt, wird nichts mehr wahrgenommen als eben dieses; alles andere verblaßt. Ereignisse dieses Erschütterungsgrades sind Inbegriffe des Da.

In den Frühschichten des Alten Testaments gibt es die Formel *Jahwe Zebaoth*, was soviel wie «Herr der Heerscharen» heißt, zunächst in ganz irdisch-militärischem Sinne; ein Fingerzeig dafür, wie sehr Israel seinen Gott damals als Kriegsgott imaginierte. Als Gegenstück dazu bildet Ezechiel *Jahwe schamah*. Dadurch gewinnt *schamah* nahezu substantivischen Status: Jahwe, der Hier-Jetzt. Wenn sonst für die israelischen Theologen «das Wort geschah», sei es am Berg Sinai oder in den Berufungsvisionen der großen Propheten, war das Hier-Jetzt Jahwes gleichbedeutend mit der Epiphanie des Schreckens. Bei Ezechiel wird die Epiphanie des Heils daraus. Wo Jahwe der Hier-Jetzt ist, hört alles Elend der Geschichte auf, ja die Geschichte selbst; der glückliche Endzustand ist erreicht. Im Hier-Jetzt berühren sich die Extreme.

Nun kommt die Konsonantenfolge *šmh* allerdings auch als regelrechtes Substantiv vor, wird ebenfalls *schamah* gesprochen, nur in der ersten Silbe mit kürzerem a, und bedeutet: Starren, Entsetzen, Schauder. «*Schamah* hat mich gepackt», sagt Jeremia (8, 21) angesichts dessen, was sein Volk tut. Psalm 46, 9 spricht von den «*schamot* auf Erden», die Jahwe bewirkt. Der gelegentliche Nachdruck, den das Adverb *šm* durch ein hinzutretendes *h* bekommen hat, ist im Substantiv *šmh* zu einer festen Verbindung verwachsen. Aus dem fast noch naturwüchsigen Laut für das plötzliche Da, das durch Mark und Bein geht und erstarren läßt, ist ein Inbegriff geworden. Auch wenn es sich im Zeitalter der Hochtechnologie kaum mehr unmittelbar nachfühlen läßt: Das Wörtchen *šm* muß eine sehr elementare, dem erregten Stammeln abgerungene Lautfolge gewesen sein, der man die begleitende Geste, den ausgestreckten Arm und Zeigefinger – «da ist es» –, nachgerade noch anhörte, während *šmh* als Substantiv schon eine eigene Subsistenz markiert, einen gewissen Grad an innerer Festigkeit und Distanz gegenüber dem erregten «Da», wie ja heute noch, wenn ein Kind plötzlich erschreckt «da, da» ruft, der Erwachsene sogleich wissen will, was denn «da» sei, während dem Kind die Routine und Distanz fehlen, um für den Vogel, der sich im Zimmer verflogen hat, oder das nebenan ausgebrochene Feuer das entsprechende Substantiv zu nennen, auch wenn es seinem Sprachschatz bereits angehört. Das Substantiv *šmh* ist eine Befestigung und Beruhigung von *šm*, sowohl lautlich durch den Nachdruck und Aushauch, den das *h* dem *šm* gibt, als auch sachlich: «Entsetzen» verhält sich zu «Da» wie ein Kommentar. Es erklärt, was der Ernstfall des Da ist, was ihm nur gelingt, sofern es schon aus einer gewissen Entfernung spricht und von diesem Ernstfall nicht mehr ganz so durchdrungen ist wie das Demonstrativum *šm*.

Nun kommt die Pointe: *Šm* heißt «da», wenn es *scham* ausgesprochen wird. Man kann es aber auch *schem* aussprechen, und dann heißt es «Name». Geschrieben wird beides gleich. Die Verfasser des Alten Testaments notierten ja bloß Konsonanten. Ob mit *šm* also *scham* oder *schem* gemeint war, war einzig dem Kontext zu entnehmen. Die lautliche Nähe beider Wörter ist offensichtlich. Es ist lediglich die Verwandlung von a in e, also eine Flexion, die vom Da zum Namen führt. Das deutet darauf hin, daß das scheinbar so unbedarfte Da sich auch sachlich in nächster Nähe zum Namen befindet.

Zunächst einmal ist *schem* ein sehr gestisches Wort; es zehrt von der Zusammengehörigkeit von Hand und Mund. Wie die Hand Dinge mit einem Zeichen versieht, indem sie ihnen etwas einkerbt, aufdrückt oder anhängt, so tut es der Mund, indem er eine feste Lautfolge dafür bildet. Sprechen ist Mundarbeit, Benennen ein lautliches Bezeichnen wie Bezeichnen ein manuelles Benennen. Mit Namen versehen sein heißt im aramäischen Sprachkreis soviel wie verziert sein, wobei diese «Zierde» allerdings den Status einer Lebensnotwendigkeit hat. Wer ihrer entbehrt, ist schutzlos ausgesetzt. Jemandes Namen vertilgen heißt nicht nur, ihn und seine Angehörigen ausrotten, sondern auch alles vernichten, was an ihn erinnert: Gebäude, Inschriften, Erzählungen. Was der Name also gewährt, ist Schutz, Ehre und Andenken. Wer diese drei Dinge genießt, ist «jemand»; und «jemand sein» heißt nicht nur registriert und identifiziert sein, sondern sich positiv hervorheben, einen (guten) Ruf oder gar Ruhm haben. Das Motiv für den Turmbau zu Babel ist daher: Laßt uns «einen Turm mit einer Spitze bis zum Himmel bauen, damit wir uns einen Namen machen und uns nicht über die ganze Erde zerstreuen».[21]

Die Abfolge der drei Worte *scham*, *schamah* und *schem* führt an den Primärprozeß der Sprachbildung heran. Nicht in dem Sinne, daß sie Urworte wären; an deren Wortlaut heranzukommen ist aussichtslos. Wohl aber verraten sie

[21] Genesis 11, 4

Entscheidendes über die Entstehungslogik primärer Wortbildung. Zunächst einmal lassen sie daran zweifeln, daß die ersten Laute, die so geformt sind, daß man sagen könnte, sie haben das Niveau der Benennung erreicht, in grammatischem Sinne Namen sind: Nomina, Substantive, die sich auf konturierte Objekte beziehen. In Substantiven hat sich das Benennen schon ein Stück weit sedimentiert, beruhigt, gefestigt. An seinem Beginn muß es entschieden heftiger zugegangen sein. Die treibende Kraft der Lautformung war traumatische Erschütterung, deren Reizüberschuß nach Auswegen suchte. Einer davon ist das ständig wiederholte Ausstoßen von Lauten. Es versucht gleichsam die Erschütterung selbst auszustoßen, sie aus dem eigenen Organismus herauszudrücken. Der geformte Laut, der im Zuge dieser Wiederholungsarbeit entsteht, gewinnt die Funktion eines Ventils: Er mindert den Druck; er läßt etwas vom Schrecken entweichen. Das heißt aber: Er ist randvoll davon.

Volles Wort heißt zunächst soviel wie schreckerfülltes Wort. Wort und Sache sind darin bis zur Unerträglichkeit ungetrennt, und das Wort ist der Versuch, eine Trennung herbeizuführen. Am Schrecken, der einen Organismus durchfährt, sind ja außen und innen, Schreckauslöser und Schreckempfindung, noch ungeschieden. Er hat noch gar nicht den Status eines Objekts, noch keine dingliche Gestalt. Entsprechend ist auch der geformte Laut, der ihn artikuliert, noch kein Nomen. Er hat überhaupt noch keine grammatische Identität. Am ehesten könnte man ihn «Pränomen» nennen: eine Art Vorstadium des Namens. Und diesen Charakter hat *scham*: die hebräische Überformung eines Erregungslauts, der zwischen «Hier» und «Jetzt» noch nicht unterscheidet, noch kein Objekt benennt und nichts will als die Erschütterung loswerden, von der er durchdrungen ist. Als Signatur dieser elementaren Stufe, wo der Laut sich vom Geschrei oder Gestammel abzuheben und die wiederholbare Regelmäßigkeit eines Worts anzunehmen beginnt, besagt *scham* nichts als «da», und «da» bedeutet dasselbe wie «fort»: etwas ausrufen, um es dadurch zum Verschwinden zu bringen.

«Fort» – «Da»

Freud hat unversehens, ohne es selbst recht zu bemerken, an den Ursprung des Wortes gerührt, als er von Heinerle, seinem eineinhalbjährigen Enkel, eine inzwischen berühmt gewordene Episode erzählte, um die Logik des Wiederholungszwangs zu erläutern. Das Kind «war in gutem Rapport mit den Eltern und dem einzigen Dienstmädchen», vor allem: «es weinte nie, wenn die Mutter es für Stunden verließ, obwohl es dieser Mutter zärtlich anhing», zeigte jedoch «die gelegentlich störende Gewohnheit, alle kleinen Gegenstände, deren es habhaft wurde, weit weg von sich in eine Zimmerecke, unter ein Bett usw. zu schleudern», und brachte dabei «ein lautes, langgezogenes o–o–o–o hervor, das nach dem übereinstimmenden Urteil der Mutter und des Beobachters keine Interjektion war, sondern ‹fort› bedeutete». Das Kind spielte also «Fortsein», am eindrücklichsten mit einer «Holzspule, die mit einem Bindfaden umwickelt war»; «es warf die am Faden gehaltene Spule mit großem Geschick über den Rand seines verhängten Bettchens, so daß sie darin verschwand, sagte dazu sein bedeutungsvolles o–o–o–o und zog dann die Spule am Faden wieder aus dem Bett heraus, begrüßte aber deren Erscheinen jetzt mit einem freudigen ‹Da›.» (JL 224 f.) Und Freud deutet dann das Fortsein-Spiel als einen Versuch, mit dem Fortgehen der Mutter fertig zu werden. Das Kind veranstaltet den Fortgang selbst, wiederholt ihn in verschiedenen Varianten, nimmt so dieses «peinliche Erlebnis» in eigene Regie und gibt der Mutter zu verstehen: «Ja, geh' nur fort, ich brauch' dich nicht, ich schick' dich selber weg.» (JL 225 f.)

So funktioniert kindlicher Wiederholungszwang im abgefederten großbürgerlichen Milieu zu Beginn des 20. Jahrhunderts. Interessant, daß Freud diese Episode überhaupt nicht mit seinem ein Jahrzehnt früher verfaßten Text *Über den Gegensinn der Urworte* in Verbindung bringt. Dieser Text war eigentlich bloß eine etwas lang geratene Rezension einer Studie gleichen Titels, die der Sprachforscher Karl Abel 1884 vorgelegt hatte. Dessen These: Auf dem Grunde der alten Sprachen waltet ein «Gegensinn». Das Altägyptische ist sein Kronzeuge. Dort bedeute «stark» auch «schwach», «Licht» auch «Finsternis», «befehlen» auch «gehorchen». Es gebe Komposita wie «altjung», «fernnah», «bindentrennen», «außeninnen».[22] Und ist man am Ägyptischen einmal aufmerksam geworden auf das gehäufte Vorkommen solchen Gegensinns, so finden sich auch in andern alten Sprachen reichlich Beispiele; das prominenteste ist das lateinische *sacer*, das «heilig und verflucht» heißt, «wo also noch der volle Gegensinn ohne Modifikation des Wortlauts besteht» (GU 233).

Natürlich sind diese Beispiele weit davon entfernt, Urworte zu sein. Sie gehören allesamt hochentwickelten Sprachsystemen an. Und Abel hat eine recht fadenscheinige Erklärung für den Gegensinn zur Hand. «Wäre es immer hell, so würden wir zwischen hell und dunkel nicht unterscheiden und demgemäß weder den Begriff noch das Wort der Helligkeit haben können.» «Da man den Begriff der Stärke nicht konzipieren konnte, außer im Gegensatz zur Schwäche, so enthielt das Wort, welches ‹stark› besagte, eine gleichzeitige Erinnerung an ‹schwach›, als durch welches es erst zum Dasein gelangte.» (GU 231) Das klingt, als seien die Anfänge der Sprachbildung von dialektischen Philosophen überwacht worden, vorzugsweise von Hegelianern, die sorgsam darauf

[22] Sigmund Freud, *Über den Gegensinn der Urworte*, Studienausgabe, l. c., Bd. IV, 1970, S. 230 f. Weitere Zitate unter dem Kürzel GU. Abel wird im folgenden stets nach Freud zitiert.

achteten, daß jedes Wort auch sein Gegenteil einbezieht. Das erschien Freud viel zu oberflächlich und rationalistisch. Er brachte den verbalen Gegensinn sogleich mit dem Mechanismus der Umkehrung im Traum in Verbindung. Es mußte hier etwas weit Elementareres am Werke sein als begriffliche Vergleichung von Gegensätzen. Er erahnte in Abels angeblichen Urworten die abgeschliffenen Überbleibsel einer viel älteren Sprechpraxis, aber er drang nicht wirklich zu ihr vor, zumal ihm die sprachtheoretische Relevanz des Spiels mit der Holzspule nicht aufging.

«Fort» und «da» hatte sein Enkel gesagt. Er brachte natürlich keine Urworte hervor, sondern versuchte nachzusprechen, was ihm oftmals vorgesprochen wurde. Und doch sind «fort» und «da», auch wenn sie schon mehr sind als bloße Interjektionen, noch weit davon entfernt, im Ausdruckshaushalt des Kindes schon so etwas wie Adverbien darzustellen. Es sind werdende Worte. Sie befinden sich noch deutlich unterhalb des Niveaus von Namen: in jenem pränominalen Stadium, das für Urworte so charakteristisch ist. Nur daß das Pränominale bei Freuds Enkel bereits vorgeformt ist durch die Sprechgewohnheiten einer hochentwickelten Gesellschaft, für die «fort» und «da» längst in zwei disparate, grammatisch genau definierte Worte auseinandergetreten sind, die lautlich keine erkennbaren Gemeinsamkeiten mehr aufweisen. Hier schlägt die Differenz von Onto- und Phylogenese zu Buche. Das Kind der Hochkultur muß nicht noch einmal durch das ganze Grauen des Pränominalen hindurch, das der Spezies nicht erspart blieb und sich in dem hebräischen Ausruf *šm* ein ebenso unscheinbares wie abgründiges Denkmal gesetzt hat. Urworte sind Pränomina – und Ausrufe. Ihr «Da» bedeutet nichts anderes als «fort». Sie kennen keinen Gegensatz zwischen beiden. Was sie ausrufen, wollen sie austreiben. Was sie benennen, soll verschwinden. Das Wort beginnt als Exorzist. In seiner pränominalen Gestalt ist es ebenso Feststellung wie Befehl, Bejahung wie Verneinung. Man kann es als Nomen wie als Verb, als Demonstrativpronomen wie als Adverb wahrnehmen. Andrerseits ist es dies alles noch nicht, denn grammatisch-syntaktische Bestimmungen greifen hier noch nicht. Sie liegen noch ungeschieden ineinander; erst im Zuge der Entfaltung des Worts zur Sprache werden sie auseinandertreten.

Wenn das primäre Wort randvoll vom Schrecken ist, so ist es nicht minder erfüllt von einem Wunsch: überflüssig zu werden. Das Wort will seinen Anlaß, den Schrecken, aus der Welt schaffen – und damit sich selbst. Deswegen setzt es immer wieder neu zur Lautformung an. Doch damit heftet es sich gerade an *ihn*, den Schrecken. Ihn ruft die Lautformung immer wieder hervor, um ihn dreht sie sich, an ihm festigen sich ihre hocherregten, zitternden, schwankenden Anfangsformen zu einer ersten Stabilität. So kann es nicht ausbleiben, daß ausgerechnet er, indem sie ihn formt, zu ihrem Sujet, ihrem Fundus, ihrem

Halt wird. Und genau dieser Vorgang läßt sich an dem Verhältnis von *scham*, *schamah* und *schem* ablesen. Das Pränomen *scham* ist kaum mehr als das Echo des den ganzen Organismus erschütternden Schreckens. Das Substantiv *schamah* ist bereits ein Wort für diesen Vorgang. Es hat schon so viel Distanz dazu, daß es ihn als eine Art Objekt erfassen kann: als Starren, Entsetzen. Und *schem*? Die kleine Vokalveränderung von a zu e steht für einen Umschwung sondergleichen: vom exorzistischen Ausrufen des Schreckens zu seinem Anrufen. Ihm einen Namen zu geben ist der Versuch, ihn aus einer tödlichen Gewalt in eine rettende Schutzmacht zu verwandeln und so zum Verschwinden zu bringen. Die Flucht nach vorn, die der traumatische Wiederholungszwang antritt, indem er das Schreckliche dadurch loszuwerden versucht, daß er es in Eigenregie immer wieder von neuem veranstaltet, es auf diese Weise erträglich, faßbar, gewöhnlich, ja vertraut macht, so daß ausgerechnet das selbstgemachte Schreckliche zur Zuflucht, zur Rettung vor dem jäh überfallenden Schrecken wird – diese ungeheure Umkehrung findet in der Bildung des Namens ihre sprachliche Gestalt. Der Name ist jene gefestigte Lautkombination, durch die sich sowohl die traumatische Erschütterung Luft verschafft als auch der Schrecken angerufen, beschworen wird, er möge sein eigenes Gegenteil sein, nämlich die Macht, die von ihm errettet. Theologisch gesprochen: Der Name ist das Wort, das den Schrecken heiligt. Oder auch: Das Heilige ist der mit einem Namen versehene, der «verzierte», der rettende Schrecken.

Wo «da» «fort» heißt und «Schrecken» «Rettung»: dort erst treffen wir auf den originären Gegensinn der Urworte. Implizit steckt er im Pränomen *scham*, explizit wird er in *schem*, dem Namen. Der Name ist der Gegensinn *par excellence*. Mehr noch: Aller Sinn ist anfangs Gegensinn. Erst durch die Gutheißung des Schreckens ist Sinn in die Welt gekommen. Originärer Gegensinn läßt das Gegensätzliche ineinanderfallen. Wo hingegen ein Wort je nach Kontext mal etwas, mal sein Gegenteil bedeuten kann, da ist der Ineinanderfall der Gegensätze bereits einem Sowohl-Als-auch gewichen, der Gegensinn einem Doppelsinn. Das ägyptische *ken* kann, je nach Lage, sowohl «stark» als auch «schwach» heißen, das lateinische *altus* sowohl «hoch» als auch «tief», sacer sowohl «heilig» als auch «verflucht». Abels Beispiele setzen allesamt erst beim Doppelsinn an. Sie dringen gar nicht bis zum Gegensinn vor. Den Schrecken benennen heißt zunächst ja gerade noch nicht, ihm zwei gegensätzliche Bedeutungen geben, nämlich heilig und schrecklich, was sich für moderne Ohren dann anhört wie gut und böse, sondern das Heilige *ist* der benannte Schrecken. Der Schrecken ist also nicht das Böse; er ist ja gerade gutgeheißen. Selbst die Bedeutung «verflucht», die das lateinische *sacer* angenommen hat, ist anfangs dasselbe wie «geheiligt». Niemand ist geheiligter als derjenige der Clangenossen, den das Los trifft und zum Opfer bestimmt, das die andern der schrecklichen Schutzmacht darbringen müssen. Im Loswerfen sind Segen und Fluch noch ungeschieden. Derjenige, den es trifft, ist buchstäblich ausgezeichnet: *tabu*, wie die Polynesier sagen. Segen und Fluch treten erst auseinander mit der Abschaffung des Menschenopfers. Wo sich die Möglichkeit eröffnet hat, Tiere statt Menschen darzubringen, und dennoch Menschen durch kollektiven Willen, «im Namen des Volkes», getötet werden, werden sie nicht mehr geopfert, sondern hingerichtet. Nun erst heißt «dem Tode geweiht» nicht mehr dasselbe wie «erwählt», sondern das Gegenteil: verworfen. Nun erst heißt «verflucht» soviel wie «böse». Böse ist alles, was sich den Ansprüchen des Heiligen entzieht und dafür dessen Schutz entzogen bekommt. Ausgestoßen, namenlos, schutzlos sein oder, wie es später heißt, in Acht und Bann: das ist der schlechterdings böse, verworfene Zustand.[23]

[23] Hieran, also an ein semantisches Spätstadium von *sacer*, knüpft Giorgio Agamben an, wenn er sich eine Definition von Sextus Pompeius Festus zu eigen macht: «*Homo sacer* aber ist derjenige, den das Volk wegen eines Vergehens verurteilt hat; und es ist Frevel, ihn zu opfern, wer ihn aber tötet, wird nicht des Mordes schuldig gesprochen.» Offenkundig ist diese Definition darauf aus, nicht nur den Gegensinn, sondern auch den Doppelsinn von *sacer* aufzukündigen, das Wort vom Menschenopfer abzulösen und nur noch im Sinne von «verworfen» zu verwenden. Was diese Profanierung beabsichtigte, ist unklar. Bei Festus steht sie in Zusammenhang mit einer der größten Zerreißproben der frühen *res publica*, nämlich dem Auszug der Plebejer aus Rom zum «heiligen Berg» (*mons sacer*). Sie muß, auch wenn wir nicht genau wissen, in welcher Weise, eine Konzession an den Machtzuwachs der Plebejer gewesen sein. Allerdings strapaziert Agamben sein Festus-Zitat über die Maßen, ist es doch lediglich eine späte, situationsbedingte Umdefinition von *sacer*. Er aber macht daraus die Definition *par excellence*. «Das Leben, das nicht geopfert werden kann und dennoch getötet werden darf, ist das heilige Leben.» Damit nicht genug. Das Festus-Fündlein soll beweisen, daß *sacer* gar kein genuin religiöser Begriff sei, sondern ein politisch-juridischer: das Schlüsselwort für politische Souveränität. Die nämlich habe gar keinen Bestand ohne *homines sacri*, Menschen, die von ihrer Gesellschaft sowohl aus- als auch eingeschlossen seien, sich in einem vom Recht vorgesehenen rechtsfreien Raum befänden, gewissermaßen «im Ausnahmezustand», denn als politischer Souverän gelte, nach einer berühmten Definition Carl Schmitts, «wer über den Ausnahmezustand entscheidet». Nun ist es zwar durchaus originell, *sacer* als «im Ausnahmezustand befindlich» zu übersetzen. Doch in diesem Zustand befand sich bereits das Menschenopfer, wenn es «erwählt», aus seinem gewöhnlichen Lebenskontext herausgelöst und zur rituellen Tötung zubereitet wurde, die straffrei nur erfolgen konnte, sofern das Opfer ganz aus dem Clan ausgeschlossen und ganz in ihn eingeschlossen war. Nur daß dieser Ein- und Ausschluß, die Entscheidung über den Ausnahmezustand, ursprünglich kein Akt politischer Souveränität war, sondern die unsouveräne, angstgetriebene Reaktion von Hominidenkollektiven auf den Naturschrecken. Es ist eben mißlich, wenn man davon, wie tief die frühe Menschheit in Ritual und Kult versenkt war, keinen Begriff hat, den Ausnahmezustand allein aus der politischen Philosophie kennt und daher glaubt, wo es um ihn gehe, habe man es mit etwas garantiert Kultfreiem zu tun: dem Gründungsakt einer rein politischen Sphäre. Kultrein ist diese Sphäre natürlich nie gewesen. Nur wenn man Jahrtausende von Kultgeschichte ausblendet, kann man darauf verfallen, «jenseits des Strafrechts wie des Opfers» den «eigentlichen Ort» des *homo sacer* zu suchen und zu behaupten, er stelle «die ursprüngliche Figur des in Bann genommenen Lebens dar und bewahrt das Gedächtnis der ursprünglichen Ausschließung, mittels deren sich die politische Dimension konstituiert hat» (Giorgio Agamben, *Homo sacer*, Suhrkamp, Frankfurt am Main 2002, S. 81 ff. Zitate S. 81, 92 und 93).

Der Todestrieb, an den Freud in späten Jahren zu glauben begann, existiert nicht. «Das Leben» drängt nicht von sich aus zum Tod. Wohl aber führt Lebens*not* zu Phänomenen, die bei ihrem Entstehen von dem Drang beseelt sind, schnellstmöglich wieder zu verschwinden. Dazu gehört auch das Wort. Seine mühselige Lautformung geschah, um den Schrecken auszustoßen. Er sollte aufhören – und damit es selbst. Das Gegenteil aber geschah. Durch seine ständige Wiederholung festigte sich das Wort zum Namen. Doch damit setzte es sich auch fest. Es gelang ihm nicht, die peinigende Erregung loszuwerden. Als Ventil war es unzureichend. Stets blieb mehr Erregung zurück, als es entweichen ließ. Aber es gelang ihm, Distanz zu ihr zu schaffen, sie zu mildern. Durch geregelte Lautformung begann geregelter Erregungsabbau. Das lautliche Erregungsventil nahm zugleich die gegenteilige Eigenschaft an. Als Name wurde es zum Erregungsasyl. *Asylon* ist das griechische Wort für den geschützten Ort, an dem jeder, der sich dahin flüchtet, unversehrt bleiben muß, selbst ein Feind. Dieser Ort ist der heilige Bezirk oder der Tempelbezirk, und es ist vielleicht nicht einmal übertrieben, die Namensbildung einen inneren Tempelbau zu nennen. Beim Versuch, Erregung entweichen zu lassen, gibt der Name ihr ein Asyl: einen inneren Ort, wo sie bis zur Erträglichkeit gedämpft und beruhigt wird. Man kann auch sagen: Der Name gibt ihr eine lautliche Fassung. Er friedet sie gewissermaßen akustisch ein, wie das Heiligtum sie räumlich einfriedet. Die Heiligung des Schreckens durch den Namen ist untrennbar von der Herstellung eines heiligen Bezirks. Letzterer gibt dem Schrecken eine doppelte Fassung: umfaßt diejenigen, die sich vor ihm an diesen Ort flüchten, und faßt den Schrecken ein in die Form ritueller Tötung von «Erwählten», in der er immer wieder ablaufen und sich allmählich ausrasen kann, ohne das ganze Kollektiv zu zerstören. Ein heiliger Bezirk oder Tempel aber kann nicht entstehen, ohne daß ein über ihm schwebender *genius loci* imaginiert wird. Heiligtümer werden «im Namen» des Genius errichtet. Der Name *par excellence* ist der Name des Genius. In ihm verdichten sich die kollektive Erregungslaute und gestammelten Pränomina, die den Opfervollzug begleiten.

Dem hebräischen *schem* merkt man noch an, daß die Namen, die Menschen sich geben oder machen, Abkömmlinge des heiligen Namens sind. «Den Namen anrufen» ist eine feste Formel, die sich zunächst einmal auf den Namen schlechthin bezieht: Jahwe. *Kara* heißt wörtlich schreien, kommt dann aber auch als «anrufen» und schließen als «benennen» vor. Auch daran zeigt sich, wie sich das Namengeben vom «Aus tiefer Not schrei ich zu dir» allmählich zum profanen Benennen temperiert hat. Sofern Menschen einen Namen empfangen und durch ihn Schutz, Ehre und Andenken, so ist es der heilige Name, dem sie dies verdanken. Mit dieser Auffassung steht das Alte Testament übrigens nicht allein. Der ganze Totemismus denkt so. Der Totem, gewöhnlich ein Tier, anfangs ein schreckenerregendes, stets aber eines, das die kollektive Aufmerksamkeit erregt, hat nicht nur einen Namen, sondern sein Name ist zugleich der des ganzen Stamms oder Clans. Der Clan heißt wie der Totem, auch die Individuen heißen so; eigene Namen haben sie noch gar nicht. «Man gehört zu einem bestimmten Klan, weil man einen bestimmten Namen trägt. Alle, die diesen Namen tragen, sind also Mitglieder; wie sie auch auf dem Stammesland verteilt sind, sie haben untereinander die gleichen Verwandtschaftsbeziehungen.»[24]

Jeder Totem hat übrigens nicht nur einen eigenen Namen, sondern auch ein eigenes Zeichen. Seine Angehörigen machen sich kenntlich, indem sie es an ihrem Körper anbringen. Das ist jene manuelle Namengebung, die im hebräischen *schem* durchaus mitgedacht ist und die Geschichte vom Kainszeichen besser verstehen läßt: Das Zeichen, das Gott dem Brudermörder Kain macht, «damit ihn keiner erschlage»[25], ist ein Namenszeichen. Sinn macht es freilich nur als Clanzeichen, das sich alle Mitglieder unauslöschlich eindrükken müssen, weil sie alle Brudermörder sind und der Verschonung bedürfen. Die kollektive blutige Selbstbezeichnung ist nämlich unveräußerliches Zubehör jenes rituellen Bruder- oder Schwestermords, an dem das ganze Kollektiv beteiligt sein muß: dem Menschenopfer. Und zwar stellt das Zeichen diese gemeinschaftliche Bluttat ebenso dar wie die Verschonung, die den Tätern dadurch zuteil wird. Der Genius, der die «Erwählten» verschlingt, ist auch die Schutzmacht, die den andern das Leben schenkt. Den heiligen Namen anrufen und sich gleichsam mit der Handschrift des Heiligen blutig bezeichnen: das sind zwei unmittelbar zusammengehörige Weisen, sich einer schrecklichen Schutzmacht als der einzigen Rettung anzubefehlen.[26]

Nominalismus – Realismus

«Etwas benennen», sagt Ludwig Wittgenstein, «das ist etwas Ähnliches, wie einem Ding ein Namenstäfelchen anheften.»[27] Was ihm dabei entging, war der dialektische Charakter des Täfelchens. Die Stelle des Dings, an der es haftet, wird nämlich unsichtbar. «Namenstäfelchen» bezeichnen nicht nur;

[24] Emile Durkheim, *Die elementaren Formen des religiösen Lebens*, Suhrkamp, Frankfurt am Main 1981, S. 145

[25] Genesis 4, 11

[26] Ausführlich hierzu: Christoph Türcke, *Vom Kainszeichen zum genetischen Code*, l. c., Kapitel 1 und 2

[27] Ludwig Wittgenstein, *Philosophische Untersuchungen*, Werkausgabe, Bd. 1, Suhrkamp, Frankfurt am Main 1984, S. 144

sie verdecken auch das Bezeichnete, woraus die industrielle Massenproduktion übrigens eine besondere Unsitte gemacht hat. Das Namenstäfelchen der Ware ist der Barcode, der sich oft nur mit Mühe und nicht spurlos entfernen läßt. Große Obstfirmen kleben gar auf jeden einzelnen Apfel ihr Namenszeichen – und machen ihn an der Stelle, wo es klebt, unappetitlich, wenn nicht ungenießbar. Der Ärger darüber kann allerdings erhellend sein: an etwas erinnern, was sich im alltäglichen Betrieb, wo unentwegt irgend etwas benannt, bezeichnet, zugeordnet werden muß, leicht vergißt: Bezeichnete Stellen sind zugleich verdeckte Stellen. Und im Ernstfall des Benennens geht es nicht um Aufkleber, sondern darum, eine schreckliche Gewalt in eine rettende Schutzmacht zu verkehren: ihr nicht nur ein Täfelchen anzuhängen, sondern sie ganz mit einem schützenden Mantel zu umgeben, der sie so abpolstert, daß sie auszuhalten ist, ja der sogar so bemessen ist, daß in seinen weiten Falten schutzsuchende Lebewesen Zuflucht finden können. So tut der heilige Name radikal und umfassend, was das Namenstäfelchen nur partiell und äußerlich tut: Er leistet Verdeckungsarbeit – deckt den Schrecken zu und geht vor ihm in Deckung. Der heilige Name ist Deckname.

Damit tun sich unversehens die beiden extremen Positionen auf, zwischen denen seit je alles Nachdenken über den Namen hin- und herschwankt. Platon hat sie in seinem Dialog *Kratylos* mustergültig markiert. Kratylos vertritt die Ansicht, «jedem Seienden komme von Natur sein richtiger Name zu, und der Name sei nicht das, was einige unter sich als Benennung für etwas ausgemacht haben, indem sie es mit einem Teil ihrer Mundart ausrufen, sondern es gebe eine natürliche Richtigkeit der Namen, und zwar bei Hellenen und Barbaren dieselbe.» Der andere Gesprächspartner, Hermogenes, bezweifelt hingegen, «daß es eine andere Richtigkeit des Namens gibt als durch Vertrag und Übereinkunft. Denn mir scheint, welchen Namen man auch für etwas festsetzt, das ist der richtige, und wenn man einen anderen an seine Stelle setzt und jenen nicht mehr gebraucht, so ist letzterer nicht minder richtig als der vorige, wie wir ja auch unsere Sklaven umbenennen. Denn nicht von Natur aus kommt einem jeden sein Name zu, sondern durch Gesetz und Gewohnheit derer, die ihn pflegen und gebrauchen.»[28] Später, im ausgehenden europäischen Mittelalter, hat man die Position des Hermogenes «Nominalismus» genannt: Das Benennen von Dingen sei lediglich ein bestimmter, eingespielter Gebrauch von Namen, die man so, aber auch anders festsetzen kann, weil sie in der Natur keine Entsprechung haben. Die Position des Kratylos hingegen mündete in den «Realismus». Namen, so dessen Argumentation, sind nicht

[28] Platon, *Kratylos*, 383 a b, 384 c d

nur Lautgebilde, die in dieser Sprache so und in einer anderen anders zustande kommen. Sie haben vielmehr stets auch eine begriffliche Seite. Der Begriff aber ist die Dimension der «natürlichen Richtigkeit». Er ist sowohl das Gemeinsame in verschiedenen Namen, das sie ineinander übersetzbar macht, als auch das Allgemeine, das alle Einzeldinge einer Art unter sich befaßt. Als Lautgebilde mögen Namen partikular sein; als Begriffe sind sie universal. Sie spielen im Geistigen die Rolle, die in der Natur den Arten und Gattungen zukommt. In denen haben sie denn auch ihre reale Entsprechung: die Bürgen ihrer «Richtigkeit».

Dies ist, knapp skizziert, die Frontstellung zu Beginn des mittelalterlichen Universalienstreits, der, wie Günther Menschings umfassende Monographie gezeigt hat, keineswegs zu Ende ist.[29] Warum er aber unerledigt weiterschwelt, warum etwa die Reduktion von Sachproblemen auf Sprachprobleme, die die analytische Philosophie versuchte, nicht gelingen konnte und die Metaphysik bei ihren Vertretern «ein erstaunliches Comeback»[30] feiert, ohne daß die Einwände gegen sie entkräftet wären – dies zeigt sich auf einen Blick, wenn man den Universalienstreit, statt wie üblich von der Warte der unübersichtlichen Gegenwart, einmal gleichsam von hinten, vom äußersten Punkt seiner Vorgeschichte aus, beleuchtet: dem heiligen Namen. Wenn es stimmt, daß er Deckname ist, was tut er dann, wenn er benennt? Zunächst einmal das, was auch alle späteren Namen tun werden: sich einem Etwas äußerlich anheften. Insofern ist auch er, ganz im Sinne von Wittgensteins «Täfelchen», lediglich Etikett. Nur ist er auf singuläre Weise Etikett. Er sitzt dem, was er benennt, dergestalt auf, daß er es vollkommen umfaßt, umhüllt, bemäntelt. Er sagt von ihm nicht, was es ist, sondern was es nicht ist, schlimmer noch: das strikte Gegenteil dessen, was es ist. Sein Etikett veranstaltet einen nicht zu überbietenden Etikettenschwindel. Es heißt den Schrecken gut. Dieser kapitale Schwindel aber ist der Urheber aller Moral. Mit ihm beginnt die Unterscheidung von Gut und Böse. Sie ist die Urlüge. Die aber ist so elementar, daß sie in gewisser Hinsicht noch gar keine Lüge ist. Der Tatbestand Lüge *wird* erst durch sie, sie fällt noch nicht darunter, zumal sie ohne jedes Unrechtsbewußtsein ist; hatte sie doch gar keine Wahl. Die Urlüge ist Notlüge, die von ihrer Falschheit nichts weiß, vielmehr von besten Absichten getrieben ist. Denn sie will ihre Not und damit sich selbst als Lüge beseitigen: nicht nur von einem Objekt das Gegenteil dessen *sagen*, was es ist, sondern bewirken, daß das Objekt

[29] Cf. Günther Mensching, *Das Allgemeine und das Besondere.* Der Ursprung des modernen Denkens im Mittelalter, Metzler, Stuttgart 1992

[30] Cf. Peter Bieri, *Was bleibt von der analytischen Philosophie?*, in: Deutsche Zeitschrift für Philosophie, Berlin 2007, Heft 3, S. 339

dieses Gegenteil *werde*. Die Urlüge will wahr werden. Sie ist der Ursprung der Wahrsagerei.

Freilich lebt der heilige Name über seine Verhältnisse. Er soll Tat sein: durch Ausrufen den Schrecken in die Zuflucht vor dem Schrecken verwandeln. Das vermag er natürlich nicht. Insofern nehmen die Rufenden den Mund zu voll. Aber ganz ohne verwandelnde Kraft ist der Name nicht. Das Merkwürdige ist nämlich: Benannter Schrecken ist nicht mehr derselbe wie namenloser. Das ist für moderne Menschen schwer einzusehen. Das Erdbeben verliert doch dadurch, daß es benannt wird, nichts von seiner erschütternden Kraft. Dennoch wird es, wenn es einen Namen empfängt, gleichsam angehaucht – mit einer akustischen Schutzschicht umgeben, umfaßt, umhüllt. Zwar kümmert sich das Erdbeben nicht um diese Schicht, aber sie hilft dem Rufenden. Für ihn ist sie Schutzschicht. Ihm federt sie den Schrecken ab, auch wenn eben nur um einen Hauch. Damit aber gibt sich der Name als der Hauch der Unversehrtheit zu erkennen. Er lindert um ein winziges die Erschütterung derer, die ihn herausschreien. Das ist seine kathartische Wirkung. Das Benannte mag davon völlig unbeeindruckt bleiben; dennoch, es wird angehaucht. Und dabei wird es, in einem ganz elementaren Sinn, mit Bedeutung überzogen. Der Hauch des Namens bedeutet nämlich dem Naturschrecken, er möge die Rufenden entrinnen lassen und sich ihnen als das Asyl ihrer Unversehrtheit öffnen. Insofern ist der Name der Hauch der befriedeten Natur, der erste Hauch der Utopie. Was benannt ist, dessen Unerträglichkeit läßt nach, auch wenn nur um einen Hauch. Seine Unfaßlichkeit bekommt durch den Namen eine erste Fassung, so schwach und unbeständig sie zunächst auch sei.

Dies alles scheint, wenn man in der Terminologie des Universalienstreits reden will, für einen hemmungslosen Nominalismus zu zeugen. Wenn der heilige Name nichts Geringeres als Etikettenschwindel betreibt, die Dinge mit dem Gegenteil dessen anbläst, was sie sind, dann modelt er sich die Welt in einem Maße nach seinen Bedürfnissen zurecht, wie es sich eine ausdifferenzierte Sprache später nicht mehr leisten kann. Doch gerade an dem Punkt, wo er sich wie ein Supernominalist aufführt, erfüllt er die Forderung der Begriffsrealisten: in der Sache, die er benennt, eine Entsprechung zu haben. Er verfährt zwar nach nichts als seinen Bedürfnissen, dabei aber keineswegs nach Belieben. Es ist nicht *irgend* etwas, woran er sich heftet; es gibt vielmehr nur eines, woran er sich heften kann, weil nur dies eine ihn hat entzünden können: traumatische Erschütterung. Sie ist sein absoluter Referenzpunkt, sozusagen sein Ein und Alles, und in diesem Sinne seine Entsprechung, aber alles andere als ein Fundament, das ihm Halt böte, oder ein Vorbild, das er lautlich nachbildete. Nicht sie entspricht ihm; er entspricht ihr, indem er sie anspricht, anruft, anschreit, um so ihrer Ungeheuerlichkeit Gestalt und Faßlichkeit zu geben. Der Name sitzt seiner Entsprechung also nicht auf wie der Aufkleber dem Apfel, sondern eher wie ein Boot der Sturmflut. Seine Entsprechung ist die gewaltige Übermacht, an die er sich zu klammern sucht. Er ist in doppeltem Sinne ihr Gegenstück: ihr äußerster Gegensatz und zugleich ihr Widerhall. Der heilige Name erfüllt also maximal, was der Begriffsrealismus von Namen verlangt: eine Entsprechung in den Dingen zu haben. Kein späterer Name ist so erfüllt von dem, was er benennt, keiner haftet seiner Entsprechung so eng und inständig an wie der heilige. Nur ist seine Entsprechung nicht das «Wesen» der Dinge, das, was die Welt im Innersten zusammenhält, sondern das, was sie auseinandertreibt, fassungslos, schrecklich macht; das, was später auf hebräisch *tohuwabohu* und auf griechisch *chaos* heißt, man könnte auch sagen: ihr Unwesen.

Unbenannte Natur hat noch kein Wesen. Sie ist zwar reich an Gestalten. Und Naturdinge werden durch nichts kenntlicher als durch ihre Gestalt. Starke Gestaltähnlichkeit zwischen ihnen läßt sofort – und meistens zu Recht – darauf schließen, daß sie derselben Spezies angehören, und die Farb- und Bewegungswahrnehmung, die bei optisch begabten Tieren Flucht-, Jagd- und Balzverhalten reguliert, ist selbst schon ein Ansatz zur Gestaltwahrnehmung. Dennoch ist Gestalt immer bloß Außenseite, nie Wesen. Ebensowenig ist die Spezies das Wesen, auch wenn Generationen von Platonikern sie damit verwechselten und glaubten, die Spezies sei dasjenige, was bleibt, wenn die einzelnen Exemplare entstehen und vergehen, das ewig Beständige im Wechsel, das wahrhaft Seiende, die «Idee», an der alles Individuelle für die Zeit seines Erdenlebens lediglich teilhat. Doch ach, die Erzeugung von Nachwuchs besorgen immer nur Individuen. Die Spezies selbst tut gar nichts. Sie hat überhaupt keine Eigenexistenz neben den Individuen. Sie ist lediglich das Namenstäfelchen für alle Einzeldinge mit gleichartiger Konsistenz. Bei Organismen besteht solche Konsistenzgleichheit in gleicher genetischer Grundausstattung; man nennt sie auch Genom. Doch das Genom ist nicht die Spezies, sondern eine bestimmte Säure- und Eiweißzusammensetzung, die sich in allen Organismen einer Spezies nachweisen läßt. Und die genetische Ausstattung eines Organismus ist erst recht nicht sein Wesen – ebensowenig wie die Innenausstattung eines Hauses schon die konkrete Wohnkultur der darin Lebenden. Nur durch komplexe Entwicklungsprozesse und unter Mithilfe zahlreicher epigenetischer Faktoren[31] wird aus einem genetischen Programm ein vollständiger Organismus, der wiederum unter verschiedenen Umwelteinflüssen sehr unterschiedliche Gestalt annehmen kann.

[31] Zur Epigenetik siehe oben, Kapitel 2, S. 114

Kurzum, nirgends bietet die Natur von sich aus ein Wesen dar. Sie empfängt es erst, indem sie einen Namen bekommt, und sie bekommt ihn, damit sie aufhört, ihr Unwesen zu treiben. Nur am Unwesen *par excellence*, dem Schrecken, konnte sich dessen Gegenstück bilden: das Wesen *par excellence*. Es ist nichts anderes als das gutgeheißene Unwesen, der heiliggesprochene Schrecken oder, kürzer gesagt, das Heilige. Und wie sämtliche Namen Abkömmlinge des heiligen Namens sind, so handelt es sich überall, wo die abendländische Metaphysik physischen Dingen ein Wesen zuerkannte, das auf griechisch *ousia* und lateinisch *essentia* oder *substantia* heißt, um Abkömmlinge des Heiligen. Unter dem «Wesen» von Naturdingen wurde stets dasjenige verstanden, was ihre Unerschütterlichkeit, ihren Zusammenhalt, ihre innere und äußere Stimmigkeit ausmacht. Das Wesen war konzipiert als das Höhere in ihnen: das, was die empirische Existenz des einzelnen Naturdings übertrifft und überdauert. Dies Höhere aber war nie ohne ein Höchstes zu denken, eine schlechterdings gute göttliche Macht, die den irdischen Dingen eine gewisse Teilhabe an jenen Eigenschaften gestattet, über die sie selbst voll und ganz und unverlierbar verfügte. In der biblischen Genesis ist das besonders offensichtlich. Gott schafft den Menschen «sich zum Bilde». Auch wenn das Hebräische kein Wort für «Wesen» hat: Durch Gottesebenbildlichkeit ist es optimal umschrieben. Sie ist sozusagen der Gipfel des Guten, nachdem zuvor schon alle andern Schöpfungstaten durch ein notorisch wiederkehrendes «Und Gott sah, daß es gut war» kommentiert worden waren.[32] Aber auch die Griechen kamen nicht ohne die Idee des Guten aus. In Platons *Politeia* ist sie die oberste Idee, die alle andern überwölbt; im *Timaios* gibt es gar einen göttlichen «Baumeister», der das Gefüge der Welt weise zusammengesetzt hat,[33] bei Aristoteles schließlich den «unbewegten Beweger», «von dem der Himmel und die Natur abhängt» und «dessen Lebensführung so ist, daß ihr Bestes uns nur kurze Zeit zuteil wird», nämlich jene *theoria*, die ungetrübte Schau des wahrhaft Seienden, in der sich «der Gott immer» und damit rundum «gut» befindet, «wie wir [nur] gelegentlich».[34]

Unter dem «Wesen» der Dinge ist also so etwas gedacht wie ihre gute Urbeschaffenheit: eine Grundkonsistenz, die in allem Wechsel gleich bleibt und die, wenn man sie zu schätzen weiß und sich ihr gemäß verhält, durch die Widrigkeiten des Lebens trägt. Versucht man allerdings, sich diese Grundkonsistenz auch ohne theologischen Umweg, ohne Rekurs auf eine gute Gottheit begreiflich zu machen, so greift man fehl. Das hat besonders Aristoteles zu

32 Genesis 1, 27. 4. 10 u. ö.

33 Cf. Platon, *Politeia*, 505a ff.; *Timaios*, 29a ff.

34 Aristoteles, *Metaphysik*, 1072 b

spüren bekommen. Das Wesen (*ousia*) einer Sache, so seine Standarddefinition, ist ihr *ti ēn einai*, wörtlich: ihr «Was es war, zu sein», etwas freier übersetzt: dasjenige, was dafür gesorgt hat, daß sie ist, was sie ist, oder: dasjenige, was sie zu dem gemacht hat, was sie ist. Man könnte, noch etwas freier, auch sagen: dasjenige, was sie konstituiert, ihre Identität stiftet.[35] Doch damit ist wenig gesagt, weshalb Aristoteles vielfältig bemüht ist, für dies Identitätsstiftende weitere Namen zu finden. Oft sagt er dafür *eidos*, verwendet also ein Wort, das bei Platon zunächst «Gestalt» und später «Idee» heißt, nur daß Aristoteles darunter nicht, wie Platon, ein separates höheres Sein versteht, an dem alles Physische lediglich «teilhat», sondern eine innere Kraft, die im je einzelnen Seienden wirkt und es zu einem konkreten Ding zusammentreten läßt. Diese Kraft soll im Stoff wirken, aber selbst unstofflich sein. Gelegentlich nennt Aristoteles sie *energeia* – ein Wort, worin Wirksamkeit und Wirklichkeit verschmelzen. Sofern man *eidos* mit «Form» übersetzt, wie es die mittelalterlichen Scholastiker häufig getan haben, muß man sich darunter folglich eine energetische, eine «formende Form» vorstellen. Nicht von ungefähr steht für *eidos* manchmal denn auch *arché*, bewirkender Urgrund, oder *entelecheia*, inneres Hingeordnetsein und Sich-Zubewegen auf ein *telos* (Ziel, Zweck, gutes Ende).[36] Doch ist man über das Wesen viel klüger als zuvor, wenn man diese Begriffe zu Hilfe nimmt? Sie alle geben sich gleichsam reihum die Klinke in die Hand. Aber keiner öffnet die Tür. Auch die Umschreibungen des «Wesens», die spätere Philosophen hinzugefügt haben – An sich, intelligibles Substrat, die Sache selbst, ihr Eigentliches oder Innerstes etc. –, kommen im Entscheidenden keinen Schritt voran. Immer hat man sich da lediglich mit Wechselbegriffen ausgeholfen, die das Wesen umschleichen wie die Katze den Brei, aber nicht sagen, *was es ist*.

Das liegt nicht an der Definitionsunfähigkeit der Philosophen, sondern an einem Selbstmißverständnis der Metaphysik. Das sogenannte Wesen ist gar nicht das Primäre, als das es stets ausgegeben wurde. Es ist immer schon die Überdeckung von etwas anderem, was nicht sein soll: Inkonsistenz, Erschütterung, Zerfall. Ein Naturgebilde, das einen Namen empfängt, bekommt damit zugleich den Wunsch mitgeteilt, es möge nicht zerfallen, sondern «heil» bleiben. Diesen Heilswunsch wird kein profaner Name ganz los. Daran verrät sich seine Abkunft vom heiligen Namen, sowenig man sie ihm sonst noch anmerkt. Einer Gestalt einen Namen geben heißt ihr diesen Wunsch als ihr «Wesen» zusprechen. Das Wesen ist das, was sie nicht von sich aus hat: der utopi-

[35] Ein Sonderfall wird hier vorerst noch ausgespart: das, was Aristoteles in seiner Kategorienschrift «erstes Wesen» (*protē ousia*) nennt. Dazu ausführlich unten, S. 215

[36] Cf. Aristoteles, *Metaphysik*, 983 a, 988 a, 1042 b, 983 b, 1038 b

sche Hauch der Unversehrtheit, mit der der Name alles, was er benennt, nicht aufhört zu überziehen. Selbst der nüchternste analytische Sprachphilosoph erteilt, wenn er seinem neugeborenen Kind einen Namen gibt, nicht nur eine Kennummer. Er spricht einem schutzlosen Organismus etwas zu, was ihn auf seinem Lebensweg behüten und zusammenhalten soll: ein Wesen. Nirgends ist die Namensfunktion lakonischer und abgründiger ausgedrückt als in der Geschichte vom Turmbau zu Babel. Der Name ist dazu da, daß «wir uns nicht über die ganze Erde zerstreuen».[37] Erholungswert bekommt Zerstreuung erst unter hochkulturellen Bedingungen in einem engen, wohlgefügten Rahmen materieller Sicherheit. Zunächst einmal jedoch ist sie ein Abkömmling des Schreckens. Was zerstreut wird, verliert die Fassung, den Zusammenhalt, die Existenz. Überall, wo ein Kollektiv, ein Individuum, ein Ding einen Namen bekommt, wird Zerstreuung verneint, Zerfall bekämpft, Unversehrtheit zugesprochen.

Die logischen Implikationen dieses Zuspruchs hat Aristoteles mit wenigen trockenen Worten umrissen, die ihresgleichen suchen. Sie wiegen alle Verstiegenheiten seiner Metaphysik auf. Jedes Ding oder Ereignis, so sein Gedanke, muß, wenn es einen Namen bekommt, im Moment der Benennung als «unteilbar (*atomon* = Atom) und der Zahl nach eines»[38] gelten. Ob die Welt tatsächlich aus Atomen, das heißt kleinsten, unteilbaren Teilchen, besteht, wie Leukipp und Demokrit behaupteten, ist eine andere Frage. Aber fürs Namengeben sind sie unerläßlich. Bezieht der Name sich nicht auf ein Eines, Unteilbares, so hat er nichts, woran er haftet. «Denn nicht Eines bezeichnen heißt gar nichts bezeichnen. Wenn die Namen aber nichts bezeichnen, ist die Unterredung mit anderen aufgehoben, in Wahrheit sogar die mit sich selbst.»[39] Wenn wir ein bestimmtes Gebilde «Gehirn» nennen, so können wir nicht anders, als es in diesem Moment als *eines* zu nehmen, auch wenn wir wissen, daß es aus Milliarden von Nervenzellen besteht. Wer von «der Weltbevölkerung» redet, kann nicht umhin, von ihr als *einer* zu sprechen, auch wenn er dabei die Vorstellung von einem Menschengewimmel hat.

Der Name ist also nicht nur das Etikett, das an der Sache haftet, sondern etwas, was sie stärker zusammenzuheften sucht, als sie von Natur aus ist: «damit sie sich nicht zerstreue». Nietzsches berühmter Stoßseufzer «Ich fürchte, wir werden Gott nicht los, weil wir noch an die Grammatik glauben»[40] ist nicht weit genug gegangen. Mehr noch als die Grammatik ist der Name theologisch

[37] Genesis 11, 4
[38] Aristoteles, *Kategorien*, 3 b
[39] Aristoteles, *Metaphysik*, 1006 b
[40] Friedrich Nietzsche, *Götzen-Dämmerung*, KSA 6, l. c., S. 78

infiziert: Solange wir noch Namen aussprechen, kommen wir von der Utopie nicht los. Der Name mag nämlich noch so profan und alltäglich werden; er kann es nicht lassen, die Unversehrtheit der Natur zu beschwören und einen Hauch davon auf alles Benannte übergehen zu lassen. Es gibt keine Benennung ohne solche Namensmagie, selbst wenn der Sprecher sich gegen sie sträubt und dem Objekt einen Namen bloß anheftet, um es zu klassifizieren oder gar zu vernichten. Dann vergeht er sich am Namen wie der Meineidige am Eid. Der Name kann seinen Mißbrauch nicht verhindern, aber kein Mißbrauch kann dem Namen seinen magisch-utopischen Hauch nehmen. Solange wir nicht aufhören, Dingen Namen zu geben, tragen wir diesen Hauch weiter – ähnlich wie in jeder Vorstellung den Funken der Halluzination.

Sprechakte

Archaische Namenbildung ist Sprechakt, und zwar Sprechakt *par excellence*: Katharsis. Vom Grad seiner Intensität und Expressivität weiß die moderne Sprechakttheorie wenig. Ihr Begründer, John L. Austin, greift das Sprechen erst in jenem wohltemperierten Spätstadium auf, wo die Namenbildung sich längst zu einem routinierten Benennungssystem verzweigt und veralltäglicht hat, nimmt dies Spätstadium unbesehen als den authentischen Zustand der Sprache und staunt dann über seine eigene Entdeckung: daß Worte nicht nur eine Bedeutung (*meaning*) haben, sondern darüber hinaus etwas *tun*, «wie etwa eine Frage stellen oder beantworten; informieren, eine Versicherung abgeben, warnen; eine Entscheidung verkünden, eine Absicht erklären; ein Urteil fällen; berufen, appellieren, beurteilen; identifizieren oder beschreiben; und zahlreiche derartige Dinge».[41] Sofern Worte etwas bedeuten, vollziehen sie laut Austin einen «lokutionären Akt»; sofern sie etwas tun, einen «illokutionären». Und da die Philosophen letzteren sträflich vernachlässigt haben, entwirft er eine «Theorie der ‹illokutionären Rollen› [illocutionary forces]».[42]

Was sind das für *forces*? Bei Austin sind sie kaum unterschieden von den Sprechakten, in denen sie sich äußern. Wenn Worte Fragen bilden, versprechen, schimpfen, warnen etc. können, dann haben sie offenbar die *force* dazu: das Vermögen – genauso wie sie, sofern sie etwas bedeuten, ein semantisches Vermögen haben. Die Sprechakttheorie geht also sogleich in eine separate Vermögensverwaltung über; *locutionary and illocutionary force* sollen nicht länger vermengt werden. Ob die beiden *forces* etwa eine gemeinsame Wurzel

41 John L. Austin, *Zur Theorie der Sprechakte (How to do things with Words)*, 1975, dt. Reclam, Stuttgart 2005, S. 116

42 L. c., S. 116 f. «Rolle» ist allerdings keine glückliche Übersetzung für «force».

haben, gar eine physiologische, wird nicht erörtert. Dabei liegt auf der Hand, daß ein Sprechakt stets in einem handfesten physischen Sinne *force* ist; ohne einen gewissen Kraft-, Geschicklichkeits- und Beharrlichkeitsaufwand kommt er nicht zustande. Auch seine Bedeutung nicht. Sie liegt keineswegs immer schon in den Worten wie eine geistige Intarsie; sie hat sich im Zuge der Lautformung durch unzählige Wiederholungen allmählich gebildet. «Etwas bedeuten»: im alltäglichen Sprachfluß nimmt man das nur noch als eine Wortfunktion wahr, die sich wie von selbst einstellt, ohne eigens handelnd in die Umgebung einzugreifen, und daher als die «lokutionäre» Seite des Sprechens firmiert. Menschheitsgeschichtlich gesehen ist «etwas bedeuten» hingegen ein lautlich-gestisch-mimisches Zusammenwirken, das sich der motorisch-sensorischen Selbstdisziplinierung von Jahrtausenden verdankt. Nur durch langwierige Prozesse verdichtender, verschiebender und umkehrender Wiederholung ist Bedeutung in die Welt gekommen, also durch ein Tun, das in höchstem Maße illokutionär ist, wenn man schon den Maßstab der Sprechakttheorie anlegt. Bedeutung ist ein Sediment ritueller Handlungen, das sogenannte «Lokutionäre» lediglich eine Firnisschicht auf dem «Illokutionären» – wie die Kultur auf der Natur. *Locutionary and illocutionary force* lediglich hinnehmen, als seien sie zwei gleich ursprüngliche, getrennte Vermögen, und aufpassen, daß sie nicht vermischt werden, ist eher eine Buchhaltertätigkeit als ein Vordringen zur originären Dimension der Sprechakte, in der «Lokutionäres» und «Illokutionäres» noch gar nicht auseinandergetreten waren. Ihre ursprüngliche Ungeschiedenheit schleppt alles weitere Sprechen als unbewältigte Vergangenheit mit sich, weswegen eine keimfrei saubere Trennung von lokutionären und illokutionären Sprechakten kein sehr aussichtsreiches Unterfangen ist.[43]

Gelegentlich hat Austin das gemerkt und einen Rückblick auf die Frühphase menschlicher Wortbildung riskiert – allerdings nur, um sich möglichst schnell von ihrer Überholtheit zu überzeugen. «In einer primitiven Sprache mit Ein-Wort-Äußerungen könnte man mit ‹Stier› oder ‹Donner› zum Beispiel warnen, mitteilen, voraussagen und so weiter. Und genauso plausibel ist die Auffassung, daß die Sprache erst in späteren Stadien die ausdrückliche Unterscheidung der verschiedenartigen *Rollen* [*forces*], welche die Äußerungen spielen können, entwickelt hat; und damit hat sie viel erreicht. Die Äußerungen in

43 Austin selbst stieß schon auf Grenzfälle wie «Ich weiß, daß …», bei dem die folgende Aussage als lokutionär, der ganze Satz aber als illokutionär erachtet werden kann, was zu heftigen Zuordnungsdebatten in der analytischen Philosophie führte (cf. Eike von Savigny, *J. L. Austins Theorie der Sprechakte*, in: John L. Austin, l. c., S. 18). Glücklich, wer solche Sorgen hat. Inzwischen hat die Sprechakttheorie ein ganzes Instrumentarium zur Regulierung von Grenzstreitigkeiten entwickelt; cf. John Searle, *Sprechakte.* Ein sprachphilosophischer Essay, Suhrkamp, Frankfurt am Main 1971

der primitiven, primären Form bleiben in dieser Beziehung so ‹mehrdeutig›, ‹äquivok›, ‹vage› wie in der primitiven Sprache; sie machen ihre Rolle nicht richtig klar. Das kann im Einzelfall von Nutzen sein; aber je differenzierter sich soziale Formen und Verfahren entwickeln, desto nötiger wird die Klärung.» Wobei wir allerdings eines «keinesfalls tun dürfen: nämlich als selbstverständlich anzunehmen, wir *wüßten* irgendwie, daß Sätze [...] im primären, primitiven Stadium als Feststellungen oder Behauptungen gebraucht würden». «Daß es so wäre, wissen wir ganz bestimmt genausowenig, wie wir zum Beispiel wissen, daß alle Äußerungen ursprünglich aus Flüchen entstanden wären.»[44]

Nun, daß die ersten Wortgebilde weder Feststellungen noch Flüche waren, kann man durchaus wissen, ohne dabei gewesen zu sein, wie man auch nicht Urworte im Originalton gehört haben muß, um ein Verständnis für die Logik archaischer Wortbildung zu gewinnen. Das Wissenschaftsethos, mit dem die analytische Sprechakttheorie daherkommt, ähnelt dem von Geologen, die eine Lavamasse ausschließlich als das Gestein wahrnehmen, das sich ihnen darbietet, den Vulkanausbruch aber, der darin erkaltet ist, standhaft ignorieren, weil sie ihn selbst nicht miterlebt haben und ihn nicht mehr in allen Details rekonstruieren können. Vor lauter Skrupeln wird das Entscheidende ausgeblendet. Eine Sprechakttheorie jedoch, die die Katharsis, welche sich in den Urworten vollzog, nicht als ihre eigene Basis begreift, macht die Rechnung ohne den Wirt.[45] Denn auch wenn wir unzählige Details der ersten Namensbildung nie erfahren werden: Der Weg von *scham* zu *schem*, will sagen vom gestammelten Pränomen, das den Schrecken herausschreit und *vor* ihm Schutz sucht, zum festgefügten Namen, der die Schrekkensgewalt anruft und *bei* ihr Schutz sucht, sie gutheißt und mit einem utopischen Hauch überdeckt – diese epochale Kehrtwende läßt sich in ihrer strukturellen Verlaufsform sehr wohl präzise nachzeichnen, selbst wenn über ihre Dauer, die wahrscheinlich eher in Zehntausenden als in Tausenden von Jahren zu messen ist, und viele ihrer Details weiterhin Unklarheit besteht. Und noch etwas läßt sich mit Bestimmtheit sagen: Auch wenn der Name als Erregungsasyl dem Grauen eine gewisse Einfriedung und Beruhigung geben mochte; es war noch viel zuviel Grauen übrig, als daß die frühe Menschheit sich beim heiligen Namen hätte beruhigen können. Der Drang, von ihm loszukommen, leitete, kaum daß der Name sich stabilisierte, auch schon die Epoche seiner Profanierung ein.

[44] L. c., S. 92 f.

[45] Beginnt ihr das allmählich zu dämmern? So könnte man zumindest Robert B. Brandom lesen, der die Expression als Lebenselixier der Sprache wiederentdeckt hat. Expression statt Repräsentation ist seine Devise (*Making It Explicit*, dt. *Expressive Vernunft*, Suhrkamp, Frankfurt am

In ihrem Verlauf hat er sich entfaltet wie eine Knospe zur Blüte, dafür aber seine Ureigenschaft weitgehend eingebüßt: in einem ganz buchstäblichen Sinne Eigenname zu sein. Den heiligen Namen ausrufen heißt nämlich zunächst nichts anderes als sich einer schrecklichen Gewalt *zu eigen* geben: in ihrer Sphäre Schutz suchen. Und genaugenommen bleibt der Name nur so lange Eigenname, wie er Göttername oder heiliger Name ist. Der Genius, der über dem heiligen Ort «schwebt» und das Opfer «nimmt», ist *einer* und bleibt, wenn er einmal benannt ist, der nämliche. Jede neue Generation wird in seinen Namen eingeübt, und sein Name ist ihr Name. Zunächst in dem Sinn, daß sie es ist, die ihn genauso ausspricht, wie ihre Vorfahren es immer schon getan haben. Dann aber allmählich auch in dem Sinne, daß diejenigen, die diesen Namen aussprechen, ihn auch auf sich beziehen. Der Name ihrer Schutzmacht wird zu ihrem eigenen Schutzzeichen: zum akustischen Kainszeichen. Selbstbenennungen sind stets sekundär. Wenn ein Kulturkind sich selbst zu benennen beginnt, ist es längst benannt worden. Es nimmt den Namen an, mit dem seine Eltern es gerufen haben. Wenn ein archaisches Kollektiv anfängt, sich zu benennen, dann mit dem Namen, den es zuvor einem anderen zugesprochen hat. Genau das ist die Pointe der totemistischen Namenslogik. Der Name des Totems ist der Name des Clans – und damit aller einzelnen Clanmitglieder.

Mit dieser Rückwendung aufs Kollektiv aber verwandelt sich der Name. Solange er nur dem Genius, dem Heiligen, der Gottheit galt, war er exklusiv. Als Name des Kollektivs wird er inklusiv: zum Sammelnamen, der vieles einzelne unter sich befaßt. Er erweist sich als verschiebbar. Es zeigt sich, daß er nicht auf ewig an der einen Schreckensmacht kleben muß, sondern sich von ihr lösen, sich zu einer eigenen akustischen Dispositionsmasse festigen kann, die für vieles zu stehen vermag. Den Namen ausrufen muß nicht mehr notwendig heißen, sich einem überwältigenden Naturphänomen zu subsumieren. Es kann auch heißen, sich viele Naturphänomene zu subsumieren. Erst durch diesen Umschwung von der Schutzsuche zur Selbstermächtigung ist die Subsumtion allmählich zu dem geworden, was Logiker für ihre ursprüngliche Na-

Main 2000). Freilich greift er die Expression nicht in ihrem kathartischen Elementarstadium auf, wo sie mit dem Schrecken auch sich selbst loszuwerden suchte, sondern erst im wohltemperierten Zustand ausdifferenzierter Hochsprachen. An denen zeigt er nach allen Regeln sprachanalytischer Kunst, daß Einzelworte immer schon Exponenten eines Urteils- und Ausdrucksverhaltens sind, das für die Sprache als ganze Wahrheit reklamiert und sich nicht damit begnügt, Dinge zu repräsentieren und zu sortieren. Eines bleibt freilich unerwähnt: daß der unablässig fortdauernde Ausdruck auch ein Resultat physiologischen Scheiterns ist. Hochsprachen sind Ersatzbildungen. Es gibt sie überhaupt nur, weil es der werdenden Sprache mißlang, den gesamten Erregungsdruck entweichen zu lassen. Sie hat als Erregungsventil versagt. Deshalb war sie dazu verdammt, als Ventil (Expression) weiterzumachen und zugleich Asyl (Repräsentant) zu werden. Dieser Primärprozeß der Expression kommt bei Brandom nicht vor.

tur halten: ein Verfahren zur Unterordnung von Einzeldingen unter Sammelnamen. Der Name tritt in die Phase seiner zweiten großen Umkehrung: von der bedeckenden Benennung dessen, was nicht sein soll, zur ordnenden Benennung dessen, was ist, oder, psychologisch gesprochen, von der Identifizierung mit dem Angreifer zur Identifizierung von Objekten. Indem der Name zum Sammelnamen wird, wird er zum vorzüglichen Sammelpunkt der Profanierungskräfte der frühen Menschheit. Und wenn der eine Name sich vom Heiligen auf den Clan verschieben und zur Ordnungskategorie für die Clanmitglieder werden kann, wenn also *ein* Sammelname möglich ist, dann sind viele möglich: nicht nur für schreckliche Ereignisse und Dinge, sondern auch für gemäßigte, regelmäßige, alltägliche, vertraute, angenehme, beglückende. Mit andern Worten: Als Sammelname profaniert sich der Name zu einer Handhabe, um Naturphänomene zu ordnen, über sie zu verfügen, sich von ihrer Übermacht zu emanzipieren.

Die Profanierung des Namens bringt enorme Entlastung von seinem authentischen Alpdruck. Aber sie nimmt ihm dabei auch nach und nach den Charakter des Eigennamens. Nicht, daß Eigennamen ganz verschwänden. Als Namen von Göttern und heiligen Orten erhalten sie sich. Man mag sie noch lange Zeit mit Schaudern der Ehrfurcht aussprechen. Aber sie sind längst nicht mehr das Ein und Alles menschlicher Sprache, sondern nur noch verwitterte Überbleibsel ihrer Vorzeit – atavistische Sonderfälle in einem Sprachsystem, dessen Eckpfeiler Sammelnamen bilden. Und menschliche Eigennamen? Die gehören bereits der Spätzeit der Namenbildung an, entstehen dort, wo Clans sich so weit ausdifferenziert haben, daß sie sich nicht mehr mit ihren totemistischen Kollektivnamen begnügen können, sondern dazu übergehen müssen, einzelnen ihrer Mitglieder ihr eigenes akustisches Schutzzeichen zu geben – und sind, bei Lichte besehen, gar nicht mehr Eigennamen in strengem Sinne. Menschliche Eigennamen sind als Besonderungen des Clannamens entstanden. Wie er sollen auch sie den Benannten dem Schutz einer Gottheit anbefehlen, nur auf besondere Weise. Wenn etwa der ägyptische Sonnengott als «Ra» angerufen wurde, dann konnte ein Individuum, das auf besondere Weise im Schutz des «Ra» stehen sollte, eigentlich nur «Ramses» (= Ra-Moses = Kind des Ra) heißen. «Ra» ist ein echter Eigenname, «Ramses» nur noch ein Abkömmling davon, und zwar nicht nur, weil er allein in Hinblick auf «Ra» gebildet werden konnte, sondern auch, weil ihm jene Unverwechselbarkeit und Exklusivität des Namens fehlt, die «Ra» auszeichnet. «Ramses» können nämlich viele heißen, zum Beispiel ganze Generationen von Pharaonen; wenn nicht noch Abstammungsverhältnisse mitgenannt oder zumindest mitgedacht werden, verrät der Name nicht, welcher Ramses gemeint ist.

Geschützte Eigennamen gibt es nur bei Göttern – und bei industriellen Marken («Logos»). Das rechtlich geschützte Markenzeichen zeugt von gottähnlichem Status und gesteht den Fetischcharakter der Ware offen ein. Nicht von ungefähr sind Kinder und Jugendliche in der unsicheren Zeit ihrer Identitätsbildung besonders auf Markenkleidung und ihre markanten Logos erpicht. In deren Kraftfeld glauben sie nämlich eine Zugehörigkeit zu finden, die sie als Individuen nicht haben. Kein Eigenname, der einem Menschen gegeben wird, ist so exklusiv *sein* Name wie der Name einer Marke *ihrer.* Das ist der Unterschied von «Jesus» und «Coca-Cola». Immer bedarf es bei Individuen noch erläuternder Zusätze, um sie unverwechselbar zu identifizieren, weshalb die moderne Bürokratie auf Familiennamen und Abstammungsurkunden nicht verzichten mag. Menschliche Eigennamen sind bloß späte Erinnerungen an den Eigennamen *par excellence*, der ohne jeden Zusatz unverwechselbar war, aber auch die Haare zu Berge stehen ließ: den heiligen. Auch wenn die meisten, die sich heutzutage Namen für ihre Kinder ausdenken, vom heiligen Namen nichts mehr wissen – die Erinnerung an ihn hört dennoch nicht auf, sich zu vollziehen. Sie ist ein Musterfall prozeduralen Gedächtnisses.[46] Sei es, daß der Name, der einem Kind zugesprochen wird, der einer geschätzten Person ist, in deren Fußstapfen es treten möge, oder bloß noch ein Lautgebilde, das als Wohlklang empfunden wird: Immer appelliert er an etwas, was dem Kind Schutz und Glück bringen und wie ein Genius über seinem Lebensweg schweben soll. Auch wenn die Beziehung zum heiligen Namen nur noch ein vager Anklang ist: Sie endet nicht, solange Namen gegeben werden.

Was die Halluzination für die Vorstellung, ist der Name für die Sprache. Er hat als ihr Ein und Alles begonnen, als ihr Erregungsherd und ihre treibende Kraft, und ist allmählich zu ihrem Untergrund geworden: durch eine Umwendung ihrer umwendenden Kraft, einen in sich gegenläufigen Prozeß. Schon die Festigung des pränominalen Demonstrativums zum Namen war keineswegs nur eine einlinige Bewegung hin zu allmählicher Erstarrung. Was sich durch unablässige Wiederholung festigt, verändert sich auch unablässig. Wiederholung ist nie nur ein «Immer wieder», sondern stets auch ein «Immer wieder ein wenig anders». Zur Festigung des Namens gehört seine Stärkung durch bekräftigende, konturierende, differenzierende Zusätze, linguistisch gesprochen, durch Attribute. Und die treten nicht erst hinzu, nachdem die Namenbildung abgeschlossen ist, sondern Namenbildung ist selbst schon ständige Modifikation, Variation, Zusatzbildung. Der Schrecken differenziert sich im Zuge seiner Benennung in Singular und Plural; seine verschiedenen Intensitäten und Erscheinungsformen, die Orte und Zeiten seines Auftretens,

[46] Zu prozeduralem Gedächtnis, Wiederholen und Wieder-Holen siehe oben, Kapitel 1, S. 27 ff.

die Schonräume, die vor ihm schützen, die Zustände, in die er versetzt: sie alle beginnen sich in der Namenbildung in Gestalt von lautlichen Modulationen niederzuschlagen, und indem der Schrecken durch unablässig wiederholte und variierte Benennung seine Unfaßlichkeit verliert, wird auch der Name in Zusätze eingefaßt, die ihn ebenso umgeben und abfedern wie er den Schrekken. Dem Namen geschieht selbst etwas von dem, was er dem Schrecken tut. Auch er verliert den Schauder des Heiligen. Und indem er sich durch ständige Wiederholung gewissermaßen vergewöhnlicht, veralltäglicht, dämmert die Ahnung, daß Namengebung selbst etwas recht Alltägliches sein könnte, daß auch anderes für Namen empfänglich ist als Schreckliches. Alles Seiende ist benennbar. Die ganze Natur läßt sich in Worte fassen. Sprache ist nicht auf immer dazu verdammt, Schreckliches zuzudecken. So wie sie selbst aus einem unartikulierten Lautfluß hervorgegangen ist, kann sie ihrerseits hervorhebend, offenlegend, unterscheidend wirksam werden und allmählich die Kehrtwende von der Bedeckung des Schreckens zur Entdeckung der Natur vollziehen.

Das vermag sie freilich nur, indem sie über den Namen hinauswächst zum Satz und dabei den Namen herunterspielt, herunterdrückt – seinen furchtbaren Ursprung, seine den Schrecken zudeckende Tätigkeit ihrerseits zudeckt, also etwas vollzieht, was in der Philosophie später Negation der Negation heißen wird. Natürlich bringt diese Negation das Negierte nicht weg. Sie verleugnet es lediglich. Doch als verleugnete besteht die ursprüngliche Deckwortfunktion des Namens fort. Als Vorgeschichte der Sprache bleibt sie ihr nie ganz zu beruhigender Untergrund. Verständlich, daß die sogenannte Alltagssprache von ihrer grauenhaften Vorgeschichte nichts mehr wissen will. Gewöhnlich ist sie ohne jedes Bewußtsein von ihrem Untergrund. Doch wann immer Namengebung stattfindet, rumort er unbewältigt weiter. Wie die mentale Vorstellungswelt sich nur durch Unterdrückung und Verleugnung ihrer halluzinatorischen Vorzeit hat etablieren können, so die profane Sprache einzig durch Unterdrückung und Verleugnung ihrer namensprachlichen Vorzeit.[47] Zu einem geregelten Vorstellungshaushalt und Redefluß hat sich die Menschheit nur

[47] Diese Vorzeit war alles andere als paradiesisch. Jene «Namensprache», die, laut Walter Benjamin (*Über Sprache überhaupt und über die Sprache des Menschen*, Gesammelte Schriften, l. c., Bd. II. 1, 1974, S. 152 ff.), Adam im Garten Eden bei der Benennung der Tiere gesprochen haben soll, ist lediglich das fiktive theologische Gegenbild der realhistorischen Namensprache, aus deren Schreckgestammel das gegliederte Lautsystem hervorgegangen ist. Beide sind auf keinen Fall zu verwechseln, aber sie bilden einander spiegelverkehrt ab. Die wirkliche Namensprache richtet sich aufs absolut Fremde, das sich offenbart, indem es schockhaft einbricht; die paradiesische aufs absolut Vertraute, das sich offenbart, indem es sich vorbehaltlos zu erkennen gibt. Der Schrecken, der seinesgleichen nicht hat, und das unvergleichlich Individuelle, das von Schrecken nichts weiß: das sind Extreme, die sich berühren (ausführlich hierzu Chri-

kraft einer Verdrängungsleistung durchringen können, die weit eher den Namen «Urverdrängung» verdient als diejenige, die bei Freud so heißt; ist sie doch viel ursprünglicher und grundsätzlicher und hat gewissermaßen erst einmal den mentalen Raum eingerichtet, worin dann die von der Psychoanalyse behandelten Verdrängungsprozesse stattfinden.[48] Diese Urverdrängung aber hat zwei Seiten: eine bildliche und eine lautliche, eine imaginative und eine sprachliche, und nur durch ihr Ineinandergreifen haben beide einander stabilisieren, durchdringen und zu jener wortgestützten Einbildungskraft oder bildgestützten Lautformungskraft zusammenwachsen können, die man mit Verlegenheitsworten wie Intellekt, Vernunft oder Geist zu umschreiben versucht.

Unterwerfung des Namens

Im ersten Kapitel wurde verfolgt, was der Halluzination widerfuhr, als sie über sich hinauswuchs. Hier ist nun die analoge Karriere des Namens zu skizzieren. Seine Deckwortfunktion überdecken und sein Entdeckungsvermögen entwickeln konnte er nicht allein. Er bedurfte dazu jener lautlichen Zusätze, die ihm im Zuge seiner ständigen Wiederholung und Variation gleichsam anwuchsen, und der Namenszusatz ist der Beginn des Satzes. Wie Namen in Sätze übergingen, wird sich allerdings ebensowenig erhellen lassen wie der Klang der ersten Worte. Wo immer wir menschliche Kollektive antreffen, ist dieser Übergang längst erfolgt. Wir haben es schon mit ganzen Sprachsystemen zu tun. Noch die primitivsten erhaltenen Sprachen sind weit über jene elementare Satzbildungsphase hinaus, die die Menschheit einmal durchlaufen haben muß – sonst gäbe es keine Sprachsysteme – und die die Kinder, die in ein fertiges Sprachsystem hineinwachsen, nicht noch einmal in genau gleicher Weise durchmachen. Namenszusätze sind Laute, die sich dem Namen beschwichtigend anheften – und nicht nur durch ihren Lautwert, sondern ebenso durch Lautstärke und Tonhöhe temperierend auf ihn einwirken. Man kann sie noch nicht grammatisch einteilen, etwa in Suffixe und Attribute. Grammatik entsteht ja selbst erst. Anfangs sind sie lediglich Anhängsel des Namens. Indem sie sich aber einspielen, bekommen sie eigene Festigkeit, eigene Gewohnheiten, Marotten, kurzum, ein Eigenleben. Sie treten auseinander in Attribute, Verben, Adverbien, Konjunktionen etc. Damit wächst dem Namen einerseits ein ganzer Helferstab zu. Durch ihn erweitert, vertieft, verfeinert sich sein

stoph Türcke, *Erregte Gesellschaft*, l. c., S. 164 f.). Allerdings kann die paradiesische Namensprache nur dann, wenn sie nicht für bare Münze genommen wird, sondern lediglich als Chiffre für den utopischen Hauch, der vom wirklichen Namen ausgeht, sprachphilosophisch fruchtbar gemacht werden.

[48] Siehe oben, Kapitel 1, S. 81 f.

Entdeckungsvermögen; durch ihn vermag er zu sagen, was ihm allein nie gelänge. Andrerseits verselbständigt sich gerade dabei der Helferstab. Seine Mitglieder werden sozusagen flügge. Die Anhängsel kehren sich gegen den Namen, an dem sie hängen. Sie modifizieren ihn nicht mehr nur; sie sagen von ihm aus.

Wenn später Kinder in eine bereits vorhandene Sprache hineinwachsen, dann ist diese Kehrtwende als solche kaum mehr kenntlich. Sie ist längst in ein Schema allmählich fortschreitenden Spracherwerbs integriert und hat alle scharfen Konturen verloren. Bemerkenswert immerhin, wie sehr der Linguist Roman Jakobson beim kindlichen Spracherwerb auf Konturen gepocht hat. «Anfänglich besteht jede Aussage einzig aus einer Holophrase, einem Ein-Wort-Satz [...]. Im nachfolgenden Stadium wird die holophrastische Einheit um einen zweiten Bestandteil erweitert. So entstehen gleichzeitig die ersten grammatischen Einteilungen, einerseits Wort und Wortgefüge, andererseits das Hauptwort [...] und das merkmalhafte Nebenwort [...], z. B. *it ball, more ball, there ball, little ball*. Manche Beobachter versuchten, schon in diesem Stadium eine Prädikation aufzufinden, aber die Ausdeutung solcher Gefüge als eigenartiger, situationsbedingter Prädikate ist eine müßige Erweiterung der Bedeutung des Terminus ‹Prädikat›, welche schon im Laufe des neunzehnten Jahrhunderts umständliche Diskussionen hervorrief und eine ganz besondere und folgenschwere Rolle des rein grammatischen Prädikats an den Tag legte. Auch das Wortgefüge *little ball* steht noch sehr fern vom Elementarsatz *the (this, a) ball is little*. Weder ‹kleine Puppe› noch das diminutive ‹Püppchen› könnte dem Satz ‹die Puppe ist klein› gleichgestellt werden. Die primäre und merkmallose Funktion des Adjektivs ist keineswegs prädikativ, sondern ausgesprochen attributiv, und erst das folgende, dritte Stadium des kindlichen Sprachlebens bringt den Elementarsatz – Subjekt/Prädikat – zum Ausdruck. Ein anregendes Beispiel»: «Es gibt im Englischen drei homonyme Suffixe, die -z lauten», «erstens die des nominalen Plurals (*cooks* ‹Köche›), zweitens die des Possessivs (*cook's hat* ‹Kochs Hut›), und drittens ist es die Flexion der dritten Person Singular des Verbs (*mummy cooks* ‹Mama kocht›). Erst entwickelt das Kind die Endung der Mehrzahl, dann des Possessivs und schließlich die des Verbs. Nach analogen Beobachtungen folgen Aphasiker dem direkt umgekehrten Weg; ein genaues Spiegelbild der Verluste tritt zutage: Von den drei homonymen Suffixen wird zunächst das verbale, hierauf das possessive und erst an der letzten Stelle dasjenige des nominalen Plurals eingebüßt. Die Ursache ist evident: Bei der Unterscheidung der Mehrzahl und der Einzahl geht es um das Wort allein, während beim Gebrauch der possessiven Form schon das ganze Wortgefüge [...] im Spiel ist. Wenn es sich aber um die Person des Verbs handelt, erstreckt sich die Frage auf die Beziehung zwischen dem Prädikat und dem Subjekt, also auf den ganzen Elementarsatz.»[49]

Indem Jakobson den kindlichen Spracherwerb mit dem Sprachverlust von Erwachsenen kontrastiert, weist seine Argumentation übers bloß Ontogenetische hinaus: auf eine bestimmte Schichtenstruktur im Sprachvermögen der ganzen Spezies. Wenn es stimmt, daß Menschen, die aufgrund von Hirndefekten allmählich ihre Sprache verlieren, sie gewöhnlich so abbauen, wie sie sie erworben haben, nur in umgekehrter Reihenfolge, nämlich das zuletzt Erworbene zuerst, das zuerst Erworbene zuletzt, so sind sie Zeugen dafür, daß individueller kindlicher Spracherwerb ein Nachbilden von Schichten ist, die die Spezies in sehr langen Zeiträumen und unter großer Mühsal erst einmal so hat aufschichten und ineinander verwachsen lassen müssen, daß Kinder sie mit ungleich geringerer Mühe nachformen und dabei den Anschein erwecken können, sie durchliefen lediglich einen kontinuierlichen Wachstumsprozeß. Jakobsons Beharren darauf, daß mit dem Prädizieren etwas qualitativ Neues in der kindlichen Sprache beginnt, gewinnt zwar nirgends den Status eines empirischen Beweises; wie sollte es auch, wo doch dies Neue im Laufe von Jahrtausenden bis zur Unkenntlichkeit verschliffen worden ist; aber es dient der Erinnerung daran, daß im menschheitsgeschichtlichen Aufbau der Sprache die Prädikation ein geradezu epochaler Umsturz war. Indem der Name zum Sammelnamen mutiert und zum grammatischen Nomen tendiert, indem er sich durch Zusätze modifiziert, indem seine Modifikationen ihm ermöglichen, das zu sagen, was er allein nicht zu sagen vermag, indem diese Modifikationen einen Eigenwert bekommen, sich von Suffixen zu Attributen mausern, nicht mehr nur als Anhängsel des Namens fungieren, sondern selbst zu Worten neben ihm werden, wächst einerseits die Kraft und Reichweite des Namens, andrerseits wächst sie dem Punkt entgegen, wo sie in seine Entkräftung umschlägt.

Dieser Punkt ist mit der Bildung von Verben erreicht. Auch das Verb ist eine Funktion des Namens, es gehört zu seinem Helferstab, zu seinem Hofstaat sozusagen, aber indem es seine Höflingsfunktion ausübt, vollzieht es zugleich eine linguistische Palastrevolution. Es macht aus dem Namen etwas, was das Lateinische beneidenswert deutlich ausgesprochen hat: ein *subiectum*, wörtlich übersetzt: ein Unterworfenes.[50] Und nur die wörtliche Übersetzung spricht hier Klartext. Wo «das Zugrundeliegende» übersetzt wird, hat schon

49 Roman Jakobson, *Der grammatische Aufbau der Kindersprache*, in: Elmar Holenstein, *Von der Hintergehbarkeit der Sprache*, Suhrkamp, Frankfurt am Main 1980, S. 176 f.

50 Das griechische *hypokeimenon* ist übrigens nahezu gleichbedeutend mit *subiectum* und läßt sich schlecht dagegen ausspielen.

eine signifikante Bedeutungsverschiebung stattgefunden. Gewiß, was unterworfen wurde, liegt unten. Aber das heißt zunächst: Es ist unterlegen. Sagt man stattdessen «zugrundeliegend», so hat man im Handstreich aus einem Unterlegenen einen Fundus gemacht – und damit den Anschein erweckt, das Satzsubjekt sei die feste Grundlage, auf die das Prädikat sich stütze. Das aber ist eine ontologische Fälschung, nicht minder als die Unterstellung, das Satzsubjekt habe seinerseits in der außersprachlichen Natur ein Zugrundeliegendes, ein «Wesen».

Nur wenn *subiectum* ganz wörtlich als Unterworfenes genommen wird, erschließt sich, was Prädizieren ist. Zwischen Subjekt und Prädikat waltet nämlich genau jene Dialektik von Herrschaft und Knechtschaft, von der Hegel in der *Phänomenologie des Geistes* spricht. Das Prädikat ist einerseits lediglich Herold des Subjekts; es sagt von ihm aus. Insofern ist es sein Knecht. Das Sagen hat das Subjekt. Andrerseits ist das Aussagen die Tätigkeit des Prädikats. Dessen Aussage ist das Subjekt unterworfen. Das Prädikat sagt, was Sache ist. Insofern ist es als Knecht des Subjekts auch Herr des Subjekts, wie umgekehrt das Subjekt als Herr des Prädikats auch dessen Knecht. Schon in seiner elementaren Form zeigt sich das Prädizieren als eine bestimmte Art, Unvereinbares zu vereinen. Es ist ein performativer Widerspruch. Nehmen wir einen Satz wie «Der Blitz zuckt». Das Prädikat sagt hier, was das Subjekt tut, aber dabei ist es selber das Tätige. Indem es das Subjekt als handelnd darstellt, *be*handelt es seinerseits das Subjekt. Das Prädikat potenziert die Reichweite des Nomens, von dem es aussagt. Aber zugleich wird das Nomen dabei depotenziert: zum Satzsubjekt. Zwar ist jeder Satz bloß die Ausdehnung und Verzweigung seines Subjekts. Daher sagen die Grammatiker mit gewissem Recht, das Subjekt «regiere» den Satz.[51] Aber in dem Maße, wie der Name zum Nomen und dann zum Subjekt wird, das sich im Satz verzweigt, wird er auch darin eingegliedert. Er hört auf, das Wort schlechthin zu sein, verliert seine Sonderstellung, anonymisiert sich gewissermaßen, und nur die menschliche Gepflogenheit, bestimmten Organismen Eigennamen beizulegen, und die Tatsache, daß diese Namengebung nie ganz die Eigenschaft eines feierlichen Akts verliert, erinnert noch daran, daß der Name nicht irgendein Wort ist, sondern einst das Wort schlechthin war.

Es bleibt die Wurzel des Satzes. Nur ist eine Wurzel eben etwas sehr Unvollständiges; deshalb wächst sie ja über sich hinaus. Und der Satz ist über sich hinausgewachsener Name. Der Name allein kam gegen die Übermacht des

[51] Das tut es übrigens auch, wenn das Prädikat eine Passivkonstruktion ist («Der Blitz wird geschleudert»), weshalb auch in diesem Fall der Widerstreit von aktiv und passiv, regieren und unterworfen werden, nicht einfach verschwindet.

Schreckens nicht auf. Er war zu erfüllt davon, zu wenig Ventil, um sie loszuwerden. Daher der ungeheure Wiederholungsdruck, unter dem er feste Form annahm, aber auch seine ständige, nach Erleichterung ringende Modulation. Sie gehört genauso zum Primärprozeß der Sprache wie die Namensbildung selbst. Wenn das Herausmodellieren des Namens aus einem Wust von Erregungslauten ein Akt der Verdichtung ist, dann das Modulieren des Namens ein Akt der Verschiebung. Und erst durch beides zusammen, Modellieren und Modulieren, hat der Name die Wendung des Schreckens ins Heilige vollbracht. Die Dreiheit von Verdichtung, Verschiebung und Umkehrung, die bei der Ritual- und Traumbildung am Werk war, ist nicht minder konstitutiv für die Sprachbildung. Sie wirkt nicht minder lautlich als bildlich. Und nachdem das Augenmerk zunächst auf der lautlichen Verdichtung ruhte, also der Modellierung des Namens, muß es nun der Verschiebung gelten: der Modulierung, die das Lautgebilde des Namens durch Variation sowohl bekräftigte als auch über sich hinaustrieb. Die Modulation des Namens ist bereits die treibende Kraft des Satzes und der Rede, sie ist, triebtheoretisch gesprochen, akustische Reizflucht. Der Weg hin zum Satz ist die Fluchtbahn des Namens, der Name selbst schon impliziter Satz wie der Satz explizierter Name.

Diese Explikation ist eine Arbeit von Zehntausenden von Jahren. Ganz allmählich, kaum merklich treten variierende Zusätze zum Namen hinzu, dämpfen seinen Schauder, wie er einst den Schauder traumatischen Schrekkens dämpfte. Und doch ist das nicht nur ein sachtes, kontinuierliches Voranschreiten. Es gibt darin einen qualitativen Sprung, eine Kehrtwende, und zwar an dem Punkt, wo bestimmte Zusätze dermaßen zu eigenen Worten werden, dermaßen Eigensinn bekommen, daß sie definitiv aufhören, bloß Anhängsel und Wurmfortsätze zu sein. Sie werden zu Zusätzen des Namens, die dem Namen zusetzen. Diese eigensinnigen Worte sind die Verben. Erst durch sie wird das den Namen umgebende Gestammel zum Satz. Natürlich nicht von einem Tag auf den andern, sondern ebenfalls ganz allmählich. Dabei ist schwer zu sagen und vielleicht nie mit Sicherheit aufzuhellen, ob die Namenszusätze überhaupt schon in Suffixe und Attribute auseinandergetreten waren, bevor das Verb eine eigene Kontur bekam, oder ob erst die Verselbständigung des Verbs, sein «Aufstand» gegen das Nomen und schließlich dessen «Unterwerfung» gewissermaßen einen Ruck durch das undeutlich um den Namen gärende Lautfeld gehen ließ, dafür sorgte, daß es sich in Suffixe und Attribute schied, und so überhaupt erst das Elementarmaß an lautlicher Ordnung etablierte, das grammatische Struktur genannt zu werden verdient.

Ein bleibender Rückstand dieser Ungewißheit ist jenes Grenzgebiet von Attributen, dessen Zuordnung weiterhin strittig sein wird. Als vorzügliches Streitobjekt darf das Adjektiv gelten. *Little ball* war Jakobsons Beispiel. Ist *little* hier lediglich Attribut von *ball* oder schon Prädikat, also die Kurzform von *is little?* An der Entwicklung der Kindersprache selbst wird sich das schwerlich jemals entscheiden lassen. Wer will ermessen, ob das Kind mit dem Adjektiv lediglich dem Nomen etwas hinzugefügt oder eigentlich schon das Prädikat «gemeint» hat? Man müßte wissen, wie sich die Gattungssprache an den Übergangsstellen von Suffix, Attribut und Verb entwickelt hat. War dort, wo der Zusatz zum Namen die Form eines eigenen Wortes annahm, also vom Suffix zum Attribut wurde, im Grunde schon die Prädikation am Werk, nur noch nicht in expliziter Weise? Oder hat erst das Verb durch seinen Eigensinn, seine explizit prädikative, vom Namen geschiedene Kraft derart strukturierend auf den Namen zurückgewirkt, daß nun auch die bis dahin undeutlichen Namenszusätze sich zu scheiden begannen: in Suffixe, die am Namen klebenblieben, und Attribute, die sich selbständig machten? Wir werden es womöglich nie erfahren.

Jedenfalls tritt mit der Prädikation etwas qualitativ Neues in die Wortsphäre ein. Das Wort hatte als pränominaler, kathartischer, exorzistischer Ausruf begonnen. Im Namen wurde es zum Schutz suchenden Anruf. Beides sind Lautformen des Wünschens, grammatisch gesagt: Optative. «Den Namen Jahwes anrufen» heißt soviel wie zu Jahwe beten – in ihn dringen, daß er die Rufenden mit seinem Schutz umgebe. Der grammatische Modus des Gebets ist der Optativ. Nur daß das Gebet prägrammatisch begonnen hat: als flehendes Geschrei oder Gestammel. Vom Optativ kann eigentlich erst die Rede sein, wenn es auch sein Gegenstück gibt, und dazu muß der Name so weit temperiert worden sein, daß andere Worte neben ihm erstehen können, die ihn zum *subiectum* machen: Verben. Auch die können natürlich flehen und wünschen. Aber sie müssen es nicht mehr. Es wächst ihnen eine neue Kraft zu: vom Namen auszusagen. Flehen kann schon das Gestammel. Aussagen kann erst der Satz – kraft des Verbs. Damit erobert sich die Sprache eine neue Dimension: die des Indikativs. Nun erst wird sie fähig, von etwas Bestimmtem auszusagen: So und so verhält es sich. Dabei sagt einerseits ein Prädikat von einem Nomen aus und macht es dadurch zum Satzsubjekt. Das ist die innersprachliche Seite der Aussage. Andrerseits sagen Prädikat und Subjekt gemeinsam von einer Sache aus, die von dem Nomen benannt wird und zunächst einmal etwas Nichtsprachliches ist. Aussagen heften sich anfangs nicht an Aussagen, sondern an konkrete physische Ereignisse und Gestalten. Wenn aber «Aussage» zweierlei meint, etwas Inner- und etwas Außersprachliches, dann ist kaum vermeidlich, daß auch «Subjekt» zwei Bedeutungen bekommt: zum einen Satzsubjekt, zum andern die vom Satzsubjekt bezeichnete Sache, also gewissermaßen Natursubjekt – allerdings auch hier im wörtlichen Sinne. In der Aussage macht die Sprache ein Stück Natur zum *subiectum*, unterwirft es ihrer analysierenden Aufmerksamkeit, merkt heraus, hebt hervor, wie es sich verhält, was es tut. Nun erst kommt ihr hervorhebendes, feststellendes, klassifizierendes Potential zum Zuge.

Traumzeit der Sprache

Erst mit dem Hervortreten des Indikativs wird auch der Optativ zu einem eigenen Modus. Zuvor waren beide ungeschieden: wie im Traum. Ein Hauptmerkmal des Traums ist ja, daß man ihm nicht sogleich seinen Modus anmerkt. Drückt er ein Sein oder ein Sollen aus, ein «So ist es», «So ist es nicht», «So soll es sein» oder «So soll es nicht sein»? Das muß der Traumdeuter herausbekommen. Der Traum selbst verrät es nicht. Er ist auf ein Vorstellungsniveau zurückgesunken, auf dem solche Unterscheidungen noch nicht gemacht worden sind. Greifbar werden sie erst dort, wo es Satzbildung gibt. Erst dort treten Ja und Nein, Sein und Sollen, Vorher und Nachher klar auseinander. Zum Satz gehört nicht nur ein bestimmter Modus, sondern auch eine bestimmte Wortfolge, und die wiederum impliziert: Von nun an kann man richtig und falsch sprechen, und auch das im doppelten Sinne. Man kann richtige und falsche Sätze bilden, und man kann in Sätzen richtig oder falsch über das von ihnen Benannte sprechen, etwa von Seiendem sagen, daß es sei oder daß es nicht sei.

Im Satz manifestiert sich somit nichts Geringeres als das Realitätsprinzip. Freilich hat sich die Sprache zum Satz erst mühsam vorarbeiten müssen. In ihrer unvorstellbar langen vorsyntaktischen Phase befand sie sich zwar keineswegs in den Wonnen eines ungetrübten Lustprinzips, wohl aber in einer Art Traumzustand. Ja, die namensprachliche Vorzeit ist die Traumzeit der Sprache. Beim Versuch, den Schrecken loszuwerden, hat sie sein Gegenteil in ihn hineingesprochen – hineinhalluziniert. Die lautliche Seite dieser Halluzination, der Heiligung des Schreckens, ist der heilige Name – der Name schlechthin. Er ist die Plattform, von der aus die Sprache über ihr halluzinatorisches Stadium, ihren Traumzustand hinaus und allmählich zum Satz gelangen konnte. Damit läßt sich umgekehrt auch etwas genauer sagen, was die Gewinnung des Realitätsprinzips gattungsgeschichtlich bedeutet. Es ist ja nicht so, daß mit dem Satz automatisch auch das Vermögen errungen wurde, zu sagen, wie die Natur «wirklich» sei. Auch unzweifelhafte Aussagen offenbaren sie nicht. Sie repräsentieren sie lediglich und hören nie ganz auf, ihr etwas zu unterstellen. Aber die Unterstellung hat nun das Niveau begründeter Feststellung erreicht. Realitätsprinzip heißt daher: Eröffnung eines beruhigten Raums, worin Erschütterung und Optativ zu gedämpfter, gewissermaßen wohltemperierter Erregung verebbt sind. Ein solcher Raum ist der der indikativischen Rede, worin Dinge markiert, sortiert, eingeordnet, aber auch auf ihre Folgerichtigkeit, ihr Sein und

Nichtsein überprüft werden können und überhaupt erst jene Einstellung möglich wird, die später die betrachtende, theoretische oder gar besonnene heißt.

Theologisch gesprochen: Der Satz hat der Profanierung einen Schub sondergleichen gegeben, einen Schub, zu dem nur die Sprache fähig war. Die Einbildungskraft repräsentiert zwar ebenfalls die Natur, aber sie sagt darüber nicht aus; sie urteilt nicht. Erst der Satz hat Urteilskraft in die Vorstellungswelt hineingetrieben. Man macht sich kaum mehr klar, welche Degradierung es einst gewesen ist, den heiligen Namen zum Subjekt eines Satzes herabzusetzen. Statt «den Namen Jahwes anzurufen», über Jahwe auszusagen, was er verheiße und tue, durch Verben und Adverbien, Adjektive und Relativpronomen, ganze Sätze und Reden: Was ist das bereits für eine Temperierung seiner schreckerfüllten Heiligkeit! Wie wenig angemessen ist ihr die distanzierte Einstellung des Urteils, der Betrachtung, der *theoria*. Genaugenommen ist alle Theologie schon Profanierung des *theos*, genauso wie eine «heilige Schrift», die in einem ausgetüftelten Alphabet kunstvoll auf Papyros aufgetragen wird, längst den blutigen Ernst jener heiligen Urschrift verloren hat, die von archaischen Kollektiven einst als Schutzzeichen am eigenen Leibe angebracht wurde, um das Menschenopfer auszuhalten. Gemessen am Kainszeichen ist die Bibel eine geradezu profane Schrift.

Man unterschätzt leicht, wie profan bereits der primitive Satz ist, bei dem es ja bekanntlich nicht blieb. Zu Subjekt und Prädikat traten Objekte, Adjektive, Adverbien, Pronomina und Konjunktionen hinzu, der Satz entwickelte sich zur komplexen Rede, und in dem Maße, wie sie immer wieder die gleichen lautlichen Wege ging, sedimentierte sie sich allmählich zu einem ganzen Sprachsystem. Anders gesagt: Jene kathartische Reizflucht, die im Ausrufen des Namens begann, hat sich durch unzählige variierende Wiederholungen zu einem ganzen Netz von Fluchtbahnen verzweigt, das sich wiederum in einem Verbund grammatisch-syntaktischer Strukturen darstellt. Sie sind nicht minder Rückstände spezifisch menschlicher Triebabfuhr als jene Vorstellungsweisen, die sich im Zuge der Ritualbildung herauskristallisiert haben. Mehr noch: Modellierung und Modulierung von Namen ist zunächst nichts anderes als die akustische Seite der Ritualbildung. Und wie sich Ritualstrukturen im Laufe der Zeit verändern, so liegen auch grammatische Strukturen nie ein für allemal fest. Greifbar sind zudem nie sie selbst, greifbar ist nur ihre jeweilige Anwendung. Gewiß verfügen menschliche Kollektive über ein grammatisch geregeltes Wortrepertoire, also das, was Ferdinand de Saussure *langue* genannt hat, im Gegensatz zu *parole*, der Aktualisierung dieses Repertoires durch konkretes Sprechen.[52] Aber was besagt

52 Ferdinand de Saussure, *Grundfragen der allgemeinen Sprachwissenschaft*, de Gruyter, Berlin ²1967, S. 9 und 13

das über die Reichweite von *langue*? Zumindest so viel, daß es ein grammatisches Arsenal gibt, das über einzelne Volkssprachen wie Französisch, Englisch, Deutsch hinausreicht, sonst wären sie nicht ineinander übersetzbar. Doch reicht dieses Arsenal wiederum nicht so weit, daß jede Einzelsprache vollständig in jede andere übersetzbar wäre. Jede behält, abgesehen von ihren lautlichen Eigenarten, auch semantisch und grammatisch einen idiomatischen Rest, woran sich sogleich die Frage knüpft: Ist dieser Rest zu vernachlässigen, gewissermaßen als Abfall einer allgemeinen grammatischen Struktur, oder ist er der Beweis dafür, daß eine solche Struktur gar nicht existiert?

Universalgrammatik und Kategorien

Der Strukturalismus hat natürlich ersteres behauptet: «daß alle Sprachen nach demselben Muster angelegt sind», nämlich nach einem «System von Regeln [...], die iteriert werden können, um eine unbegrenzt große Zahl von Strukturen zu erzeugen», wie Noam Chomsky sagt. Er unterstellt dabei, daß dieses System aus «formalen Universalien» besteht, die zwar in allen Sprachen als sogenannte «Formative» wirken, aber nicht so, «daß es irgendeine Punkt-für-Punkt-Entsprechung zwischen einzelnen Sprachen gibt» oder «irgendeine effektive Prozedur für die Übersetzung zwischen Sprachen geben muß». Chomskys grammatische Universalien sind vielmehr als eine «Tiefenstruktur»[53] konzipiert, die selbst erst einmal aus Einzelgrammatiken herauszufiltern ist, ehe aus ihr wiederum Einzelgrammatiken herleitbar werden. Damit ist der alte Universalienstreit unter linguistischen Vorzeichen neu belebt. Frappierend, wie unbefangen der Strukturalismus im Fahrwasser der alten Metaphysik segelt und sprachliche Strukturen in ganz ähnlicher Weise als unvordenkliche, immer schon daseiende Ordnungsstifter erachtet wie die Platoniker einst Gattungen und Arten. Die grammatische «Tiefenstruktur» ist dem aristotelischen «Wesen» wie aus dem Gesicht geschnitten; sie ist das *ti ēn einai* der Einzelgrammatiken: dasjenige, was sie zu dem gemacht hat, was sie sind. Und wie bei Aristoteles das *eidos* als formende Form die Einzeldinge konstituiert, so «generiert» die grammatische Tiefenstruktur die einzelnen grammatischen Praktiken. Nur daß das ganze linguistische Instrumentarium nicht ausreicht, um dieses Generieren auch nur einmal *in flagranti* zu erhaschen. Es hat immer schon stattgefunden. Der Sprachforscher trifft immer nur auf seine Resultate, seinen Niederschlag in Einzelgrammatiken und -sprachen, aber er kann nicht sagen, wie es vonstatten geht, genausowenig wie der Metaphysiker

53 Noam Chomsky, *Aspekte der Syntax-Theorie*, Suhrkamp, Frankfurt am Main 1973, S. 47, 29, 43, 47, 30

darzulegen vermag, wie das Wesen es fertigbringt, zu «erscheinen». Und die Tiefenstruktur selbst? Auch hier die gleiche *crux* wie beim Wesen, das Aristoteles, wie oben gezeigt, lediglich mit einem Reigen von Wechselbegriffen zu umstellen vermochte, ohne sagen zu können, was es ist. Ebensowenig erfährt man von Chomsky, was die universalgrammatische Tiefenstruktur ausmacht. Bestimmte Elemente, aus denen sie angeblich bestehen soll, wie *base strings* und *base Phrase-maker*,[54] werden eingeführt, als verstünden sie sich von selbst, ohne daß der Grad ihrer Basalität irgend transparent würde, und nach klaren Grenzziehungen zwischen universaler und partikularer Grammatik oder wenigstens präzisen Umschreibungen ihrer Mindestreichweite sucht man vergeblich. Daß in allen menschlichen Sprachen Subjekt, Prädikat und Objekt vorkommen, ist richtig; aber wußte man das nicht schon vorher? Hingegen schon auf die Frage, ob eine bestimmte Reihenfolge von Subjekt, Prädikat, Objekt die authentische ist und somit das Grundmuster, die universale «Tiefenstruktur», von der andere Reihenfolgen partikulare Abweichungen darstellen, weiß die Universalgrammatik samt all ihren Transformationsregeln keine Antwort.

Das liegt an ihrem unüberwundenen Sprachplatonismus: daran, daß sie jene sprachlichen Strukturen, die Saussure *langue* nennt, im Prinzip nicht anders behandelt als die antike Metaphysik das Wesen: wie ein Unvordenkliches, Erstes, Ansichseiendes. Wie aber besagtes Wesen nur ein durch Namengebung zugedecktes Unwesen ist, so ist *langue* nur zugedeckte Namensprache. Natürlich gibt es in der Sprache universale strukturbildende Kräfte. Überall, wo auf Erden pränominale Demonstrativa entstanden, waren diese Kräfte bereits am Werk, des weiteren bei der Namenbildung, sodann in der Wendung der Namenszusätze gegen den Namen, in seiner Degradierung zum Subjekt, seiner Profanierung und Überdeckung durch grammatische Strukturen, schließlich in der Temperierung des Optativs zum Indikativ. Jedoch: Diese Kräfte sind prägrammatische, energetische Reizfluchtkräfte. Sie heißen Verdichtung, Verschiebung und Umkehrung, sie haben durch Lautmodellierung und -modulierung Sinn als Gegensinn in die Welt gebracht. Kurzum, sie machen den sprachlichen Primärprozeß aus. Grammatische Strukturen hingegen sind immer schon Niederschläge davon, schon durchsetzt von den vielen Zufälligkeiten, die sprachbildenden Kollektiven unter verschiedenen naturgeschichtlichen, geographischen, klimatischen Bedingungen zustoßen. Anders gesagt: Grammatische Strukturen sind immer schon mit Partikularität geschlagen, nur noch Chiffren des universalen sprachlichen Primärprozesses, an den sie, indem sie ihn verleugnen, immer auch unfreiwillig erinnern. Grammatik ist stets ein Sekundäres: *ens per aliud*, nicht *ens per se*.

54 L. c., S. 31

Irgendwie muß Aristoteles das geahnt haben. Nicht von ungefähr hat er in seinem *Organon*, ehe er auf die Satzbildung zu sprechen kommt, ein Verzeichnis von Strukturen angelegt, die, wie er behauptet, allem menschlichen Sprechen innewohnen und selbst noch aller Grammatik vorausliegen: Kategorien. *Katēgoria* heißt wörtlich Anklage: das, was man auf der Agora (Versammlungsplatz, Ritualplatz, Richtplatz, dann erst Markt) feierlich gegen jemanden vorbringt; dann auch Gegenstand der Anklage: Delikt; allgemeiner dann das, was man jemandem (im Bösen wie im Guten) nachsagt: die Nachrede sowie der (schlechte oder gute) Ruf, den jemand dadurch bekommt. «Nachrede» faßt Aristoteles nun allerdings so allgemein, daß daraus unversehens eine Art «Vorrede» wird; ist doch das, was von der Rede haften bleibt, zugleich auch der Wegbereiter und -bahner für alles weitere Sprechen: etwas, was ihm nicht nur zeitlich, sondern auch strukturierend vorausliegt. «Aussageweise» lautet die gängige philosophische Übersetzung von Kategorie – nicht falsch, aber auch nicht sehr charakteristisch. Linguisten mögen die Kategorien sogleich mit *langue*, dem grammatisch strukturierten Wortrepertoire, verwechseln. Doch Aristoteles versteht darunter ausdrücklich etwas Prägrammatisches. Und wie er das ermittelt, ist ebenso unbedarft wie genial. Zunächst nimmt er die Sprache, wie er sie vorfindet, nämlich als seine griechische Muttersprache, die sich als *logos* (Wort, Rede oder auch Argument) auf dem Zenit antiker Wort- und Satzbildung befindet. Dann löst er den Satz wiederum in seine Bestandteile, die einzelnen Worte auf. Schließlich formuliert er für jedes dieser Worte eine besondere Hinsicht, man könnte auch sagen einen eigenen Zustand; und zwar umschreibt er diese «Zustände» teils durch Fragepronomina, teils durch Verben.

Und daraus ergibt sich der berühmte, nachgerade im Telegrammstil aufgezeichnete Katalog der zehn Kategorien, der für Aristoteles, wie die meisten seiner überlieferten Schriften, wahrscheinlich nicht mehr als eine knappe Skizze für ausgiebigen mündlichen Vortrag war. «Jedes ohne Verbindung gesprochene Wort bezeichnet entweder ein ‹Wesen› oder ein ‹Wieviel› oder ein ‹Wie beschaffen› oder ein ‹In Bezug auf› oder ein ‹Wo› oder ein ‹Wann› oder ein ‹Liegen› oder ein ‹Haben› oder ein ‹Tun› oder ein ‹Leiden›. ‹Wesen› ist, um umrißhaft zu reden, etwa Mensch, Pferd; ‹Wieviel› etwa zwei Ellen, drei Ellen; ‹Wie beschaffen› etwa weiß, der Buchstaben kundig; ‹in Bezug auf› etwa halb, doppelt, größer; ‹Wo› etwa im Lykeion, auf der Agora; ‹Wann› etwa gestern, voriges Jahr; ‹Liegen› etwa jemand liegt, sitzt; ‹Haben› etwa er ist beschuht, bewaffnet; ‹Tun› etwa er schneidet, brennt; ‹Leiden› etwa er wird geschnitten, wird gebrannt.»[55]

[55] Aristoteles, *Kategorien*, 1 b, 2 a

Der erste Posten in Aristoteles' Katalog ist die Benennung des «Wesens» *(ousia)*; sein Beispiel ist wiederum denkbar einfach: Mensch, Pferd. Doch Achtung; er meint hier ausdrücklich nicht den Menschen oder das Pferd als Gattung, Idee, *eidos* oder *ti ēn einai*, sondern diesen einzelnen Menschen, dieses Pferd, mit denen ich gerade zu tun habe. Dieses hier und jetzt Seiende nennt er *protē ousia*, das «erste Wesen», und sein Gedanke dabei ist: Wenn nicht erst einmal ein Wort da ist, was diesen Menschen benennt und als seiend festhält, dann haben all die Überlegungen dazu, was das wahrhaft Seiende, Identitätsstiftende in diesem Menschen ausmacht, nichts, woran sie haften können. Sie hängen in der Luft. Also ist, von der konkreten Sprache aus gesehen, das *eidos*, die formende Form, das Ansich erst das «zweite Wesen» *(deutera ousia)*.[56] Für das «erste Wesen» bietet Aristoteles nun aber eine ebenso simple wie abgründige Formel: *tode ti*, «dies da»[57]. Jede konkrete Gestalt, jedes einzelne Ding ist ein «Dies da». Damit wird im Nu der gestische Zusammenhang erinnert, in dem menschliche Wortbildung begonnen hat. In ihrer Entstehungsphase sind Worte verlängerte Zeigefinger – auf etwas hin, was schlechterdings *da* ist: ein Hier-Jetzt, das die Aufmerksamkeit vollständig absorbiert und für das es zunächst noch gar keine andern Worte als stammelnde Demonstrativa gibt. Das sprachbildende «Da» *par excellence* aber ist der traumatische Schrecken. So eröffnet das *tode ti* ohne Umschweife sogleich jene energetische, prägrammatische Dimension, in der Sprachen tatsächlich kulturübergreifend, um nicht zu sagen, universal sind. Nach allem, was man weiß, hat Aristoteles kein Hebräisch verstanden, nichts vom Alten Testament gewußt, keinen Schimmer von jenem Zusammenhang gehabt, der zwischen *scham*, *schamah* und *schem* besteht, und trotzdem hat er mit seinem *tode ti* diesen Zusammenhang mit geradezu traumwandlerischer Sicherheit sowohl eingefangen als auch bis zur Unkenntlichkeit eingedampft. Die erste, archaische Schicht des *tode ti* ist das pränominale, demonstrative, hocherregte Da *(scham)*; in einer zweiten Schicht hat es sich zum Namen stabilisiert *(schem)*; in einer dritten zum Nomen temperiert, das nicht mehr nötig hat, das hier und jetzt Daseiende beschwichtigend zuzudecken, sondern es hervorheben, herausmerken, markieren kann: Mensch, Pferd etc. – und dabei schon zum Sammelnamen tendiert, der Einzelnes subsumiert, sowie zum Subjekt, von dem Prädikate aussagen.

Ein «Dies da», ein «erstes Wesen» benennen: das ist für Aristoteles nicht nur numerisch, sondern auch dem Rang nach die erste Aussageweise. Alle andern sagen von *ihr* aus. Nur in bezug auf ein «Dies da» läßt sich von Zuständen wie

[56] L. c., 2 a
[57] L. c., 3 a

Zahl, Beschaffenheit, Ort, Zeit, Lage, Tun und Leiden etc. reden. Unklar ist allerdings der Status dieser Aussageweisen. Daran hat namentlich Kant Anstoß genommen. Seine *Kritik der reinen Vernunft* ist in ihrem ersten Teil über weite Strecken darauf aus, die aristotelischen Kategorien zu einer unanfechtbaren Grundlage aller Wissenschaft zu vertiefen. «Es war ein eines scharfsinnigen Mannes würdiger Anschlag des Aristoteles, diese Grundbegriffe aufzusuchen. Da er aber kein Principium hatte, raffte er sie auf, wie sie ihm aufstießen»: ungeordnet und unvollständig. Sein Verfahren sei noch viel zu sehr der Empirie verhaftet. Es destilliere die Kategorien lediglich aus dem zufälligen Sprachverlauf heraus, statt sie als «reine Verstandesbegriffe» zu fassen, «die a priori auf Objekte gehen»:[58] als vorsprachliche Denkformen, die immer schon da sind, wenn jemand zu sprechen beginnt. Diesen Denkformen hat Kant bekanntlich einen besonderen Status zugedacht: den des «Transzendentalen». Transzendental ist für ihn etwas anderes als metaphysisch. Kategorien sollen keine Dinge an sich sein, die, in sich selbst ruhend, der unruhigen Sinnenwelt zugrunde lägen, sondern lediglich ein Regelwerk, das nichts hat als eine begriffsbildende Funktion. Und doch soll es mit den metaphysischen Substanzen etwas Entscheidendes teilen: ebenso ungeworden und unableitbar sein wie sie – und daher «rein», will sagen, ungetrübt von aller empirischen Unbeständigkeit und Unwägbarkeit.

Von diesem «reinen» Standpunkt aus erscheint Aristoteles recht unrein. So verkenne er die ausschließlich begriffsbildende Funktion der Kategorien und vermenge sie mit den Grundformen der Wahrnehmung oder der «Anschauung», von denen Kant nur zwei gelten läßt: Raum und Zeit. «Wann», «wo», «Liegen»: das sind für Kant «Modi der reinen Sinnlichkeit». Er läßt sie unter die reinen Anschauungsformen von Raum und Zeit fallen, spricht ihnen aber den Status, eigene Kategorien zu sein, ebenso ab wie «Tun» und «Leiden», die er lediglich unter die «abgeleiteten Begriffe» rechnet, aber nicht etwa bei den «Modi der Sinnlichkeit» einordnet, sondern kommentarlos, als verstünde es sich von selbst, unter die Kategorie der Relation. Anderes wiederum, was er durchaus unter die Kategorien subsumiert, wie Dasein und Nichtsein, Bejahung und Verneinung, sei bei Aristoteles in den unausgegorenen Anhang der sogenannten «Postprädikamente» geraten, die sich zu den «Prädikamenten» (= Kategorien) in der Tat unklar verhalten.[59]

Doch der ganze kategoriale Ordnungsfuror ändert nichts daran, daß das Konzept der Transzendentalität die Rechnung ohne den Wirt macht. Mag es aus der Perspektive menschlicher Hochkultur auch so scheinen, als gehöre

58 Immanuel Kant, *Kritik der reinen Vernunft*, l. c., S. 119 und 118
59 L. c., S. 119

das Vermögen der Begriffsbildung zur ewigen Grundausstattung der menschlichen Natur; es hat sich über lange Phasen der Altsteinzeit erst mühselig darin einnisten müssen. Kant ist nicht einfach der historische Sieger über Aristoteles. Zweifellos sind dessen Kategorien unterbestimmt; ihr Mangel ist aber gewiß nicht, daß sie nicht «rein» sind. Auch hat er sie nicht einfach bloß mit den Wahrnehmungsformen vermischt, sondern gleichsam tastend, ohne es selbst schon klar zu wissen, auf etwas sehr Bemerkenswertes hingearbeitet: den neuralgischen Indifferenzpunkt von Wahrnehmungs- und Aussageweisen. Schauen wir uns sein Kategorientelegramm noch einmal genau an. Die zehn Hinsichten, die es aufzählt, bleiben sprachlich völlig disparat: einzelne, abgehackte Worte. Um so erstaunlicher, daß sie zusammen gleichwohl ein Wahrnehmungsbild hervorrufen: die Szene eines mehrere Ellen großen, weiß gekleideten, schriftkundigen Menschen, der jetzt beschuht im Lykeion sitzt und irgend etwas schneidet oder brennt. Eine bizarre Szene. Sie mutet eher wie ein Traum an als wie ein Inhalt wachen Erlebens. Doch in beiden Fällen hängt ihr Bestehen nicht davon ab, daß etwas von ihr ausgesagt wird. Sie könnte auch ein vollkommen wortloser visueller Eindruck sein. Jedenfalls ergeben die zehn durch je ein Wort markierten Hinsichten erst einmal ein Bild, nicht einen Satz, womit sich die Frage stellt: Sind sie wirklich primär Aussageweisen – oder nicht eher Wahrnehmungsweisen?

Wahrnehmungsweisen sind ungleich älter als Sprechweisen. Schon primitive Organismen geben, wenn sie immer wieder gleich auf Helligkeits-, Temperatur- oder Feuchtigkeitsunterschiede reagieren, zu erkennen, daß sie bereits über ein eingespieltes Repertoire von Wahrnehmungsweisen verfügen. Sprechweisen hingegen sind nur eine hauchdünne Firnisschicht auf Wahrnehmungsweisen. Sie haben sich nur bei einer einzigen hochentwickelten Gattung gebildet, und auch dort erst, als deren Nervensystem die Fähigkeit entwickelte, punktuelle Wahrnehmungen in nachträgliche, nachhaltige Wahrnehmungszustände zu übersetzen: Vorstellungen. Wort und Vorstellung haben sich nur zusammen entwickeln können, was aber nicht heißt, daß sie sich von Anfang an hübsch geordnet im Verhältnis eins zu eins wechselseitig repräsentiert hätten. Dazu ist die erste stammelnde Wort- und diffuse Vorstellungsbildung über viele Jahrtausende hindurch überhaupt noch gar nicht in der Lage gewesen. Auf geregelte Weise haben sich Lautgebilde erst dann mit Vorstellungen verbinden können, als die Vorstellungen sich so weit gefestigt hatten, daß Worte immer wieder in gleicher Weise daran andocken konnten. Worte sind ja nichts Primäres. Sie kommen hinzu, wo längst schon Wahrnehmung war. Nur in den Spuren von Wahrnehmungsweisen können sich Sprechweisen sedimentieren, und auch das erst, wenn die Wahrnehmung nicht mehr nur unstet flackert, sondern in einen inneren mentalen Zustand verwandelt ist. Und nun erhellt auch, warum es «Zustände» sind, mit denen Aristoteles in seinem Kategorienkatalog jeweils einzelne Worte assoziiert. Worte können eben nur an Zuständen haften – und ihnen dadurch weitere Haltbarkeit verleihen.

Es sieht ganz so aus, als fokussiere Aristoteles' Kategorienkonzept genau jenen historischen Moment, wo geregelte Sprechweisen in die Fußstapfen eingespielter Wahrnehmungsweisen getreten sind. Dieser «Moment» hat sich in der realen Geschichte allerdings über Jahrtausende erstreckt. Man geht nicht fehl, wenn man ihn der Altsteinzeit zuordnet. Seine genauere Datierung ist freilich schier unmöglich.[60] Ansätze zu geregelten Sprechweisen gibt es zumindest schon dort, wo die Modellierung und Modulierung von Namen und Namenszusätzen beharrlich immer wieder die gleichen Wege einschlägt, also längst vor der Grammatik. Der Weg zur Grammatik und zum Satz ist vielmehr selbst schon durch Sprechweisen gebahnt worden. Das hat Aristoteles nicht gewußt, aber erspürt. Und so kann man seine Kategorien durchaus als prägrammatische Sprechweisen definieren, die sich in den Bahnen längst eingespielter Wahrnehmungsweisen ihre eigenen Sonderwege bahnen. Aristoteles innerviert den Moment, wo sie zu Bahnen in Bahnen werden, wo sich beide bis zur Indifferenz überlagern, wo aber auch ihre Differenz beginnt. Und letztere macht sich zunächst vor allem dadurch geltend, daß das, was sich in der mentalen Vorstellung zu einem Bildzustand verdichtet hat, von Worten auseinandergelegt wird. Wo Worte an ein solches Bild andocken, ist es gleichsam der Wirt, sie sind die Schmarotzer. Sie nisten sich ein und zerlegen den Wirt. Sie wirken analytisch, gewissermaßen als Vorboten des Realitätsprinzips, aber noch unterhalb seiner Standards, denn sie nehmen das Zerlegte nicht wieder zusammen zum Satz, zum Urteil. Genau diesen Moment des Zerlegens stellt die bizarre Szene des im Lykeion sitzenden Menschen nach. Sie ist bildlich homogen, sprachlich disparat und simuliert so nicht nur ein traumartiges Bild, sondern auch jenes vorsyntaktische Stadium, gewissermaßen die Traumzeit der Sprache, wo Optativ und Indikativ, Sollen und Sein, Ja und Nein noch nicht voneinander geschieden sind. Und so hat es durchaus Sinn, wenn Aristoteles Bejahung und Verneinung nicht, wie von

[60] Bei den Sumerern hat sich, auf hoher Kulturstufe und gleichsam im Zeitraffer, noch einmal etwas ganz Ähnliches abgespielt. Sie hatten den originellen Einfall, Tributleistungen der Untertanen an den Herrscherhof auf Tontäfelchen zu verzeichnen. Daß Zeichenmachen und Sprechen etwas miteinander zu tun haben, wußte man zwar längst vor ihnen. Doch haben erst sie damit begonnen, Worten planmäßig entsprechende Zeichen anzudienen. Anders gesagt: Sie ließen Bildzeichen in die Spur eingespielter Sprechweisen treten. So entstand die profane Schrift – etwa 3100 v. Chr. (cf. Christoph Türcke, *Vom Kainszeichen zum genetischen Code*, l. c., S. 15 ff.)

Hugendubel Fünf Höfe

Theatinerstrasse 11
80333 München
Tel.: 01801 - 484 484*

24 Stunden für Sie geöffnet:
www.hugendubel.de

QUITTUNG

Türcke, Christoph
Philosophie des Traums
3-406-57637-0 24,90 1
Total: 1 24,90 EUR

Bar: 25,00 EUR
Zurück: 0,10 EUR

Typ	MWSt	Netto	Brutto
1: 7,00%	1,63	23,27	24,90

Steuernummer: 147/241/10089
14.01.2009 17:31:16 439-1-1315
004

Vielen Dank für Ihren Einkauf!

*3,9 ct / Minute aus dem Festnetz
der Deutschen Telekom, Tarife
aus dem Mobilnetz können abweichen

Heinrich Hugendubel GmbH & Co.KG
Buchhandlung und Antiquariat
Hilblestraße 54 | 80636 München

Kant gewünscht, unter die primären Kategorien rechnet, sondern als «Postprädikamente» erst für das Stadium vorsieht, wo Satz und Urteil voll entwickelt sind – gewissermaßen als Besiegelung des Realitätsprinzips. Seine kargen Begriffe sind auf wundersame Weise von einem Tiefengedächtnis unterlaufen, dessen Reichweite ihm selbst schwerlich voll bewußt war. Wie sich das lapidare *tode ti* als eine Formel erwiesen hat, in der die ganze Gattungsgeschichte der Namengebung eingedampft ist, so rafft der Kategorienkatalog Jahrtausende der Wortentwicklung in ein paar lakonischen Sätzen zusammen. Er ist nicht minder eine geschichtsgesättigte Szene als die Sinaiepisode, nur verschlüsselter.

Psychoanalytischer Strukturalismus

Von alledem weiß der linguistische Strukturalismus – nichts. Mehr noch: Er will davon gar nichts wissen. Für seinen Begründer, Ferdinand de Saussure, «ist die Frage nach dem Ursprung der Sprache nicht so wichtig, wie man im allgemeinen annimmt. Diese Frage sollte man überhaupt gar nicht stellen. Das einzig wahre Objekt der Sprachwissenschaft ist das normale und regelmäßige Leben eines schon vorhandenen Idioms.» Das ist etwa so, als würde man sagen: Das einzig wahre Objekt der Traumdeutung ist der manifeste Trauminhalt. Wie er zustande kommt, ist nicht so wichtig. Den traumbildenden Primärprozeß kann man getrost ignorieren. Genauso verfährt der Strukturalismus mit dem sprachlichen Primärprozeß. Worte kommen erst in Betracht, wo sie im kultivierten Zusammenhang einer ausdifferenzierten *langue* mit verzweigter Grammatik und Syntax die Rolle von profanen, wohltemperierten Zeichen spielen; «und da wir unter Zeichen das durch die assoziative Verbindung einer Bezeichnung mit einem Bezeichneten erzeugte Ganze verstehen, so können wir dafür auch einfacher sagen: *das sprachliche Zeichen ist beliebig*». Das «soll besagen, daß es *unmotiviert* ist, d. h. beliebig im Verhältnis zum Bezeichneten, mit welchem es in Wirklichkeit keinerlei natürliche Zusammengehörigkeit hat».[61]

1916 galten solche Sätze als Pionierleistung der Entmythologisierung. Ihr Tenor: Worte an sich sind nichts als Lautfolgen – und nicht etwa durch einen inneren oder höheren Sinn, eine *adaequatio rei et intellectus*, mit Naturdingen verbunden. Sprachgemeinschaften sind Lautformungsgemeinschaften. Die eine nennt ein bestimmtes Ding «Baum»; andere sagen «arbre» oder «tree» dazu. Keine dieser Lautfolgen ist wahrer, sinnvoller, dem bezeichneten Ding angemessener als die andere. Alle drei haben von Natur aus nichts mit einem

[61] Ferdinand de Saussure, l. c., S. 84, 79, 80

Baum zu tun. Sie sind ihm willkürlich, ohne ersichtliches Motiv zugeordnet worden. Erst wenn die Zuordnung erfolgt ist, hört die Willkür auf. Dann ist die Sprachgemeinschaft, die auf die Lautfolge «Baum» verfiel, damit auch auf sie festgelegt, muß sie von ähnlichen Lautfolgen wie «Traum», «Saum», «Raum», «kaum» sorgsam unterschieden halten, und erst hier, im Verhältnis dieser Lautfolgen zueinander und in bezug auf die Regeln, durch die sie geschieden und verbunden werden, kann es so etwas wie Sinn und Angemessenheit geben, also nur zwischen Zeichen, nicht aber zwischen Zeichen und Bezeichnetem.

Diese Oberflächendiagnose hat einem ganzen sprachanalytischen und semiotischen Diskurs die Weichen gestellt – um den Preis eines kapitalen Gedächtnisausfalls. Daß Zeichen ursprünglich keineswegs bloß beliebige Mittel waren, um beliebige Ereignisse zu identifizieren; daß Wortbildung durchaus nicht «unmotiviert» verlief, sondern hochmotiviert durch traumatische Erschütterungen, die es nicht etwa festzustellen galt, sondern durch ständig wiederholten, sich allmählich ritualisierenden kathartischen Ausdruck loszuwerden – darüber geht der strukturalistische Diskurs einfach hinweg. Damit empfiehlt er sich nicht unbedingt als erster Ratgeber der Psychoanalyse. Genau dazu aber hat Jacques Lacan ihn bekanntlich erkoren – und ihn gezielt in die philosophische Lücke eingesetzt, die Freud dadurch gelassen hatte, daß er nie so recht zu zeigen vermochte, inwiefern die «Werkmeister» des Traums, Verdichtung, Verschiebung und Umkehrung, tatsächlich das leisteten, was er selbst behauptete, nämlich «primitive Denktätigkeit». Wo sind im Zusammenspiel von Unbewußtem, Vorbewußtem und Bewußtem oder, wie es später heißt, von Es, Ich und Über-Ich die imaginativen und logischen Strukturen des Denkens zu finden? Lacan weiß die Antwort: Sie sind immer schon da; «das Unbewußte ist strukturiert wie eine Sprache». Wenn es stimmt, daß Sprache das unablässige Spiel von Zeichen ist, die ihrerseits Bezeichnetes umspielen, dann muß auch das Unbewußte als ein solches Spiel zu verstehen sein. Es ist strukturalistisch zu lesen. «[D]ie Linguistik, deren Modell das Spiel der Kombinatorik ist, das spontan funktioniert, ganz für sich, präsubjektiv – heute also gibt diese Struktur dem Unbewußten die Verfassung.»[62]

Lacans sprachtheoretische Einlassungen sind also nicht etwa darauf aus, den sprachlichen Primärprozeß zu rekonstruieren, der in diesem Kapitel entfaltet wurde. Er trägt vielmehr einen vorgefaßten strukturalistischen Begriff von Sprache in die Psychoanalyse hinein, um ihn auf den von Freud analysierten traumbildenden Primärprozeß anzuwenden und zu zeigen, daß auch er

62 Jacques Lacan, *Das Freudsche Unbewußte und das unsere*, in: derselbe, Das Seminar, Buch XI, 1964, Quadriga, Weinheim und Berlin 1987, S. 26 und 27

nach diesem Grundmuster verläuft. Was Sprache *ist*, was es für sie *bedeutet*, daß sie aus geronnenen Reizfluchtbewegungen besteht: solche Fragen stellen sich erst gar nicht. Das Spiel von Zeichen und Bezeichnetem ist ja «immer schon da», es versteht sich von selbst – und ist daher der Verständnisschlüssel für alles weitere. Zum Beispiel für Verschiebung und Verdichtung, die man nach Lacan erst dann recht erfaßt, wenn man darin sprachliche Vorgänge erkennt. Er benennt sie daher um: in Metonymie und Metapher. Weil Bezeichnendes (= Signifikant) und Bezeichnetes (= Signifikat) nach strukturalistischer Überzeugung verschiedenen Ordnungen – «Registern» – angehören, sind die Signifikanten bei ihrem «Spiel der Kombinatorik» erst einmal gewissermaßen unter sich, tauschen die Plätze, greifen ineinander und bilden gelegentlich ganze Ketten von Metonymien (= Umbenennungen). Schon im alltäglichen Sprechen geschieht das dauernd, in der Poesie aber besonders pointiert. Lacan führt Quintilian an, der für eine Flotte «dreißig Segel» sagt, die Kette also dadurch herstellt, daß er deren Mittelglied überspringt, nämlich «Schiff». Weil Signifikanten aber nicht nur zur Kettenbildung neigen, sondern auch zum Eigensinn, führt das alltägliche Sprechen ebenso wie zu Metonymien auch ständig zu Metaphern, die nach Lacan so an die Stelle anderer Worte treten, daß sie sie zugleich zudecken. «Die Liebe ist ein Kiesel, der in der Sonne lacht», lautet sein poetisches Beispiel. Verdichtung und Verschiebung sind für ihn wesentlich Zeichenspiele, die in Prosa und Poesie zwar elaborierter, aber strukturell nicht anders verlaufen als im Traum und im Unbewußten. Auch dort ist Verschiebung eigentlich bloß Metonymie, nämlich «Wort für Wort», und Verdichtung Metapher: «ein Wort für ein anderes».[63]

Die Linguistik soll einen Präzisionszuwachs in die Psychoanalyse bringen, beschert ihr aber einen physiologischen Verlust. Die energetische Leistung des Primärprozesses, die nervliche Anstrengung, die es kostet, eine bildliche oder lautliche Gestalt durch eine andere zu ersetzen, wird versprachlicht, das heißt verflüchtigt zu einem bloßen Verhältnis zwischen Zeichen. Und der Ernstfall von Verdichtung und Verschiebung, wo nämlich das jeweilige Wort oder Vorstellungsbild keineswegs bloß Übersetzung oder Chiffre für ein anderes Wort oder Bild ist, sondern namen- und bilderlose Erregung erst einmal so zusammenzuballen und zu transformieren ist, daß daraus überhaupt primäre Namen und Bilder *werden* können – dieser Fall ist erst gar nicht vorgesehen. Diesen Mangel hat Lacan allerdings durchaus verspürt und durch eine Wendung kompensiert, die man als Beginn des Poststrukturalismus erachten darf. Sie bringt eine Irritation in den Strukturalismus hinein, die seine Starre auf-

[63] Jacques Lacan, *Das Drängen des Buchstabens im Unbewußten oder Die Vernunft seit Freud*, in: derselbe, Schriften II, Quadriga, Weinheim und Berlin 1987, S. 30, 31 und 32

weicht – «desedimentiert» wird Derrida später sagen –, ihn mit Gedanken unterläuft, die seine Scheuklappen nicht zulassen, ohne sich jedoch von seinem ahistorischen Denkansatz grundsätzlich zu verabschieden. Poststrukturalismus ist irritierter – und irritierender – Strukturalismus, gut zu studieren an dem Frageverbot, das Saussure über den Ursprung der sprachlichen Zeichenordnung (die oft auch «symbolische Ordnung» heißt) verhängt hat. Bei Lichte besehen ist dieses Verbot ja gar nicht so nüchtern wissenschaftlich, wie es sich gibt. Zeichen, die als «unmotiviert» gelten, als etwas, wofür es in den bezeichneten Dingen weder Stimulus, Ursache noch Grund gibt, werden damit *nolens volens* mystifiziert: zu einer symbolischen Ordnung, die grundlos *da* ist. Wo aber bekommt man so etwas vorgeführt? Im Theater, wenn dort, plötzlich und unvermittelt, ein *Deus ex machina* auftritt, die Möbel gerade rückt und die Ordnung herstellt, die von nun an alle zu befolgen haben.

Hier setzt Lacan an. Mit der psychoanalytischen Ausgestaltung des *Deus ex machina* beginnt sein eigenes poststrukturalistisches Theater. Die unmotivierte Zeichenordnung erscheint darin als etwas, was sich ebenso spontan wie souverän selbst aufgerichtet hat. Was aber mag einem Psychoanalytiker dazu anderes einfallen als jenes männliche Organ, das sich, indem es sich selbst aufrichtet, in den Zustand der Zeugungsfähigkeit versetzt? Und siehe da, die Errichtung der symbolischen Ordnung wird ohne große Umschweife für das Werk des Phallus erklärt. Er ist nicht ein Signifikant unter vielen, sondern der Stifter aller anderen, die Kraft, durch die sie sich auf Signifikate beziehen. Aber er selbst hat kein Signifikat. Er ist natürlich auch nicht der Penis irgendeiner empirischen Person, sondern der Phallus als solcher. In männlichen Geschlechtsorganen findet er immer nur unvollkommene Verkörperungen. Und was ist das: der Phallus als solcher; wie macht er das: die symbolische Ordnung aufrichten? Das sind für Lacan die falschen Fragen, finden wir uns doch immer schon in einer symbolischen Ordnung vor. Der Phallus hingegen, der sie gestiftet hat, gehört ihr gar nicht an. Indem er sie aufrichtet, fällt er aus ihr heraus. Er ist der Signifikant, den all unsere Signifikanten nicht erreichen, der Signifikant, der nicht nur kein Signifikat hat, sondern auch nie Signifikat werden kann: der blinde Fleck in der symbolischen Ordnung. Oder noch drastischer: Er ist das schlechterdings Unmögliche. Nun aber der Verblüffungseffekt: Das Unmögliche ist – das Reale. Wie das? Scheinbar ganz einfach. Eine symbolische Ordnung will zwar stets die Realität einfangen. Aber es gelingt ihr lediglich, Bilder davon zu erhaschen. Sie gelangt immer nur zu Imaginärem. Keinem ihrer Signifikanten ist es möglich, das Reale zu erreichen. Also ist das Reale das Unmögliche, das Unmögliche das Reale.

Man kann Lacan schlecht nachsagen, er habe bei den Jesuiten nichts gelernt. Wie er dem Unmöglichen doppelten Boden einzieht, das hat Format.

Als «unmöglich» firmiert zunächst das uns Unzugängliche, Kant würde sagen, das «Ding an sich», an das all unser menschliches Anschauungs- und Begriffsvermögen nie heranreicht. Lacan steht also da wie ein biederer Kantianer. «Unmöglich» heißt freilich nicht nur das uns Unzugängliche, sondern auch das Nichtexistente, das Unding, das hölzerne Eisen: dasjenige, was unmöglich existieren kann. Und dies zweite Unmögliche schiebt Lacan dem ersten virtuos unter. Der Phallus als solcher, der sich zur symbolischen Ordnung aufrichtet, ist ein solches Unding. Gerade deshalb aber ist er nach Lacanscher Lesart das Ding an sich, das schlechterdings Reale. Seine Unmöglichkeit weist ihn als *ens realissimum* aus. Damit hört der Kantianismus schlagartig auf. Lacan verfährt hier wie Theologen, wenn sie vom *Deus absconditus* (dem verborgenen Gott) reden. Sie beteuern, Menschen könnten gar nichts von ihm wissen, denn er sei unfaßbar, das schlechterdings Unzugängliche – und unterstellen dabei immer unverdrossen, daß *er* es sei, der sich entzieht: er, von dem das *Credo* alles Mögliche zu wissen behauptet, wie etwa daß er die Ordnung der Welt gestiftet, sich in der Welt verkörpert und sie auf ein gutes Ende hin ausgerichtet hat.

Deus ex machina – *Deus absconditus* – *Deus Phallus*: das ist in unserm Kontext weit mehr als eine Redensart; es ist das Lacansche *Credo*. Und wer in die Gemeinde der Gläubigen eintritt, wird reich dadurch belohnt, daß *Deus Phallus* auch den fragwürdigsten Lehrstücken Freuds noch einen höheren Sinn verleiht und sie zu einer geschlossenen psychoanalytischen Weltsicht fügt. So etwa das Theorem vom Penisneid, den kleine Mädchen angeblich automatisch beim Anblick nackter Jungen oder des unbekleideten eigenen Vaters verspüren (VL 556 f.). Schwer zu leugnen, daß solcher Neid vorkommt. Unter patriarchalen Verhältnissen, wo die Auffassung, männliche Wesen seien mehr wert als weibliche, bis in die Kleinkindererziehung hineinreicht, kann es nicht ausbleiben, daß weibliche Kinder den Penis als Zeichen jener Höherwertigkeit deuten, die ihnen fehlt. Nur hatte Freud den Penisneid als etwas Naturgegebenes verstanden. Der weibliche Körper sei tatsächlich der unvollständige, das weibliche Minderwertigkeitsgefühl die natürliche Folge natürlicher Ungleichheit. Die Defizite des männlichen Körpers hingegen, seine Gebär- und Säugeunfähigkeit und die daraus resultierenden männlichen Neidgefühle, die für matriarchale Hochkulturen der Antike durchaus ein gesellschaftskonstitutiver Faktor waren, kommen bei Freud überhaupt nicht vor. Sein Penisneidtheorem ist patriarchal. Bei Lacan wird es nun aber von einer transpatriarchalen Metaphysik überwölbt, die den Phallus zum Inbegriff der Vollkommenheit verallgemeinert. Den Mädchen fehlt diese Vollkommenheit ohnehin; sie haben keinen Penis. Den Jungen fehlt sie aber auch. Ihr Penis ist das schlechterdings bedrohte Organ; ständig schwebt über ihm das Damoklesschwert der Kastration. Der

Kinderpenis ist ja bloß die armselige empirische Verkörperung des Phallus, das sichtbare Zeichen jener Vollkommenheit, die ihm fehlt – und ihn gerade dadurch bedroht. So ist der Phallus das metaphysische Damoklesschwert über dem männlichen Kind – und als solches das «Gesetz des Vaters».

Damit findet ein weiteres Freudsches Theorem seine höhere Rechtfertigung: das vom Urvatermord. Ob er historisch für bare Münze zu nehmen sei, läßt Lacan offen. Sein Nachspiel hingegen nimmt er ganz ernst. Im Verzicht der «Brüder», mit den Frauen der Horde weiterhin so zu verfahren wie der Alte, sieht er nichts anderes als die Urform der Phallus-Aufrichtung: die Konstitution der symbolischen Ordnung. Indem der Phallus sie stiftet und aus ihr herausfällt, ist er der ins «Unmögliche» entrückte Urvater, und die symbolische Ordnung ist nichts anderes als dessen «Gesetz»: die auf Dauer gestellte Kastrationsdrohung. Noch die ganz alltäglichen Symbole oder Signifikanten setzen diese Drohung dadurch fort, daß sie nicht das Reale offenbaren, sondern es gerade verschwinden lassen, es überdecken, sich an seine Stelle setzen. Indem sie Dinge benennen, rufen sie sie, wie Freuds Enkel Heinerle, «fort». Was symbolisch «da» sein soll, muß selbst «fort» sein. Das «Gesetz des Vaters» ist erst «voll da», wenn der Vater «fort», will sagen, ermordet ist. «Das Symbol stellt sich so zunächst als Mord an der Sache dar, und dieser Tod konstituiert im Subjekt die Verewigung seines Begehrens.»[64]

Auch das «Begehren» *(désir)* verdankt sich der Aufrichtung des Phallus. Sie entrückt ihn ins Unzugängliche. Dadurch wird aus der natürlichen Triebspannung, die auf Abfuhr drängt, eine symbolisch aufgespannte – eine aufs Symbol gespannte: aufs Unerreichbare, den Phallus höchstselbst. Das ist die Pointe an Lacans «Begehren». Es erlebt nicht nur keine Abfuhr; es will auch keine. Es will bleiben, was es ist, oder, in Worten Nietzsches, es «will Ewigkeit». Nur daß Nietzsche das von der Lust sagte. Lust aber ist gestillter Trieb, das Begehren ungestillter: ewiges Gespanntsein auf den Phallus. Es ist, mit andern Worten, Ananke: das Schicksal, in das das menschliche Dasein sisyphoshaft eingespannt ist, seit es durch die mysteriöse Aufrichtung des Phallus semiotisch auseinanderklafft: in Signifikant und Signifikat. In der Sprache das Begehren erkennen, oder erkennen, daß das Begehren die authentische Sprache ist: darauf will Lacans Analyse und Therapie hinaus. Solange lediglich *ich* spreche, bin ich uneins mit der Sprache. Sie tut nicht, was ich will. Sie verstellt *sich* mir und verstellt *mich* mir. Erst wenn ich so spreche, daß *es* aus mir spricht, nämlich das Begehren selbst: dann bin ich ihr nicht länger unterworfen, nicht länger ihr *subiectum*, sondern werde eins mit ihr, komme sozusagen in ihr an. Das

64 Jacques Lacan, *Funktion und Feld des Sprechens in der Sprache der Psychoanalyse*, in: derselbe, Schriften I, Quadriga, Weinheim und Berlin 1986, S. 166

ist gemeint mit Lacans eigenwilliger Übersetzung von Freuds «Wo Es war, soll Ich werden»: *Là où fut ça, il me faut advenir.* Wörtlich: «Dort, wo es war, soll ich ankommen.»[65] Ankommen soll «ich» im Begehren. «Um das Sprechen des Subjekts zu befreien, führen wir es in die Sprache seines Begehrens ein, das heißt in die *erste Sprache* (langage premier), in der es schon jenseits dessen, was es uns von sich sagt, vor allem mit der Symbolik seiner Symptome ohne sein Wissen zu uns spricht.»[66] Und wenn es gelernt hat, diese Sprache wissentlich zu sprechen, dann ist es befreit – eins mit der Sprache, weil eins mit dem Begehren. Dieses Einssein nennt Lacan auch «volles Sprechen»[67]. Das «volle» Wort ist für ihn nicht etwa dasjenige, welches durch Katharsis von peinigender Fülle zu befreien wäre; es *ist* vielmehr das freie. Nicht die Erfüllung des Begehrens macht frei, sondern die Versöhnung mit ihm. Das Begehren als Schicksal annehmen und es, wie der Sisyphos Camus', als Glück verstehen lernen: das ist es, worin «ich ankommen» soll.

Der Phallus ist hierbei im genauen theologischen Wortsinn Alpha und Omega. Wenn wir begehren, begehren wir letztlich ihn; ist er doch das schlechterdings Begehrenswerte: das Omega. Zugleich aber ist er es, der dabei in uns begehrt, denn er ist der Stifter allen Begehrens: das Alpha. Wenn *es* in uns spricht, spricht im Grunde *er.* Er ist in unserm Begehren präsent als das Vollkommene, das uns mangelt – und das unsern Mangel begehrt. Er erregt uns zum Genießen und macht zugleich, daß all unser Genießen Entbehren ist, so daß wir nur genießen können, was wir nicht haben: das Abwesende, Unzugängliche, Nichtseiende, Tote. Der Inbegriff des Toten aber ist der ermordete Urvater. Es gibt nichts Realeres als ihn und nichts Begehrenswerteres. Indem das Begehren sich auf ihn richtet, zeigt es sich als «jene verzweifelte Affirmation des Lebens, die die reinste Form darstellt, in der wir den Todestrieb erkennen».[68] So wird schließlich auch noch der Freudsche Todestrieb «gerettet» – allerdings dank einer Konstruktion, die Freud völlig zuwiderläuft: Begehren ist Todestrieb; Lebens- und Todestrieb fallen ineins.

Daß der Phallus als solcher, ganz wie ein waschechter platonischer Archetyp, ständig Abbilder seiner selbst zeitigt, daß also der Säugling in der mütterlichen Brustwarze selbstverständlich nichts anderes als einen Phallus sehen kann und eine Kastrationserfahrung macht, wenn sie ihm entzogen wird; daß die Mutter das Kind, das aus ihrem Schoß hervorkommt, erst einmal als Phallus begrüßt und sich ihr Lebtag schwer damit tut, daß es keiner ist; daß

65 Jacques Lacan, *Das Drängen des Buchstabens*, l. c., S. 50
66 Jacques Lacan, *Funktion und Feld des Sprechens*, l. c., S. 136 f.
67 L. c., S. 84
68 L. c., S. 167

schließlich beim Geschlechtsverkehr die Frau für den Mann zum Phallus wird und er in ihr den unzugänglichen «Anderen» begehrt, sie sich als dieser Andere mißversteht und so beide stets aneinander vorbeikopulieren: dies alles sind Folgekosten einer Phallo-Theologie, deren paranoide Züge Außenstehenden immerhin noch auffallen können. Den Eingeweihten ist das kaum mehr beschieden. Ihr Weltbild hat sich geschlossen. Auch Psychoanalytiker sind vom Bedürfnis nach einem geschlossenen Weltbild nicht frei. Lacan hat es weit besser zu befriedigen gewußt als Freud. Daß die Aufrichtung des Phallus nicht minder mysteriös ist als die Jungfrauengeburt, war dabei nur von Vorteil, zumal Lacan seine Lehre nicht bloß trocken vorgetragen hat. Er verstand ihr Mysterium eindrücklich zu inszenieren. Das ständige gelehrte oder polemische Abschweifen von den eigenen Gedanken, ehe sie überhaupt entwickelt sind, ihre stete Komplizierung durch Einschübe und Zusätze, der dabei waltende dekretorische, einschüchternde Gestus, die Sparsamkeit mit Erläuterungen, die Kurzatmigkeit und Sprunghaftigkeit, die kaum einmal eine Passage zusammenhängend zitierfähig macht: dies alles unterscheidet sich von Freuds Sprech- und Schreibweise wie die Nacht vom Tag, aber auf dem Niveau professionellen Theaters. Lacan vermochte dem zentralen Inhalt seiner Lehre, der Unzugänglichkeit des Phallus, eine kongeniale rhetorische Form anzumessen, die besonders im mündlichen Vortrag seiner jahrelangen «Seminare» von unübertrefflicher Wirkung war und sich das unablässige Gespanntsein der Teilnehmer auf etwas sicherte, was sich in jeder Sitzung neu vor ihnen aufrichtete und gerade dadurch nie aufhörte, sich ihnen vorzuenthalten.

Ein geschlossenes Weltbild kann trotzdem reich an Einsichten sein, und wäre Lacans Werk ohne Reiz und Geist, es wäre nicht der Rede wert. Doch die Hoffnung, seine linguistische Wende führe an den Primärprozeß der Sprache heran, darf man getrost fahren lassen. Eher geschieht das Gegenteil. Daß auch die Sprache einen Primärprozeß durchlaufen hat, kommt gar nicht in sein Blickfeld. Statt dessen wird der traumbildende Primärprozeß in die Terminologie eines ahistorischen strukturalistischen Sprachmodells überführt und darin tendenziell aufgelöst. Energetische Prozesse verflüchtigen sich in semiotische, Nervenleistungen in Signifikanten, Triebspannungen in ein symbolisch aufgespanntes und verewigtes Begehren, und die gelegentliche Behauptung, Sprache sei «nichts Immaterielles», sondern «ein subtiler Körper»,[69] ist nur die Kehrseite davon: der Freibrief dafür, für «Körper» «Sprache» sagen zu können und davon abzusehen, daß Sprache zwar stets einen Körper *hat*, aber Geist *ist*. Auch wenn dieser Geist in nichts anderem besteht als der reflexi-

69 L. c., S. 144

ven Wendung energetischer Kräfte gegen sich selbst, so ist er doch die Selbstüberwindung, ja die Selbsttranszendierung des bloß Körperlichen – was der Lacansche Sprachbegriff gerade verkleistert. Freud hingegen hat geholfen, es zu entdecken. Die beiden Schlüsselbegriffe seiner *Traumdeutung*, Verdichtung und Verschiebung, die viel tiefer gehen als Metapher und Metonymie, haben sozusagen die Schleusen der Vorzeit geöffnet und uns ermöglicht, das, was bei Freud «Traumarbeit» heißt, als Chiffre für etwas noch viel Grundsätzlicheres zu lesen: die Kulturentstehung, die Menschwerdung.

Redekur

Menschwerdung hat zwei Seiten, eine imaginative und eine lautliche, und Freuds *Traumdeutung* hat mit gutem Grund den Nachdruck auf erstere gelegt. «Primitive Denktätigkeit» ist primär halluzinatorische Tätigkeit. Dennoch ist sie aufs Wort verwiesen. Nicht nur, daß Träume, wenn sie festgehalten, gedeutet, bewältigt werden sollen, verbaler Mitteilung bedürfen. Auch Freuds eigener Weg zur Traumdeutung hat bei der Wortdeutung begonnen. Ein Wort ist «eine komplexe Vorstellung, die sich als zusammengesetzt aus akustischen, visuellen und kinästhetischen Elementen erweist», sagt er in seiner frühen, bereits 1891 verfaßten Studie *Zur Auffassung der Aphasien*[70]. Sie war zu ihrer Zeit insofern bahnbrechend, als sie nicht nur physische Hirnschädigungen für krankhaftes Nicht- oder Nicht-richtig-sprechen-Können verantwortlich macht, sondern zeigt, daß es auch bei starker Ermüdung oder Erregung zu Ausfällen, Verkürzungen, Verwechslungen und Verwirrungen von Worten kommen kann. Das Sprachzentrum des Gehirns muß nicht nur organisch unversehrt sein, wenn es zur Wortbildung fähig sein soll; es muß zudem seine Neuronen so miteinander assoziieren, daß jene komplexen Gebilde «aus akustischen, visuellen und kinästhetischen Elementen», die wir Worte nennen, auch tatsächlich zustande kommen. Diese Assoziationsleistung aber ist keine Funktion einzelner Organe, sondern eine synthetische Gesamtleistung, durch die verschiedene Gehirnregionen überhaupt erst zum konkreten «Assoziationsfeld der Sprache»[71] zusammentreten. Diese Leistung ist es, die der junge Neurologe Freud als genuin «psychisch» reklamiert. Fällt sie aus oder wird sie geschwächt, gelähmt, blockiert, dann können «psychisch» bedingte Aphasien auftreten. Das sind Zustände, wo ein quälendes Übermaß an Reizen keinen Ausweg findet, nicht einmal den Weg zum Wort, und der ganze Organismus unter diffusen Leidensdruck gerät, ohne daß Organdefekte dafür ursächlich sind.

70 Sigmund Freud, *Zur Auffassung der Aphasien. Eine kritische Studie*, Fischer, Frankfurt am Main ²2001, S. 117

71 L. c., S. 109 und 98

Wollte man Freuds Lebensaufgabe auf eine Formel bringen, so könnte man sagen: Überwindung der Aphasie. Das lateinische *infans* heißt wörtlich «ohne Sprache» und steht meistens für «Kleinkind». Und daß für Freud die frühe Kindheit so interessant war, hat damit zu tun, daß er sie selbst mit ungeheurer Intensität als *infantia* erlebt hat: als die Zeit, wo die Eindrücke des Lebens so ungemein zudringlich und prägend sind, weil noch die Worte fehlen, die sie abfedern könnten.[72] Und so ist er, über den Umweg einer Experimentierphase, in der er seine Patientinnen häufig hypnotisierte, allmählich zur Redekur gelangt. Der entscheidende Durchbruch dahin war die Einsicht, daß der diffuse Leidensdruck, der namentlich die vornehmen Hysterikerinnen des ausgehenden 19. Jahrhunderts plagte, deshalb als so unerträglich empfunden wurde, weil er unfaßbar, grenzenlos war, so daß man die hysterischen Neuralgien, Krämpfe, Lähmungen etc. als Versuche verstehen konnte, dem diffus Quälenden durch konkreten Schmerz eine faßbare, begrenzte Gestalt zu geben. Den lokalisierbaren körperlichen Schmerz als Notausgang und Bild unfaßbaren Leidens zu entdecken: das war der erste Schritt auf dem Weg zur Redekur – und zugleich eine *mémoire involontaire* (= unwillkürliche Erinnerung) an die archaische Primärleistung menschlicher Einbildungskraft: das Unfaßbare faßbar zu machen. Der zweite Schritt war, dem körperlichen Schmerz-Bild oder, wie Freud sagt, dem «Erinnerungssymbol», das selbst schon ein erster, aber völlig unzureichender Notausgang ist, seinerseits noch einmal einen Notausgang zu verschaffen: das Wort, durch das es sich in buchstäblichem Sinne aussprechen, ausdrücken, verflüchtigen kann, wie es einer von Freuds Hysterikerinnen im Zeitraffer widerfuhr. Als sie von einer tief kränkenden Bemerkung ihres Mannes berichtete, «faßte sie sich plötzlich an die Wange, schrie vor Schmerz laut auf und sagte: Das war mir wie ein Schlag ins Gesicht. – Damit war aber auch Schmerz und Anfall zu Ende.»[73]

Auch das ist eine mustergültige *mémoire involontaire*. Den Schmerz herauszuschreien, ihm eine Abfuhr zu erteilen: darin besteht die archaische Elementarleistung des Wortes. Die psychoanalytische Redekur knüpft daran an. Sie ist in doppeltem Sinn prozedurales Gedächtnis. Zum einen individualgeschichtlich: als Wiederbelebung des Stadiums, wo der Patient traumatisierter *infans* war, des Stadiums, das er noch einmal, diesmal therapeutisch geleitet, durchmachen soll, um die Worte zu finden, die seinem Leiden nicht nur äußerlich aufsitzen, sondern innerlich so erfüllt davon sind, daß sie es im vollen Wortsinn auszudrücken, will sagen, auszutreiben vermögen. Zum andern ist die

[72] Cf. die erhellende Studie über Freuds Kindheit von Franz Maciejewski, *Der Moses des Sigmund Freud. Ein unheimlicher Bruder*, Vandenhoeck & Ruprecht, Göttingen 2006

[73] Josef Breuer / Sigmund Freud, *Studien über Hysterie*, 1895, Fischer, Frankfurt am Main 1991, S. 195 und 198

Redekur aber zugleich gattungsgeschichtliches Gedächtnis. Sie rührt immer auch an den Punkt, wo die Menschheit als Ganze noch *infans* war und allmählich zu stammeln begann. Ihre besondere Art, Patienten innerlich aufzuwühlen, rührt mehr als jede andere Sprechweise die Urgeschichte des Wortes auf. Dessen primitivste Gestalten werden in ihr wieder rege, als ihr nie ganz zur Ruhe gekommener Untergrund, und es zeigt sich: Redekur ist sie auf den Kredit, daß die menschlichen Urworte selbst schon Redekur waren. Sie tritt in deren Fußstapfen.

Eines bleibt dabei freilich ausgeblendet. Nur weil die erste, archaische Redekur nicht den gewünschten Erfolg hatte – gibt es menschliche Sprache. Als das Wort entstand, war es von peinigender Erregung erfüllt – und damit von dem Wunsch, sie hinauszuschreien und damit selbst wieder zu verschwinden. Doch stets blieb mehr Peinigendes übrig, als sich hinausschreien ließ. Statt sich wieder zu verflüchtigen, verfestigte sich das Wort. Ohne daß es aufhörte, Erregungsventil zu sein, wurde es Erregungsasyl: Name. Er sollte den Schrecken heiligen, das heißt in eine Schutzmacht wenden, doch es blieb weit mehr Schrecken übrig, als sich wenden ließ. Er sollte dem Benannten Integrität verleihen, doch es stellte sich weit weniger Integrität ein, als er beschwor. So hefteten sich dem Namen Zusätze an, verselbständigten sich, wendeten sich gegen ihn, setzten ihn zu einem profanen Bestandteil des Satzes herab und drückten seinen heiligenden, beschwörenden Impuls in den Untergrund der Sprache hinab, wo er als deren subkutaner Erregungs- und Unruheherd seither sein verdrängtes Dasein führt. So hat sich das Wort ähnlich von sich selbst zu kurieren versucht wie die Halluzination, die einst als mentales Heilmittel gegen traumatische Erregung begonnen hatte, aber selbst nicht auszuhalten war, weiterer Heilmittel bedurfte, die Welt der mentalen Vorstellungen aus sich hervortrieb und von ebendiesen Vorstellungen, die sich gegen ihre Urheberin wendeten, zum mentalen Untergrund herabgedrückt wurde und seither nicht aufhört, als Impulsgeber und Störenfried unablässig in die Vorstellungswelt hineinzuzüngeln. Dieser Selbstheilungsversuch ist es, der oben «Urverdrängung» genannt wurde.[74] Seine imaginative und seine sprachliche Seite sind untrennbar. Erst zusammen konstituieren sie den mentalen Raum.

Es ist phantastisch, wie Hesiod das erspürt hat. Seine *Theogonie*, die den siegreichen Kampf der jüngeren Götter gegen die älteren besingt, ist nicht nur mythischer Widerhall von Stammesfehden und Generationskonflikten im Mittelmeerraum; sie beschreibt dabei zugleich die Verlaufsform der Urverdrängung. Durch Wendung des Wortes gegen sich selbst entstand der Satz, durch Wendung der Halluzination gegen sich selbst die Vorstellung. Vorstel-

[74] Siehe oben, S. 81 f.; 203 f.

lung und Satz sind Kinder, die sich gegen ihre Erzeuger wenden, sie zu *subiecta* machen und dadurch überhaupt erst zur geordneten Denkwelt und Rede werden, ganz so wie Zeus sich gegen seinen Vater Kronos, den obersten Titanen wendet, ihn kastriert und erst im Kampf gegen ihn und die Seinen die seither geltende Weltordnung herstellt. Zeus ist selbst Titan und zugleich die Kraft, die sich gegen die Titanen erhebt, sie in den Untergrund herabdrückt, ja sie *zum* Untergrund seiner neuen, olympischen Ordnung macht, zu der gehört, daß sie nie zur Ruhe kommen kann, weil die unterworfenen Mächte nie aufhören zu rumoren, sozusagen Konterrevolution zu betreiben gegen die «Palastrevolution», die Vorstellung und Satz gegen Halluzination und Wort gemacht haben.[75]

Geordnete Vorstellungswelt und Rede sind das, was bei dem Selbstheilungsversuch der Halluzination und des Wortes herausgekommen ist: einerseits ein kapitaler Mißerfolg, denn beide haben nicht entfernt so gerettet oder kuriert wie gewünscht. Andrerseits ein grandioser Erfolg: Denn sie sind weit über das Grauen des halluzinierten Genius und des schreckerfüllten Demonstrativums hinausgelangt. Allerdings nur durch einen Verdrängungsprozeß, den man sich keineswegs als stummen innerpsychischen Vorgang vorzustellen hat, sondern als haarsträubendes soziales Drama. Hesiods Schilderung des Titanenkampfs ist ein denkwürdiges Echo davon. «Furchtbar hallte wider das endlose Meer. Die große Erde dröhnte. Es stöhnte der weite Himmel, erbebend, von Grund auf wurde der hohe Olymp erschüttert.»[76]

Ob die Urverdrängung viel weniger grauenvoll war als das, was sie herabdrückte, wissen wir nicht. Und dennoch ist sie eine der größten Leistungen der Altsteinzeit, wenn nicht überhaupt die größte. Ihr verdanken wir etwas vom Kostbarsten, was wir haben: geordnete Vorstellung und Rede. Wenn Aristoteles den Menschen als *zoon logon echon*[77] definiert, als das Tier, das Worte

[75] Daß Verdrängung stets eine begriffliche Seite hat, die bis in die höchsten Denkleistungen der Philosophie hinaufreichen kann, hat Klaus Heinrich vielfach gezeigt. Kants «Transzendentalität» und Heideggers «Sein» sind für ihn Kronzeugen für verdrängende Begriffe, die von vornherein so konzipiert sind, daß sie eine Besinnung auf ihre eigene Herkunft aus der Mythologie, die ja gewissermaßen die Kindheit allen Begreifens darstellt, nicht zulassen. Heinrich fragt: «was kann man für einen nichtverdrängenden Begriff des Begreifens lernen aus dem Stoff, den die Religionen präsentieren und der uns einzig darum interessiert, weil Konflikte, die in ihm formuliert werden, heute noch nicht ausgestanden sind?» (*Arbeiten mit Ödipus.* Begriff der Verdrängung in der Religionswissenschaft, l. c., S. 120) Das ist auch die Fragestellung dieses Buches. Allerdings gilt es zweierlei deutlicher zu unterscheiden, als Heinrich es tut: die unvermeidliche Urverdrängung, ohne die es kein Begreifen gibt, und verdrängende Begriffe, die sich auf unnötige Weise gegen ihre Vorgeschichte abdichten und dem Begreifen abträglich sind.

[76] Hesiod, *Theogonie*, 678 ff.

[77] Aristoteles, *Politik*, 1253 a

hat, und zwar Worte im Sinne geordneter, vernünftiger Rede, so ist hinzuzufügen: Es hat diese Worte, weil es Verdrängung hat, und Verdrängung ist die Urform menschlicher Selbstbezüglichkeit: Reflexion. Verdrängung ist zunächst einmal eine epochale Emanzipationsleistung gewesen. Ohne sie könnte niemand konsistente Vorstellungen und vernünftige Sätze bilden. Die Verdrängung, die die Psychoanalyse im Visier hat, ist im Vergleich dazu ein später Sonderfall. Da hat sich die Barriere zwischen unbewußtem mentalen Untergrund und bewußter Obersphäre, zwischen Namensuntergrund und gesprochener Sprache, eine Barriere, die ja selbst schon das Resultat von Verdrängung ist, längst gebildet. Da ist ein vergleichsweise hohes Kulturniveau erreicht. Da geht es um intensive, traumatisch unerfüllte Wunschregungen, die von besagter Barriere unten gehalten werden, weil sie der in Ritualen, Vorstellungen und Sprechweisen sedimentierten kollektiven Sitte widersprechen. Und beim Versuch, diese Regungen loszuwerden, statt sie zu bearbeiten, macht sich die andere Seite der Verdrängung geltend: die lähmende, die erwachsene Kulturmenschen auf quälende Weise zurückversetzt ins *infans*-Stadium und verhindert, daß ihre gestaute Erregung in befreiende Worte ausbricht.

An diesem Punkt setzt die psychoanalytische Redekur an. Sie ist Wiederbelebung der archaischen Redekur, der Katharsis der Urworte. Weil die archaische Redekur nicht wunschgemäß verlief, ist sie nicht nur der Urmotor menschlicher Sprache, sondern auch ihr uneingelöstes Urversprechen. Nirgends wird es gründlicher erinnert als in der Psychoanalyse. Indem sie die archaische Redekur auf hochkulturellem Niveau aktualisiert und deren Versprechen zu ihrem macht, ist sie praktische Sprachphilosophie, und zwar eine viel bessere, als sie durch Übernahme eines strukturalistischen Sprachbegriffs je werden kann. Die Redekur ist tätige Rückbesinnung auf ihren eigenen, archaischen Ursprung – und leistet damit eine Reflexion, ohne die alle Sprachphilosophie lediglich auf der Oberfläche ihres Gegenstands umhertappt. Doch dieser Ursprung ist auch eine schwere Hypothek. Die psychoanalytische Redekur kann das Urversprechen des Wortes nicht ernst nehmen, ohne zu versuchen, es einzulösen, und dazu hat sie kein anderes Mittel als das, welches der Mißerfolg der archaischen ersten Redekur gezeitigt hat: die verständlich geordnete Rede. Die ist zwar fähig, die kathartische Urfunktion des Wortes neu zu beleben, aber unfähig, das darin steckende Urversprechen einzulösen: daß die peinigende Erregung sich durch Worte aus der Welt bringen lasse. In dieser Hinsicht teilt die zweite, die psychoanalytische Redekur das Schicksal der ersten. Sie bleibt hinter ihrer Intention, durchs Wort zu heilen, weit zurück. Deshalb ist ihr Heilerfolg ja so umstritten – mit Recht. Zwar kann das rechte Wort zur rechten Zeit geradezu balsamische Wirkung entfalten. Dennoch sind Worte nie heilend genug. Nur ein übernatürliches göttliches Wort könnte alle Wunden schließen.

Jede verantwortliche Redekur muß daher von dem Bewußtsein begleitet sein, daß sie nicht die Sache selbst ist, sondern eigentlich bloß ein Symbol; daß sie auch dort, wo sie hochrespektable Erfolge hat, doch nur für etwas steht, was sich durch Worte allein ohnehin nie herstellen läßt und durch kollektives Handeln allenfalls annäherungsweise: jenen schmerz- und entbehrungsfreien Gesamtzustand, für den das Alte Testament eine unübertroffene Metapher gefunden hat: «Land, wo Milch und Honig fließt».[78] Wenn die Psychoanalyse in der Verheißung dieses Landes, die Israel seinem Gott Jahwe in den Mund legte, das Urversprechen des Wortes erkennt, dessen Fortsetzung ihr eigenstes Tun ist, dann besinnt sie sich weit gründlicher auf ihre jüdischen Wurzeln zurück, als wenn sie sich daran erinnert, daß ihr Begründer ein Jude war. Zudem wird eine Redekur, die sich als Symbol versteht, den Druck los, die allein richtige Seelenkur zu sein. Das Arbeitsbündnis, welches sie zwischen Therapeut und Patient fordert, kann sich zum Arbeitsbündnis verschiedener Methoden weiten – nicht beliebig zwar, aber so weit, daß die Urbedeutung von *methodos* wieder zum Vorschein kommt: Zugang. Der beste Zugang, die angemessenste Methode ergibt sich stets von der zu erforschenden Sache aus. Verschiedene individuelle und soziale Krankheitsbilder verlangen auch verschiedene Methoden. Es sind durchaus wohlgeordnete Settings denkbar, worin die Redekur nicht länger spröde gegen mal-, musik- oder gestalttherapeutische Elemente sein müßte, nicht einmal gegen gelegentliche Hypnose, vor allem aber nicht gegen ihre Einbeziehung in sozialkritische Diskurse und Bewegungen; Settings, die gleichwohl gegen das Mißverständnis gefeit sind, es müßten nur alle Verdrängungsbarrieren verschwinden, damit die Gesellschaft frei werde.

So gewiß es falsche Verdrängung gibt – Verdrängung ist nicht an sich schon das Falsche. Wer Anstalten macht, jene Barriere niederzureißen, die die Urverdrängung zwischen Halluzination und Vorstellung, Namensmagie und Satz gezogen hat, geht daran, den mentalen Raum und die Sprache selbst einzureißen, denn sie leben von dieser Verdrängung. Ohne sie gibt es weder Rückbesinnung auf die kathartische Urfunktion des Wortes noch das Ventil geordneter Rede, auf das keine kultivierte Katharsis je wird verzichten können. Gewiß, im «Land, wo Milch und Honig fließt», wäre keine Verdrängung mehr nötig. Bis dahin aber ist die Urverdrängung das Unterpfand dafür, daß die Verheißung dieses Landes nicht vergessen wird. Dies Unterpfand ist schlechterdings bewahrenswert. Daß man das aber eigens betonen muß, bedeutet: Es versteht sich nicht mehr von selbst. Die Urverdrängung ist nicht länger die

[78] Exodus 3, 17

ruhige Grundlage allen menschlichen Denkens. Sie ist in die Reichweite von Mentalarchäologie, Sozialtechnologie und Biomacht geraten. Die Barriere, die den mentalen Raum in eine «olympische» Obersphäre und einen «titanischen» Untergrund geteilt hat, steht erneut zur Disposition. Sie fällt, wenn die «Titanen» mit hochtechnologischer Schützenhilfe den Olymp stürmen. Sie fällt aber auch, wenn der «Olymp» die Unterwelt in sich aufsaugt, wie es sich der späte Freud vorstellte, als er forderte: «Wo Es war, soll Ich werden.» (VL 516) Beides ist der Logik vernünftiger Katharsis gleichermaßen zuwider. Die verlangt nämlich weder die Entfesselung des Es noch den Endsieg des Ich, sondern, wie der junge Freud so schön gesagt hat, daß «der Schmerz weggesprochen»[79] werde. Um ihn wegsprechen zu können, gilt es aber, die Barriere der Urverdrängung so weich und haltbar wie möglich zu machen; sie mit reichlich Poren zu versehen für die Rückbesinnung auf die unabgegoltene kathartische Urfunktion des Wortes und sie gleichsam in eine semipermeable, mit Reflexion durchtriebene Membran zu verwandeln, die frei atmet und zwischen Erregung und Wort jenen versöhnlichen Austausch stattfinden läßt, der in der Theologie *communicatio idiomatum* heißt: wechselseitige Mitteilung der Eigenarten.

[79] Josef Breuer / Sigmund Freud, l. c., S. 167

Nachwort **High-Tech-Traumzeit**

Dieses Buch stellt sich der Frage nach dem Ursprung. Es wäre jedoch gründlich mißverstanden, wenn es als Neuauflage der alten Ursprungsphilosophie gelesen würde. Wie bei Aristoteles der unbewegte Beweger, bei Rousseau die Natur, bei Bloch die Hoffnung, so sei hier nun der traumatische Wiederholungszwang das *principium*, aus dem der Weltsinn geschöpft und der Weltlauf hergeleitet werde. Wer den traumatischen Wiederholungszwang allerdings als Prinzip erachtet, hat nicht begriffen, was er ist: lediglich eine Reaktionsform, zunächst ein bloßer Reflex, eine besondere Art von Reizflucht – ohne jede höhere, gar kulturelle Absicht. Erst nachträglich, nachdem diese Reizflucht mehreren Hominidenspezies, zumindest Neandertaler und Homo sapiens, in Fleisch und Blut übergegangen war, erwies sie sich als der entbehrungsreiche Weg zur Kultur. Aber Kultur war nicht ihr Ziel. «Wir suchen überall das Unbedingte, und finden immer nur Dinge»,[1] heißt es bei Novalis. So ähnlich ging es auch bei der Menschwerdung zu. Gesucht wurde Rettung, gefunden Kultur. Nicht erst «hat Auschwitz das Mißlingen der Kultur unwiderleglich bewiesen».[2] Schon ihr altsteinzeitliches Entstehen war das Mißlingen von etwas anderem als Kultur.[3]

Der traumatische Wiederholungszwang ist das alternativlose phylogenetische Nadelöhr zur Kultur, aber kein Prinzip – schon deshalb nicht, weil er zutiefst uneins mit sich selbst ist. Seine Flucht vor dem Schrecken ist immer auch Flucht vor sich selbst. Er will aufhören; deshalb wiederholt er unablässig das Schreckliche. So ist er der menschliche Trieb *par excellence* und zeigt exemplarisch, was Triebe wollen, nämlich gestillt sein. Allerdings tut er dabei in seiner Kopflosigkeit etwas sehr Raffiniertes: Er verneint den Schrecken durch Bejahung, so daß die Verneinung Bejahung ist und die Bejahung Verneinung, und

[1] Novalis, *Blüthenstaub*, Werke, Band 2, herausgegeben von Hans-Joachim Mähl, Hanser, München 1978, S. 227

[2] Theodor W. Adorno, *Negative Dialektik*, Gesammelte Schriften, Band 6, Suhrkamp, Frankfurt am Main 1973, S. 359

[3] Diese Art von Mißlingen hat das Christentum noch einmal auf besonders signifikante Weise nachexerziert. «Dein Reich komme», betete Jesus, aber statt Gottes Reich kam die Kirche.

erfüllt damit mustergültig Hegels Definition von Dialektik als der «Einheit des Unterschieden- und des Nichtunterschiedensein – oder der Identität der Identität und Nichtidentität». Wenn es einen Urdialektiker gibt, so ist es weder Hegels absoluter Geist noch Engels' dialektische Natur; es ist der traumatische Wiederholungszwang. Weit zuverlässiger als Hegel zeigt er, wo Dialektik herkommt: nicht aus einem reinen «Sein [...] ohne alle weitere Bestimmung»,[4] sondern aus namenloser Not. Dialektik gehorcht nicht ewigen Naturgesetzen, vielmehr treibt sie der Drang, zur Ruhe zu kommen, sich aufzulösen, und zwar keineswegs in reinen Geist, sondern in wunschloses Wohlgefallen.

Man macht sich durchaus keiner monokausalen Herleitung schuldig, wenn man sagt: Alle Rituale, Sitten, Grammatiken, Gesetze, Institutionen, zu denen menschliche Kultur geführt hat, sind Niederschläge des traumatischen Wiederholungszwangs. Denn seine Niederschläge sind ebenso Resultate seines Wirkens wie seines tendenziellen Aufhörens. Er hat sich in ihnen beruhigt. Das ist allerdings immer erst im nachhinein feststellbar. Nie läßt sich im Einzelfall voraussagen, ob die Verneinung durch Bejahung zu einem verbohrten ausweglosen Kreisen in sich selbst führen wird oder zu einem allmählichen Abbau ihrer selbst. Und die Tatsache, daß Kultur nur dauerhaft hat werden können, wo ein beträchtlicher Abbau zwanghafter Wiederholung gelungen ist, darf nicht die ungeheuren Opfer vergessen lassen, die dieser Prozeß gekostet hat: nicht nur die Opfer im buchstäblichen Sinn, die sakralen Menschenopfer, sondern auch die zahllosen individuellen Nervenzerrüttungen, durch die sich der traumatische Wiederholungszwang über lange Zeiträume gleichsam hindurcharbeiten mußte, um sich allmählich zu jenen Riten, Sitten und Gebräuchen zu temperieren, die die Grundstrukturen menschlicher Gemeinschaften ausmachen. Seine Temperierung ist nichts anderes als seine Profanierung. Wie der Name im Satz unterging und profan wurde, so der traumatische Wiederholungszwang in der Kultur. Er lebt darin fort als ein unberuhigter Rest, ein pathologisches Überbleibsel der Vorzeit – in einer Umgebung, die zwar aus seinen Niederschlägen besteht, ihn selbst aber derart überwunden hat, daß seine Niederschläge nun kostbare Errungenschaften darstellen: ein Ensemble erhebender Rituale, vertrauter Gewohnheiten, routinemäßiger Abläufe. Jede Kultur bedarf ihrer. Sie sind die Basis jeglicher freien individuellen Entfaltung.

Bis zum Beginn der Neuzeit war Wiederholung gleichbedeutend mit tendenzieller Deeskalierung und Beruhigung. Dann wurde eine bahnbrechende Erfindung gemacht: der Automat. Werkzeuge gibt es, seit es Menschen gibt. «Automobile» Werkzeuge, die sich, gleichsam von selbst, immer wieder in

[4] Georg Wilhelm Friedrich Hegel, *Wissenschaft der Logik I*, Werke, l. c., Band 5, S. 74 und 82

gleicher Weise bewegen, gibt es hingegen erst seit der Neuzeit. Ihre Prototypen, durch Dampf, Benzin, schließlich durch Strom getriebene Maschinen, übernehmen menschliche Bewegungsabläufe. Das kann herrlich entlastend sein. Man läuft nicht mehr, sondern fährt Bahn oder Auto; man sägt, hobelt und schleift nicht mehr, sondern läßt eine Maschine das machen. Doch schon in der ersten industriellen Revolution, die im 19. Jahrhundert von England ausging, überwog die zermürbende Wirkung der Maschinen. Ihr menschliches Zubehör, das Proletariat, wurde in einem 12–14stündigen Arbeitstag, der in nichts bestand als in ihrer stumpfsinnigen Bedienung und Wartung, regelrecht verschlissen, ehe es sich Arbeitsbedingungen erkämpfte, die dieses Dasein überhaupt aushaltbar machten. Entlastend war die Dampfmaschine vornehmlich für die Kapitalisten, die sie besaßen und andere an ihr arbeiten ließen. Die ungleiche Verteilung von entlastender und zermürbender Wirkung, je nach sozialer Stellung, ist das kapitalistische Muttermal der Maschinerie. Es verändert sich, aber es haftet ihr bleibend an.

Mit der Übernahme menschlicher Bewegungsabläufe durch Maschinen widerfuhr der Wiederholung etwas qualitativ Neues: ihre Auslagerung aus dem menschlichen Organismus und damit ihre Objektivierung. Maschinelle Bewegungen lassen sich ungleich besser wiederholbar machen als menschliche, nämlich durch Programmierung. Die Qualität eines maschinellen Programms besteht darin, daß es immer wieder mit der gleichen Zuverlässigkeit ablaufen kann. Das Können von Maschinen ist eine neue, gleichsam übermenschliche Art von Wiederholen-Können. Was Maschinen leisten, erledigen sie gewöhnlich weit schneller, genauer und ausdauernder als Menschen. Allerdings nie, ohne daß Menschen sich an ihnen zu schaffen machen. Und das heißt: Alle Wiederholungen, die Menschen auf Maschinen abwälzen, wirken auf Menschen zurück. Routinierte, immer wieder gleiche Bewegungsabläufe kannte auch schon das mittelalterliche Handwerk. Ja, sie standen beim Maschinenbau gewissermaßen Modell; sie waren es, die zu Maschinenfunktionen schematisiert wurden. Dann jedoch kam die Rückwirkung. Fabrikarbeiter waren genötigt, die Bewegungen ihres Organismus dem schematischen Bewegungsablauf der Maschinen anzumessen. Keine Maschine, auch nicht die raffinierteste, läßt sich handhaben, ohne daß die, die mit ihr umgehen, sich ihrem Programm, ihrem Bewegungsablauf angleichen. «Angleichung eines Ichs an ein fremdes» (VL 501) aber ist die stehende Freudsche Formel für Identifizierung. Und in der Tat: Menschen sind gar nicht in der Lage, Maschinen zu steuern oder zu bedienen (und steuern kann sie nur, wer sie auch bedient), ohne sich bis zu einem gewissen Grad mit ihnen zu identifizieren. Identifizierung aber gilt stets einer überlegenen Instanz, die etwas hat oder kann, was einem selbst fehlt. Und Maschinen können stets etwas, was ihr Benutzer nicht kann. Das Überlegenheitsgefühl, das ihre effiziente Nutzung verschafft, ist das Gefühl, an ihrer Überlegenheit teilzuhaben. Es ist nur die Kehrseite des Gefühls, daß *sie* die Überlegenen sind – also des Minderwertigkeitsgefühls ihnen gegenüber. Günther Anders hat es «prometheische Scham» genannt: Der Mensch als «Prometheus», als Macher der Maschinenwelt, sei in die peinliche Lage geraten, sich dem Gemachten dauerhaft unterlegen zu fühlen – sich vor ihm zu schämen.[5] Scham ist peinlich, ein Gefühl, das man lieber nicht hätte – und daher gern unterdrückt oder überspielt. Das strengt freilich an, und diese Anstrengung ist der subkutane, sublime, schwer zu fassende wie schwer zu leugnende Streß, der das menschliche Verhältnis zur Maschinenwelt dauerhaft grundiert – der Preis der Entlastung, die die Maschinen bieten.

Die Dampfmaschine übernahm Bewegungsabläufe. Die Bildmaschine übernahm Wahrnehmungsabläufe. Ähnlich wie das Auge auf seiner Netzhaut, so läßt die Kamera auf chemisch präparierten Flächen Bilder entstehen – Bilder, die sie genau so, wie sie sich abzeichnen, festhält, Bilder, die sie sich buchstäblich einbildet – und dann auch noch beliebig vielen menschlichen Augen zugänglich macht. Welch ein Fortschritt! Während Menschen mühsam von diffusen Eindrücken zu distinkter Wahrnehmung, von der Wahrnehmung zur Einbildung gelangen müssen und das Eingebildete Außenstehenden zudem nur indirekt durch Gesten und Worte mitteilen können, schafft die technische Einbildungskraft der Kamera das alles simultan und direkt. Verständlich, daß die Identifizierung, die «Angleichung eines Ichs an ein fremdes», diesem Wunderwerk gegenüber ungleich intensiver ausfiel als gegenüber der Dampfmaschine. Und als die technischen Bilder dann auch noch «laufen lernten»: wie gebannt saß da das Publikum vor den ersten kurzen Filmen, auch wenn sie bloß den Ausgang der Arbeiter aus ihrer Fabrik oder die Ankunft eines Zuges zeigten. Das Faszinierende war, daß eine Apparatur es vermochte, sich diese Vorgänge einzubilden, sie zu speichern und sie, beliebig oft wiederholbar, öffentlich sichtbar zu machen.

Dieses Vermögen gab der Phantasie der Filmpioniere und ihrem Publikum zunächst einen Schub nach dem andern. Neue Ausdrucks- und Wahrnehmungsweisen eröffneten sich. Bildern schien ungeahnte Kraft zuzuwachsen. «Der sowjetische Film muß auf die Schädel trommeln», sagte Sergej Eisenstein. Er muß wirken «wie ein Traktor, der die Psyche des Zuschauers im Sinne des angestrebten Klassenstandpunkts umpflügt».[6] Walter Benjamin ver-

[5] Günther Anders, *Die Antiquiertheit des Menschen*, Band I, C. H. Beck, München 1956, S. 21 ff.

[6] Sergej Eisenstein, in: *Film. Auge – Faust – Sprache.* Filmdebatten der 20er Jahre in Sowjetrußland, Berlin, o. J., S. 27

sprach sich vom Film jene «gesteigerte Geistesgegenwart»[7], die das Proletariat zur Umwälzung der kapitalistischen Gesellschaft dringend brauche. Die nahezu messianische Erwartung, die das neue Medium weckte, hallt selbst bei Claude Lévi-Strauss noch nach, wenn er «von der Erregung» berichtet, «in die mich das neueste Bild von Picasso, das letzte Werk von Strawinsky oder die Filme versetzten, die ich, noch als Gymnasiast, mit geradezu religiösem Eifer jeden Sonntagnachmittag in einem kleinen dunklen Saal im Quartier Latin oder Montmarte anschauen ging».[8]

Eines entging den Hoffnungsträgern des neuen Mediums allerdings: wie sehr ihre eigene Einbildungskraft noch der *Welt von gestern* angehörte, in welchem Maße sie noch von traditionellen, vergleichsweise beschaulichen Medien und Spektakeln geformt war: Brief, Zeitung, Buch; Volksfest, Konzert, Theater – je nach sozialer Stellung und Vorliebe. Diese Einbildungskraft war es, die sie mit ins Kino brachten, als handle es sich dabei um einen sicheren mentalen Grundbesitz, der sich im Kraftfeld des Films nur erweitern, aber keinerlei Einbußen erleiden könne. Und es fiel ihnen noch nicht auf, daß die Frühblüte des Films sich nicht nur dem Reiz neuartiger Bilder, der sich rauschhaft entfaltenden Phantasie der Regisseure, der Goldgräberstimmung um ein neues Medium verdankte, sondern auch der simplen Tatsache, daß Filmvorführungen zunächst Raritäten waren: festliche Abend- oder Wochenendereignisse. Zwischen den einzelnen Filmen war viel Zeit, um das Erlebte sacken zu lassen. Es drängte nicht sogleich der nächste Streifen, die nächste Talkshow oder Nachrichtensendung nach. Erst als der Film sich durch seinen rasanten Siegeszug selbst inflationierte und vom Highlight zur Alltäglichkeit absank, erreichte er allmählich das Stadium, in dem sein maschineller Ablauf auf seine Rezipienten voll zurückwirken konnte.

Die idealen Rezipienten des Films sind anachronistische Rezipienten: Menschen, die noch in der Lage sind, anderen einen gerade gesehenen Film zusammenhängend zu erzählen, über ihn nachzudenken, ihn zu diskutieren, womöglich zu rezensieren, kurzum Menschen, die ihn mit einer Ausdauer verfolgen und mit Verhaltensweisen umgeben, die sie bei kindlichen Bastelarbeiten und Geschicklichkeitsspielen, beim Betrachten und Malen von Bildern, beim Lesen und Schreiben von Texten gelernt haben, aber nicht am Film selbst. Ist dessen Prinzip doch gerade, wie schon von Benjamin klar gesehen, der unablässige «Wechsel der Schauplätze und Einstellungen», «welche stoßweise auf den Beschauer eindringen». «In der Tat wird der Assoziationsablauf dessen, der diese Bilder betrachtet, sofort durch ihre Veränderung unterbro-

7 Walter Benjamin, *Das Kunstwerk im Zeitalter seiner technischen Reproduzierbarkeit*, l. c., S. 503
8 Claude Lévi-Strauss, *Ein Hymnus an die Jugend*, Frankfurter Rundschau, 21. 3. 1995, S. 8

chen. Darauf beruht die Chockwirkung des Films, die wie jede Chockwirkung durch gesteigerte Geistesgegenwart aufgefangen sein will.»[9] Benjamin meinte allerdings, die Steigerung der Geistesgegenwart, auf die er für die Revolutionierung der kapitalistischen Gesellschaft so große Hoffnung setzte, sei ein Geschenk des Films selbst, sozusagen dessen automatische Mitgift. Das Gegenteil ist der Fall. Nur eine jenseits des Films geübte Geistesgegenwart kann sich bei der Filmbetrachtung steigern, und auch das nur ein Stück weit. Wenn der Film derart zum Alltag geworden ist, daß er den größten Teil der Freizeit füllt, dann ist es nichts mehr mit dem «Auffangen» seiner Schocks durch erhöhte Geistesgegenwart, woran sich rückwirkend zeigt: Dieses Auffangen war im Grunde selbst schon als eine Art Widerstandsbewegung gedacht, gewissermaßen als sensorischer Judogriff, der den Angriff des Gegners so aufnimmt, daß er ihn in eine eigene Kraft verwandelt, die den Gegner überwindet. Das alltägliche Fernsehprogramm durch gesteigerte Geistesgegenwart auffangen wollen ist freilich ungefähr so, als wollte man eine Kompanie von Scharfschützen durch Judo aufs Kreuz legen.

Nun läßt zwar die Schockwirkung nach, wenn Bildschirme zur alltäglichen Kulisse werden, aber der «Wechsel der Schauplätze und Einstellungen», «welche stoßweise auf den Beschauer eindringen», hört damit keineswegs auf. Er wird allgegenwärtig. Nach wie vor wirkt jeder Bildschnitt als optischer Ruck, der ein «Achtung», «Aufgemerkt», «Hierhergesehen» auf den Betrachter ausstrahlt, ihm eine neue kleine Aufmerksamkeitsinjektion verabreicht, einen winzigen Adrenalinstoß – und seine Aufmerksamkeit gerade dadurch zermürbt, daß er sie ständig stimuliert. Der Bildschock übt physiologische Macht aus; das Auge wird von seinem abrupten Lichtwechsel magnetisch angezogen und läßt sich nur durch große Willensanstrengung davon abwenden. Der Bildschock übt ästhetische Faszination aus; ständig verspricht er neue, noch ungesehene Bilder. Er übt in die Allgegenwart des Marktes ein; sein «Hierhergesehen» preist die nächste Szene an wie ein Marktschreier seine Ware. Und seit der Bildschirm ebenso dem Computer wie dem Fernseher angehört, nicht mehr nur die Freizeit füllt, sondern das gesamte Arbeitsleben durchdringt, fallen auch Bildschock und Arbeitsauftrag ineinander. Die Daten, die ich mir ruckartig aufrufe, rufen mich ebenso ruckartig auf, sie zu bearbeiten – oder mit Kündigung zu rechnen.

Mit alledem ist der Bildschock zum Brennpunkt eines globalen Aufmerksamkeitsregimes geworden, das die menschliche Aufmerksamkeit durch Dauerüberforderung abstumpft. Die Gestalter von Fernsehprogrammen setzen längst nicht mehr darauf, daß ein durchschnittlicher Zuschauer längere Sen-

9 Walter Benjamin, *Das Kunstwerk im Zeitalter seiner technischen Reproduzierbarkeit*, l. c., S. 502 f.

dungen von Anfang bis Ende verfolgt. Sie kalkulieren von vornherein ein, daß er beim geringsten Spannungsabfall auf andere Sender umschaltet, und sind froh, wenn sie ihn wenigstens an die Highlights ihres Programms, die sie durch spektakuläre Vorschau ankündigen, temporär binden können. *Dieser* Zuschauer ist dem Aufmerksamkeitsregime des Bildschocks kongenial, nicht der Filmkritiker, der Leinwand- oder Bildschirmeindrücke professionell nachbearbeitet, Artikel und Bücher darüber schreibt und so dem Gesehenen buchstäblich hinterherhinkt. Freilich fügt sich das Geschriebene selbst zunehmend dem neuen Aufmerksamkeitsregime. Jedes Printprodukt, das noch beachtet sein will, muß sich ähnlich ruckartig wie ein Filmbild ans Auge herandrängen. Man halte nur einmal das heutige Erscheinungsbild großer Tageszeitungen gegen das von vor zwanzig Jahren; im Vergleich zu damals mutet es wie das einer Illustrierten an. Ohne große Farbphotos kann es sich kaum mehr blicken lassen. Zeitungen werden immer «ansprechender», will sagen, textärmer und bildreicher, und die Buchgestaltung zieht nach. Auch Akademikeraugen werden der Führung durch ein geschicktes Layout immer bedürftiger, haben hier einen Absatz, da eine Graphik, dort ein Bildchen immer nötiger, um das Entziffern von Schriftzeichen überhaupt noch durchzuhalten. Zu den stillen Voraussetzungen des gesamten Printdesigns gehört, daß kaum mehr jemand die Konzentration und Ausdauer hat, um einen Text von der ersten bis zur letzten Seite Zeile für Zeile zu studieren.

Dies alles sind manifeste Aufmerksamkeitsdefizitsymptome. Das sogenannte Aufmerksamkeitsdefizitsyndrom (ADS) oder sogar Aufmerksamkeitsdefizit-Hyperaktivitätssyndrom (ADHS) ist nur ein krasser Sonderfall davon. Da geht es um Kinder, denen es nicht gelingt, sich auf irgend etwas zu konzentrieren, bei etwas zu verweilen, eine Freundschaft aufzubauen, ein gemeinsames Spiel durchzuhalten, Kinder, die alles Mögliche anfangen und nichts zu Ende bringen. Sie sind von ständiger motorischer Unruhe getrieben, die kein Ventil, keine Ruhestätte findet und sie zu ständigen Störenfrieden in Schule, Familie und Jugendgruppen macht. Um sie ruhigzustellen, gibt es gleichwohl ein hochwirksames Mittel. «Wenn man Kinder, die keine Sekunde stillsitzen können und ihre Augen nach rechts und links bewegen, suchend und ausweichend, vor einen Computer setzt, wird ihr Blick klar und fixierend, ihre Aktivitäten sind zielgerichtet und geduldig», schreibt der Kinderanalytiker Wolfgang Bergmann. «Jedenfalls ist es mehr als auffällig, wie gut sich die hyperaktiven Kinder und Jugendlichen, die in der realen Welt wie verloren wirken, in den Computern zurechtfinden und sich in den Spielen und online-Kontakten mit einer Sicherheit bewegen, über die sie in der so genannten ‹ersten Realität›, im Alltag ihres Lebens, nicht verfügen.» Und warum wird ihnen diese Maschine im Nu vertraut? Es «reichen wenige Handbewegungen aus, um ein gewünschtes Objekt in den Bereich der Verfügbarkeit zu holen oder einen Kommunikationspartner für den Austausch dieser oder jener Phantasie, dieser oder jener Kontakte aufzurufen – alles steht wie auf Abruf bereit.» Jedoch: «Alles ist auf die jeweils eigene *Jetzt-Befriedigung* gerichtet. Sobald sie sich eingestellt hat, erlischt die Repräsentanz des eben noch ersehnten Objekts, der Aktion oder des Kontakts zu Anderen; mit einer Handbewegung, einem Klick auf der Tastatur, werden sie entfernt», «als hätte es sie nie gegeben».[10]

Auch hier wird «fort» und «da» gespielt wie bei Freuds Enkel, nur umgekehrt: «da» und «fort». Während Klein-Heinerle die Spule fortwarf, um sie wieder begrüßen zu können, also das Wieder-Holen des Abwesenden einübte, ist für «den kleinen Hypie», wie ihn die Fachleute nennen, alles, was fort ist, einfach bloß nicht mehr da – erledigt. Er ist in die Heinerle-Phase erst gar nicht geraten. Die Erfahrung eines Abwesenden, das man gleichwohl benennen und mental präsent halten kann, obschon es physisch «fort» ist, hat er nie gründlich gemacht. Und so ist der eben noch umworbene Spielgefährte vergessen, sobald er nach Hause gehen mußte, das eben noch unter Tränen gegebene Versprechen, sich inskünftig an bestimmte Regeln zu halten, ist mit dem Verlassen des Raums wie weggeblasen, ebenso wie der heftige Streit von vorhin oder das gestern gewonnene Fußballspiel. Nichts setzt sich, nichts gewinnt Nachhaltigkeit; Wunschregungen wachsen nicht zu einem stabilen Willen zusammen, Erfolge geben kein Selbstvertrauen.

Selbstverständlich ist das Aufmerksamkeitsdefizit dieser Kinder zunächst einmal dasjenige, das sie selbst *erlebt* haben. Die Aufmerksamkeit, die sie nicht zu geben vermögen, ist ihnen zuvor selbst vorenthalten worden. Also ist doch eher mangelnde elterliche Fürsorge die Ursache für ADHS als «das Fernsehen»? Empirische Untersuchungen, die von solchen Fragestellungen ausgehen, führen auch bei größtem methodischen Aufwand zu nichts Gescheitem, weil sie ohne jeden Begriff davon sind, was ein Aufmerksamkeits*regime* ist: nämlich keine Apparatur, sondern ein gesamtgesellschaftliches Kraftfeld. Für diese Differenz fehlen oft schon Erwachsenen die Worte, Kindern erst recht. Was Kleinkinder hingegen haben, sind überfeine Antennen für Aufmerksamkeitsverhältnisse. Und wenn sie ihr ganzes Säuglingsleben bereits von einer Fernsehkulisse umgeben verbringen, haben sie alle Chancen, früh und traumatisch zu erleben, wie die Aufmerksamkeit ihrer nächsten Bezugspersonen sich zwischen ihnen und dieser Kulisse verteilt, wie zwischenmenschliche Zuwendung unter den Aufmerksamkeitsansprüchen, die diese Kulisse permanent erhebt, flach und unwirklich wird. An traumatischen frühkindlichen Auf-

[10] Wolfgang Bergmann, *Ich bin nicht in mir und nicht außer mir*, in: Bernd Ahrbeck (Hg.), *Hyperaktivität. Kulturtheorie, Pädagogik, Therapie*, Kohlhammer, Stuttgart 2007, S. 54

merksamkeitsentzug, der auf derart unspektakuläre Weise entsteht, kommt man mit empirischer Forschung schwer heran. Keine manifesten Schocks, keine signifikanten Abwesenheitsphasen der Eltern – und doch muß ein vitaler Entzug stattgefunden haben, sonst gäbe es nicht die motorische Dauerunruhe, die unablässige Suche nach etwas, was die Gestalt eines verlorenen Objekts noch gar nicht angenommen hat. Erst nachträglich, wenn die Betroffenen geradezu kollektiv auf Bildmaschinen fliegen wie die Motten zum Licht, wird erkennbar, woher ihre Unruhe kommt. Längst ehe sie nämlich Bildmaschinen als Objekte, den Bildschirm als Ding wahrnehmen konnten, haben sie die aufmerksamkeitsabsorbierende Kraft ihres Flimmerns erlebt: als Entzug. Dieser Entzug verlangt nach Wiederholung, um bewältigt zu werden. Er sucht sein Verlangen dort zu stillen, wo es entstand. Und so suchen die «kleinen Hypies» gerade bei den Maschinen Ruhe und Halt, die sie auf diffuse Weise, noch präobjektal, gewissermaßen spukhaft und dennoch prägend als Stifter ihrer Unruhe und Verhinderer inneren Halts erlebt haben. Das ist die Logik des Traumatischen: «Vor dem mirs graut, zu dem michs drängt.» Nach dieser Logik kam die Menschheit zur ersten, diffusen, noch spukhaften Einbildung des Genius, zur ersten Heiligung des Schreckens. Im Verhalten der «kleinen Hypies» feiert sie hochtechnologische Wiederauferstehung.

Daß solche Kinder nur noch mit Bildmaschinen Beziehungsprobleme hätten, aber nicht mehr mit Mutter und Vater, folgt daraus keineswegs. Umgekehrt: Sie leiden daran, daß im Kraftfeld neuer Aufmerksamkeitsverhältnisse die zwischenmenschlichen Primärbeziehungen nicht mehr so viel Kontur gewinnen, daß sie ihnen ein Elementarmaß an Halt und Orientierung böten. *Die neuen Leiden der Seele*, schreibt Julia Kristeva, haben «einen gemeinsamen Nenner: die Schwierigkeit der Repräsentation. Ob sie nun die Form der psychischen Stummheit annimmt oder unterschiedliche Signale ausprobiert werden, die als ‹hohl› oder ‹künstlich› empfunden werden, diese fehlende psychische Kraft zur Repräsentation behindert das sensorische, sexuelle, intellektuelle Leben und kann gar dem biologischen Funktionieren schaden.»[11] Einen signifikanten Trend zu diesen unrepräsentativen, fluktuierenden Leidensformen, die kaum mehr die konkrete Gestalt greifbarer Krankheitsbilder annehmen, gibt es aber erst, seit das neue Aufmerksamkeitsregime deutliche Konturen zeigt. Jeglichen Zusammenhang zwischen beiden leugnen ist wie bestreiten, daß Infekt und Fieber irgend etwas miteinander zu tun haben.

Damit ist noch längst keinen kausalen Engführungen das Wort geredet, sei es soziologischen wie «Kinder, die täglich soundso lange vor Bildschirmen

[11] Julia Kristeva, *Die neuen Leiden der Seele*, Junius, Hamburg 1994, S. 15

hocken, erkranken an ADHS» – was sich dann je nach sozialer Lage, Geschlecht und mentaler Widerstandsfähigkeit bestätigen oder bezweifeln läßt; seies medizinischen, die in bei ADHS-Kindern gelegentlich auftretenden neuronalen Unregelmäßigkeiten sogleich die eigentliche Ursache des Übels zu erfassen glauben. Vielmehr liegt auf der Hand, daß jenes diffuse Phänomen, für das «ADHS» mehr eine Verlegenheitsbezeichnung als eine trennscharfe pathologische Diagnose ist, ohne umfassende kulturtheoretische Perspektive gar nicht angemessen begriffen werden kann. ADHS ist ja nicht einfach eine Krankheit in gesunder Umgebung. Umgekehrt: Nur wo schon eine Aufmerksamkeitsdefizitkultur besteht, gibt es ADHS. Und es ist wahrlich nicht übertrieben, jene «konzentrierte Zerstreuung»[12], die durch Milliarden winziger Schocks die menschliche Aufmerksamkeit auf etwas konzentriert, was sie gerade zermürbt, als Aufmerksamkeitsdefizitgesetz zu bezeichnen. Gegen dessen Wirkung kann man sich wehren; verhindern läßt sie sich auf absehbare Zeit nicht. Wer bis drei zählen kann, kann sich daher auch ausrechnen, daß das, was gegenwärtig unter ADHS firmiert – etwa jedes sechste Kind ist hierzulande nach vorsichtigen Schätzungen davon betroffen –, nur eine Ouvertüre ist: ein Anfang, eine Einstimmung, Ankündigung, Vorwegnahme zentraler Themen, ohne daß schon genau ersichtlich würde, was kommt – ganz wie in der Musik.

Allerdings ist das hochtechnologische Aufmerksamkeitsregime seinerseits in eine gesamtkulturelle Perspektive zu rücken, wenn man ermessen will, welch epochale Zäsur es in der Geschichte menschlicher Wiederholung setzt. Mit der Übernahme immergleicher menschlicher Bewegungsabläufe durch Maschinen und deren Rückwirkung auf Menschen begann ein Prozeß, den man die Rückwendung der mechanischen Wiederholung gegen ihre Erzeugerin, die organische Wiederholung, nennen könnte. Mit der Bildmaschine trat diese Rückwendung in eine neue Phase. Nun war nicht mehr nur der äußere muskuläre Bewegungsablauf betroffen, sondern auch jener innere sensorische, der sich in einem Netz von Reizfluchtbahnen sedimentiert hatte. Für die Anlage dieser Bahnen hat der Homo sapiens den größten Teil seiner Frühzeit gebraucht, nie gekannte Verdichtungs-, Verschiebungs- und Umkehrungskräfte in unzähligen Wiederholungsschüben mobilisieren müssen, um sich den traumatischen Schrecken einzubilden, dessen diffuses Bild durch viele weitere Bilder zu dämpfen, zu begrenzen, zu konturieren, zu synthetisieren und so schließlich zur inneren Vorstellungswelt zu entfalten. Und dann kam das Wunderwerk einer technischen Einbildungskraft und leistete dies alles nicht nur auf verblüffend einfache Weise im Handstreich, sondern vermochte die in seinem Inneren entstandenen Bilder auch noch so nach außen zu kehren, daß

[12] Cf. Einleitung, S. 13

sie zum öffentlichen Blickfang wurden und nicht, wie die inneren Bilder des Menschen, ein verschwommenes, blasses, in den mentalen Innenraum eingeschlossenes Dasein führen mußten.

Die Identifikation der blassen menschlichen Einbildungskraft mit der kraftvollen technischen und die Rückwirkung der technischen auf die menschliche leitete einen triumphalen Siegeszug der technischen Einbildungskraft ein. Damit ist aber zugleich eine neue Art von Wiederholungszwang über die Menschheit gekommen. Die Bildmaschinerie, stets begleitet von Ton und gelegentlich von haptischem oder olfaktorischem Firlefanz, um ganzheitliches Erleben zu suggerieren, läuft zwar rund um die Uhr, wiederholt unablässig die Ausstrahlung ihrer aufmerksamkeitsheischenden Impulse, aber sie wiederholt nicht mehr jene Art von Bewegungsabläufen, die sich zu Ritualen und Gewohnheiten sedimentieren. Daß aufwendige Designs entworfen werden müssen, um bestimmte immer wiederkehrende Sendungen wie Nachrichten und Serien sofort aus der amorphen Sendemasse hervorzuheben, zeigt gerade, daß die Dynamik der maschinellen Wiederholung in die Gegenrichtung geht. Sie ist deritualisierend, desedimentierend. Und das liegt daran, daß sie Ritualisierung und Sedimentierung nicht nötig hat – ganz im Gegensatz zur altsteinzeitlichen, werdenden Menschheit, die nichts nötiger hatte. Die traumatische Erregung, die einst zur Bildung und Wiederholung von Ritualen trieb, der Wunsch, diese Erregung loszuwerden und Ruhe zu finden – dies alles ist dem technischen Wiederholungszwang fremd. Er läuft einfach bloß mechanisch ab; ohne Schmerz, ohne Müdigkeit, ohne Wunsch, ohne Ziel. Und die ungeheure Kraft seiner Bedürfnislosigkeit und Selbstgenügsamkeit setzt nichts Geringeres in Gang als die Umkehrung der menschlichen Wiederholungslogik. Bis zur Neuzeit lief sie auf Deeskalierung, Sedimentierung, Beruhigung hinaus. Mit der Wendung der technischen Einbildungskraft gegen die menschliche hat eine Wiederholung eingesetzt, die die bisherige Wiederholungsgeschichte rückwärts geht. Ihre deritualisierende, desedimentierende Wirkung beginnt den mentalen Boden der Kultur, der sich seit der Altsteinzeit allmählich gesetzt hatte, wieder aufzurühren. «Mentalarchäologie» ist mehr als nur eine Metapher.

Um in der Terminologie von Hesiods *Theogonie* zu reden: Zeus, der Titan, der sich in einem weltbewegenden Kampf gegen die Titanen wendete und in ihrer Herabdrückung zu seinem Untergrund die Weltordnung errichtete, hat seinerseits eine Macht hervorgebracht, die fix und fertig, in voller Rüstung, seinem Haupte entstieg; und diese seine Kopfgeburt wendet sich nun so gegen seine Weltordnung, wie er sich gegen die Titanen gewandt hatte. Nur daß die neue Macht nicht in der Lage ist, eine höhere Ordnung zu stiften; sie dekomponiert lediglich die bestehende, läßt die Barriere zwischen Unter- und Oberwelt erodieren, und beeinträchtigt jene Urverdrängungsleistung, durch die einst die Halluzination sich selbst überwand, in einen gärenden Untergrund und eine lichte, blasse Vorstellungswelt auseinandertrat und so den mentalen Raum allererst zu dem machte, was er seither ist.

Gewiß, für hartgesottene Empiristen gibt es keinen mentalen Raum, weil sie nie ihn selbst tasten, sehen, hören oder quantifizieren können, sondern immer nur seine Äußerungen. Die Rede vom mentalen Raum ist daher im genauen Wortsinn spekulativ; sie kann ihn nur erschließen. Aber eine Wissenschaft, die das nicht tut, kommt über begriffloses Registrieren nicht hinaus. An die Primärprozesse, die ermöglichen, daß Menschen vorstellen, denken und sprechen können, wird sie nie heranreichen. Primärprozesse sind erst recht nicht wahrnehmbar und greifbar – samt dem, was hier über sie gesagt wird: daß sie durch das Regime maschineller Wiederholung in ihrer Existenz bedroht sind. Keine empirische Versuchsanordnung kann das beweisen. Aber der Schluß drängt sich dennoch auf, wenn man sich die Siegereigenschaft der technischen Einbildungskraft noch einmal etwas genauer anschaut.

Sie kann etwas, was Menschen nicht können: das Eingebildete nach außen kehren. Damit aber übernimmt sie nicht nur auf ihre überlegene maschinelle Weise die Nervenarbeit der menschlichen Einbildungskraft, sondern gleich auch noch den Brennpunkt, an dem diese Arbeit sich einst entzündet hat. Biblisch heißt er «Hier-Jetzt» *(šm)*, aristotelisch «Dies da» *(tode ti)*. Seine archaische Gestalt ist der Naturschrecken, und es ist im Laufe dieses Buches zur Genüge gezeigt worden, daß nur durch dessen traumatische Gewalt und den Zwang, sie durch unzählige Wiederholungen abzuarbeiten, jener Zusammenschluß von Verdichtung, Verschiebung und Umkehrung hat stattfinden können, der zunächst den rituellen und dann den mentalen Raum der menschlichen Einbildung konstituiert hat. Und nun, wo der Naturschrecken verblaßt ist und sich in einer Vielzahl von kulturellen Einrichtungen temperiert und sedimentiert hat, stimmt die technische Einbildungskraft den Kehrreim auf ihn an. Durch ihre unablässigen Bildschocks wird sie selber zur Hier-Jetzt- oder Dies-da-Maschine. Jeder einzelne dieser Schocks ist natürlich eine völlig unschädliche, kaum merkliche Berührung – und hört dennoch nicht auf, Schock zu sein. Zwar einer, der weit davon entfernt ist, zu traumatisieren; aber millionen- und milliardenfach wiederholt, zermürbt er. Und so arbeitet die maschinelle Wiederholungsleistung der technischen Einbildungskraft daran, die menschliche Einbildungskraft, die sich einst an gewaltigen Schocks gebildet hat, durch maschinell produzierte Miniaturschocks wieder zu zersetzen. Schock gegen Schock, Wiederholung gegen Wiederholung, Einbildungskraft gegen Einbildungskraft: diese Rückwendung hat einen globalen Desedimentierungsprozeß in Gang gesetzt. Rückläufig ist er auch noch unter einem andern Aspekt. Die technische Einbildungskraft besticht ja dadurch, daß ihre Bilder echt, sinnlich, vorzeigbar sind, Direktabdrücke der äußeren Realität, die sich ebenso direkt auch wieder nach außen kehren lassen. Damit beschämt sie aber nicht nur die menschliche Einbildungskraft, die an der Nicht-Vorzeigbarkeit ihrer Bilder krankt; sie nimmt zugleich eine der größten Errungenschaften der menschlichen Einbildungskraft zurück: die Differenz von Halluzination und Vorstellung. So richtig blaß und abstrakt sind mentale Bilder ja erst geworden, als sie sich zur Sphäre der Vorstellung lichteten und ihren eigenen halluzinatorischen Herd zu ihrem Untergrund degradierten. Nur kraft abstrakter Vorstellungen konnte eine technische Einbildungskraft ausgeheckt werden, die diesen Vorstellungen nun ihre eigene Blässe vorführt und ihnen durch eine Flut satter, praller, zudringlicher Bilder ständig die Frage stellt: Wer seid ihr schon, ihr Bläßlinge? Wollt ihr euch nicht ergeben?

Filmbilder, gleichgültig, ob dokumentarisch oder fiktional, dringen mit halluzinatorischer Intensität auf den Betrachter ein. Er sieht sie, ob er will oder nicht, durch das mechanische Auge einer Kamera, die die Differenz von Halluzination und Vorstellung nicht kennt. Indem er seinen Blick in den der Kamera einläßt, tritt er in ein nach außen gekehrtes, technisch präzisiertes Traumszenario ein – ein Szenario, das andere gewissermaßen schon für ihn geträumt haben. Er muß es nicht selbst erst durch Verdichtung, Verschiebung und Umkehrung latenter Motive zustande bringen und kann es deshalb so mühelos mitträumen, weil es vom Traum nur die Außenseite übriggelassen hat: den manifesten Trauminhalt. Keine Frage, daß der Film durch seine besondere Art der Traumähnlichkeit eine neue Dimension der Welterfahrung erschlossen hat. Für seine großen Werke gilt ohne Einschränkung die berühmte Definition Paul Klees: «Kunst gibt nicht das Sichtbare wieder, sondern macht sichtbar.»[13] Nur eben um einen hohen Preis. Auch in ihren größten Werken macht die technische Einbildungskraft keinen Unterschied zwischen Halluzination und Vorstellung – und arbeitet unweigerlich daran mit, auch der menschlichen Einbildungskraft diese Unterscheidung abzugewöhnen.

Ließe sich der Rückfall in die Indifferenz doch auf ein paar erholsame Kinostunden beschränken. Phasen der Regression, des entspannten, zerstreuten Absinkens in einen Zustand, worin Vorstellung und Halluzination spielerisch ineinander verschwimmen, braucht jeder – gerade um sich seine Realitätstüchtigkeit zu erhalten. Das Problem ist die *konzentrierte* Zerstreuung: das Regime. In großen Filmen feiert es seine Sternstunden. In den Niederungen des Alltags nimmt die Rückannäherung der Vorstellung an die Halluzination die Gestalt von Jammer und Elend an. Davon zeugen die ADHS-Kinder. Ihre Vorstellungen sind kaum mehr als Wurmfortsätze dessen, was sie gerade erleben

[13] Paul Klee, *Kunst-Lehre*, Reclam, Leipzig 1987, S. 60

und wünschen, und indem sie sich diesem Hier-Jetzt überlassen und darin um so besser versinken können, je unruhiger es flimmert und zuckt, nähern sie sich einer neuen Art des Tagträumens an – nicht jenem beschaulichen, in das ein gedankenverlorenes Sinnieren übergeht, wenn seine Vorstellungen zu Bildern absinken und für Momente halluzinatorische Plastizität gewinnen, sondern einem hektischen, wo Traum- und Wachzustand so ineinanderrutschen, daß die Betroffenen weder mehr intensiv träumen noch zur Strukturiertheit wachen Verhaltens gelangen. Wo der mentale Vorstellungsraum, also der innere Wachraum, kein nennenswertes Volumen mehr gewinnt, gewinnt auch der Traumraum keines mehr. Er vertieft sich nicht mehr zum mentalen *back office*, wo die Tagesreste, die das Wachbewußtsein unverarbeitet gelassen hat, nachbearbeitet werden, so daß etwas stattfinden kann, was das menschliche Nervensystem nicht minder braucht als den Schlaf: das mentale Nachsitzen.

«In jedem Jahrhundert muß die Menschheit nachsitzen», hatte Benjamin gesagt.[14] Jedoch: Ihre Fähigkeit zum Nachsitzen hat im 20. Jahrhundert signifikant nachgelassen, so daß sie, ganz wie die «kleinen Hypies», nicht mehr so recht auf der Nachsitzbank zu halten ist. Schneller als gedacht hat sich ins Große übertragen, was Benjamin am Miniaturformat des Films so genau erkannte: daß «der Assoziationsablauf dessen, der diese Bilder betrachtet, sofort durch ihre Veränderung unterbrochen» wird, daß also diese Bilder selber verhindern, daß man bei ihnen verweilt, ihnen nachhängt, sie nachbearbeitet, über ihnen nachsitzt. Wenn diese Verhinderung aber nicht mehr nur sporadisches Einzelerleben ist, wenn sie systematisch wird und in ein Aufmerksamkeitsregime übergeht, dann kann Zeitgenossenschaft nur noch *up to date* heißen: auf der Höhe der Zeit sein, dem «Dies da» des Tages die Aufmerksamkeit entgegenbringen, die es verlangt. Geistesgegenwart heißt dann nur noch: den Geist der Gegenwart weihen – dem Hier und Heute. Und in der Tat: Inbegriff moderner Zeitgenossenschaft ist das *updating* – jene Tätigkeit, zu der jeder verurteilt ist, der eine Website unterhält. Sie ist heute die Identitätskarte, die zählt. Indem sie dauernd zu veralten droht, ständig auf den neuesten Stand gebracht werden muß, erweist sich *updating* als die eigentlich identitätsstiftende Tätigkeit: die Hochtechnologieversion des aristotelischen *ti ēn einai*.[15]

Updating gilt als der Inbegriff der Realitätstüchtigkeit. Sein Erfolg besteht darin, Realität auf Aktualität zu reduzieren. Gerade dadurch aber nähert es sich unversehens der Wahrnehmungsweise des Traums an, dem kein Zeitmaß eigen ist als die Gegenwart, der nichts anderes kennt als das, was sich *jetzt* in ihm abspielt. Die Wahrnehmungsweise des Films, eines manifesten Traum-

[14] Siehe oben, Kapitel 2, S. 125
[15] Siehe oben, Kapitel 3, S. 195

inhalts ohne latentes mentales *back office*, überträgt sich, wo immer das Aufmerksamkeitsregime voll greift, auf die Wahrnehmung aller Aktualitäten – und führt etwa bei Börsianern, die ständig angespannt Aufstieg und Fall von Aktienkursen auf ihren Monitoren verfolgen, zu ähnlichen Wachtraumzuständen wie bei Kindern, die auf ihre Computerspiele starren. Notorische Unruhe, ständiges Gespannt- und Abgelenktsein sind die verläßlichen Beigaben solcher Tätigkeiten. Und so bleibt es nicht aus, daß bei der Avantgarde des *updating*, an der Börse wie im höheren Management, Aufmerksamkeitsdefizits- und Hyperaktivitätssyndrome nicht minder umgehen als bei den «kleinen Hypies», nur auf ungleich komfortablere Weise und einem weitaus höheren Niveau. Doch die Extreme berühren sich, und der Punkt ihrer Gemeinsamkeit ist die rapide Abnahme der Fähigkeit zum Nachsitzen – im wörtlichen wie im übertragenen Sinne. *Updating*, so könnte man auch sagen, ist Desedimentierung des mentalen Sitzfleischs.

Der laufende Desedimentierungsprozeß stellt sich Gesellschaftskritikern vornehmlich als Deregulierungsprozeß des neoliberalen Kapitalismus dar. Dessen Erosionswirkung auf soziale und kulturelle Institutionen, auf Herrschafts-, Familien-, Unternehmens- und Produktionsformen konnte in diesem Buch nicht behandelt werden. Die *Philosophie des Traums* mußte eine Spur tiefer ansetzen, nämlich bei der mentalarchäologischen Wirkung dieses Prozesses; sie mußte Altsteinzeit und Hochtechnologie aufeinander beziehen, um einen Blick für den welthistorischen Rückwärtsgang zu gewinnen, den die Desedimentierung eingeschlagen hat. Hegel sprach vom «Rückgang in den Grund».[16] Allmählich zeigt sich, wie prophetisch dies Wort war. Der Rückgang befindet sich zwar erst im Anfangsstadium, aber schon jetzt ist absehbar, daß der mechanische Wiederholungszwang, die Kraft der konzentrierten Zerstreuung, nicht nur vor keiner sozialen und kulturellen Institution Halt macht, sondern auch nicht vor jener mentalen Tiefenschicht, die sich im Laufe dieses Buches als der halluzinatorische Bodensatz aller Vorstellungs- und Sprachleistungen erwiesen hat. Bei Freud heißt sie «primitive Denktätigkeit». Man könnte sie auch «Traumkraft» nennen. Deren Gesamtdrama war zu skizzieren. Nachdem sie schon in der Altsteinzeit entthront, vom Inbegriff der mentalen Kraft zu deren Untergrund hinabgedrückt wurde, droht ihr nun die Zersetzung – ausgerechnet durch ihre fortgeschrittensten Kinder. Jene traumartigen, halluzinatorischen Bildsequenzen, die eine global installierte Bildmaschinerie unablässig ausstrahlt, lassen die lebendige Traumkraft buchstäblich alt aussehen: ihre Bilder vergleichsweise blaß, ihre Tätigkeit als ein Hinterherhinken, nie *up to date*, die Ereignisse immer erst nachbearbeitend, wenn sie schon vorüber sind, ewig

[16] Georg Wilhelm Friedrich Hegel, *Wissenschaft der Logik* I, l. c., S. 70

zu spät, unvollständig, konfus. Traumkraft gegen Traumkraft, die technisch hochgerüstete simulierte gegen die antiquierte lebendige: das ist die paradoxe Konstellation, in der die menschliche Elementarfähigkeit des Nachsitzens zu schwinden beginnt. Eine Kultur aber, die nicht mehr nachzusitzen vermag, stellt den mentalen Raum selbst in Frage – den einzigen «Spielraum der Nachträglichkeit»[17], der sich in der Naturgeschichte je aufgetan hat. Ohne Nachträglichkeit gäbe es keine Geduld, Hingabe, Vorausschau oder Vorsorge. Was für eine ungeheure Errungenschaft der Spielraum der Nachträglichkeit ist, beginnt man erst zu erahnen, wenn er sich nicht mehr von selbst versteht, weil er unter ein globales Regime «konzentrierter Zerstreuung» geraten ist und ein Trommelfeuer aufmerksamkeitsheischender Sensationen wie mit unzähligen kleinen Spatenstichen permanent auf ihn einwirkt. Und erst wenn dieser Prozeß in gesamtkultureller Perspektive wahrgenommen wird, schärft sich das Gespür für sein Tempo. Wie viele Jahrtausende hat es doch gedauert, bis die traumatisch erregten Rituale der frühen Menschheit sich zu temperierten Wiederholungsverläufen sedimentierten, und wieviel davon ist in wenigen Jahrzehnten wieder in Bewegung geraten. Selbst wenn die laufende mentalarchäologische Grabung noch drei bis vier Jahrhunderte bräuchte, um bis «ans Eingemachte» zu gelangen, wäre das atemberaubend schnell.

Globale Desedimentierung ist jedoch ebensowenig ein monokausaler, eindimensionaler Prozeß, wie es die Sedimentierung des traumatischen Wiederholungszwangs zu den Ritualen und Institutionen der Kultur war. Und sie ist kein Schicksal. Von Anfang an hat sie Gegenkräfte hervorgerufen. Eine der finstersten ist der Fundamentalismus: das geistlose Sich-Versteifen auf ebenso erschütterte wie zweifelhafte Rituale und Glaubensinhalte.[18] Aber es gibt auch andere Gegenkräfte. Dafür sind Nachhaltigkeitsprojekte globalisierungskritischer Hilfsorganisationen, dauerhafte Widersetzlichkeiten von Lehrern gegen die Fortsetzung konzentrierter Zerstreuung im Bildungswesen oder zivilgesellschaftliche Initiativen gemeinsamen Nachsitzens über Ausstellungsbesuchen und Leseerfahrungen ebenso schwache wie hoffnungsvolle Anzeichen. Sie beweisen, daß Desedimentierung auch Resedimentierung hervorrufen kann. Nachsitzen kann geübt, ja es kann im Zeitalter seines Bedrohtseins in nie gekannter Weise zur Tugend werden. Eine Kultur hingegen, die kein Nachsitzen erträgt, ist eine unerträgliche Kultur. Sie beginnt zu fiebern wie einer, der aus dem Wachzustand nicht mehr in den Schlaf zurückfindet und damit auch vom Hüter des Schlafs verlassen ist: dem Traum. Wo aber kein Traum, da keine Ruhe, keine Besinnung und keine Hoffnung.

17 Siehe oben, Kapitel 2, S. 132

18 Cf. Christoph Türcke, *Fundamentalismus – maskierter Nihilismus*, zu Klampen, Springe 2003

Dank

Stefan Bollmann lektorierte mit bewährter Akribie und bot Anlaß, manches noch einmal in Ruhe zu überdenken.

Werner Balzer und Gerhard Vinnai lasen das Manuskript mit scharfem psychoanalytischen Sachverstand und gaben Hinweise, die ich nicht missen möchte.

Personenregister

Aus dem Verlagsprogramm

Philosophie bei C.H.Beck

Ulrich Körtner
«Lasset uns Menschen machen»
Christliche Anthropologie im biotechnischen Zeitalter
2005. 240 Seiten. Broschiert

Klaus Mainzer
Der kreative Zufall
Wie das Neue in die Welt kommt
2007. 283 Seiten mit 39 Abbildungen. Gebunden

Henning Ritter
Nahes und fernes Unglück
Versuch über das Mitleid
2. Auflage. 2005
224 Seiten. Leinen

Amartya Sen
Die Identitätsfalle
Warum es keinen Krieg der Kulturen gibt
Aus dem Englischen von Friedrich Griese
2. Auflage. 2007
208 Seiten. Gebunden

Christoph Türcke
Erregte Gesellschaft
Philosophie der Sensationen
2002. 328 Seiten. Leinen

Christoph Türcke
Vom Kainszeichen zum Genetischen Code
Kritische Theorie der Schrift
2005. 248 Seiten mit 10 Abbildungen im Text. Broschiert

Verlag C.H.Beck

Psychoanalyse und Kulturgeschichte in der BsR

Jan Assmann
Das kulturelle Gedächtnis
Schrift, Erinnerung und politische Identität in frühen Hochkulturen
6. Auflage. 2007. 344 Seiten. Paperback (bsr 1307)

Eva Gesine Baur
Freuds Wien
Eine Spurensuche
2008. 235 Seiten mit 48 Abbildungen und einer Karte. Gebunden

Harald Haarmann
Weltgeschichte der Sprachen
Von der Frühzeit des Menschen bis zur Gegenwart
2006. 398 Seiten mit 34 Abbildungen und Karten. Paperback (bsr 1703)

Wolfgang Mertens
Psychoanalyse
Geschichte und Methoden
4., aktualisierte Auflage. 2008. 128 Seiten. Paperback
(bsr 2061, C.H.Beck Wissen)

Wolfgang Mertens
Traum und Traumdeutung
3., aktualisierte Auflage. 2003
144 Seiten mit 2 Abbildungen und 11 Tabellen. Paperback
(bsr 2117, C.H.Beck Wissen)

Friedemann Schrenk
Die Frühzeit des Menschen
Der Weg zum Homo sapiens
5., neubearbeitete und ergänzte Auflage. 2008
128 Seiten mit 20 Abbildungen. Paperback (bsr 2059, C.H.Beck Wissen)

Verlag C.H.Beck